# 建设领域知识产权侵权风险、案例与管理实务

陈津生　曾永光　等编著

中国环境出版社・北京

**图书在版编目（CIP）数据**

建设领域知识产权侵权风险、案例与管理实务 / 陈津生，曾永光等编著. —北京：中国环境出版社，2014.6
ISBN 978-7-5111-1806-6

Ⅰ. ①建… Ⅱ. ①陈…②曾… Ⅲ. ①建筑业—知识产权—中国 Ⅳ. ①D923.4

中国版本图书馆 CIP 数据核字（2014）第 064708 号

**出 版 人** 王新程
**责任编辑** 张于嫣
**文字加工** 刘钱州
**责任校对** 唐丽虹
**封面设计** 宋 瑞

---

**出版发行** 中国环境出版社
（100062 北京市东城区广渠门内大街 16 号）
网 址：http://www.cesp.com.cn
电子邮箱：bjgl@cesp.com.cn
联系电话：010-67112765（编辑管理部）
010-67150545（建筑图书出版中心）
发行热线：010-67125803，010-67113405（传真）
**印 刷** 北京中科印刷有限公司
**经 销** 各地新华书店
**版 次** 2014 年 6 月第 1 版
**印 次** 2014 年 6 月第 1 次印刷
**开 本** 787×1092 1/16
**印 张** 21.25
**字 数** 464 千字
**定 价** 64.00 元

---

# 前　言

知识产权是人们智力劳动成果所取得的具有财产属性的权利。知识产权拥有数量和运用水平事关企业开创自主创新道路的实际成效，是提高企业综合竞争力的关键。当前，我国正处在经济社会转型发展的关键时期，企业实施知识产权战略是适应知识、信息时代的战略举措。新一轮世界经济发展中，知识和智力资源的创造、占有和运用，乃是企业发展最重要的基础和主要动力源，也是企业财富创造的主要源泉。在知识信息时代，要实现企业持久、健康发展的目标，加强知识产权保护和运用势在必行。

近年来，我国建设事业得到迅速发展，建设领域的广大科技人员广泛开展技术、设备创新，大量采用新技术、新工艺、新设备、新材料，科技含量不断增强，我国建造能力和管理水平不断提高。与此同时，我国在超高层、大跨度房屋建筑施工技术，大跨度预应力、大跨径桥梁设计及施工技术，地下工程盾构施工技术、大体积混凝土浇筑技术，大型复杂成套设备安装技术等方面都达到或接近国际先进水平。一些完全依靠我国企业自行创新设计、技术是广大科技工作者智力成果，获得国际同行的认可和尊重，建设领域大多企业已经成为知识产权密集型企业。为此，加强建设领域知识产权保护是我国建设事业科学技术快速发展的客观需要。

企业加强知识产权的管理与保护，也是现代工程建设的特点所决定的。众所周知，工程项目建设周期长，参与方众多、建设环节多，在建设过程中各建设行为主体合同关系错综复杂。因此，建设单位、勘察设计单位、施工承包商、分包商、建设材料、设备、建筑智能系统供应商等均不可避免地会面临知识产权侵权风险，如果企业不加强知识产权方面的管理工作，没有一整套知识产权管理与防范体系，企业的知识产权就会很难得到有效保护，就会造成企业智能财富的大量流失，或由于自身行为规范欠缺，忽视对他人知识产权的尊重而陷入法律纠纷之中，增加企业经营成本，影响企业战略目标的实现。

当前，建设领域一些企业，缺乏知识产权保护和管理意识，企业往往重视的只是有形资产的管理和保护，而忽视了知识产权等无形的资产的重要价值。不重视创新技术的保密、专利的维护、著作权的管理以及商标权的保护，没有使这些无形的资产发挥重要的价值，失去了为企业创造利润的机会。近年来，我国虽然制定了一系列知识产权保护的法律法规。但是一些企业对法律法规不了解、不熟悉，使企业不能利用知识产权的法律武器来保护企业的合法权益，更不要说利用知识产权获取超额利润，这种形势十分不利于企业的生存和长期发展。

在国民经济持续、稳定增长，经济建设和城乡建设有序展开，在建设领域企业迅速壮大的今天，知识产权发展战略与管理制度建设如不予以及时、高度重视，就会耽误企业的大事。应当看到，建设企业知识产权管理体系的建立和完善，是一项十分艰巨、复杂、富于挑战性、具有历史意义的工作。而首先又是要下工夫做好法律法规的普及培训工作，建设一支既懂技术又懂法律知识（其中包括知识产权法律知识）的复合型人才队伍，要有结合建设领域的实际情况、能够解决现实问题的知识产权管理理论和实证分析的方法提供给相关企业人士学习和使用的知识读本。本书作者所编写的《建设领域知识产权侵权风险、案例与管理实务》就是对这一客观需求的尝试。

本书结合建设领域实际，介绍知识产权理论，并收集、选择了一些建设领域知识产权侵权纠纷的案例，供读者参阅，最后部分对建设领域知识产权管理制度建设作了初步探讨。在编写过程中，作者参考了一些专家学者的文献资料，在此一并表示感谢。参加本书编写的有陈津生、曾永光、王慎柳、田玉蓉、杨红、陈凯，最后由陈津生统稿。

由于作者水平有限，编写时间较紧，不免有不妥甚至错误之处，请读者给予指正，以便再版时修正，以满足广大读者日益对知识产权法律知识学习的迫切需要。

作　者

2014 年 6 月

# 目　录

## 第1篇　理论篇

# 第 2 篇 案例篇

# 第3篇 管理篇

# 第 1 篇
# 理 论 篇

# 第1章　知识产权侵权概述

在改革开放实行的短短30多年中，我国颁布了在商标、专利、著作领域的三大法规，并在实践中不断予以完善，完成了资本主义国家花费几百年才做完的工作。形成了相对较为完整的知识产权保护理论。同时，我国加入了世界知识产权组织、《保护工业产权巴黎条约》、《关于商标注册的马德里协定》等，初步实现了同国际知识产权制度的接轨。另外，我国又制定了《反不正当竞争法》等法规，采取了通过法制管理、行政管理、知识产权管理协调机构的三种管理形式来增强保护知识产权的执法力度，取得相当有效的作用。知识产权保护制度对鼓励和保护智力创造活动，促进社会经济发展具有十分重要的作用。

## 1.1　知识产权概念

### 1.1.1　知识产权定义

"知识产权"是涉及知识成果和知识价值的一种权利，是自然人、法人和其他组织对其科学技术、文化艺术、工商经贸等领域里创造的精神财富所依法享有的专有权。简要地说，是人们对通过脑力劳动创造出来的智力成果和知识财产所依法享有的权利。这种权利是一种民事权利。

关于知识产权的定义，我国有代表性的表述有两种：一种是将知识产权定义为人们对其创造性的智力成果依法享有的专有权利；另一种是将知识产权定义为人们对其创造性的智力成果和商业标记依法享有的专有权利。早期的著述均采用第一种定义，如郑成思先生在其主编的《知识产权法教程》中给知识产权下的定义是："知识产权指的是人们可以就其智力创造的成果所依法享有的专有权利。"为了说明这一定义的正确性，郑成思先生在他的多件作品中反复论证、强调知识产权的客体，包括商业标志，都是具有创造性的智力成果。近年来，随着对知识产权研究的深入，取第二种定义的人渐多，如刘春田先生主编的《知识产权法教程》中对它的定义是："知识产权是智力成果的创造人依法享有的权利和生产经营活动中标记所有人依法享有的权利的总称。"吴汉东先生主编的《知识产权法》中对它的定义则是："知识产权是人们对于自己的智力活动创造的成果和经营管理活动中的标记信誉依法享有的权利。”

知识产权是20世纪后半叶以来在国际上广泛使用的一个法律概念，最早源于17世纪法国大革命时代，主要倡导者是法国的社会学家卡普佐夫，后来经过比利时法学家皮卡第等人的论证和发展，后来有人称知识产权为“无形产权”，这样的术语开始被很多人沿用或引用。1967年在斯德哥尔摩签订的《建立世界知识产权组织公约》（以下简称《WIPO公约》）中将知识产权解释为：“人类智力创造的成果所产生的权利。”知识产权在我国20世纪七八十年代曾被称为“智力成果权”。前苏联也称“智力成果权”。我国台湾地区称“智慧财产权”。日本曾称“无体财产权”，现称“知识的所有权”。现在有的西方学者又称“信息与知识财产权”，有的仍称“无形产权”。

我国1986年通过的《中华人民共和国民法通则》（以下简称《民法通则》）规定：知识产权是指公民、法人、非法人单位对自己的创造性智力活动成果依法享有的民事权利和其他科技成果权的总称。《民法通则》第五章规定了我国有四种民事权利：物权、债权、知识产权和人身权。其中第三节对知识产权作了规定。该节规定了六种知识产权类型，著作权（版权）、专利权、商标权、发现权、发明权和其他科技成果权。

由于知识产权是一种跨越科学技术、经济、文化和法律领域的精神财富，在人类社会生产和社会生活中具有很高的价值尤其是使用价值，是人类社会财富的重要部分。特别是20世纪90年代崛起的知识经济就是建立在智力成果基础上的经济。根据亚太经合组织的定义：“知识经济是建立在知识和信息的生产、分配和使用基础上的经济。”通俗地讲，知识经济就是知识等智力成果在经济的土壤里生根、开花、结果，说到底，就是建立在知识产权基础上的经济。因此，各国立法普遍对智力成果的所有人应享有的专有权给予法律上的确认和保护。随着《建立世界贸易组织协定》（以下简称《WTO协定》）关于《与贸易有关的知识产权协定》（以下简称《TRIPs协定》）的订立，这种确认和保护的力度更具有普适性和现实性。

### 1.1.2 知识产权法

我们所说的“知识产权法”是对专利法、著作权法、商标法等法律规范的一个总称，这一称法是虚设的，是一种理论的概括。现代知识产权法是一个开放式的法律规范体系。与近代法所涵盖的著作权、专利权、商标权相比，现代知识产权法已是一个十分庞大的法律体系，借用《成立世界知识产权组织公约》的规定来表述，它是一切在工业、科学、文学或艺术领域由于智力活动所产生的权利制度的总和。具体的知识产权与其法律法规的对应关系如下：

#### 1. 专利权——《专利法》

我国政府十分重视对专利权的保护，1984年我国颁布了《中华人民共和国专利法》（第11号令），我国第一部专利法的实施，对保护发明创造专利权、鼓励发明创造、加快发明创造的推广应用、推动科技进步和国民经济发展起到巨大推动作用。此后，分别于 1992 年、2000 年和 2008 年对《专利法》进行了三次修订，目前又正在进行第四次修订并即将通过颁布。1992 年专利法的第一次修改，主要是为我国恢复关贸总协定缔约国地位创造条件，同时也为了履行我国在《中美知识产权谅解备忘录》中作出的承诺。2000 年专利法的修改，主要是为了适应我国社会主义市场经济体制的完善，经济和科技的快速发展以及我国加入世界贸易组织对专利法提出的新任务、新要求，解决专利法在实施中的新问题。2008 年 12 月 27 日我国对《专利法》进行了第三次修订。与前面两次修订相比，第三次修订后的《专利法》，主要是国家自身发展需要的体现，而这突出地表现为提升专利法在促进我国自主创新、建设创新型国家方面的重要作用。

为进一步贯彻落实《专利法》，1985 年我国专利局颁布了《专利法实施细则》，此后为配合《专利法》的三次修改，提高运作效率，分别在 1992 年、2001 年、2010 年对《专利法实施细则》进行了三次修订。在此期间，结合我国在司法实践中发现的问题，2001 年颁布《最高人民法院关于审理专利纠纷案件适用法律问题的若干规定》（法释[2001]21 号），2013 年对该规定进行了修订（法释[2013]9 号），2009 年出台《最高人民法院关于审理侵犯专利权纠纷案件应用法律若干问题的解释》（法释[2009]21 号）等。

### 2．著作权/版权——《著作权法》

1）著作权法

改革开放以来，我国关于著作权保护的法律法规不断完善，目前形成了较为系统的法律体系。1990 年 9 月我国颁布了《中华人民共和国著作权法》（主席第 31 号令），1991 年我国著作权法实施后，又分别于 2001 年（主席第 58 号令）和 2010 年（主席第 26 号令）经过了两次被动、局部的修改。这两次修改均与世界贸易组织有关。第一次修改是为了满足加入世界贸易组织的需要，对我国著作权法与世界贸易组织《TRIPs 协定》不一致的地方进行了修改或补充；第二次修改是为了执行世界贸易组织关于中美知识产权争端案的裁决，对著作权法进行了“小修”。面对国际国内经济、文化和科学技术迅猛发展的新形势，2011 年我国正式启动全面系统的著作权法第三次修订工作，以促进经济建设又快又好发展，推进社会主义文化大发展大繁荣。与前两次修法不同，此次著作权法修订是我们立足本国实际发展需要做出的主动选择。

1991 年 5 月国家版权局发布了《著作权法实施条例》（国家版权局局长第 31 号令），2002 年 8 月 2 日国务院颁布《著作权法实施条例》（国务院第 359 号令），根据 2011 年 1 月 8 日国务院令第 588 号《国务院关于废止和修改部分行政法规的决定》第一次修订，根据 2013 年 1 月 30 日国务院令第 633 号《国务院关于修改〈中华人民共和国著作权法实施条例〉的决定》第二次修订。该《条例》共 38 条，自 2013 年 3 月 1 日起施行，同时，1991 年 5 月 24 日国务院批准、1991 年 5 月 30 日国家版权局发布的《中华人民共和国著作权法实施条例》予以废止。

为实现著作权的国际保护，我国于1992年加入了《保护文学艺术作品伯尔尼公约》(简称伯尔尼公约)，伯尔尼公约是关于著作权保护的国际条约，1886年制定于瑞士伯尔尼。截至2004年12月31日，缔约方总数为157个国家，1992年7月1日中国决定加入该公约，10月5日成为该公约的第93个成员国。

2002年10月最高人民法院审判委员会颁布《关于审理著作权民事纠纷案件适用法律若干问题的解释》(法释[2002]31号)；在此之前《民法通则》对著作权及其保护做了原则性的规定。上述法律法规为著作权利人的诉讼提供了法律支撑。

2）植物新品种保护——《植物新品种保护条例》

1997年10月我国颁布了《中华人民共和国植物新品种保护条例》(国务院令第213号)。为适应经济发展的需要，2013年1月对《植物新品种保护条例》又作了修改，1999年6月16日国家农业部发布的《中华人民共和国植物新品种保护条例实施细则（农业部分)》，2007年9月农业部修改 《中华人民共和国植物新品种保护条例实施细则（农业部分)》并予以公布，原细则废止。

3）集成电路权——《集成电路布图设计保护条例》

2001年3月国务院颁布《集成电路布图设计保护条例》(国务院第300号令)，2001年9月国家知识产权局颁布《集成电路布图设计保护条例实施细则》(局长令第11号)。

4）计算机软件权——《计算机软件保护条例》

为了保护计算机软件著作权人的权益，调整计算机软件在开发、传播和使用中发生的利益关系，鼓励计算机软件的开发与应用，促进软件产业和国民经济信息化的发展，根据《中华人民共和国著作权法》，1991年6月国务院发布《计算机软件保护条例》(国务院令84号发布)；2001年12月进行了第一次修订（国务院令第339号)；2013年1月进行第二次修订（国务院令第632号)，该《条例》分总则、软件著作权、软件著作权的许可使用和转让、法律责任、附则。共五章33条，自2013年3月1日起施行。

5）网络传播权——《信息网络传播权保护条例》

为明确在《著作权法》规定的“信息网络传播权的具体表现形式和保护方式”，保护著作权人的信息网络传播权，鼓励有益于社会主义精神文明、物质文明建设的作品的创作和传播，2006年5月国务院颁布《信息网络传播权保护条例》(第468号令)，2013年1月对该条例又进行了修订，以国务院第634号令形式予以颁布实施。

### 3．商标权——《商标法》

随着改革开放市场经济的建立与发展以及世贸组织的加入，我国商标法律法规逐步健全与得到完善。1982年我国颁布了《中华人民共和国商标法》(第10号令)，此后，1993年、2001年、2013年又经三次修正。

相应地，1983年我国颁布了《中华人民共和国商标法实施细则》(工商总局第14号令)，1993年对细则进行了第一次修订，2002年对细则进行了第二次修订，细则上升为《中华人民共和国商标法实施条例》（国务院第 358 号令）。1989 年我国加入了《商标国际注册马德里协定》；国家工商行政管理总局制定了《马德里商标国际注册实施办法》（工商总局第 7 号令）。根据《商标法》和《商标法实施条例》的实施和修订国家工商行政管理总局还制定了两个规章，一个是《驰名商标认定和保护规定》（工商总局第 5 号令），一个是《集体商标、证明商标注册和管理办法》（工商总局第 6 号令）。

在此期间的 2001 年、2002 年最高人民法院分别颁布了《关于人民法院对注册商标权进行财产保全的解释》（法释[2001]1 号）《关于审理商标案件有关管辖和法律适用范围问题的解释》（法释[2002]1 号）、《关于诉前停止侵犯注册商标专用权行为和保全证据适用法律问题的解释》（法释[2002]2 号）以及《最高人民法院关于审理商标民事纠纷案件适用法律若干问题的解释》（法释[2002]32 号）等，目前，我国已经建立了较为完善的商标权保护法律体系，这些法律法规的颁布为商标权利的保护提供了重要的法律依据。

#### 4．商业秘密权——《反不正当竞争法》

1993 年我国颁布《中华人民共和国反不正当竞争法》（第 10 号令）将商业秘密侵权作为不正当竞争行为的重要内容。同时，1993 年 12 月国务院颁布施行《反不正当竞争法实施细则》，1995 年国家工商行政管理局颁布《关于禁止侵犯商业秘密行为的若干规定》并于 1998 年进行了修正。2007 年最高人民法院颁布《最高人民法院关于审理不正当竞争民事案件应用法律若干问题的解释》（法释[2007]2 号）。上述法律法规、司法解释外，还包括《合同法》、《劳动法》等，为我国解决商业秘密纠纷提供了明确的法律依据。

### 1.1.3　知识产权范围

#### 1．知识产权的范围

知识产权的范围涵盖知识产权的内容、客体和对象。鉴于《贸易有关的知识产权协议》即 WTO（TRIPs）协定使用“范围”这一术语，对于知识产权的范围可以分为传统（狭义）以及现代（广义）两种认识和理解。传统（狭义）的知识产权认为，知识产权的范围由版权（我国称著作权）和工业产权两部分组成。现代（广义）的知识产权认为，知识产权的范围由版权、工业产权和其他知识产权（主要是指科技成果权其中尤其是技术秘密类技术成果权）三部分组成。《WIPO 公约》、《WTO 协定》（《TRIPs 协定》）和我国《民法（草案）》主张现代（广义）的“三范围论”。

世界知识产权组织公约《WIPO 公约》第 2 条规定：

（1）关于文学、艺术和科学作品的权利即著作权或版权；

（2）关于表演艺术家演出、录音和广播的权利，即主要指邻接权；

（3）关于人类发展的一切领域的发明和权利（一切领域的发明，就既包括专利发明，又包括非专利发明）；

（4）关于科学发现的权利，即发现权；

（5）关于工业品外观设计的权利；

（6）关于商标、服务标志、厂商名称和标记的权利，即主要指商标权、商号权等识别性标记权；

（7）关于制止不正当竞争的权利即反不正当竞争权；

（8）一切来自工业、科学、文学或艺术领域的智力创作活动所产生的权利。

世界贸易组织有关的知识产权协议《WTO 协定》、《TRIPs 协定》规定：

（1）著作权及其相关权利（即邻接权）；

（2）商标权；

（3）地理标志权；

（4）工业品外观设计权；

（5）专利权；

（6）集成电路布图设计权；

（7）未公开信息的专有权。

我国《民法（草案）》第 89 条规定：

（1）文学、艺术、科学等作品及其传播；

（2）专利；

（3）商标及其他商业标识；

（4）企业名称；

（5）原产地标记；

（6）商业秘密；

（7）集成电路布图设计；

（8）植物新品种；

（9）发现、发明以及其他科技成果；

（10）传统知识；

（11）生物多样化；

（12）法律规定的其他智力成果。

这些规定都表明，知识产权的范围由版权、工业产权和其他知识产权主要是指科技成果权组成。其中关于科技成果权尤其是技术秘密类技术成果权的归纳，直接依据《WIPO 公约》第 2 条第三款的规定、《TRIPs 协定》第七款的规定和我国《民法（草案）》第 89 条第九款的规定。应当指出，当代高科技及其产业化发展迅猛，科学和技术界限在有的科技领域显得越来越模糊，如生命科学技术领域的基因说与人类基因组图谱等，在理论成果状态下就出现了应用。因此，现在使用其他科技成果权这一术语，争议恐怕会越来越少。至于技术秘密类技术成果，国外有些国家称这一术语为专有技术（KNOW-HOW），直译为中文就是“知道怎么干”的意思。我国曾称非专利技术。1999 年 3 月我国颁布的新《合同法》第一次在法律上将非专利技术称为“技术秘密”。

### 2．著作权/版权

我国称著作权，英美法系称版权，著作权是版权的同义语，也有人把它概括为文学产权，指文学、艺术和科学作品的著作权人（包括创作者、传播者和其他著作权人）根据法律规定对其智力成果所享有的专有权利，它包括著作人身权和著作财产权。版权的主要范围是：

（1）文学、艺术和科学作品；

（2）邻接权作品：演出（表演）、录音、录像和广播作品；

（3）计算机软件作品（包括计算机软件文档资料和计算机操作程序两个部分，近年来被多数国家列为版权保护的一种作品）。

### 3．工业产权

工业产权指法律赋予人们在工商业领域中为使用而作出的创造性构思或区别性标志、记号、品牌等方面所享有的专有权。工业产权包括工业所有权和商业所有权，其中“工业”一词包括工业、农业、采掘业等各个产业部门，还包括商业等经贸企业，也有人统称为“产业产权”。工业产权范围包括：

1）专利

是指依法批准的发明人或其权利受让人对其发明成果在一定年限内享有的独占所有权。根据我国《专利法》的规定，专利分为发明专利、实用新型技术专利、外观设计专利三种。发明专利是指对产品、方法或者其改进所提出的新的技术方案所拥有的保护权利；实用新型专利是指对产品的形状、构造或者其结合所提出的适于实用的新的技术方案所拥有的保护权利；外观设计专利，是指对产品的形状、图案或者其结合以及色彩与形状、图案的结合所作出的富有美感并适于工业应用的新设计所拥有的保护权利。

2）商标

商标俗称商品的名称，是商品生产者或经营者精心设计后，人为的有意识的置于商品上的一种专门的可视性标志。商标权是商标专用权的简称，是指商标主管机关依法授予商标所有人对其注册商标受国家法律保护的专有权。商标注册人依法支配其注册商标并禁止他人侵害的权利。

3）服务标记

服务行业的专用标志。也称“服务商标”或“劳务标志”。根据《尼斯协定》，服务业包括 11 类：广告与实业、保险与金融、建筑与修理、电信、运输与贮藏、材料处理、教育与娱乐、其他诸如餐饮住宿、理发美容等服务行业使用的用以区别其他服务行业和系统的一种特别标志。

4）厂商名称

以国名、地名和字号组成的工商企业名称，包括各种商贸机构的“商号”，旨在辨认和识别不同的企业。

5）地理标志（货源标记）

包括产地标记和原产地名称两种。产地标记一般是指产品生产加工的企业所在国及其地理名称，用于标志产于该地的产品。原产地名称除反映产品的来源之外，还标明产于该地的名优产品，它和产品的驰名度是联系在一起的，产品的驰名度是该地的自然因素和人文因素相结合的产物。

6）反不正当竞争

是指经营者损害其他经营者的合法权益，扰乱社会经济秩序的行为。包括假冒他人注册商标、服务标记、厂商名称、地理标志等侵犯工业产权的行为；以盗窃、利诱、胁迫或者其他不正当手段获取权利人的商业秘密；披露、使用或者允许他人使用以前项手段获取的权利人的商业秘密；违反约定或者违反权利人有关保守商业秘密的要求，披露、使用或者允许他人使用其所掌握的商业秘密等。

#### 4．其他知识产权（即科技成果权）

根据《TRIPs 协定》的第二部分“有关知识产权效力、范围及标准”中所规定的，科技成果权是指集成电路布图设计（拓扑图）、植物新品种权和未公开信息（包括技术秘密、商业秘密和实验数据）。这是一个最新的关于知识产权范围的定义，说明其他知识产权（即科技成果权）包括两大类：一类是新兴的高科技成果权，其中相当一部分成果很多国家的专利法和我国的专利法还没有规定为专利授权范围；另一类是具有一定经济价值的处于保密状态的技术秘密，包括部分商业秘密和实验数据。

## 1.2 知识产权特征

### 1.2.1 客体的无形性

知识产权所保护的对象大部分是智力活动所创造的成果，（至于商标等商业标志，法律是把它们当作商业活动的标志，而不是作为智力成果来保护的。）即通常所说的智力成果，如文学艺术和科学作品新产品新方法的发明创造等。它是一种可以脱离其所有者而存在的无形信息，是一种无形财产。知识产权客体的无形性具有不同于有形财产的以下重要特点：

#### 1．具有永久存续性

知识产权的保护对象一旦产生，就成为人类精神财富的一部分，不会随时间的推移而耗损、消失。在法律保护的期间内，它为权利人独自享有。法律不再保护以后，对象本身不因权利的消失而消失，而是进入公有领域，成为公共的精神财富，永久存在。而有形财产则会在使用中耗损、消失，甚至仅仅因为时间的推移而逐渐耗损以致最后消失。

#### 2. 具有可复制性

知识产权的客体是可以被复制的，例如，对设计图纸进行复制，制作产品；按照一定的施工方法进行施工生产；用印刷、复印、制作光盘等方式复制文学艺术作品等。有形财产不具有这样的特点。

#### 3. 具有可广泛传播性

作为一种信息，它一旦产生，就可以通过各种传播媒介广泛传播。这种传播不受国界、语言等的限制。特别是在各种传播媒介十分发达的今天，除信息所有人严格保密以外，一项信息在极短的时间内就可以传遍全世界，信息的“公共产品”特征越来越凸显出来，而一项有形财产在同一时间只能存在于一个地方，不可能同时出现在两个以上的地方。

#### 4. 可以同时被许多人使用

信息一旦公开，就会广泛传播，凡知悉该信息并具备相应条件者就可以对其进行使用。因此，知识产权的保护客体可以同时在相同或不同的地方被许多人直接使用，而且这种使用频率不会给该信息本身造成损耗，有可能受到损害的只是权利人的利益。物质财产由于其特定性和唯一性，不可能同时被许多人直接使用，而且使用必然对其带来损耗，不管这种损耗是多么微不足道。

#### 5. 不能用控制有形财产的方式控制

信息的无形性和由此带来的易于传播的特点，所有人不能像对有形财产那样通过占有加以控制，排除他人的侵害，因此，对信息所有人的保护更多地须借助于法律赋予的独占权利来实现。

### 1.2.2　权利的双重性

某类知识产权如著作权，其财产权属性主要体现在所有人享有的独占权或者排他权以及许可他人使用而获得报酬的权利，其所有人可以通过自己独家行使获得收益，也可以通过有偿许可他人行使获得收益，还可以像有形财产那样进行买卖或抵押；其人身权属性主要是指署名权等。当然也有的知识产权具有单一的属性，例如，发现权只具有名誉权属性，不具有财产权属性；商业秘密只具有财产权属性，不具有人身权属性。专利权、商标权主要体现为财产权，目前对其人身权属性的定义仍有争议。

### 1.2.3 依法审查的确认性

知识产权客体的依法审查确认性又可表述为国家授予性。知识产权一般须经国家依法批准授予。例如，专利权和商标权以及与专利权类似的权利。对于商标权的获得，我国和大多数国家实行注册制，只有向国家商标局提出注册申请，经审查核准注册后，才能获得商标权。作品和计算机软件等的著作权虽然是自作品完成其权利即自动产生，但在有些国家也要实行登记或标注版权标记后才能得到保护。我国对著作权和计算机软件保护实行了登记制度，例如《作品自愿登记试行办法》、《计算机软件著作权登记办法》等。

法院在保护作品著作权时，也要首先依法审查该作品是否具有独创性，不具备独创性的作品是不予保护的，从这个意义上说，对著作权客体的保护也要依法审查。但有些知识产权则不需要国家授予，例如植物新品种权、商业秘密权。

### 1.2.4 独占性或排他性

由于智力成果具有可以同时被多个主体所使用的特点，因此，大多数的知识产权是法律授予的一种独占权，具有排他性，未经其权利人许可，任何单位或个人不得使用，否则就构成侵权，应承担相应的法律责任。当然，法律对各种知识产权都设定了一定的限制，但这些限制不影响其独占权的特征。也有少数知识产权不具有独占权特征，例如，技术秘密的所有人不能禁止第三人使用其独立开发完成的或者合法取得的相同技术秘密。因此，商业秘密不具备完全的财产权属性。

### 1.2.5 严格的地域性

知识产权具有严格的地域性特点，即各国主管机关依照其本国法律授予的知识产权，只能在其本国领域内受法律保护，例如中国专利局授予的专利权或中国商标局核准的商标专用权，只能在中国领域内受保护，其他国家则不给予保护，外国人在我国领域外使用中国专利局授权的发明专利，不属于侵犯我国专利权，所以，我国公民、法人完成的发明创造要想在外国受保护，必须在外国申请专利；反之亦然。知识产权这一特点是基于“一国法律所取得之知识产权仅在该国范围内有效，在其他国家不发生效力”所决定的。可见，知识产权的地域性特点是由知识产权须经法律直接确认这一特点决定的，因为一国的法律没有域外效力。

### 1.2.6 具有法定时间性

法定时间性是指法律所确认的知识产权的效力有法定的期限，超过法定期限，权利归于消失，其保护对象从私有领域进入公有领域，任何人均可自由使用。这确实是物质财产权所不具有的特点。至于期限的长短，依各国的法律确定。例如，我国发明专利的保护期为 20 年，实用新型专利权和外观设计专利权的期限为 10 年，均自专利申请日起计算；我国公民的作品著作权的保护期为作者终生及其死亡后 50 年。上述两个权利期限届满后，其发明和作品即成为公有领域财产。

对知识产权规定存续期间，是由知识产权的保护对象是信息这一特点决定的。因为信息作为精神财富，具有永久存续的特点，其本身不会因为使用或时间的推移而消灭，因此，立法者基于立法政策上的考虑，规定权利人得独占控制其信息的期限，期限届满，该信息即进入公有领域，任何人均可自由使用，以平衡信息所有人和社会公众的利益，促进社会的发展。物质财产权以特定的物质财产为保护对象，由于物质财产的物质性和消耗性，当特定的物质财产消失之后，权利因保护对象的消失而自然消失，不需要法律规定其权利的存续期间。

从社会发展角度看，对创造性成果的权利规定存续期间，是为了平衡权利人和社会公众的利益。如果对技术、作品等创造性成果给予无限期保护，必然会影响社会对这些成果的充分利用，阻碍社会的发展，而这绝不是建立知识产权法律制度的目的。

## 1.3 保护现状与存在问题

### 1.3.1 国家知识产权保护现状

#### 1. 法规政策方面

自改革开放以来，可以说我国只用 20 年的时间就基本建立了西方发达国家用 100～200 年才建立起来的知识产权保护制度。我国在专利、商标、版权、反不正当竞争等方面的立法也日趋完善。针对音像制品、植物新品种以及知识产权海关保护也颁布了特别规定。《中华人民共和国刑法》中还单列了“侵犯知识产权罪”一项，构成犯罪的最高可判 7 年有期徒刑。国家知识产权战略实施工作机制不断完善，形成了国务院统一领导，部际联席会议统筹协调，各地区和各部门分工负责、协作推进的战略实施体系。2009 年，各部门共制定修订有关知识产权法规和规范性文件 54 项，出台主要政策措施 82 项，开展保护知识产权执法行动 24 项，建立公共服务平台 28 个。

此外，中国参加了几乎所有的知识产权保护国际组织和相关条约。1980 年 3 月 3 日加入了《成立世界知识产权组织公约》，并成为该组织的成员。此后，相继加入了《保护工业产权的巴黎公约》、《商标国际注册的马德里协定》、《尼斯协定》及其议定书、《世界版权公约》、《保护文学艺术作品的伯尔尼公约》、《保护唱片和录音制品制作者防止其作品被非法复制的日内瓦公约》、《专利合作条约》等知识产权国际公约。另外，我国还参与了缔结《关于集成电路的知识产权条约》活动，并成为第一批在条约上签字的国家。

### 2. 专利申请量、授权情况

2008年6月我国《国家知识产权战略纲要》颁布实施，全社会知识产权保护意识提高，市场主体知识产权创造和运用能力显著提升。受理的专利申请量和专利授权量每年都会有较大幅度的增长，我国三类专利申请量近年来的年均增长率超过20%～40%，近年来，尽管受到国际金融危机的冲击，我国知识产权申请量仍然持续快速增长。2009年是我国颁布实施《国家知识产权战略纲要》一周年，我国受理的专利申请量和专利授权量分别达97.7万件和58.2万件，同比增长17.9%和41.2%。商标注册申请83万件，同比增长18.9%；版权作品登记40.3万件，软件著作权登记7.1万件，同比增长44.6%。

2011年，国家知识产权局发布的数据显示，我国专利申请量和授权量为163.3万件和96.1万件，分别是2007年的2.5倍和2.7倍；其中，发明申请量达到52.6万件，跃居世界首位，国内有效发明专利拥有量首次超过国外；商标注册申请量141.68万件，同比增长32.14%，2007年至2011年，我国商标注册申请量翻了一番，自2002年起已连续10年位居世界第一；软件著作权登记量达到10.93万件，首次突破10万件，同比增长33.40%，较2006年的21 495件增长4.1倍。

2012年，我国受理专利申请205.1万件，同比增长26%；专利授权量达125.5万件，同比增长31%。2012年全国受理商标注册申请164.8万件，同比增长16.3%，版权作品登记量68.8万件、全国作品登记总量为687 651件，较2011年增长49.05%；软件著作权登记量13.9万件计算机软件著作权登记量达139 228件（包括云计算类软件登记1 946件），同比增长27.33%，双双达到历史新高。

### 3. 知识产权执法情况

在专利法、商标法、著作权法、知识产权海关保护条例等知识产权法律法规不断完善的同时，知识产权执法水平也不断提高。据统计，实施知识产权战略的第一年2009年公安机关共破获侵犯知识产权犯罪案件1 624起；全国检察机关共批准逮捕涉及侵犯知识产权犯罪案件1 256件2 119人；全国地方法院共审结知识产权民事一审案件305 093件，共审结涉及知识产权的刑事案件3 660件，其中有罪判决5 832人；工商部门查处各类商标违法案件5.1万件；海关共截获侵权嫌疑货物6.5万多批。

2011年全国法院系统新收知识产权案件68 022件，与2007年相比，增加200%；全国检察机关受理提请批捕侵犯知识产权犯罪案件4 370件，增加近200%；全国工商系统查处各类商标违法案件79 021件，增加57%；全国知识产权局系统办理专利案件3 017件，增加75%。

### 4. 存在的问题

在我国知识产权保护工作取得举世瞩目的成绩面前，也应该看到不足，主要有以下三个方面：

（1）自主核心技术专利数量不多

作为市场经济的细胞和载体的企业，应该是技术创新的主体，而在当今的知识经济中，企业更应成为专利开发的主体。而且目前我国企业知识产权与核心技术相关的自主知识产权数量不多，质量不高，并且缺乏知名品牌，尤其是国际知名的品牌。如在《商标周刊》网站公布的 2010 年度全球品牌 100 强名单中，中国竟无一品牌上榜。中国的民航客机 100%从国外进口；高端医疗设备、半导体及集成电路制造设备和光纤制造设备，基本从国外进口；石化装备的 80%、数控机床和先进纺织设备的 70%依赖进口。据调查统计表明，中国出口产品 50%为贴牌，29%无商标，只有 21%有自己的商标。而在欧美和东南亚一些发达国家，企业专利的申请量却达到了申请总量的 70%～80%，并同时大量到国外去申请专利，另外就国内申请的专利来看，也是一些技术含量较低的实用新型专利和外观设计专利，创新不强，质量不高。可以想象，我国企业一直处于产业价值链的低端，获取的只能是一些微薄利润，长此以往，经济增长将难以为继。据了解，国外企业正加紧通过知识产权竞争抢占中国市场，中国自主创新面临严峻挑战。

（2）知识产权保护法制建设还不完善

尽管经过社会各方的共同努力，我国已经建立了符合国际规则、比较适应中国国情的知识产权法律法规体系，并颁布实施了《专利法》、《商标法》、《著作权法》、《计算机软件保护条例》等一系法律法规。但是与国外发达国家所拥有完整的知识产权法律体系相比，还存在着明显的差距，如我们应该加强在知识产权的预警机制建设，同时不断地更新与完善国内法律，使之与国际条约接轨。另外，我们对知识产权保护缺乏一个清晰的定位，目前关于我国知识产权保护水平的认识，存在着三种截然不同的看法：保护水平过高论、保护水平过低论和水平适中论。各方还没有形成统一的共识。这种对定位存在的分歧，直接影响着我国知识权保护的立法与执法，不利于法制建设的长远发展。

（3）知识产权技术产业化水平不高

我国已经成为世界专利申请数量上的大国，但是，我国的专利技术和发明创造成果化的程度和发达国家相比比例很低。据有关部门统计，我国专利成果的转化率较低，大约在 10%，这已经成为制约我国技术创新和科技进步的瓶颈性障碍。技术产业化水平不高的主要原因是我国没有这种相配套的转化机制、机构，例如，转化交流平台、转化专项资金等，转化机制、机构的建立相对滞后，为此，国家应尽快建立和完善转化机制，才能有力地促进了专利技术的商品化和产业化，实现专利项目与社会资本的对接。

### 1.3.2　建筑行业知识产权现状

#### 1. 建筑行业知识产权工作现状

建筑业与其他行业相比既有共性，也有其特殊的领域特点：自改革开放以来，建筑行业经过 30 多年的快速发展，我国在自主创新方面取得了明显成绩，所拥有的知识产权数量和质量增长都得到长足的发展，但与发达国家相比，仍然存在很大差距。例如，在知识产权保护方面，2009—2010 年度国家级工法 591 项，呈逐年增加的态势，但仅占同期国内全部专利申请的 1/30，2011 年国内专利授权量前 10 位，建筑企业空白，通信企业则独占 6 席。透过这些数字，可看出目前建筑业知识产权保护工作与其他行业相比较为滞后，与建筑业在国民生产总值中做出的贡献和地位严重不对等。在实际操作中大多存在以下情况：

（1）行业知识产权保护机制和制度不完善

建筑行业知识产权保护范围包括专利、商标、版权及其相关权利、未公开的信息（商业秘密）等，目前缺乏完善的保护机制和制度，企业的内部核心技术秘密很难得到有效保护：一是从业人员跳槽频繁，进入新企业后，这些技术秘密甚至商业秘密随之为新雇主服务；二是在招投标过程中建设方往往把未中标的方案无偿给中标方以“优化实施方案”。这些违反知识产权法的行为严重地扰乱了建筑市场，扼杀了企业的核心竞争力，更增加了建筑企业实施知识产权保护的难度。

（2）专利侵权纠纷日益增多

近几年建筑业开发应用的新发明、新工艺、新技术层出不穷，知识产权官司时也有发生。如建筑设计“盗版”、建筑产品仿冒、招投标过程中技术方案被盗用、建筑业软件被侵权等，这些问题往往是施工方在施工中使用涉嫌专利侵权产品和技术，订立承包合同中没有相关知识产权条款约定等，并且国内建筑行业技术创新水平普遍偏低，行业进入门槛较低，许多企业靠抄袭、仿冒他人的技术或产品特别是专利技术生存，因此频发知识产权侵权纠纷。

（3）行业整体知识产权保护意识尚未建立

建筑行业的侵权现象普遍、维权困难，是业内公认的事实。表现在领域内各环节缺乏知识产权保护意识，不少人对《专利法》等知识产权法律法规了解不深，转承包合同中没有相关知识产权条款约定，政府部门审批缺乏对知识产权的前置审查和把关。行业普遍存在有制造无创新，有创新无产权，有产权无应用，有应用无保护的状况。

（4）知识产权保护与管理过程中执法力度不够

建筑业知识产权侵权的鉴定过程很复杂，企业申请了专利，要防止别人侵权，必须花较多的精力去辨别、收集证据，解决过程漫长，加上地方保护主义，客观上使建筑企业对专利保护的信心不足。另外知识产权权属分配困难，一个建设工程有开发、设计、施工、监理、总承包、参建、专业分包等单位参加，造成了知识产权保护困难。

### 2. 形成问题的原因分析

建筑业知识产权现状滞后，有其行业的根源，主要有以下几个方面的原因：

（1）自主创新能力比较低

很多建筑企业重生产轻研发，重引进轻消化，重模仿轻创新。即使有创新也层次较低。主要存在以下原因：

1）科技创新环境有待改善。缺乏对技术创新的激励机制，在企业资质管理、招投标管理、评优工作中技术水平还不是最主要的衡量指标，市场体系不完备，很多因素干扰市场的规范竞争，取得市场效益不能有效依靠科技进步。

2）科技攻关动力尚需加强。建筑行业的粗放型增长方式尚未明显扭转，工程建设中采用新技术需征求建设、设计单位的意见，处于被动状态，发挥不出科技在项目建设中的作用。

3）基础性研究缺乏支持。建筑行业资源消耗大、高新技术与传统产业的结合程度不够，很多研究因得不到经费支持无法立项。如可再生能源开发、建筑结构体系的发展、建筑施工节能及建筑垃圾处理与利用等研究工作都相对滞后于工程建设。

4）投入得不到应有保障。建筑企业科技资金来源渠道不稳定，重大技术难题攻关基本以自筹资金为主，会因经费问题受到影响。

5）虽然目前国家对建设企业资质申请中有关技术中心的建设有了明确要求，但其认定和评价主要依据工业企业的模式，没有突出建筑企业的特点，在工作定位、考核评比等方面不相适应，造成技术中心的水平参差不齐，在企业经营与创新中没有充分发挥用途。

（2）建筑企业知识产权应用水平相对较低

当前，我国建筑企业在研发与市场开拓方面还有一些衔接不够的地方，研发成果的应用渠道不够畅通，企业之间或与科研机构、相关院校之间尚未形成良好的技术创新合作机制。专利技术成果转化率低，产业化水平不高。根据 2007 年调查结果，我国建设工程领域企业授权专利实施率小于 30%的企业占一半以上。

（3）企业知识产权管理相对薄弱

知识产权管理尚未成为企业管理的重要内容，调查数据显示近 80%的建筑企业没有设置知识产权管理职能部门，也没有专人来负责这项工作，90%的建筑企业没有对所拥有的品牌进行评估，知识产权作为企业的无形资产还没有得到应有的重视。

（4）缺乏行业法规指导

建筑行业在知识产权保护方面还属于较为薄弱行业，没有具体的行业法令法规，2004 年建设部与国家知识产权局联合出台了《工程勘察设计咨询业知识产权保护与管理导则》，针对勘察设计咨询行业内的知识产权保护进行了规范，除此之外，对于建设领域的其他行业并没有做具体指导，例如招投标行业、建筑施工业、房地产业、施工机械行业等至今没有具体的法令法规指导、规范或强制规定。由于缺乏具有行业特点的、针对性的法规指导，企业知识产权保护制度建设与知识产权保护的贯标活动难以落实和奏效。

# 第2章　知识产权侵权行为表现

知识产权侵权行为是指行为人的行为客观上侵害他人知识产权的财产权或人身权，应承担民事责任的行为。侵权行为是对智慧财产创造者劳动的践踏和剥夺，是危害科技进步和文化繁荣的腐蚀剂。近年来，我国企业知识产权纠纷的诸多案例表明，企业知识产权侵权纠纷，往往是由一些潜在的企业或者是竞争对手出于种种动机干扰所致，影响了企业的正常发展。知识产权侵权一般包括专利侵权、著作权（即版权）侵权、商标侵权以及商业秘密侵权。

## 2.1　专利侵权行为表现

### 2.1.1　专利权基本概念

专利是专利法中最基本的概念，社会上对它的认识基本上有三种含义：一是指专利权，二是指受到专利权保护的发明创造；三是指专利文献。专利法中所说的专利主要是指“专利权”。所谓“专利权”就是由国家知识产权主管部门依据专利法授予申请人的一种实施其发明创造的专有权。专利权是最重要的一种知识产权。专利权作为一种财产权可以在市场上进行交易，专利权受到国家专利法的保护，未经专利人同意许可，任何单位和个人都不能使用。

一项发明创造完成以后，往往会产生各种复杂的社会关系，其中最主要的就是发明创造应当归谁所有、权利的范围以及如何利用的问题。没有受到专门保护的发明创造很难解决这些问题。其内容泄露以后任何人都可以利用这项发明创造。发明创造被授予专利以后，专利法保护专利不受侵犯，任何人要使用专利，必须得到专利人的许可，并按照双方协议支付使用费，否则就是侵权。专利人有权要求侵权者停止侵权行为，专利人因专利权受到侵犯而经济上受到损失的，还可以要求侵权者赔偿。如果对方拒绝这些要求，专利权人有权请求相关部门处理或者向人民法院提起诉讼。

### 2.1.2　专利权基本分类

专利权的客体是专利权人的权利和义务所指向的对象，就我国专利法而言，是指发明创造，包括发明、实用新型和外观设计专利。

### 1. 发明专利

我国《专利法》第 2 条规定："本法所称的发明创造是指发明、实用新型和外观设计。发明，是指对产品、方法或者其改进所提出的新的技术方案。"从上述定义看，专利法上所指的发明与通常人们理解的广义上的发明是有区别的，它必须是一种具体的技术方案，应具有一定的实用性。因此，自然定律的发现、抽象的智力活动规则以及单纯的技术构思等不能算作发明。而且，发明必须是一种新的技术方案，与现有技术相比是前所未有的。

根据《专利法》的发明的定义，可以将发明分为三大类：产品发明、方法发明和改进发明。

（1）产品发明

是指人工制造的具有特定性质的可移动的有形体，如机器、设备、仪表、物质等发明。未经人的加工、属于自然状态的东西不能作为产品发明，如天然宝石、矿物质。产品发明取得专利后称为产品专利，产品专利只保护产品本身，不考虑保护该产品的制造方法。

（2）方法发明

是指把一种物品变为另一种物品所使用的或制造一种产品的具有特性的方法和手段。所说的方法可以是化学方法、机械方法、通讯方法及工艺规定的顺序来描述的方法。方法发明取得专利后，称为方法专利。目前各国专利法对方法发明的保护程度不一。有的国家的专利法既保护方法发明本身，也保护该方法生产成的产品；有的国家则单纯保护方法本身。我国 1985 年版的《专利法》对专利方法的保护并不延及该方法制造的产品，但是现行的《专利法》则对两者都加以保护。

（3）改进发明

既非新的产品，也非新方法的创造，而是指在现有产品或者方法的基础之上，在保持其独特性质的条件下，又改善了其性能、使之具有新的功效的改进技术方案。但是，它仅带来部分质变，并没有从根本上突破原有的技术。人类的进步总是离不开前人成功的经验，科学的发展也使得发明涉猎的知识越来越广，所以，多数发明都属于改进发明。如日光灯是对白炽灯的改进。

此外，我们也可从其他角度，将发明分为首创发明与改进发明、组合发明、选择发明和应用发明：

1）首创发明，又称开拓性发明。这是指一种全新的技术解决方案，在技术史上未曾有过先例，它为人类科学技术的发展开创了新的里程碑，如指南针、蒸汽机、白炽灯、电话等发明。相对于首创发明的是改进发明。

2）组合发明，是指将已知的某些技术特征进行新的组合，以达到新的目的的一种技术解决方案。如将发动机、轮胎、车箱、方向盘组合在一起，构成一种交通工具，使之产生了与原来各个特征完全不同的技术效果。

3）选择发明，是指从许多公知的技术解决方案中选出某一技术方案的发明。选择发明主要出现在工艺、配方等发明创造中。例如，在温度 50～100℃时，碳物质的产量通常是恒定增加，但若设定在 70～70.5℃时，碳物质的产量有明显的大幅度增加，这种发明即是在很宽的范围内做出的选择发明。往往是在申请人欲将自己的保护范围划得很宽而又没有足够的实施例加以支持时，很容易被他人在原发明的基础上做出选择发明。

4）应用发明，是指将某一技术领域的公知技术用于某一新的领域的发明。这种新应用产生意想不到的技术效果。如洗衣粉是一种洗涤剂，但作为家畜饲料的添加剂，可以达到催肥的目的，洗衣粉的这种新用途就属于应用发明。

### 2．实用新型专利

《专利法》第 2 条第二款规定："实用新型是指对产品的形状、构造或者其结合所提出的适于实用的新的技术方案。"实用新型专利在技术创新水平上略低于发明专利，所以人们又称之为"小发明"或"小专利"。

根据实用新型的定义，它应具备以下特征：它必须是一种产品，该产品应当是经过工业方法制造的占据一定空间的实体。方法发明创造、工艺产品的用途发明创造，以及非经人类制造的自然存在的物品都不属于实用新型专利的保护范围。它必须具有应用性技术特征，可以用工业方法反复地再现。它必须是具有一定形状和构造的产品。产品的形状是指产品具有的、可能从外部观察到的空间形状，即三维产品。气体、液体、面粉、砂糖等没有固定形态的产品不视为具有形状。产品的构造是指产品的各个组成部分的安排、组织和相互关系。

### 3．外观设计专利

《专利法》第 2 条第三款规定："外观设计，是指对产品的形状、图案或者其结合以及色彩与形状、图案的结合所作出的富有美感并适于工业应用的新设计。"据此，外观设计专利应具备下列条件：

1）外观设计与产品相结合。产品是指任何用工业方法生产出来的物品，不能重复生产的手工艺品、农产品、畜产品、自然物不能作为外观设计的载体。外观设计应是对产品外观所作的设计，它不是单纯的美术作品。

2）外观设计是关于产品形状、图案和色彩或其结合的设计。形状是指立体或平面产品外部的点、线、面的转移、变化、组合而呈现的外表轮廓。图案是指将设计构思所产生的线条、变形文字的排列或组合并通过绘图或其他手段绘制的图形。色彩是指用于产品上的颜色或者颜色的组合，产品的色彩不能独立构成外观设计，而必须是与产品结构和图案的组合，外观设计既可以是立体的，也可以是平面的。

3）外观设计富有美感，这首先意味着具有视觉可见性。至于何谓美感，因标准不一，故一般只要不违反社会公德，能为普通人所接受即认定其具有美感，或者具有可视性即认定具有美感。

4）适于工业上应用的新设计。外观设计是对工业产品的设计，不是艺术品，因此，要求能够进行工业化批量生产。新设计是指该外观设计是一种新的设计方案，在现有技术中找不到与之相同或相似的外观设计。

### 2.1.3 专利侵权行为表现

#### 1. 专利侵权行为

专利侵权表现形态是依据不同的标准对侵权行为做出的不同分类，这对于明确专利侵权行为的归责原则、责任构成等专利侵权责任问题具有重要意义。根据我国制定的《专利法》，专利侵权大致可分为两类：

（1）实施他人专利的行为

《专利法》第11条规定："发明和实用新型专利权被授予后，除本法另有规定的以外，任何单位或者个人未经专利权人许可，都不得实施其专利，即不得为生产经营目的制造、使用、许诺销售、销售、进口其专利产品，或者使用其专利方法以及使用、许诺销售、销售、进口依照该专利方法直接获得的产品。""外观设计专利权被授予后，任何单位或者个人未经专利权人许可，都不得实施其专利，即不得为生产经营目的制造、许诺销售、销售、进口其外观设计专利产品。"这类专利侵权行为必须满足两个条件：一是未经权利人许可；二是以生产经营为目的，具体表现为以下三种形态：

1）制造、使用、许诺销售、销售或进口他人发明专利产品或实用新型专利产品；

2）使用他人发明专利方法以及使用、许诺销售、销售或进口依照该方法直接获得的产品；

3）制造、销售或进口他人外观设计专利产品。

（2）假冒他人专利行为

此类专利侵权是指侵害专利权人的标记权，根据《专利法实施细则》第84条规定，有以下五种形式属于假冒专利的行为：

1）在未被授予专利权的产品或者其包装上标注专利标识，专利权被宣告无效后或者终止后继续在产品或者其包装上标注专利标识，或者未经许可在产品或者产品包装上标注他人的专利号；

2）销售第一项所述产品；

3）在产品说明书等材料中将未被授予专利权的技术或者设计称为专利技术或者专利设计，将专利申请称为专利，或者未经许可使用他人的专利号，使公众将所涉及的技术或者设计误认为是专利技术或者专利设计；

4）伪造或者变造专利证书、专利文件或者专利申请文件；

5）其他使公众混淆，将未被授予专利权的技术或者设计误认为是专利技术或者专利设计的行为。

专利权终止前依法在专利产品、依照专利方法直接获得的产品或者其包装上标注专利标识，在专利权终止后许诺销售、销售该产品的，不属于假冒专利行为。销售不知道是假冒专利的产品，并且能够证明该产品合法来源的，由管理专利工作的部门责令停止销售，但免除罚款的处罚。

除法律规定外，在理论上和实践中还存在另两种专利侵权行为：一个是“过失假冒”，指行为人本意是冒充专利，随意杜撰一个专利号，而碰巧与某人获得的某项专利的专利号相同，这时，该行为即使无假冒故意，其行为结果仍然构成了假冒他人专利；另一个是“反向假冒”，指行为人将合法取得的他人专利产品，注上自己的专利号予以出售，这种行为显然不构成“假冒他人专利”，但事实上侵害了合法专利权人的标记权，仍是一种侵权行为，应向被侵权人承担民事责任。

另外，值得注意的是还有一种违法行为，即以非专利产品冒充专利产品、以非专利方法冒充专利方法的，此种行为不是专利侵权的表现形态，也就不是专利侵权，不承担专利侵权责任，仅承担一般的民事侵权责任。

（3）不视为侵犯专利权行为

依据《专利法》第69条规定下列情形之一的，不视为专利侵权行为：

1）专利产品或者依照专利方法直接获得的产品，由专利权人或者经其许可的单位、个人售出后，使用、许诺销售、销售、进口该产品的；

2）在专利申请日前已经制造相同产品、使用相同方法或者已经作好制造、使用的必要准备，并且仅在原有范围内继续制造、使用的；

3）临时通过中国领陆、领水、领空的外国运输工具，依照其所属国同中国签订的协议或者共同参加的国际条约，或者依照互惠原则，为运输工具自身需要而在其装置和设备中使用有关专利的；

4）专为科学研究和实验而使用有关专利的；

5）为提供行政审批所需要的信息，制造、使用、进口专利药品或者专利医疗器械的，以及专门为其制造、进口专利药品或者专利医疗器械的。

### 2. 建设领域常见专利侵权行为

建筑领域专利侵权行为涉及所有行业，是一种十分常见的侵权行为。大致分为以下几种：

（1）直接侵害他人专利

在建设领域企业无一例外都面临着专利侵权的风险，建设主体未经权利人许可，擅自将他人享有专利的技术成果运用到生产经营之中，直接导致侵犯他人专利权，造成专利权利损失。作为侵权人应该承担相应的法律责任。

（2）间接侵害他人专利

在建设领域中，还有一种侵权表现形态，它不是自己直接侵害他人专利，而是通过诱导、怂恿、教唆、提供场地等手段，促使第三人侵犯他人专利权，侵犯专利权的教唆人和直接侵权行为人应承担共同侵权法律责任。

（3）转让后专利权侵权

按照法律规定专利人将专利权转让后，受让人的专利受到他人的侵犯。此种情况下，一般专利人和受让人应该共同对第三人进行诉讼，以维护受让人的合法权益。转让专利侵权在建设工程领域中是较为常见的一种侵权表现形态。

## 2.2　著作侵权行为表现

### 2.2.1　著作权概念

#### 1．著作权作品的定义

依据我国《著作权法》以及《著作权法实施条例》的有关规定，“中国公民、法人或者其他组织的作品，不论是否发表，依照本法享有著作权。”著作权法所称“作品”，指文学、艺术和科学领域内，具有独创性并能以某种有形形式复制的智力创作成果。著作权法所称“创作”，指直接产生文学、艺术和科学作品的智力活动。为他人创作进行组织工作，提供咨询意见、物质条件或者进行其他辅助活动，均不视为创作。

#### 2．享有著作权的作品内容

创作的文学、艺术和自然科学、社会科学、工程技术等作品。美术、建筑作品、工程设计图、产品设计图等图形作品和模型作品、计算机软件等属于著作权法的作品范畴之内，著作人拥有著作权利，他人不得侵犯。著作权人或者与著作权有关的权利人有证据证明他人正在实施或者即将实施侵犯其权利的行为，如不及时制止将会使其合法权益受到难以弥补的损害的，可以在起诉前向人民法院申请采取责令停止有关行为和财产保全的措施，应当根据情况，承担停止侵害、消除影响、赔礼道歉、赔偿损失等民事责任。

#### 3．著作权作品保护条件

由上述可见，一部拥有有效著作权的作品必须同时具备下述条件：① 属于著作权法保护的作品范围；② 具备独创性；③ 能以某种有形形式复制。只要有任何一个条件不具备，原告作品就不受著作权法保护。这样，被告当然未侵权。如果原告作品同时符合上述条件，则该作品享受著作权法保护。

#### 4．著作权的权利内容

著作权也称版权，是指作者及其他权利人对文学、艺术和科学作品享有的人身权和财产权的总称。它是自然人、法人或者其他组织对文学、艺术或科学作品依法享有的财产权利和人身权利的总称。著作财产权是非物质财产权，是基于人类智慧所产生之权利，故属智慧财产权，是知识产权的一种。著作权自作品创作完成之日起产生，在中国实行自愿登记原则。著作权的权利内容包括下列人身权和财产权：

① 发表权即决定作品是否公之于众的权利；② 署名权即表明作者身份在作品上署名的权利；③ 修改权即修改或者授权他人修改作品的权利；④ 保护作品完整权即保护作品不受歪曲、篡改的权利；⑤ 使用权和获得报酬权即以复制、表演、播放、展览、发行、摄制电影、电视、录像或者改编、翻译、注释、编辑等方式使用作品的权利以及许可他人以上述方式使用作品，并由此获得报酬的权利。

### 5. 著作权的主体

著作权的主体因创作成果而享有著作权的人，可以是自然人，也可以是法人，少数情况下也可以是国家。我国《著作权法》还规定非法人单位也能享有著作权。著作权主体还有个人（独立创作作品）和集体（两人以上的作者合著作品）之分。著作权的主体还可分为原始的或继受的主体。前者是直接以创作活动完成作品的人，享有包括人身权和财产权益的完整著作权利；后者是依据合同、继承等方式承受著作权利的人，只享有获得财产权益的部分著作权。

### 6. 著作权的取得

我国《著作权法》采取“无手续主义”，明确规定，中国公民、法人或者非法人单位的作品，不论是否发表，都享有著作权。外国人的作品首先在中国境内发表的，也享有著作权。

### 7. 著作权的保护期

① 作者的署名权、修改权、保护作品完整权的保护期不受限制；② 公民的作品，其发表权、使用权和获得报酬权的保护期为作者终生及其死亡后 50 年，截止于作者死亡后第 50 年的 12 月 31 日；如果是合作作品，截止于最后死亡的作者死亡后第 50 年的 12 月 31 日；③ 法人或者非法人单位的作品、著作权（署名权除外）由法人或者非法人单位享有的职务作品，其发表权、使用权和获得报酬权的保护期为 50 年，截止于作品首次发表后第 50 年的 12 月 31 日，但作品自创作完成后 50 年内未发表的，著作权法不再保护；④ 电影、电视、录像和摄影作品的发表权、使用权和获得报酬权的保护期为 50 年，截止于作品首次发表后第 50 年的 12 月 31 日，但作品自创作完成后 50 年内未发表的，著作权法不再保护。

### 2.2.2　著作侵权行为表现

#### 1. 著作权的侵权行为

依据《著作权法》第 47 条的规定，有下列侵权行为的，应当根据情况，承担停止侵害、消除影响、赔礼道歉、赔偿损失等民事责任：

1）未经著作权人许可，发表其作品的。中国公民、法人、其他组织在作品创作完成后，作者即享有著作权。作者有权决定是否发表，以什么方式发表，在什么条件下发表等。发表权的保护期是作者终生加死后 50 年。擅自发表他人作品的行为侵犯的是著作权人的发表权，权利人有权利追究侵权责任。

2）未经合作作者许可，将与他人合作创作的作品当做自己单独创作的作品发表的。合作作品的著作权归合作作者共同享有，任何一个合作作者擅自以个人名义发表合作作品的行为，都是将他人的劳动成果据为己有的侵权行为。依照《著作权法实施条例》第 9 条规定："合作作品不可以分割使用的，其著作权由各合作作者共同享有，通过协商一致行使；不能协商一致，又无正当理由的，任何一方不得阻止他方行使除转让以外的其他权利，但是所得收益应当合理分配给所有合作作者。"如果不愿意发表的合作作者无正当理由不发表该合作作品，则另一方可以发表，但需要在作品的署名上写明该作品系合作作品，由某人等合著，以表明该作品并非发表者一人的劳动成果。另外，合作作者不愿意署名并不意味着该合作作者不愿意行使该作品的财产权利。

3）没有参加创作，为谋取个人名利，在他人作品上署名的。著作权法规定，创作作品的公民、法人、其他组织是作者，作者享有署名权。因此，没有参加创作，出于谋取个人名利的目的，以作者的身份在作品上署名的行为，是一种非法窃取他人劳动成果的侵权行为。在现实生活中，即使作者诚心邀请他人在自己的作品上署名，这种方式虽然法律并没有明文禁止，但从实质上来说，也违背了著作权法保护著作权人的设立目的。需要注意是单位作品，在作品上署名的应当是法人或其他组织，而非执笔创作作品的个人。

4）歪曲、篡改他人作品的。修改他人的作品，不论是否征得作者的同意，都不能对他人的作品进行违背作者、作品原意的修改，否则就是一种歪曲、篡改行为。这种行为不仅公然侵犯了作者的著作权，而且也侵犯了作者的人身权，如名誉权等。

5）剽窃他人作品的。剽窃他人作品，往往是将他人作品以自己的名义发表、使用，目的是为了获得与作品相关的精神、物质利益。这种行为不但侵犯了作者的署名权、发表权等著作人身权，往往还侵犯了作者其他权利，如使用权以及获得报酬权等。

6）未经著作权人许可，以展览、摄制电影和以类似摄制电影的方法使用作品，或者以改编、翻译、注释等方式使用作品的，法律另有规定的除外。除了使用已经超过著作权法保护期限的作品，或者其使用行为属于著作权法规定的合理使用或法定许可的范围，未经著作权人同意，将其作品摄制为电影和以类似摄制电影的方法创作的作品，往往是侵犯了作者的摄制权以及获得报酬权；未经著作权人同意，以改编、翻译、注释等方式使用其作品，往往是侵犯了著作权人的修改权、翻译权以及获得报酬权。此外，美术作品原件的展览权由原件所有人享有，其他人在未经著作权人同意的情况下展览其作品，是侵犯著作权人的民用权以及获得报酬权的行为。

7）使用他人作品，应当支付报酬而未支付的。除了著作权法规定的合理使用外，使用他人作品都应当按照约定或者规定向权利人支付报酬。应支付而未支付的，属于侵犯著作权人获得财产权的行为。

8）未经电影作品和以类似摄制电影的方法创作的作品、计算机软件、录音录像制品的著作权人或者与著作权有关的权利人许可，出租其作品或者录音录像制品的，本法另有规定的除外。如果未经相关著作权人或者与著作权有关的权利人许可，出租电影作品和以类似摄制电影的方法创作的作品、计算机软件或者录音录像制品，就会侵犯到权利人的出租权以及获得报酬权。而且这种非法出租行为往往会影响到作品的正常使用，也会不合理地损害到权利人的合法利益，因此应当予以禁止。

9）未经出版者许可，使用其出版图书、期刊的版式设计的。图书、报刊出版者对其出版图书、期刊的版式设计享有专有使用权，有权许可或禁止他人使用，但该权利的保护期仅为10年，截止于使用该版式设计的图书期刊首次出版后第10年的12月31日。在此保护期间内，未经出版者许可使用其出版的图书、期刊的版式设计的，应当承担侵权责任。

10）未经表演者许可，从现场直播或者公开传送其现场表演，或者录制其表演的。著作权法规定，表演者享有表演者权，有权许可他人从现场直播或者公开传送其现场表演，也有权许可他人录音录像。如果他人未经表演者许可，将其表演擅自现场直播或者公开传送其现场表演或擅自录制下来，公众则不必到剧场去现场观看，也可以通过其他方式收看表演，这势必会影响到表演者的收入，有时也会影响到表演者的声誉。因而，这种行为往往直接侵犯了表演者权中的财产权。

此外，依照《著作权法实施条例》第33条规定，“外国人、无国籍人在中国境内的表演，受著作权法保护”。也就是说，如果未经在中国境内表演的外国人、无国籍人的许可，从现场直播或者公开传送其现场表演，或者录制其表演的，也是侵权行为。“外国人、无国籍人根据中国参加的国际条约对其表演享有的权利，受著作权法保护。”即便不是在中国境内进行的表演，但依据中国参加的国际条约，外国人、无国籍人对其表演享有的权利，也受本国著作权法的保护。未经其同意，不得从现场直播或者公开传送其现场表演，或者录制其表演。

11）其他侵犯著作权以及与著作权有关的权益的行为。除了上述的十种具体的侵权行为，其他的没有列举到的用各种手法损害著作权人的人身权利、财产权利的行为，以及损害与著作权有关的权利人的合法权益的行为，都属于侵权行为，应当按照该规定承担侵权责任。

《著作权法》第 48 条规定，“有下列侵权行为的，应当根据情况，承担停止侵害、消除影响、赔礼道歉、赔偿损失等民事责任；同时损害公共利益的，可以由著作权行政管理部门责令停止侵权行为，没收违法所得，没收、销毁侵权复制品，并可处以罚款；情节严重的，著作权行政管理部门还可以没收主要用于制作侵权复制品的材料、工具、设备等；构成犯罪的，依法追究刑事责任：

（一）未经著作权人许可，复制、发行、表演、放映、广播、汇编，通过信息网络向公众传播其作品的，本法另有规定的除外；

（二）出版他人享有专有出版权的图书的；

（三）未经表演者许可，复制、发行录有其表演的录音录像制品，或者通过信息网络向公众传播其表演的，本法另有规定的除外；

（四）未经录音录像制作者许可，复制、发行、通过信息网络向公众传播其制作的录音录像制品的，本法另有规定的除外；

（五）未经许可，播放或者复制广播、电视的，本法另有规定的除外；

（六）未经著作权人或者与著作权有关的权利人许可，故意避开或者破坏权利人为其作品、录音录像制品等采取的保护著作权或者与著作权有关的权利的技术措施的，法律、行政法规另有规定的除外；

（七）未经著作权人或者与著作权有关的权利人许可，故意删除或者改变作品、录音录像制品等的权利管理电子信息的，法律、行政法规另有规定的除外；

（八）制作、出售假冒他人署名的作品的。”

**2．著作权的其他行为**

依据《著作权法》第22条的规定，“在下列情况下使用作品，可以不经著作权人许可，不向其支付报酬，但应当指明作者姓名、作品名称，并且不得侵犯著作权人依照本法享有的其他权利：

（一）为个人学习、研究或者欣赏，使用他人已经发表的作品；

（二）为介绍、评论某一作品或者说明某一问题，在作品中适当引用他人已经发表的作品；

（三）为报道时事新闻，在报纸、期刊、广播电台、电视台等媒体中不可避免地再现或者引用已经发表的作品；

（四）报纸、期刊、广播电台、电视台等媒体刊登或者播放其他报纸、期刊、广播电台、电视台等媒体已经发表的关于政治、经济、宗教问题的时事性文章，但作者声明不许刊登、播放的除外；

（五）报纸、期刊、广播电台、电视台等媒体刊登或者播放在公众集会上发表的讲话，但作者声明不许刊登、播放的除外；

（六）为学校课堂教学或者科学研究，翻译或者少量复制已经发表的作品，供教学或者科研人员使用，但不得出版发行；

（七）国家机关为执行公务在合理范围内使用已经发表的作品；

（八）图书馆、档案馆、纪念馆、博物馆、美术馆等为陈列或者保存版本的需要，复制本馆收藏的作品；

（九）免费表演已经发表的作品，该表演未向公众收取费用，也未向表演者支付报酬；

（十）对设置或者陈列在室外公共场所的艺术作品进行临摹、绘画、摄影、录像；

（十一）将中国公民、法人或者其他组织已经发表的以汉语言文字创作的作品翻译成少数民族语言文字作品在国内出版发行；

（十二）将已经发表的作品改成盲文出版。

前款规定适用于对出版者、表演者、录音录像制作者、广播电台、电视台的权利的限制。”

## 2.2.3 建筑作品侵权行为

### 1. 建筑作品保护的对象

建筑学和法学上的建筑作品并非等同。依据《著作权法实施条例》(2010)的解释，“建筑作品，是指以建筑物或者构筑物形式表现的有审美意义的作品”。从上述定义可以看出，对我国建筑作品的保护范围与建筑学上的所说作品是不同的。建筑学上的作品所追求的是包含技术性和功能性的物质产品；在著作权法上，建筑作品是指以建筑物或构筑物的形式表现的有审美意义的作品，其具有独创性的艺术表达，建筑既是物质产品，更是艺术创作。

建筑作品与美术作品。在著作权法上，不同国家美术作品的范围不同，就其与建筑作品的关系而将建筑作品归入美术作品的范围（如德国），而世界知识产权组织认为美术作品不包括建筑艺术作品、实用艺术作品、摄影作品，认为建筑作品应当包括两项内容：一是建筑物本身（仅指在外观、装饰和设计上含有独创成分的建筑物）；二是建筑设计图与模型。在美国，法律严格区分美术作品和建筑作品，建筑作品是“以任何有形媒介表达体现的建筑设计”，其范围包括“建筑物、建筑方案或者设计图”。

我国对建筑作品的认识经历了从隶属美术作品到独立，再到限定范围的过程。在对1990年版的《著作权法》的解释上，认为建筑作品属于美术作品；2001年版的和2010年版的《著作权法》将美术作品、建筑作品并列为一项，但将建筑设计图归入工程设计图中，将建筑模型则归入模型作品。2002年国务院颁布的《著作权法实施条例》，将建筑作品的范围限制于建筑物本身，即第4条：（九）建筑作品，是指以建筑物或者构筑物形式表现的有审美意义的作品。

将建筑作品归为美术作品，是因为从形式上分析，建筑作品中的主要表现形式——建筑设计图尤其是建筑方案设计图与美术作品并无本质区别。我国2013年颁布的《著作权法实施条例》将美术作品定义为绘画、书法、雕塑等以线条、色彩或者其他方式构成的有审美意义的平面或者立体的造型艺术作品。建筑设计图完全符合美术作品的内涵。但将建筑作品与美术作品相区别更有道理：凡美术作品都给予创作者很大的自由创作空间；而建筑作品的设计图以及建筑物本身的外形所表现出来的外观虽包含有艺术创造的成分，但须遵循严格的科学技术要求和规定，设计者不能在建筑作品上进行主观随意的创作；日益增长的建筑创意以及建筑作品侵权案件使得法律必须对建筑作品给予更多的关注。从我国著作权法的修订结果看，立法更注重了建筑作品的独立性。

### 2. 建筑作品保护应然范围

总结分析域外法律规定和我国司法实践，建筑作品应包括建筑物本身、建筑设计图和建筑模型。

（1）建筑物本身

建筑物本身作为建筑作品在理论和实践上都是没有异议的。作为著作权法保护的客体，建筑物本身是仅就其独创性的外观而言的。这是因为建筑物的外观是建筑设计师一定美学构思的表达方式。建筑物外观以外的内容，无论建筑内部结构多么精巧，建筑材料是多么新颖，建造时采用了怎样先进的技术，都不受著作权法保护，这些内容体现的是技术性创造，而非艺术性创造，它可能构成工业产权的保护范围；另外，建筑作品中必须包含有设计者和建造者独创性的艺术元素。外观简单、形状普通而缺乏独创性的建筑物不是著作权法所称建筑作品。

（2）建筑设计图

建筑设计图属于建筑作品还是属于图形作品，在立法和学术界有较大争议。我国《著作权法》将建筑设计图规定为图形作品，有学者认为“作出这样的规定是因为一般的建筑设计图和建筑模型都可以作为作品受到保护，但并非所有的建筑物都可以作为作品受到保护。”事实上，建筑设计图与建筑物本身的关系非常密切。建筑设计是一个复杂的过程，主要分为建筑方案设计与建筑施工设计两阶段：

建筑设计师的设计方案中通常包含建筑方案图、建筑效果图、建筑总体图和结构图。在实际的设计过程中，还要写出说明书，制作建筑模型；在有特殊要求时，则需绘制“技术设计”图。上述图形通常是通过线条和色彩所表现出来的平面作品。因建筑学本身包含有美学的要求，它们在外观上与美术作品并无本质差异。建筑界外的人士面对这些设计图完全可以当做美术作品欣赏。正因为如此，很多学者认为将方案设计图置于美术作品中保护并无不当。但有些专家认为，方案设计图与建筑作品关联密切，方案设计图是为建造具体的建筑物设计的，尽管它包含美术的元素，但它本身并不是为美术或艺术而生。在司法实践中，对设计方案图的侵犯并非将其作为美术作品予以发表、出版，而是将其所体现的设计创意直接用到侵权人的建筑设计中，或是作为其设计方案予以宣传。尽管有的侵权行为只是将方案的大体创意用到自己的建筑设计中，这并不妨碍对其建筑作品侵权的认定。

从创作目的和侵权事实上看，法律应更关注建筑方案设计图与建筑本身的关联性，而不是其与美术作品的关联性。建筑施工图“如同计算机程序中的目标代码一样，目标代码一般只有机器可读”，即建筑施工图对于建筑界之外的人而言是没有意义的。建筑施工图是连接建筑设计方案和实体建筑物的桥梁，是建筑设计师通过一系列的数学计算以及技术上的衡量所绘制而成的。其最终目的是使得建筑者们按照施工图建造出设计方案中设想的建筑。没有施工图，不可能产生现代意义上的建筑。所以，窃取他人建筑施工图对建筑权利人来说损失最大。由于建筑施工图的专业性，对其平面复制的价值不比建筑方案设计图，但它本身包含有足以使建筑物带独创性的表现形式再现出来的那部分图示。即建筑施工图的本质意义在于其可以将设计方案从平面图纸变为立体造型，离开建筑实体，它的价值就消散了。因而将建筑施工图作为建筑作品予以保护是理所当然的。

（3）建筑模型

建筑模型是为了展示、观测或施工等用途，根据一定比例，将建筑建成后的实物进行浓缩而成的立体作品。建筑模型是建筑物的浓缩，同样也是设计师的独创性智力成果。单独的建筑模型更接近模型作品，我国著作权法即将建筑模型作为模型作品予以保护。但是，为展示、观测和施工方便等目的制作的建筑模型，是构建建筑物过程中的一个环节，实质上是整个建筑的组成部分，从其存在的意义分析，将建筑模型作为建筑作品而归入到建筑作品中予以保护，对于当事人的行为指引以及司法实践都是有益的。在侵权认定中，建筑设计图、建筑模型和建筑物之间的复制转换过程，更进一步地证明建筑作品这三种类型之间密切的联系。

从上述讨论我们可以看出：就建筑作品侵权角度而言，我国建筑作品的范畴应包括建筑物本身、建筑设计图和建筑模型。在实践中三者关联程度密切；从我国侵权的相关实例来看，对三种作品的侵权目的尽管有发表、传播的意图，但多数情况下，侵权人是通过对上述三种作品的抄袭（如将平面的建筑方案设计图复制为立体的建筑、将平面的施工设计图再现为立体建筑物，以及将立体的模型复制为立体的建筑等），将别人的独特性艺术成果复制到自己的建筑作品上，或是用于宣传自己的建筑作品。从最终意义上看，对三者的侵权行为多数情况下指向的是建筑设计。因而尽管建筑物本身、建筑设计图和建筑模型都各自包含有自己的艺术创造内容，甚至在某些时候发生断裂（如依据建筑方案设计图建造起来的建筑物，有可能因为其外观、装饰缺乏独创性而未能获得著作权法的保护，但是建筑方案设计图仍然受到著作权法保护），这并不妨碍它们在侵权行为上的关联性。

### 3. 建筑作品侵权行为

著作权侵权行为主要存在于招投标、勘察设计、房地产等行业，包括以下四种常见类型：

（1）剽窃他人作品

侵权人采取不正当竞争手段，抄袭、复制、演绎他人作品作为自己的成果，如建筑作品、雕塑、工程设计图纸、广告文案、软件源代码等，未经权利人许可就运用到生产经营活动之中，损害他人著作权益，应该承担著作权侵权责任。例如，房地产开发商擅自复制其他建筑设计图纸进行开发建设、抄袭他人雕塑作品为己所用、抄袭他人作品用于宣传销售等。

（2）合作创作侵权行为

在招投标活动中，招标人设置霸王条款盗取投标人作品；或投标人以联合名义创作之后，隐瞒、排挤、抛弃原合作者或主要创作者，将创作的作品据为己有，单独谋取经济利益，侵害原合作者合法权利。例如，设计人将合作设计的作品未经合作方同意，据为己有；投标人为满足招标资质条件，以其他有资质单位联合投标，设计作品完成后，有意隐瞒事实，利用他人成果中标并予实施等。

（3）委托创作侵权行为

在委托创作的情况下，受委托人存在侵犯他人著作权益行为，双方应承担共同侵权责任。例如，建筑设计的受托人侵犯他人建筑作品用于生产建设实践之中，委托人要承担共同侵权责任。

（4）作品署名权侵权行为

建设领域中以属于“职务作品”为由，将他人著作权据为己有，侵害作者建筑作品的合法权益，甚至侵犯合法作者的署名权，将作者排挤在建筑作品署名之外；委托人与受托人未能签署作品归属合同而产生的权属侵权等行为在建设领域也时有发生。

### 2.2.4 作品署名权问题探讨

我国现行《著作权法》第 10 条将署名权定义为“署名权，即表明作者身份，在作品上署名的权利”。在实践中，署名权反映了作者的姓名与作品之间的相互关系。署名权的行使与作品的复制、演绎、创作等问题都有千丝万缕的关系，作者有权利在自己的作品上署真实姓名，也可以署假名或笔名，这些都是作者的权利。关于署名权涉及的法律问题，相关法律条款已经有了详细的规定。但是在实践中，由署名权引发的纠纷却屡见不鲜。因此，要避免因署名权引发的知识产权纠纷，有必要对其涉及的法律问题进行专节探讨。

#### 1. 委托创作署名权归谁所有

我国《著作权法》第 10 条将署名权定义为表明作者身份的权利，常有观点认为，署名权是作者专有，为作者的专属权利。但根据我国现行《著作权法》第 17 条规定：“受委托创作的作品，著作权归属由委托人和受托人通过合同约定。合同未明确约定或者没有订立合同的，著作权属于受托人。”这一条中规定的著作权不仅包括《著作权法》中第 10 条规定的财产权，也包括人身权。因此，在委托创作的情况下，尽管受托人是作者，如果受托人和委托人签订了合同，合同中明确约定署名权归委托人时，署名权就不再为作者专有，亦可以归他人拥有，由他人行使。但需要注意的是，这会造成对“枪手”行为的纵容。尽管委托创作行为的确存在，而且也有存在的客观必要性，比如委托建筑师创作的建筑设计图，为加强单位管理，提高工作效率而委托软件公司帮助设计的软件等。但有专家认为，应当对委托创作行为进行必要的限制，而不能笼统规定，比如，对于请求他人代为创作论文之类的“枪手”行为就应当在法律中予以明确禁止，在《著作权法》第 17 条中应予以排除。

### 2. 无主作品版权归属如何确定

放弃署名权的作品著作权归谁？大多数人都愿意在自己创作的作品上署上自己的姓名，以表明作者的身份，进而确定作品以及由此产生的著作权的归属。而也有一些人基于某种考虑不愿在自己的作品上署名，在作品上不留任何姓名或者在署名时采用匿名、无名氏、佚名等称谓，而公众却不知道作者的真实信息，这实际上等于作者放弃了署名权。需要注意的是，上述情况与署假名、别名或笔名的情况不同。虽然作者的真实姓名都没有被披露，但假名、别名或笔名等称谓是基于确知作者的真实信息而产生的。

我国《著作权法实施条例》规定，“著作权自作品创作完成之日起产生。”尽管对于一些作品我们并不能确定其确切创作完成日期，但我们却能够确认该作品的保护期截止期。对于那些放弃了署名权、身份不明的作品，实际上类似于物权法上的无主物。既然无主，该作品的著作权应当如何界定呢？我国《著作权法》中虽没有明确的规定，但在《著作权法实施条例》中却作了相关规定。依据《著作权法实施条例》第 13 条规定：“作者身份不明的作品，由作品原件的所有人行使除署名权以外的著作权。作者身份确定后，由作者或者其继承人行使著作权。”

同时，依据《著作权法实施条例》第 20 条规定，著作人身权利的保护期不受限制，但财产性权利的保护期截止于作品首次发表后第 50 年的 12 月 31 日。在这一期限内，作者身份得以确定的，适用于《著作权法》第 21 条的规定。

根据《著作权法》第 21 条的规定，如果是公民的作品，其发表权、著作权法第 10 条第一款第（五）项至第（十七）项规定的权利的保护期为作者终生及其死亡后 50 年，截止于作者死亡后第 50 年的 12 月 31 日；如果是合作作品，截止于最后死亡的作者死亡后第 50 年的 12 月 31 日；如果是法人或者其他组织的作品、著作权（署名权除外）由法人或者其他组织享有的职务作品，其发表权、著作权法第 10 条第一款第（五）项至第（十七）项规定的权利的保护期为 50 年，截止于作品首次发表后第 50 年的 12 月 31 日，但作品自创作完成后 50 年内未发表的，著作权法不再保护；如果是电影作品和以类似摄制电影的方法创作的作品、摄影作品，其发表权、该法第 10 条第一款第（五）项至第（十七）项规定的权利的保护期为 50 年，截止于作品首次发表后第 50 年的 12 月 31 日，但作品自创作完成后 50 年内未发表的，著作权法不再保护。

尽管《著作权法实施条例》对于无主作品著作权归属给出了解释，但还有一些问题没有得到解决。在数字网络时代，人们的创作方式已经发生了巨大变化，手写、手绘的作品大为减少，数字作品大量呈现，而数字作品的原件和复制件几乎没有差别，两者很难区分。在此情形下，“作品原件的所有人”概念逐渐被抛弃。但是谁又能代表权利人行使其权利呢？使用该类作品是有偿使用，还是能够无偿使用？如果要有偿使用，使用费交给谁？基于该作品产生的著作权受到了侵害，又由谁能代表权利人维权？要回答这些问题，就需要法律法规作出更加明确、细致的规定，创立一个全国性的著作权使用费收转中心，并由其代为行使这部分权利人的著作权，同时设立专门账户对使用费加以管理，其作用应当是现在的著作权集体管理组织所无法取代的。

### 3. 作者能否允许他人署名

司法实践中，经常有这样一种情况，一个作者为了便于发表作品，除署上自己名字外，还署上其导师或其他名人的名字。那么，作者是否有权利许可他人在其作品上署名呢？我国《著作权法》第 10 条第二款规定，著作权人可以许可他人行使第 10 条第一款第（五）项至第（十七）项规定的权利，并依照约定或本法有关规定获得报酬。其中不包括发表权、署名权、修改权和保护作品完整权。那么是否就意味着法律禁止作者许可他人在其作品上署名呢？

对于非作者在他人作品上署名的问题，我国著作权法也做出相关规定。《著作权法》第 47 条规定，有下列侵权行为的，应当根据情况，承担停止侵害、消除影响、赔礼道歉、赔偿损失等民事责任，其中第（三）项规定没有参加创作，为谋取个人名利，在他人作品上署名的，将非作者在他人作品上署名的行为当作侵权行为对待。但本条同时规定了两项构成要件：一是客观上没有参加创作；二是主观上为了谋取个人名利。有专家认为，还应当包括一项构成要件，即未经作者许可，只有同时满足这三项构成要件，就构成侵权行为。因此，我国著作权法并不禁止作者许可他人在其作品上署名，经过作者许可的署名行为并不构成著作权法上的侵权行为。

### 4. 未经许可署名是否侵权

未经作者许可在其作品上署名是否侵犯作者的署名权？对于经过作者许可在其作品上署名的，只要没有谋取个人名利目的，并不侵犯作者的署名权及其他权利。而对于未经作者许可在其作品上署名的，又可以分为两种情况：一是窃取他人整部作品冠以自己的名字；二是引用他人作品时直接抄袭，而不注明出处。对于这种行为，我国著作权法明文规定其是一种剽窃他人作品的侵权行为，根据《著作权法》第 47 条第一款的规定，“（五）剽窃他人作品的，属于侵犯著作权的行为。”侵权人应当根据情况，承担停止侵害、消除影响、赔礼道歉、赔偿损失等民事责任。

### 5. 假冒作品是否侵犯署名权

我国《著作权法》规定，作者享有署名权，作者可以行使这项权利，也可以放弃行使。那么，作者有没有权利在其作品上使用他人姓名呢？如果作者未使用自己的名字而是使用了其他普通人的姓名，著作权法没有规定禁止这种行为，因为使用普通人的姓名很难为作者谋取名利，因此，一般人也通常将这个姓名当做该作者的假名或笔名来看待，因此也就不会产生侵权行为。

如果该作者未经一个名人的同意而使用其姓名在其作品上署名，其行为又该如何界定呢？如果只是自己欣赏，不会存在侵权。如果是出于制作、出售而谋利的，在我国著作权法上被界定为侵权假冒行为，这类作品则被称为“伪作”、“赝品”。对于这类行为，我国著作权法规定了严格的制裁措施，《著作权法》第 48 条规定，“（八）制作、出售假冒他人署名的作品的。”应当根据情况，承担停止侵害、消除影响、赔礼道歉、赔偿损失等民事责任。同时侵害公共利益的，可以由著作权行政管理部门责令停止侵权行为，没收违法所得，没收、销毁侵权复制品，并可处以罚款；情节严重的，著作权行政管理部门还可以没收主要用于制作侵权复制品的材料、工具、设备等；构成犯罪的，依法追究刑事责任。不过，需要注意的是，上述假冒他人作品的行为并非是侵犯著作权的行为，因为著作权是基于作品而产生的，著作侵权行为的客体是著作权人（一般是作者）的合法权益。而著作权人假冒他人作品的行为，显然不可能侵犯其自己的利益。而且署名权是基于作品而产生的，被假冒者并未创作该作品，因此也就不存在侵犯其署名权问题。依照我国民法通则规定，这种假冒他人作品的行为侵害的是他人的姓名权或名称权，并非署名权。

## 2.3 商标侵权行为表现

### 2.3.1 商标权基本概念

#### 1. 商标权的基本概念

商标权是商标专用权的简称，是指商标主管机关依法授予商标所有人对其注册商标受国家法律保护的专有权。商标注册人依法支配其注册商标并禁止他人侵害的权利，包括商标注册人对其注册商标的排他使用权、收益权、处分权、续展权和禁止他人侵害的权利。商标是用以区别商品和服务不同来源的商业性标志，由文字、图形、字母、数字、三维标志、颜色组合或者上述要素的组合构成。商标权人的权利主要有注册商标的专有使用权、禁止权、转让权等内容。

商标权是一种非物质资产，具有经济价值，可以用于抵债，即依法转让。根据我国《商标法》的规定，商标可以转让，转让注册商标时转让人和受让人应当签订转让协议，并共同向商标局提出申请。

在转让商标权时，应当按照《商标法》的规定，转让注册商标的，转让人和受让人应当签订转让协议，并共同向商标局提出申请。受让人应当保证使用该注册商标的商品质量。转让注册商标经核准后，予以公告。受让人自公告之日起享有商标专用权。

商标注册人可以通过签订商标使用许可合同，许可他人使用其注册商标。许可人应当监督被许可人使用其注册商标的商品质量。被许可人应当保证使用该注册商标的商品质量。经许可使用他人注册商标的，必须在使用该注册商标的商品上标明被许可人的名称和商品产地。

2．商标的种类

（1）按商标结构分类

1）文字商标。是指仅用文字构成的商标，包括中国汉字和少数民族字、外国文字和阿拉伯数字或以各种不同字组合的商标。

2）图形商标。是指仅用图形构成的商标。其中又能分为：

① 记号商标：是指用某种简单符号构成图案的商标；

② 几何图形商标：是以较抽象的图形构成的商标；

③ 自然图形商标：是以人物、动植物、自然风景等自然的物象为对象所构成的图形商标。有的以实物照片，有的则经过加工提炼、概括与夸张等手法进行处理的自然图形所构成的商标。

3）字母商标。是指用拼音文字或注音符号的最小书写单位，包括拼音文字、外文字母如英文字母、拉丁字母等所构成的商标。

4）数字商标。用阿拉伯数字、罗马数字或者是中文大写数字所构成的商标。

5）三维标志商标。又称为立体商标，用具有长、宽、高三种度量的三维立体物标志构成的商标标志，它与我们通常所见的表现在一个平面上的商标图案不同，而是以一个立体物质形态出现，这种形态可能出现在商品的外形上，也可以表现在商品的容器或其他地方。这是 2001 年新修订的《商标法》所增添的新内容，这将使得我国的商标保护制度更加完善。

6）颜色组合商标。颜色组合商标是指由两种或两种以上的彩色排列、组合而成的商标。文字、图案加彩色所构成的商标，不属颜色组合商标，只是一般的组合商标。

上述 1）～6）均为组合商标。组合商标指由两种或两种以上成分相结合构成的商标，也称复合商标。

（2）按商标使用者分类

1）商品商标。商品商标就是商品的标记，它是商标的最基本表现形式，通常所称的商标主要是指商品商标；其中商品商标又可分为商品生产者的产业商标和商品销售者的商业商标。

① 产业商标：又称为制造商标、工业商标、生产商标，指明确表示商品生产者的商标，是企业主要的使用形式。这种商标与“厂商名号”的意义相同，使得商品生产者所生产的商品有生产者的标记，从而与其他的生产者区别开来，并向消费者传达某种商品生产者所含的信息和来源，制造商标在中国是最常见的。

② 商业商标：又称销售商标、推销商标，是指销售者（经营者）为了销售商品而使用

的商标。这种商标的重点是宣传商品销售者的标记，而不是商品生产者。使用这种商标的往往是一些有较高声誉和实力的商业企业，他们通过定牌生产含自己商标的商品，从而对消费者作出某种信誉的保障。

2）服务商标。服务商标是指用来区别与其他同类服务项目的标志，如航空、导游、保险和金融、邮电、饭店、电视台等单位使用的标志，就是服务商标。

3）集体商标。是指以团体、协会或者其他组织名义注册，供该组织成员在商事活动中使用，以表明使用者在该组织中的成员资格的标志。

4）无主商标。由于某种原因，商标注册人已经不存在了，这个商标即为无主商标。

（3）按商标用途分类

1）营业商标。是指生产或经营者把特定的标志或企业名称用在自己制造或经营的商品上的商标，这种标志也有人叫它是“厂标”、“店标”或“司标”。

2）证明商标。是指由对某种商品或者服务具有监督能力的组织所控制，而由该组织以外的单位或者个人使用于其商品或者服务，用以证明该商品或者服务的原产地、原料、制造方法、质量或者其他特定品质的标志；如：绿色食品标志、真皮标志、纯羊毛标志、电工标志等。

3）等级商标。等级是指在商品质量、规格、等级不同的一种商品上使用的同一商标或者不同的商标。这种商标有的虽然名称相同，但图形或文字字体不同，也有的虽然图形相同，但为了便于区别不同商品质量，以不同颜色、不同纸张、不同印刷技术或者其他标志作区别，也有的是用不同商标名称或者图形作区别。如：沈阳啤酒厂就是以不同的商标来区分等级的，故称等级商标。

4）组集商标。组集商标是指在同类商品上，由于品种、规格、等级、价格的不同，为了加以区别而使用的几个商标，并把这几个商标作为一个组集一次性提出注册申请的商标。组集商标与等级商标有相似之处。

5）亲族商标。亲族商标是以一定的商标为基础，再把它与各种文字或图形结合起来，使用于同一企业的各类商品上的商标，也称“派生商标”。如美国柯达公司以“KOBAK”商标为基础，创造派生出“KOBACHROME”、“KOBAGRAPH”、“KOBASCOPE”等商标，就是亲族商标。

6）备用商标。备用商标也称贮藏商标，是指同时或分别在相同商品或类似商品上注册几个商标，注册后不一定马上使用，而是先贮存起来，一旦需要时再使用。注册备用商标，从商标战略角度，主要有两种考虑：一是某商品一旦投产时，即可及时使用，不会影响产品销售；二是为了保证名牌商标信誉，一旦由于某种原因，商品质量达不到要求时，可使用备用商标（所谓副标）暂时代替。

7）防御商标。防御商标是指驰名商标所有者，为了防止他人在不同类别的商品上使用其商标，而在非类似商品上将其商标分别注册，该种商标称为防御商标。我国现行的《商标法》对此种商标尚无明确规定，按照国际惯例，此种商标一般难以注册；但一经注册，不会因为其闲置不用而被国家商标主管机关撤销。

8）联合商标。联合商标是指同一商标所有人在相同或类似商品上注册的几个相同或者近似的商标，有的是文字近似，有的是图形近似，这些商标称为联合商标。这种相互近似商标注册后，不一定都会被使用，其目的是为了防止他人仿冒或注册，从而更有效地保护自己的商标。联合商标以其中的一个商标为主，称为主商标，亦称为正商标。因联合商标作用和功能的特殊性，其中的某个商标闲置不用，不致被国家商标主管机关撤销。由于联合商标相互近似的整体作用，因此，联合商标不得跨类分割使用或转让。

9）广告商标。广告商标为专门用于广告宣传的商标。

（4）按商标享誉程度分类

1）普通商标。在正常情况下使用未受到特别法律保护的绝大多数商标。

2）知名商标。指在较小地域范围内（如地市县级地域）有知名度的商标。它只是在我国较常出现的对某些商标的一种褒称，只是多出现在我国以地、市、县一级名誉商标评选中使用，并常在地方立法或地方行政立法出现。

3）著名商标。指在一定地域范围内（如省级地域）较有知名度的商标。它不是国际上的专用名词，只是多出现在我国以省、（直辖）市一级名誉商标评选中使用，并常在地方立法或地方行政立法出现。

4）驰名商标。是指在较大地域范围（如国际、国内）的市场上享有较高声誉，为相关公众所普遍熟知，有良好质量信誉，并享有特别法律保护的商标。

#### 3. 商标权保护的意义

商标权的保护是指国家运用法律手段制止、制裁商标侵权和商标犯罪的行为，从而保护商标注册人对其注册商标所享有的专用权，以维护国家商标管理秩序的制度。商标权的保护有如下重要意义：

1）有利于保护注册商标权人的商标权；

2）有利于保障消费者和生产、经营者的利益；

3）有利于保证使用注册商标的商品或服务的质量；

4）有利于保障社会主义市场经济的良好秩序；

5）有利于促进社会主义市场经济的竞争、繁荣。

### 2.3.2 商标权侵权行为

#### 1. 商标权侵权表现

（1）未经许可使用相同或近似的商标的行为

未经许可使用相同或近似的商标的行为是指未经商标注册人的许可，在同一种商品或者类似商品上使用了与商标权人的注册商标相同或者近似的商标的行为。此种行为是知识产权司法实践中最为普遍、最典型的侵权行为。其为《商标法》第 52 条第一项列举的商标侵权行为。

根据《商标法》的规定，商标注册人对其依法注册商标享有商标专用权，商标专用权以核准注册的商标和核定使用的商品为限。商标专用权分为商标的使用权即专有使用权和商标的禁用权。作为使用权是指商标注册人应当在商标注册证上核定使用的商品范围内，按照商标注册证上的商标样式，使用注册商标。这是基于注册商标对商标注册人行为的规范。商标的禁用权是指他人未经商标注册人的许可，不得在同一种或者类似商品上使用与其注册商标相同或者近似的商标，这是基于注册商标对他人行为的规范。侵犯商标注册人用权的行为可以细分为四种：

1）商标相同、商品相同。被控侵权的商标与注册商标相同，被控侵权商标所使用的商品与该注册商标所核定使用的商品也属于同一种类；即擅自在相同商品上使用与注册商标相同的商标。

2）商标相同、商品类似。被控侵权的商标与注册商标相同，被控侵权商标所使用的商品与该注册商标所核定使用的商品类似；即擅自在类似商品上使用与注册商标相同的商标。

3）商标近似、商品相同。被控侵权的商标与注册商标近似，被控侵权商标所使用的商标与该注册商标所核定使用的商品属于同一种类；即是擅自在相同商品上使用与注册商标近似的商标。

4）商标近似、商品类似。被控侵权的商标与注册商标近似，被控侵权商标所使用的商品与该注册商标所核定使用的商品相类似，即擅自在类似商品上使用与注册商标近似的商标。

第一种为“假冒注册商标”的行为，后三种为“仿冒注册商标”的行为。

（2）销售侵犯注册商标专用权的商品的行为

商品在生产后，必然经过流通环节才能到达消费者手中，商品的使用价值才会得以实现。销售是最普遍形式的流通方式。生产假冒或者仿冒他人注册商标的商品的行为是混淆商品来源、损害消费者利益、侵害商标注册人权益的侵权行为，销售这种商品客观上可产生上述后果。因此，销售侵犯注册商标专用权的商品的行为也是商标侵权行为。其为《商标法》第 52 条第二项列举的商标侵权行为即“销售侵犯注册商标专用权的商品的；”销售商可能是商品的制造商，也可能是单独从事销售行为的供应商。作为前者其应当承担停止侵权、赔偿损失等民事责任。而作为单独的供应商，根据《商标法》第 56 条第 3 款的规定，如果不知道销售的是侵犯注册商标专用权的商品，能证明该商品是自己合法取得的并说明提供者，仅承担停止侵权的民事责任，不承担赔偿责任。

（3）伪造、擅自制造他人注册商标标识或者销售伪造、擅自制造的注册商标标识的行为

伪造、擅自制造他人注册商标标识或者销售伪造、擅自制造的注册商标标识的是指非法制造或者销售非法制造的注册商标标识。商标侵权行为主要体现在涉案侵权标识上。因

此，非法制造和销售非法制造的注册商标标识在客观上为他人的侵权行为提供了必要条件。《商标法》第 52 条第三项：“伪造、擅自制造他人注册商标标识或者销售伪造、擅自制造的注册商标标识的；”将其列举为一种单独的商标侵权行为。

（4）未经商标注册人同意，更换其注册商标并将该更换商标的商品又投入市场的行为

《商标法》第 52 条第四项列举了“未经商标注册人同意，更换其注册商标并将该更换商标的商品又投入市场的行为”。这种行为就是“反向假冒”，又称“逆假冒”行为。

（5）给他人的注册商标专用权造成其他损害的

1）将与他人注册商标相同或者近似的标志作为产品名称或者商品装潢使用的行为。《商标法实施条例》第 50 条第一项规定：“在同一或者类似商品上，将与他人注册商标相同或者近似的标志作为商品名称或者商品装潢使用，误导公众的；”此行为构成商标侵权行为。行为人实施此种侵权行为，一般在商品或服务的不显眼位置标注自己的注册商标或未注册商标，但却将与他人的注册商标相同或者近似的标志作为商品名称或装潢使用，并突出宣传与他人注册商标相同或者近似的标志，非常容易造成相关公众的混淆和误认。而在遭到他人侵权指控时，往往以侵权商品上有自己的注册商标或商标，不会造成混淆和误认为抗辩理由。但因为通常情况下，在同一种商品或者服务上，将与他人注册相同或者近似的标志作为商品名称或者商品装潢使用，就足以使公众产生误认。这种行为实质上是攀附他人注册商标信誉的侵权行为，构成对他人注册商标专用权的侵害。

2）故意为侵犯他人注册商标专用权行为提供仓储、运输、邮寄、隐匿等便利条件的。《商标法实施条例》第 50 条第二项规定，“故意为侵犯他人注册商标专用权行为提供仓储、运输、邮寄、隐匿等便利条件的”，属于侵犯他人注册商标专用权的行为。这种行为在客观上起到为他人的侵权行为提供帮助或者其他便利的作用，在性质上构成民法中的共同侵权行为。值得注意的是，并不是所有的为侵犯他人注册商标专用权行为提供仓储、运输、邮寄、隐匿等便利条件的行为都构成商标侵权，需要确认行为人主观态度是故意，即“明知故犯”。

3）将与他人注册商标相同或者相近似的文字作为企业的字号在相同或者类似商品上突出使用，容易使相关公众产生误认的行为。《最高人民法院关于审理商标民事纠纷案件适用法律若干问题的解释》（法释[2002]32 号）第 1 条规定：“将与他人注册商标相同或者相近似的文字作为企业的字号在相同或者类似商品上突出使用，容易使相关公众产生误认的；”属于“给他人的注册商标专用权造成其他损害的”商标侵权行为。

在实践中，将与他人注册商标相同或者相近似的文字作为企业的字号在相同或者类似商品上使用的现象比较常见。如果这种使用是“突出”使用，则构成商标侵权。何谓“突出”使用，暂无法律的明确规定。实践中对此的认识有较大的差异。一般认为在字体、字型、颜色、位置等方面与企业名称的其他部分不一致以及将企业名称简化使用就构成突出使用。因为以这种使用方式标注在商品或服务上的字号容易引起相关公众的关注，而其与他人的注册商标相同或近似，必然容易使相关公众产生误认，误认为二者的商品或服务的

来源或者商品或服务的主体有某种关联关系。

4）复制、模仿、翻译他人注册的驰名商标或其主要部分在不相同或者不相类似商品上作为商标使用，误导公众，致使该驰名商标注册人的利益可能受到损害的行为。《最高人民法院关于审理商标民事纠纷案件适用法律若干问题的解释》（法释[2002]32 号）第 1 条规定：“复制、模仿、翻译他人注册的驰名商标或其主要部分在不相同或者不相类似商品上作为商标使用，误导公众，致使该驰名商标注册人的利益可能受到损害的”属于“给他人的注册商标专用权造成其他损害的”商标侵权行为。

国家工商行政管理总局 2003 年 4 月颁发的《驰名商标认定和保护规定》指出：“驰名商标是指在中国相关公众广为知晓并享有较高声誉的商标。”《商标法》第 13 条规定，“就相同或者类似商品申请注册的商标是复制、模仿或者翻译他人未在中国注册的驰名商标，容易导致混淆的，不予注册并禁止使用。就不相同或者不相类似商品申请注册的商标是复制、模仿或者翻译他人已经在中国注册的驰名商标，误导公众，致使该驰名商标注册人的利益可能受到损害的，不予注册并禁止使用。”

5）将与他人注册商标相同或者相近似的文字注册为域名，并且通过该域名进行相关商品交易的电子商务，容易使相关公众产生误认的。互联网在社会生活中已经起到至关重要的作用，网络域名纠纷也随之成为知识产权领域一类重要的新型案件。一些世界知名或者国内知名的品牌几乎都遭遇了抢注。例如中华老字号的“同仁堂”、“全聚德”，世界著名的“可口可乐”、“麦当劳”等都被抢注过。《最高人民法院关于审理商标民事纠纷案件适用法律若干问题的解释》第 1 条第三项规定，将与他人注册商标相同或者相近似的文字注册为域名，并且通过该域名进行相关商品交易的电子商务，容易使相关公众产生误认的，属于商标法第 52 条第（五）项规定的给他人注册商标专用权造成其他损害的行为。

需要注意的是“注册商标专用权的范围”与“注册商标专用权的保护范围”是两个不同的概念。前者是指商标注册证书上核准使用的商品或服务的范围，如“第 1 类：混凝土凝结剂、混凝土用凝结剂、混凝土充气用化学品”超出该范围就无权以注册商标的形式使用。后者是指商标权人请求法院或有关部门制止他人侵犯上述九种商标权的行为。

### 2．建设领域商标侵权表现

从建设领域的实践来看，建设领域商标侵权一般在招投标、房地产开发经营、建材装饰等行业中商标权侵害行为较为普遍，其常见的侵权行为表现有以下四个方面：

（1）假冒注册商标行为

例如在招投标或政府采购活动中，投标人未经商标权利人许可，擅自使用权利人产品商标进行投标，而中标后实际提供的产品为假冒注册商标产品，直接侵犯第三人注册商标专用权，同时，损害招标人的合法利益，供应商应承担商标侵权责任。又如施工承包人在施工中购买了第三人提供的假冒商标的设备、建材等产品用于施工，不但损害了房地产商的利益，而且最终将侵害消费者的利益，施工承包人应当承担法律责任。

（2）仿冒注册商标的行为

例如使用与他人相同的注册商标、在类似商品上予以使用，混淆视听、误导公众，造成他人注册商标权利益的损失，应当承担侵犯商标的法律责任。建设领域的此类侵权行为多发生于建材装饰、建机设备以及房地产服务等行业。

（3）反向假冒行为

此类侵权行为主要发生在建材、建机设备销售企业，侵权者将他人注册商标产品购入后，换上自己的商标进行销售，以提高自己商标著名度的目的，侵害商标权利人注册商标产品的合法权益。

（4）其他商标侵权行为

将与他人注册商标相同或者相近似的文字作为企业的字号在相同或者类似商品上突出使用，容易使相关公众产生误认的行为。借用名牌效益、傍名牌、以他人相同或近似的注册商标注册企业名称，偷梁换柱、误导公众，对权利人商标造成损害的行为，此侵权行为常见于房地产开发、建材装饰、机械设备等营销环节。

## 2.4　商业秘密侵权行为表现

### 2.4.1　商业秘密基本概念

#### 1．保密的内容

依据《国家保密法》、《反不正当竞争法》、国家工商局《关于禁止侵犯商业秘密行为的若干规定》等法律及其他相关法律法规的具体规定，在建设领域涉及的保密范围广泛，必须引起足够重视。

目前，建设领域企业保密状况总体上是好的，但也存在一些令人忧虑的问题，有必要加强研究以保证建设主体各方的利益。在建设实践活动中所涉及的保密范围包括国家秘密、商业秘密和工作秘密等。其中，国家秘密是指关系国家安全和利益，依照法定程序确定，在一定时间内只限一定范围的人员知悉的事项。工作秘密主要是指建设活动过程中，以法律规定和操作行为密切相关的，保持建设市场有序公平竞争的一系列需要保密的工作内容，包括岗位信息的独立性和封闭性，企业发展战略、策略、制度建设等有关资料、采购资料、文件归档、借阅、处理、计算机信息的保密以及一切企业有关需要处理和保密的事项等。本节主要针对除此两项之外的商业秘密的侵权行为进行讨论。

#### 2．商业秘密

商业秘密是指不为公众所知悉，能为权利人带来经济利益，具有实用性并经权利人采取保密措施的技术信息和经营信息。我国《反不正当竞争法》、《关于禁止侵犯商业秘密行为的若干规定》以及《刑法》第 219 条均采用了这一定义。所谓“不为公众所知悉”是指该信息是不能从公开渠道直接获取的。“为权利人带来经济利益、具有实用性”是指该信息具有确定的可应用性，能为权利人带来现实的或者潜在的经济利益或者竞争优势。“权利人采取保密措施”包括订立保密协议、建立保密制度及采取其他合理的保密措施。

（1）经营信息

经营信息主要指经营策略、管理诀窍、客户名单、货源情况等信息。经营信息一般包括以下两类：具有秘密性质的市场以及与市场密切相关的商业情报或信息，比如原材料价格、销售市场和竞争公司的情报、招投标中的标底及标书内容，还包括供销渠道、贸易记录、客户名单、产销策略等；其中，商业秘密中的客户名单，一般是指客户的名称、地址、联系方式以及交易的习惯、意向、内容等构成的区别于相关公知信息的特殊客户信息，包括汇集众多客户的客户名册，以及保持长期稳定交易关系的特定客户。建设领域的经营信息一般包括：生产经营、企业管理、科技档案、投标方案、客户名单、财务账册、统计报表等。

（2）技术信息

技术信息包括完整的技术方案、开发过程中所完成的阶段性技术成果以及取得有价值的技术数据，也包括针对特定技术问题的技术诀窍。技术信息指生产者在生产的实验、生产、装配、维修和操作等过程中所总结或发现的不享有一般知识产权保护，尤其是专利权保护的某种技术性成果。其主要寓于图纸、资料、胶卷、软件等载体中。经营管理方法和与经营管理方法相关的资料和信息，这一般是指合理有效地管理各部门各行业之间的相互合作与协作，使生产与经营有机运转的秘密。通常表现为管理的模式、方法、经验以及管理公关等。所称“权利人”，是指依法对商业秘密享有所有权或者使用权的公民、法人或者其他组织。建设领域的技术信息一般包括：各种新工艺、新设备、新材料、新结构、新技术、产品配方、各种技术诀窍及方法等。

### 2.4.2 商业秘密侵权表现

#### 1. 商业秘密常见侵权行为

商业秘密权是一种无形财产权，权利人依法享有占有、使用、收益和处分的权利。我国《反不正当竞争法》确认商业秘密的财产属性，并规定侵权人负有赔偿责任。依据《反不正当竞争法》第 10 条规定，下列行为属于侵犯商业秘密行为：

（1）以非法手段获取权利人商业秘密

《反不正当竞争法》第 10 条第一款：“以盗窃、利诱、胁迫或者其他不正当手段获取权利人的商业秘密”的行为。表现为以秘密盗窃的手段获取；以利益引诱的手段获取，如向企业或单位掌握商业秘密的人员提供优厚条件，诱使其非法提供商业秘密；以威胁、逼迫的手段使企业或单位掌握商业秘密的人非法向其提供秘密；以“其他不正当手段”获取，常见的有“业务洽谈”、“技术合作开发”、“参与技术鉴定会”等方法套取权利人的商业秘密。

（2）以非法手段处置了前项非法手段获取的权利人的商业秘密

《反不正当竞争法》第 10 条第二款：“披露、使用或者允许他人使用以前项手段获取的权利人的商业秘密”中描述的行为。表现为向他人或社会披露权利人的商业秘密；非法获得权利人商业秘密后，自己使用而从中获利；允许他人使用权利人的商业秘密，包括有偿使用和无偿使用。

（3）违反约定或者违反权利人有关保守商业秘密的要求

《反不正当竞争法》第 10 条第三款第一项：“违反约定或者违反权利人有关保守商业秘密的要求，实施了披露、使用或者允许他人使用其所掌握的商业秘密”中描述的行为。表现为合法掌握商业秘密的人或商业秘密权利人单位的职员，违反了权利人守密约定或违反了公司、企业的保密章程或违反劳动合同中的保密条款，向外界泄露、自己使用或允许他人使用本单位的商业秘密。

（4）恶意第三人获取、使用、披露权利人的商业秘密

《反不正当竞争法》第 10 条第三款第二项：“第三人明知或者应知前款所列违法行为，获取、使用或者披露他人的商业秘密，视为侵犯商业秘密。”该行为表现为第三人明知或者应知前三种行为属于侵犯商业秘密的违法行为，仍然故意为之。

值得注意的是，近年来商业秘密的侵权形式在传统的“盗窃、利诱、欺诈、胁迫”基础上，又有新的形式出现，对于以下两种行为，应引起企业经营者的关注。

1）故意毁损他人商业秘密。故意毁损是指未经权利人许可对权利的商业秘密以及载体予以毁坏、毁灭的行为。损毁商业秘密并非常见现象，因而未引起足够关注。1996 年美国《反经济间谍法》率先将损毁商业秘密列为经济间谍行为，表明损毁商业秘密的危害已日趋严重。我国实际上也存在损毁商业秘密的现象。实际上，损毁商业秘密不会导致它的彻底消灭。商业秘密一般是权利人通过自身劳动获得的，在其损毁的情况下，权利人经过重复劳动仍能将之恢复，因此损毁的危害可以弥补。但如将损毁商业秘密与申请专利、商标、注册名称、域名等知识产权结合起来，则其危害就非同一般了。以申请专利为例，申请专利的条件之一是要求专利具有新颖性，即要求目前还没有同样的技术或者外观对外界公开，因此专利申请之前的技术秘密是公认的商业秘密。如果两个企业都在争取申请专利，侵权人为了抢占先机，将竞争对手的技术秘密予以损毁，阻滞其提出申请，按照专利申请在先原则，侵权人获得专利的可能性就大大提高。

2）辅助侵犯商业秘密。辅助侵权是指行为人明知或应知他人正实施不正当窃取、披露、使用和损毁商业秘密行为，仍为其提供保管、运输、邮寄、解译、分析等帮助行为，这也是法定侵权形式之外的新情况。

辅助侵权不是独立行为，即行为人不直接对商业秘密实施窃取、披露、使用或损毁，

但在他人实施前述行为时提供帮助。比如，盗取竞争对手新研发的样机，通过特定渠道运送出境进行拆解。再如盗取竞争对手的数据库，委托专家破译等。这些运送人、破译专家在明知是商业秘密的情况下仍然提供帮助，使侵权人得以顺利获得商业秘密。美国《反经济间谍法》将传送、交付、邮寄、运送商业秘密列为盗窃商业秘密的行为。之所以将此类行为归为侵权，是因为如果没有这些帮助行为，他人的侵权行为不会顺利进行。

需要特别注意的是，因侵权形式不同，法律对商业秘密的保护力度亦有所不同。对于不正当获取、不正当披露、不正当使用行为，《反不正当竞争法》有明确的规定，商业秘密受到侵犯时，企业可以直接依据《反不正当竞争法》寻求高效、便捷的行政保护。但是对于故意损毁及辅助侵权行为，《反不正当竞争法》并没有特别说明，商业秘密受到此种侵犯，则只能依据民法、刑法的有关规定寻求司法保护。因此，企业对故意损毁及辅助侵权行为的防范更要注意。

### 2. 建设领域商业秘密侵权行为

建设领域的侵犯商业秘密问题，带有普遍性，应引起企业的高度重视。建设领域下述两种商业秘密侵权行为较为多见：

（1）以非法手段获取他人商业秘密并加以利用

例如，在建设工程活动中，以不正当手段获取他人企业信息。诸如招标文件的潜在投标人的名称，数量或者可能影响公平竞争的有关招标投标的其他情况，包括权利人企业管理诀窍、设计图纸、工艺程序、产品配方、制作方法、客户名单、货源情报、产销策略、他人标底及标书内容等信息等并为我所用，违反了《不正当竞争法》的有关规定，泄密人应当承担相应的法律责任。

（2）违反约定或者违反权利人有关保守商业秘密的要求

建设企业技术人员或者内部职工，违反与企业签署的商业保密协议有关规定，有意或无意地将涉及企业商业秘密的内容透露给他人或技术人员或职工调离原单位，将原企业的商业秘密泄露给新调入单位使用，侵犯了原有企业商业秘密保护的合法权益。依照《不正当竞争法》、《劳动法》等有关法律法规，泄密人和商业秘密使用人应承担法律责任。

# 第 3 章　知识产权侵权归责与要件

权利的存在和得到保护的程度，只有诉诸于民法和刑法的一般规则才能得到保障。在知识产权侵权纠纷案件中，对行为人“侵权行为”的认定，是行为人承担民事责任与否、承担何种民事责任的重要依据，是知识产权侵权责任构成的关键环节之一。但是，关于知识产权侵权归责原则在学术界有很大分歧，不能形成统一意见。因此，对此问题的论述颇有价值。

## 3.1　知识产权归责原则

### 3.1.1　学术界主要观点

#### 1. 过错责任说

此观点主张知识产权侵权归责原则应采用“过错责任”。知识产权侵权为一般侵权行为，在我国民事基本法及知识产权部门法没有明确规定知识产权侵权应坚持无过错责任原则的情况下，应坚持“过错责任原则”。

#### 2. 无过错责任说

有学者认为，世界贸易组织与贸易有关的知识产权协议第 45 条第二款对侵犯知识产权的“无过错责任”持相当明确的态度，如果我国加入该协议，就必须履行有关的国际义务，我国的法律规定也必须与协议内容相衔接，因此，我国的知识产权归责体系也应该适用“无过错责任”。

#### 3. 过错责任与过错推定责任二元归责说

有学者认为，在侵犯无形财产权诉讼中，“过错责任”与“过错推定责任”应为二元归责原则，两者共同行使认定侵权责任的使命。这种归责体系的具体运行模式是：法律授予作为原告的权利人一种选择权，即假定权利人是自己利益的最佳判断者，他有权选择自己举证，以便有力地、有针对性地向侵权人追偿损失。在这种情况下，即适用“过错责任原则”。同时，权利人也可以放弃这种举证的权利，法院即责令侵权人举证，举证不能或举证证明不成立的，推定侵权人有过错。在这种情况下，即适用“过错推定责任”。

#### 4．无过错责任和过错推定责任二元归责说

还有学者从实务角度出发，认为就知识产权侵权损害赔偿责任的性质而言，根据我国法律体系目前仍属于民事法律中的民事责任范畴。在知识产权侵权损害赔偿责任的构成上，如果法律没有特别规定，就应当依照民法通则关于民事责任构成的规定处理。目前在民法通则和知识产权专门法中没有规定侵犯知识产权适用“无过错责任原则”，那么就应当依照过错责任原则确定知识产权侵权损害赔偿责任的构成。但针对知识产权审判实践中的一些具体情况，可以对一些难以确定当事人主观状态的行为适用“过错推定的原则”。

#### 5．无过错责任及过错责任协调说

有学者认为，分别根据直接侵权、共同侵权、间接侵权不同情况，规定无过错责任原则及过错责任原则的适用场合，而不是“一刀切”地否认前者或后者。

通过对这些学说的介绍，我们较深刻地体会到此问题在学术界的争议。本书主张对于知识产权侵权归责原则应实行二元归责原则，包括过错责任原则和严格责任原则。即在法律明文规定以过错为前提才构成侵权时，适用过错责任原则，在法律未对过错作出规定时，适用严格责任原则。

### 3.1.2 国内外立法意图比较

侵权意图是指，“侵权人在侵犯他人权利时的主观状态，如故意或过失。”在 1986 年前起草的《民法通则》时，中国的“物权法”研究还处于起步阶段，就我国而言，《民法通则》公布整整五年以后《著作权法》才正式实施，可以说，我们在制定《著作权法》时，对著作权侵权行为特殊性的认识还远远不够，那么在制定《民法通则》时的认识就更不足了。因此，那种认为《民法通则》中的一切规定，应毫无保留地完全适用于在后的、人们认识已深化时制定的《著作权法》，显然是不妥当的。

我国《民法通则》中的“侵权行为”条款第 106 条第一款：“公民、法人由于过错侵害国家的、集体的财产，侵害他人的财产、人身的，应当承担民事责任。”同时我们参考世界上最有影响的法、德两国民法典中的侵权条文，《法国民法典》第 1382 条规定：“任何行为使他人受损害时，因自己的过失而致使损害发生之人，对该人负损害赔偿责任”。《德国民法典》第 823 条规定：“因故意或者过失不法侵害他人生命、身体、健康、自由、所有权或者其他权利者，对他人因此而产生的损害，负赔偿责任”。认真研究后发现，法国、德国这两条中的上述规定，是把（实际）“损害”及“过错”（或过失）作为“损害赔偿”责任的要件；而我国《民法通则》却把“损害”及“过错”作为一切民事责任的要件，也就是说，承担民事责任的前提必须是受侵害人有实际损失和侵害人有过错，但在我们的现实社会中又是如何呢，至少我们的执法人员很清楚，要制止一起专利侵权、商标侵权或

著作权侵权活动中，绝对没有必要去寻找行为人的“主观过错”或受损害人的“实际损失”，而仅仅有必要确认生产线上或流通渠道中假冒、仿制或盗版的事实。大陆法系的日本，其现行《著作权法》第 113 条第（1）项 A 项中，规定了直接侵权属无过错责任，在 B 项中，规定了间接侵权属过错责任。日本版权学者也认为，在受侵害人要求停止侵害时，“只要有侵权事实即可，不需要具备主观条件如故意或过失”。作为英美法系的英国以及同属英联邦国家的澳大利亚、加拿大、新加坡、新西兰等国家的版权法，在划分过错责任与无过错责任上，从没有“一刀切”地否定过侵犯版权的无过错责任，而是将直接侵权的无过错责任与间接侵权的过错责任区别开来，至于美国，版权侵权上的无过错责任原则更是不言而喻的。许多美国知识产权法学家曾指出，在知识产权领域，“要证明被告侵权，原告并不需要证明其有过错。”“只有在间接侵权的情况下，过错的有无才与判决有关。”也就是说，无论侵权人是否知道他人的权利，也无论在侵权时是否具有主观的故意或过失，只要发生了侵权的客观事实，法院就可以认定侵权。早在 1931 年，美国最高法院就指出：“根据版权法，（在认定侵权时）侵权的意图不是必要的。”

### 3.1.3　归责原则的合理构架

对于知识产权侵权归责原则应实行二元归责原则，包括过错责任原则和严格责任原则。即在法律明文规定以过错为前提才构成侵权时，适用过错责任原则；在法律未对过错作出规定时，适用严格责任原则。严格责任的具体运行模式为：只要行为侵犯了他人知识产权，进入了他人知识产权权利保护范围之中，即构成知识产权侵权行为，除非行为人能提出法定的抗辩事由。

严格责任原则作为归责形式，不仅为英美法系国家所采用，而且也为国际条约所采用。在我国知识产权领域内明确引入这一术语，确立严格责任原则，有着合理性。理由如下：

**1．严格责任原则能够克服过错责任原则的不足**

知识产权侵权的特性决定了知识产权权利人很难证明侵权人有过错，如果真正在知识产权领域实行全面的过错责任原则，那么将很难使侵害人承担责任，现行的知识产权保护制度在很大程度上就丧失了实际意义，而严格责任原则免去了受害人证明侵害人过错的负担，恰好能够克服过错责任原则的不足，有效维护知识产权权利人的合法权益。

**2．严格责任作为一个描述性、类属性概念，有着广泛的适用范围，符合知识产权保护制度的内在要求**

严格责任不像过错责任那样有统一的判断标准，而是适用于相互间并不存在联系的多种侵权行为。严格并不是对应于过错的具有实在内涵与法律判断价值的概念，只是形式上的比较性的概念。严格责任的归责基础，不是“严格”，也没有其他的统一归责标准，这使得严格责任有着更广泛的适用范围。我们知道，知识产权并不是一项单一的权利，也不是单一的权利项，而是由专利权、商标权、著作权等组成的权利群，每一项具体知识产权又是由多种权能组合而成的权利束。同时，知识产权又属于“一人对万人”的权利，对于不同的权利以及同一权利的不同权项，都可能会有不同的权利和义务的设定，法律规定必须时时考虑知识产权权利人与社会公众的利益平衡，当代知识产权法律的灵活多变是一个突出的特点。我们知道，知识产权本身的范围一直处于不断变化之中，知识产权侵权形态更是难以穷尽，且始终处于动态之中。试图以一个普遍适用的标准来确定各个知识产权的各项权能是否构成侵权，也是不现实的。严格责任具有的巨大的包容性，恰好符合知识产权保护制度的要求。

**3. 过错责任客观化使得严格责任的存在更具合理性**

对于过错责任，人们有着主观性过错责任和客观性过错责任的不同认识。由于“主观的东西在实践中是很难判断的”，奉行过错责任原则的很多国家，在实务操作上要么采用过错推定的方式来确认过错，要么采用客观标准来衡量过错，在很多情况下，采用的实际上都是严格责任。从这一点而言，我们主张采用严格责任原则也是无可厚非的。

**4. 采用严格责任原则可以避开主观过错与客观过错，以及过错推定与无过错责任等无谓的概念争议**

理论界对于主观过错与客观过错，以及过错推定与无过错责任的争议很多。有时本来是一个法律条文，经不同的学者解说，就有了几个不同的版本。但不管怎样解说，最终都要以国家制定法为依据进行判定。这样，只要一个严格责任原则，就可以解决所有的问题。

**5. 严格责任原则在我国合同法上的确立，已为我们提供了可资借鉴的成功经验**

实践证明，严格责任在合同法上的确立，满足了合同实践和理论上的种种需要，取得了良好的社会效果和社会效益。合同法上“严格责任”这一英美法系的制度在我们这样一个传统的大陆法系国家的成功“移植”，无疑为我们全面认识和引进“严格责任”确立了典范。另外，两大法系的日益融合，也为“严格责任”在我国的合理借鉴和广泛采用奠定了基础。

### 3.1.4 我国的侵权归责原则

虽然我国知识产权学术界对于知识产权侵权行为的归责原则存在很大的分歧，但是在知识产权立法和司法实践中，这方面的工作却做得非常成功。在我国的《著作权法》、《商标法》和《专利法》这三个知识产权法，实际上，采取的归责原则是在各自侵权行为的判断上，采用的是无过错原则；在对侵权行为是否应当承担损害赔偿上，则采取的是过错原则。

据我国《民法通则》第106条规定，我国民法据此确立了以过错责任原则为主导、无过错责任原则为补充的侵权归责任原则。同时，据第 118 条规定，确立了知识产权法是民法的特别法地位。在我国，对于侵犯知识产权的普遍采用的归责原则是二元归责原则，在采用过错责任原则的基础上，补充适用其他归责原则。

如《著作权法》第 53 条规定：“复制品的出版者、制作者不能证明其出版、制作有合法授权的，复制品的发行者或者电影作品或者以类似摄制电影的方法创作的作品、计算机软件、录音录像制品的复制品的出租者不能证明其发行、出租的复制品有合法来源的，应当承担法律责任。”《商标法》第 60 条规定：“……销售不知道是侵犯注册商标专用权的商品，能证明该商品是自己合法取得的并说明提供者的，由工商行政管理部门责令停止销售。”《专利法》第 70 条规定：“为生产经营目的使用或者销售不知道是未经专利权人许可而制造并售出的专利产品或者依照专利方法直接获得的产品，能证明其产品合法来源的，不承担赔偿责任。”

同时，《TRIPs 协定》第 45 条规定：“涉及知识产权侵权损害赔偿的归责原则及私法救济诸多问题，对各缔约方相关国内立法具有普遍的指导意义。”《TRIPs 协定》第 45 条的标题是损害赔偿，该条第一款明确规定了承担损害赔偿责任的前提是“已知或有充分理由应知”，即主观过错，也就是说，知识产权的侵权损害赔偿以侵权人有过错为归责原则，这一条款肯定了过错责任原则是知识产权侵权损害赔偿的基本原则。

## 3.2 知识产权侵权构成要件

侵权责任构成要件是指侵权行为人应承担民事责任的具体必备条件，是侵权责任有机构成的基本要素。传统侵权责任法认为，侵权责任有四个构成要件，即违法行为、损害事实、违法行为与损害事实的因果关系、主观过错。不过，知识产权法的发展，给侵权责任构成的“四要件说”带来严重挑战。知识产权的复杂性和应承担责任的多样性，使得知识产权侵权责任构成要件，不仅因侵权行为而异，而且也因民事责任归责原则有所区别。传统的“四要件说”已经不能适应制止知识产权亲权行为，制裁知识产权亲权行为人、抚慰知识产权权利人的需要。“一件说”、“两件说”、“三件说”应运而生。分别适用于不同侵权行为和民事责任。

### 3.2.1 侵权责任构成要件依据

知识产权侵权构成要件因民事责任而异，而确定侵权人的民事责任的依据和标准是其归责原则。因此，知识产权侵权责任的特殊归责决定了其构成要件。如上节所述，知识产权侵权归责说主要有三种：过错责任、无过错责任和混合说。过错归责说认为，对知识产权侵权行为应适用过错责任原则。主张过错责任归责是适用一般侵权行为的一种基本的归责方法。知识产权侵权行为属于一般侵权行为，《民法通则》和知识产权法中没有明确规定，知识产权侵权行为适用于过错责任归责的情况下，就应当适用过错责任原则。也有主张对知识产权侵权行为适用无过错责任原则，认为根据世界知识产权组织《TRIPs 协定》第 45 条第二款关于无辜侵权的规定，可以确定知识产权侵权行为适用于无过错责任原则。混合说主张对不同的知识产权侵权行为适用不同的归责原则，具体包括直接侵权和间接侵权区分说、物权之诉与债权之诉区分说和责任形式区分说。首先，直接侵权和间接侵权区分说认为，直接侵权适用于无过错归责原则，对于间接侵权行为适用于过错归责原则。其次，对于物权之诉与债权之诉区分说认为，物权之诉无须行为人的过错，所以在某些情况下，界定知识产权侵权行为时，可借助物权之诉适用无过错归责原则；而债权请求权多数情况下确定知识产权归责原则时是借助债权之诉适用过错归责原则，是以过错为要件的。责任形式区分说主张，在确定是否构成知识产权侵权责任并要求侵权人停止有关侵权活动时，采用无过错归责原则，在确定是否赔偿被侵权人损失或确定赔偿数额时，适用过错责任原则。

上述三种学说都没有考虑知识产权侵权行为的复杂性和侵权责任的多样性，而对所有知识产权行为和责任一律适用过错归责原则或无过错归责原则，这是欠妥的。知识产权侵权行为的民事责任应当根据侵权行为的不同场合确定其归责原则。具体言之，当知识产权遭受侵犯时，权利人要求行为人仅承担停止侵害的民事责任场合，以无过错归责为原则，以过错归责原则为例外。在知识产权遭受侵犯时，权利人要求行为人承担赔偿损失的场合，应以过错归责为原则，以无过错归责为例外。由此决定了知识产权责任构成要件有一要件、两要件和三要件之说。“一要件说”适用于仅要求具有违法行为而不问行为人有无主观过错和受害人有无实际损失的情形。这种情形中权利人一般要求行为人承担停止侵害责任；“二要件说”适用于仅要求具有违法行为和行为人主观过错而不问受害人有无实际损失或者仅要求行为人有违法行为和实际损失而不问行为人有无主观过错的法律明文规定的情形；在这种情形中，权利人一般要求有过错的行为人承担停止侵害责任或者无过错行为人承担损害赔偿责任。“三要件说”适用于要求违法行为人、行为人主观过错和受害人实际损失都具备的情形，在这种情形中，一般要求有过错的行为人承担损害赔偿责任。下面分别就停止侵权责任赔偿侵权责任构成要件进行阐述。

### 3.2.2 停止侵权责任构成要件

#### 1.“一要件说”是基础

“一要件说”是指只要具备违法行为即可构成侵权行为，只要知识产权侵权行为成立，权利人即可要求侵权人停止侵权的民事责任，无论行为人在主观上有无过错，也不考虑行为是否造成权利人损失，法院则有权责令侵权人停止侵害行为。例如，在世贸组织成立之前，各知识产权国际公约均没有明文规定知识产权侵权行为的过错责任和无过错责任。世界贸易组织 TRIPs 协议和我国知识产权法规对知识产权侵权归责也没有作出统一的规定，只是对某些特定的侵权行为作出了规定。基于一般法理分析，只要知识产权侵权行为成立，不论行为人主观上有无过错，权利人均能诉请法院责令行为人停止侵害并获得法院的支持。这一法理分析就是知识产权作为一种专有性的民事权利，具有排他性和绝对性的特点，它是一种对世权。知识产权权利人具有排他性地支配知识产权客体的权利，权利人垄断专有权并受到法律的严密保护，没有法律规定或未经权利人许可，任何人不得使用权利人的知识产权。因此，只要行为人侵入权利范围，侵权行为即可成立，权利人可以立刻予以制止，而不问权利人行为人的主观状态和行为实际损害。甚至对于即将付诸实施的行为，当有证据证明如不及时制止将会使权利人的合法权益受到难以弥补的损害，即使没有产生损害的后果也会被认定为侵权，行为权利人可以申请诉前禁令，这同样不以行为人的主观状态为前提。“即发侵权”就是一个典型案例。即发侵权是指即将发生的侵权行为。确立即发侵权的概念对于知识产权的保护具有重要的意义：其一，非物质性的知识产权作为财产权受到的保护与有形物作为财产权的保护是不完全一样的。有形物的所有人一般可以通过占有其物，从而达到保护其财产不受侵害的目的，而知识产权所有人则不能通过占有其权利标志物来达到其财产不受侵害的目的。其二，知识产权保护的客体具有开发难、易复制的特点。因此，将某些即发的行为也认定为侵权行为，把侵害阻挡在没有发生实际损失之前，对知识产权保护是十分有利的。对即发侵权行为的制止，在我国知识产权单行法中都有所体现，例如《著作权法》第50条、《商标法》第57条、《专利法》第66条。

#### 2.“二要件说”是例外

“二要件说”是指具备违法行为和主观过错或只要具备违法行为和损害事实即可构成侵权责任。在停止侵害知识产权行为民事责任的构成要件中，“二要件说”指的是前者，即违法行为和过错要件。前文已述，只要知识产权侵权行为成立，权利人即可要求侵权人停止侵害的民事责任，只是在法律明文规定行为人仅承担过错责任的情况下，权利人才能要求行为人承担停止侵害责任的情况除外。这样的例外在《TRIPs协定》和我国知识产权单行法中都是存在的。如《TRIPs协定》第44条第一款规定：“司法当局应有权责令当事人停止侵权，尤其一旦在海关放行之后，立即禁止含有侵犯知识产权的进口商品在该当局管辖范围内进商业渠道。对于当事人已知或者有充分理由应知经营有关商品会导致知识产权之前，即已获得或者已预购的该商品，成员无义务授予当局上述权利。”该条款表明司法当局原则上有权责令行为人停止侵权行为，尤其是禁止进口侵权商品进入商业渠道，但对于已购买或预购侵权商品的不知情的无过错者可以免责。显然，对于进口侵权商品的行为人，令其承担停止侵权责任时，适用过错责任原则。不过，该条款并非强制性条款，“无义务”一词表明《TRIPs协定》并不禁止成员许可司法当局责令当事人停止侵权。我国《著作法》第48条第六项规定：“有下列侵权行为的，应当根据情况，承担停止侵害、消除影响、赔礼道歉、赔偿损失等民事责任；……未经著作权人或者与著作权有关的权利人许可，故意删除或者改变作品、录音录像制品等的权利管理电子信息的，法律、行政法规另有规定的除外……”该规定表明，行为人在只有具有“故意”而非“过失”（更不要说是“无过错”）的主观状态下，才可以被责令“停止侵害、消除影响、赔礼道歉”。

### 3.2.3 损害赔偿责任构成要件

#### 1.“三要件说”是基础

“三要件说”是指只要具备违法行为、损害事实和主观过错即可构成侵权行为。“三要件说”适合于采取过错责任原则的场合。在这些场合，追究行为人的侵权责任，不但要具备违法行为和损害事实，而且要具备主观过错。

（1）违法行为

违法行为是指具有行为能力的民事主体违反民法、知识产权法等相关的法律法规，对权利人造成某种具有损害的行为。违法行为一般表现为“作为”和“不作为”两种形式，也就是说，作为和不作为都可以构成违法行为。违反法律禁止性规定而为一定行为属于作为行为，例如，建设领域，未经许可实施他人技术专利权、使用他人注册商标、复制或演绎他人建筑作品以及剽刮他人建筑作品等，都属于作为的违法行为。法律规定主体的一定行为而该主体不履行其义务，即属于不作为的违法行为。例如，实施他人专利、技术秘密、使用他人建筑作品、工程图纸不按照法律规定给付权利人报酬，招标人未尽审查义务中标人使用他人专利、设计图纸等都是不作为违法行为。

构成不作为的前提条件是行为人负有某种特定义务。该义务是法律要求的，与一般道德义务有区别的具体义务。例如，招标人被告知设计单位所设计的作品系侵权复制品时，就有义务抛弃此设计方案停止侵权行为。又如专利权人应当保证专利实施许可合同期间专利权的有效性，技术受让人按照合同约定对该技术秘密负有保密义务。

一般来说，法律义务的来源一般有四种：① 法律法规的直接规定；② 当事人双方的合同约定；③ 所处行业或业务上的要求；④ 行为人先前的贯常行为。在建设领域的知识产权问题上，前两种是最为常见的作为法律义务来源，第三种在特定的领域也可以存在，但在辨别第四种情况时，应该严格掌握，这是由于知识产权的违法行为均为法律予以明列或称侵权行为的法定性而决定的。

（2）损害事实

知识产权损害事实是指一定的行为致使权利主体享有的知识产权受到侵害并造成财产或非财产的减少、灭失或损害的客观事实。依据不同的分类标准，可以将知识产权损害事实做不同的划分。以受保护权益性质为标准，知识产权损害事实可以分为知识产权财产损害事实和知识产权人身损害事实。知识产权损害事实主要是对知识财产权的损害。就对以著作权及邻接权为代表的一部分知识产权而言，知识产权损害事实包括了对知识财产权的损害事实和对知识人身权的损害事实。以受保护得到客体为标准，知识产权损害事实又可以分为专利权损害事实、商标权损害事实、著作权损害事实以及制止不正当竞争权损害事实。

知识产权给权利人带来的经济利益主要是通过权利人自己行驶知识产权而获得的经济回报，或是许可他人行使其知识产权而取得报酬。如果权利人的知识产权受到侵害，其知识产权的市场价值就会发生或大或小的变化。例如在建筑行业专利领域，某项施工技术专利未经权利人允许，被他人使用，权利人使用该项施工技术专利的市场价值就会下降，其施工技术优势就会大打折扣，影响权利人招投标的竞争力，权利人的收益减弱。另一方面，权利人将丧失在正常使用该项专利中获得的许可使用费。其他知识产权遭受侵害的情况，也会出现有类似的情形。在侵害知识产权情形中，受侵害的知识产权客体本身并不会受到损害，损害是指权利受到侵害而导致权利人经济利益的损失。

（3）主观过错

在知识产权法上，行为人决定其实施侵害专利权、著作权、商标权以及邻接权等行为的心理或主观状态，行为人主观过错的心理状态一般包括主观过失和故意两种类别和形式。例如《法国民法典》第138条、《德国民法典》第82条、我国《民法通则》第106条第一款中的规定，都体现了要求负损害赔偿责任的情况下，才考虑侵权行为造成的损失及侵权人的主观过错。给予知识产权法是民法的特别法的理论，我国民法确立的过错责任当然适用于知识产权法领域。不过在有些情况下，受害人难以举证以证明侵权人的过错，在此等场合，通过举证责任的转移，适用过错推定原则，推定侵权人存在过错，因而需承担民事赔偿责任。举证责任倒置在我国知识产权各单行法中都有所体现，例如《著作权法》第53条、《专利法》第61条第一款以及《商标法》第56条第三款。

### 2．“二要件说”是例外

在损害赔偿的场合下，“二要件说”指的是只要具备违法行为和损害事实即可构成侵权责任。它适用于采取过错责任原则的例外情形。《TRIPs协定》第45条第一款规定：“对已知或有充分理由应知自己从事之活动是侵权的侵权人，司法当局应有权责令其向权利人支付足以弥补因侵犯知识产权而给知识产权持有人造成之损失的损害赔偿费。”该条款规定表明，侵权人主观存在过错的，应支付足够的损害赔偿费。从中反映出TRIPs协议对损害赔偿主张适用过错责任原则的思想。同条第二款规定：“司法当局还应有权责令侵权人向权利持有人支付其开支，其中可适当包律师费。在适当场合即使侵权人不知或无充分理由应知自己从事之活动系侵权，成员仍可授权司法当局责令其返还所得利润或责令其支付法定赔偿额，或两者并处。”该规定表明，仅在适当的情况下，法院也可以责令无过错的侵权人向权利持有人负赔偿责任，此处只要求支付法定赔偿金。这是对过错责任原则的有益补充。何为“适当场合”？该款并未明确界定，尚待授权司法当局做出规范。

综以上分析，“一要件说”适用于要求具有违法行为而不问行为人有无主观过错和受害人有无实际损失的情形，在这种情形中，权利人一般要求行为人承担停止侵权的责任。二要件说适用于仅要求具有违法行为和行为人主观过错，而不问有无实际损失或者仅要求具有违法行为和受害人实际损失，而不问行为人有无过错的法律明文规定的情形。在这种情形中，权利人一般要求有过错的行为人承担停止侵害责任或者无过错的行为人承担损害赔偿责任。“三要件说”适用于要求具有违法行为、行为人主观过错和受害人实际损失都具备的情形，在这种情形中，权利人一般要求有过错的行为人承担损害赔偿责任。

至于违法行为与损害事实的因果关系能否成为侵权责任的构成要件之一，一般认为因果关系是指行为与损害结果之间因果链条的联系，是侵权责任必须具备的要件，如果否认因果关系为侵权责任构成要件，就等于承认行为与损害事实，行为人也可以承担损害赔偿责任。这种说法不无道理，但是依照常理在归责时，说到违法行为毫无疑问是指因特定损害结果的行为，说到损害结果时毫无疑问是指特定违反行为造成的结果。因此，将违法行为与损害事实之间的因果关系作为侵权责任的构成要件实在无多大的必要性。

## 3.3 专利侵权主要判定原则

### 3.3.1 全面覆盖原则

#### 1. 全面覆盖的概念

“全面覆盖原则”是发明与实用新型专利侵权判定中使用的基本原则和方法，法院在侵权判定时，一般以专利权利要求中记载的技术方案的全部必要技术特征与被控侵权物（产品或方法）的全部技术特征逐一进行对应比较。如果被控侵权物（产品或方法）将专利权利要求中记载的技术方案的必要技术特征全部再现，被控侵权物（产品或方法）与专利独立权利要求中记载的全部必要技术特征（指独立权利要求记载的全部技术特征）一一对应并且相同或等同，即被控侵权产品或者方法与专利权利要求中所描述的每一项特征相同或等同，无一项缺少，则构成全面覆盖，应认定侵权成立。反之，如果缺少一项以上并不相同或等同，则侵权不成立，不构成侵权。

需要注意的是“全面覆盖原则”还包括一种特殊情形，即被控侵权产品在完全覆盖专利权利要求中的全部必要技术特征基础上，又增加了新的技术特征，同样也应当认定侵权成立。这是因为，专利权利要求中的技术特征是受法律保护的，而该权利保护范围中的全部技术特征已经为被控侵权产品的技术特征所覆盖，因此即便所增加的技术特征更先进，也不能改变其已侵犯合法权利的事实。

#### 2. 全面覆盖的几种情况

依据有关法律法规，在下述几种情况下，视为被控物全面覆盖了专利的权利要求：

1）字面侵权即从字面上分析比较就可以认定被控物的技术特征与专利的必要技术特征相同；例如，被控侵权人实施的技术方案技术特征有三个：A、B、C，专利权利记载中要求的技术特征也有三个：A、B、C，这样就构成了被控人对权利人的侵权，或称字面专利侵权。

2）专利权利记载的要求中使用的是上位概念，被控侵权物公开的结构属于上位概念下的具体概念，亦属于技术特征相同；例如，专利权利要求中的技术特征有三个：A、B、C，被控侵权人实施的技术特征有三个：A、b、C，其中 B 是 b 的上位概念，此时也可以适用全面覆盖原则。

3）被控物的技术特征多于专利的必要技术特征，也就是说被控物的技术特征与权利要求相比，不仅包含了专利权利要求的全部特征，而且还增加了其他特征，此种情况仍属侵权，因为适用全面覆盖原则就是只要被控物具备专利权利要求的全部特征就可以判定侵权，而不问被控物是否比权利要求的多少。例如，专利权利要求中的技术特征有三个：A、B、C，被控侵权人实施的技术特征有四个：A、B、C、D，此时也可以适用全面覆盖原则。此种情形构成从属专利侵权，从属专利是与基本专利相对应的概念，从属专利是指这项专利的权利要求覆盖了另一项专利权利要求里的所有技术特征。

## 3.3.2　等同原则

等同原则是专利侵权纠纷案件中判断被控侵权行为人是否构成专利侵权的常见方法。该原则首先也是在专利司法实践中产生和发展起来的一种用于判断专利侵权成立与否的标准，是为了弥补字面侵权原则的不足、避免侵权人规避侵权而确立的确认专利侵权的制度。最高人民法院有关司法解释明确了人民法院在审理专利侵权纠纷案件中可以就被控侵权行为是否构成等同侵权进行审查和判断。不过，等同原则却不是用于判断专利侵权的普遍性规则，而是对专利侵权判定中全面覆盖原则的有益补充和完善，旨在公平而充分地保护专利权人的利益。在专利司法实践中，等同原则的适用受到诸多限制。在相当多的情况下，尽管专利权人或者其利害关系人提出了适用等同原则而应认定为专利侵权的问题，人民法院依据案情事实却不能适用等同原则而认定被控侵权人构成专利侵权。以下将从等同原则的一般原理、产生及其变革、在专利司法实践中的适用等角度出发，以本案和相关案例为研讨素材，对专利侵权纠纷案件中等同原则的适用问题进行深入研究。

### 1．等同原则的概念

（1）等同原则的含义

等同原则作为判断专利侵权是否成立的重要方法，是指将被控侵权物的技术构成与专利权利要求记载的必要技术特征进行比较，若专利所属技术领域的普通技术人员在研究了专利权利要求和说明书后，不需要经过创造性的劳动即能够联想到以替换手段实现专利发明的目的和积极效果，且与专利技术相比在目的、功能、效果上相同或者基本相同，法院即可判定专利侵权成立。适用等同原则而认定的专利侵权又被称为等同侵权。等同原则的适用是为了防止侵权人通过对专利技术方案进行的非实质性修改而逃避专利侵权的制裁，从而给专利权人以有效的救济。

（2）等同原则具体内容

从上述定义出发，等同原则具体包含了以下几方面内容：

1）不构成字面侵权，即被控侵权物（产品或者方法）的全部技术特征没有覆盖原告专利技术方案的全部必要技术特征。如果构成了字面侵权，就无适用等同原则的必要；

2）被控侵权物（产品或者方法）替换了原告专利权利要求的部分甚至全部必要技术特征；

3）在等同替换中，被侵权人是以实质上相同的方式，发挥实质上相同的功能、产生实质上相同的效果，而且这种方式、功能、效果的替换对于本领域的普通技术人员不需要经过创造性劳动，即具有显而易见性。换言之，等同侵权中的“替换”是实质相同的替换。不过，替代与被替代的技术特征之间并不一定存在固定的搭配关系或一一对应关系。

## 2. 等同原则的法理基础

等同原则在专利侵权司法实践中的适用具有深厚的法理基础。以下主要从公平正义原则和利益平衡原理的角度进行解读。

（1）公平正义原则

公平正义是法律的基本价值和精神，专利法也不例外。从专利法的一般原理出发，专利法的基本宗旨是通过赋予专利权人以专利权的手段，鼓励和刺激发明创造活动以及对发明创造的投资，促进技术创新，从而推动整个社会的科技进步与创新以及经济发展。专利法中建立了一系列制度，包括权属、合同、侵权以及侵权例外等制度，旨在既要充分保障专利权人对其专利的独占权，又要实现专利的充分公开和公众对专利技术的必要接近。一般认为，专利制度的两大基本属性是垄断和公开。就实施专利制度的基本形式专利法而言，专利权保护水平和范围反映了法律对专利权人专有权利与公众自由使用技术的公有领域的适当划分，这种划分应体现公平正义原则。

等同原则从其出发点和形式上看是为了更充分地保护专利权人的利益，而不是公众的利益，因为它将那些与专利权利要求的必要技术特征不完全相同或者一一对应的被控侵权物，在手段、功能、效果一致的情况下认定为专利侵权。等同原则的适用可以避免那些以合法的形式逃避专利侵权制裁的侵权行为。从实质上，则体现了法律的公平正义精神。原因是，在专利侵权纠纷案件中，时常存在着上述情况，真正完全“照葫芦画瓢”的公然仿制行为越来越少见，如果不将上述情况纳入专利侵权而追究被控侵权人的专利侵权责任，就会助长侵权人以等同替换的手段实施专利侵权行为，从而不利于充分保护专利权人的利益，而这对专利权人来说也是不公平的。由于司法判决的功能和作用并不限于个案的是非曲直问题，它还承载了法律的教育、评价、指引和威慑等功能。适用等同原则判定专利侵权，则可以有效地规制以等同替换的手段实施专利侵权行为，充分有效地保护专利权人的利益，促使人们通过正当手段开展技术竞争和市场竞争，也有利于在技术领域建立公平竞争秩序。这样也就实现了专利法的正义目标。因此，从公平正义的角度看，等同原则的适用具有合理基础。

（2）利益平衡原理

利益平衡是知识产权法价值构造的基本内核。作为知识产权法重要组成部分的专利法也不例外。在专利法中存在着专利权人的利益、社会公众的利益以及竞争者的利益等利益主体，专利法需要在这些利益之间进行协调和平衡，以实现专利法的立法宗旨。从专利法的价值构造看，专利法存在着以下三个层次的对价：作为专有权利的专利权与公有领域、作为私权的专利权与公共利益保护，以及权利保护与权利限制。专利法中的利益平衡关键是专利权人的利益与社会公众就专利技术的归属、利用、传播之间的利益平衡。

为实现专利法中的利益平衡，需要从发明创造的权属、利用、保护、权利限制等多方面进行规范。其中与等同原则相关的涉及专利侵权的判定问题。由于专利权是一种垄断权、具有很强的独占性，而专利权范围的大小与公众可以自由利用的技术空间具有直接的对应关系，在认定某种行为是否构成专利权侵权方面，应当考虑将该行为纳入专利侵权是否会损害公众利益。换言之，既不能将专利保护范围划定得过于宽松，也不能将其划定得过于狭小，否则要么将损害公众的利益，要么将损害专利权人的利益。专利法中权利要求判定的原则即反映了这一要求。

从专利法的一般原理来说，专利权作为一种私权，法律赋予的这种权利不具有绝对性，它要求专利权的行使不能妨碍社会公众对已有技术成果的合理利用。正如最高人民法院在宁波市某机芯总厂诉江阴某五金制品有限公司侵犯专利权纠纷提审案中所指出的一样："既要明确受保护的专利技术方案，又要明确社会公众可以自由利用技术进行发明创造的空间，把对专利权人提供合理的保护和对社会公众提供足够的法律确定性结合起来"。专利保护与限制公众自由利用技术是一种对立统一的关系。专利保护显然限制了公众自由利用技术，但这种限制又是必要的，因为专利权的充分保护是建立专利制度的根基。但另一方面，专利保护不应妨害到专利制度的基本价值，即发明创造的传播与利用。这样，确定适当的专利保护水平和范围就变得特别重要。等同原则的适用则正是平衡专利权人对专利技术的垄断权与社会公众自由利用技术的重要分水岭。等同原则适用的本意在于防止他人就专利权利要求中某些技术特征作一些非实质性改变或替换，以规避侵权责任。为此，需要突破将专利权利要求的保护范围严格限于字面限定的框框，而应当拓展到权利要求技术特征的等同范围。同时，等同原则的适用也不允许妨碍到公众自由、合理地利用技术。该原则的适用有利于排除那些以等同替换手段实施专利权人的专利技术，从而在事实上损害专利权人合法利益的侵权行为，以实现专利权人与社会公众之间的利益平衡。特别是从等同原则适用相关的一些原则，如公知技术抗辩原则、禁止反悔原则、公开贡献原则、全部要素原则等的适用，更加容易理解等同原则适用的利益平衡价值目标和追求。

关于等同原则的利益平衡理论基础，目前国内外学者和实务界人士已比较认同。例如，有的学者指出，等同原则实际上是保护专利权人的个人利益和维护社会公共利益平衡的调节器。有的学者针对笔者提出的利益平衡理论思路，认为平衡论可以作为判断等同时解决问题的方法和标准，力求适用等同原则时，要考虑专利权人和社会公众之间的利益平衡。如等同原则制度中出现的反等同原则也是对平衡论的运用。美国法院法官曾指出，等同原则在极端情况下可能会破坏整个专利体系，因为专利权利要求的范围可能会超过字面意思而被无限扩大，直至专利权成为毫不受限制的权利。在美国法官的观念中，被告在改变操作方法的基础上作出了与专利相比显著的贡献，可以不受等同原则的限制。这样可以鼓励公众从事革新性工作，而不必过分受到专利权的约束。这种灵活性制度的合理性蕴含于平衡论之中。还有的学者认为，等同原则的实质是将专利保护范围延伸到与专利权利要求书等同的部分，结果是扩大了专利权的保护范围。因此等同原则是一个平衡点，其基本要点是平衡专利权人利益与社会公众利益。把握适当，既可以有效地保护专利权人的利益，又能促进科学技术进步。

有的学者则从下面还将要阐述的美国专利司法实践中等同原则的产生与发展中，发现美国等同原则适用和变革中引入了利益平衡理念，即等同原则在专利侵权诉讼中的适用使人们逐渐认识到，它既需要保护专利权人的利益，也需要保护公众的利益，并逐渐在司法实践中通过施加适当限制手段避免因为适用等同原则而造成新的不平衡。平衡原则甚至被主张为判定专利侵权的第四个标准。在等同原则中引入利益平衡观念在美国近些年的判例中也不断地被体现出来。例如，在希尔顿化学公司上诉案中，美国最高法院认为，法院无权将专利权扩大到专利局所许可的权利要求的范围以外，等同原则不能过分宽泛适用，法院主张专利法不仅是保护专利权人的工具，而且具有限制专利权人权利的不适当扩张，并保护社会公众在专利权之外合理利用专利技术的功能。有的学者在考察美国等同原则的发展后也指出，美国的做法给我们的启示是：极其谨慎地追求平衡极致的精神，以及在已有法律框架下美国法院在平衡社会公众与专利权人利益上已尽到了“费尽心思”的程度，同时强调权利要求的公示作用。还有的学者指出，等同原则是一个平衡点，它的基本要素是平衡专利权人利益与社会公众利益。把握适当，既可以有效地保护专利权人的利益，又能促进科学技术进步，否则就可能适得其反。专家认为，利益平衡原理不仅可以合理地解释等同原则适用的正当性，而且在专利侵权纠纷案件中法官确立利益平衡的理念，对于正确地判定专利侵权是否成立具有十分重要的意义。例如，在专利侵权司法实践中，如果过分强调对专利权的保护，而忽视专利权人利益与公众利益的平衡，就可能造成无原则地放松等同原则的适用范围，将一些事实上不构成等同侵权的合法使用行为纳入专利侵权范畴的局面，从而损害社会公众利益而不利于实现专利法的立法宗旨。

### 3. 等同原则的适用

等同原则的适用具有客观性，它是以被控侵权物（产品或方法）是否在实质上覆盖了原告专利权要求的必要技术特征为基本依据的。在等同原则的适用中，所考虑的应当是从本领域的普通技术人员的眼光看，被控侵权物的技术要素与专利的技术要素之间是否具有可替代性，而无须考虑被告是否故意侵权或刻意绕过专利技术进行发明创造，或是独立研究开发。以下主要从等同侵权认定的时间、判断人员、步骤和方法、表现形式等方面加以研究。

（1）等同侵权认定的时间

判断等同侵权的基准时间，即在何时存在的技术手段、工具或设备构成等同手段或者等同物，各国、地区的做法并不相同。如德国、日本、加拿大和韩国以专利申请日或优先权日为准，英国以专利公开日为准，美国、法国判例以及世界知识产权组织《专利法协调条约》第21条以专利侵权日为准。应当说，上述几种标准各有千秋，体现了专利保护的不同价值取向，而这些不同的界定标准也决定了科技发展所产生的新的替代品的利益归属。

就以申请日或者以优先权日为标准而言，该基准日标准有利于公众，因为在专利申请被公开前，公众并不知晓专利技术的内容。从专利制度的一般原理出发，促进公开是专利制度的重要使命，公众在知晓公知技术的基础之上能更方便地对已有专利技术进行进一步的革新。不过，将专利申请日或者优先权日作为判定等同侵权时间的基准日，包含了申请日以及申请日以前出现的一些技术，对专利权人要求过于严格。因为涉及等同物的技术有一个发展过程，在申请日不被认为甚至不存在的专利技术等同物的技术，在申请日以后可能被认为是该等同物的技术。

就专利公开日标准而言，其优点是兼顾了专利权人和社会公众，因为公告后社会公众可以知悉相关的专利技术信息内容。以此标准确立判定等同原则的基准日，似乎有较大的合理性。就以专利侵权日为准而言，这一基准日侧重于对专利权人的充分保护，对专利权人有利，也便于操作。因为专利申请获得授权后，至专利侵权发生的一段时间内，很可能存在新的技术发明将原有的专利技术、产品替代的危险。该标准作为判定等同原则基准日时间，有人担心不利于先进技术和产品投入市场使用，有可能造成社会资源的浪费。但也应看到，正是由于技术的发展导致专利权利要求中的必要技术特征容易被新的技术手段替代，如果不以专利侵权日作为等同原则判定的时间基准日，将使得专利权的保护效力大打折扣，因为新技术成果产生的等同物可能被他人不经过创造性劳动而利用，却不能受到法律的制裁。正是基于此，主流观点仍然认为以专利侵权日作为等同原则判定的时间基准日具有合理性。现行司法实践中，一般也是以专利侵权日为判断基准的。不过，该标准仍然存在一个难以克服的问题，即对于同一技术的等同物，在不同时间段技术发展状况可能不同，容易造成司法不统一的缺陷。也正是基于此，主张专利公开日标准的观点也不少见。

（2）等同侵权的判定人员

关于等同原则判定的人员，我国最高人民法院的有关司法解释已经明确，应以专利技术所属技术领域的普通技术人员的角度进行判断。这里的普通技术人员是一个抽象的概念。在专利侵权纠纷司法实践中，在对被控侵权的技术进行对比时，法官需要站在普通技术人员的高度，确认等同侵权是否存在。需要避免出现的情况，一是将等同侵权的判定人员等同于专利技术行业内相当于中等专业技术职称的人员，二是根据专家的观点认定。在确定等同侵权的判定人员方面，我国《审查指南》的规定值得借鉴，根据该指南的定义，等同侵权认定的主体是这样一种人，“他知晓发明所属技术领域所有的现有技术，具有该技术领域中普通技术人员所具有的一般知识和能力，他的知识水平随着时间的不同而不同”。在以侵权日为等同侵权基准日的情况下，判断人员则是在侵权发生期间该专利所属领域的普通技术人员。

（3）等同侵权判断的步骤

1）通过解释权利要求而确定专利权的保护范围。根据我国《专利法》第59条规定，“发明或者实用新型专利权的保护范围以其权利要求的内容为准，说明书及附图可以用于解释权利要求的内容。”权利要求的解释是判断专利侵权的第一环节。越来越多的案件显示，权利要求书的解释可以决定能否依据等同原则判定侵权成立。权利要求解释决定了专利保护范围的大小，因而对适用等同原则具有重要影响。对权利要求解释本身体现了解释者专利保护的价值取向。在利益平衡理念下，权利要求的解释应兼顾公众的利益。这是因为，权利要求本身是确定专利保护范围的依据，通过权利要求，公众能够清晰地知道实施哪些行为会构成侵权，哪些行为是可以自由地实施的。权利要求有利于保障专利法赋予的专利权的确定性和公众的可预见性。以美国希尔顿化学公司案为例，在该案中美国最高法院对权利要求的解释即体现了这一思想。在该案中，从1982年起，谢尔顿公司开始寻求一种替代“盐析”的工艺，以纯化颜料；1983年公司就一项薄膜过滤工艺申请了专利；1985年就薄膜过滤工艺又获得一项改进专利。被告华纳公司则也一直在独立开发外在过滤方法，后来才获悉原告的专利。1991年希尔顿公司向俄亥俄州南区联邦法院提起专利侵权诉讼，指控华纳公司专利侵权。1995年，联邦巡回上诉法院维持一审专利侵权成立的判决。华纳公司不服而向美国最高法院提起上诉。美国最高法院指出，等同原则的宽泛适用将有悖于法定的权利要求界定发明和通告公众的功能。在解释权利要求时应将公众利益考虑进去。最高法院最后推翻了联邦巡回上诉法院的判决，将案件发回重审。

2）确认被控侵权行为是否构成字面侵权，手段是将被控侵权产品或者方法的技术特征与专利权利要求中描述的必要技术特征进行对比，看是否完全覆盖专利权利要求的全部必要技术特征。如果完全覆盖，则以字面侵权直接判定侵权成立。这就是所谓全面覆盖原则，它是指当被控侵权物将专利权利要求必要技术特征全面再现，即被控侵权物与专利的必要技术特征具有一一对应关系且相同时认定构成专利侵权的原则。

是否等同侵权的判断，是在排除完全覆盖原则适用的前提下产生的。再次是根据等同原则，将被控侵权产品或者方法的技术特征与专利权利要求的必要技术特征逐一比较，看被告技术是否在手段、功能和效果上与原告相同或者等同。等同侵权物的基本特点是与专利权利要求记载的必要技术特征相比，应在手段、功能和效果上没有实质性区别，而只是简单的替换或者变换。

3）对符合等同原则的，认定为等同侵权。其中还需要对当事人可能提出的禁止反悔原则的适用以及公知技术抗辩等问题进行考察，以排除不适用等同原则的情况。

（4）等同原则判定的方法

《最高人民法院关于审理侵犯专利权纠纷案件应用法律若干问题的解释》（法释[2009]21 号）第 7 条规定："人民法院判定被诉侵权技术方案是否落入专利权的保护范围，应当审查权利人主张的权利要求所记载的全部技术特征。被诉侵权技术方案包含与权利要求记载的全部技术特征相同或者等同的技术特征的，人民法院应当认定其落入专利权的保护范围；被诉侵权技术方案的技术特征与权利要求记载的全部技术特征相比，缺少权利要求记载的一个以上的技术特征，或者有一个以上技术特征不相同也不等同的，人民法院应当认定其没有落入专利权的保护范围。"一般地说，专利侵权的判断适用全面覆盖原则。即将被控侵权物与专利权利要求记载的必要技术特征比较，如果被控侵权物包含了专利权利要求的每一个必要技术特征，则专利侵权成立。如果被控侵权物没有包含专利权权利要求的全部必要技术特征，则应进一步判断是否构成等同侵权。

在适用等同原则判定专利侵权方面，司法实践中发展了两种不同的判断方法，即整体等同理论与技术特征逐一比较法（以下简称逐一比较法）的适用。其中整体等同理论认为，应从整体上考虑被控侵权技术是否构成等同侵权，而不必拘泥于各项技术特征。整体等同理论也是在美国司法实践中被提出的。其中代表性的案例是 1983 年的 Hughes Aircraft Co. v. Uniteds States 案。在该案中，二审法院放弃了原先遵从的全部技术特征比较法，而是采用等体等同方法判定专利等同侵权。二审美国联邦巡回上诉法院指出，应将专利发明作为一个整体和被控侵权物进行比较，若被控侵权物用大致相同的方式、完成大致相同的功能并且达到大致相同的效果，即可判定等同侵权成立。该案中在认定等同侵权时引用了"整体发明概念"，认为即使被控侵权物缺乏了专利权要求中某一技术特征及其等同物，仍然可以构成专利侵权。整体等同理论是将专利技术作为一个整体考虑，从技术方案的整体效果看，评判是否能够实现发明的目的。整体等同理论过分地偏向于专利权人，它使得专利保护范围更加不确定，因此该案判决后即受到较大的质疑。

逐一比较法则认为，不能笼统地确定权利要求的等同物，应将被控侵权的产品或者方法的技术特征与专利权利要求的技术特征逐一进行比较，才能相对确定专利权的保护范围，整体等同理论的适用将会导致专利保护范围的不确定性。专利侵权需要判定的是被控侵权物是否落入了专利保护范围。逐一比较法比较的是技术特征，而不是将被控侵权产品与专利产品进行比对。这里的"技术特征"应具有以下两个条件：其一是独立性，即它不需要再与其他内容组合就能够实现其自身的功能；其二是价值性，即不仅具有独立的功能，而且在事实上已经在整体技术方案中发挥了作用或者产生了技术影响。根据逐一比较法，在进行等同对比时，尽管侵权物的技术特征与专利权利要求记载的技术特征有所区别，但这种区别并不是专利技术的本质部分。根据逐一比较法比对可以得出以下结论：如果被控侵权物的技术特征完全包含了专利权利要求的各项技术特征，或者在专利权利要求的各项技术特征之上还新增了技术特征，则符合全面覆盖原则而属于字面侵权；若被控侵权物的技术特征少于专利权利要求的技术特征，但能产生相同的功能、达到同样的效果，则因具有技术进步因素而不能被认定为专利侵权；若被控侵权物中的技术特征有部分不同于权利要求中的技术特征，但这部分却是以基本上相同的方式、实现基本相同的功能、达到基本相同的效果，则这部分技术特征构成等同技术特征，等同侵权成立。

到目前为止，逐一比较法取得了统治地位，整体等同理论被逐渐放弃。这自然与一些重要的司法判例的观点有关。例如，美国最高法院在前述 Warner-Jenkinson Co. v. Hilton Davis Chem.，Co.案中认为，“对于专利发明的范围来说，权利要求中的每一个技术要素都是重要的。因此，必须将等同理论适用于权利要求中的每一个技术要素，而不是适用于整个发明。适用等同理论甚至是适用于每一个技术要素时，不能宽泛到实际上取消该技术要素的程度。”该案将整体效果分析改变为“特征一一对应说”，即进行逐项要素的比较，认为应就专利权利要求的每一个技术特征进行比较和分析，而不限于从整体上进行综合性的判断和分析。该方法为在专利侵权纠纷案件中合理地平衡专利权人的利益和社会公众的利益提供了更为客观的标准和思路，因而颇受欢迎。

逐一比较法反映了全部技术特征比较的全面覆盖原则。这一做法不仅通过美国司法实践被逐步确立，在我国大陆和台湾地区也被吸收。以大陆而论，最高人民法院司法解释实际上是肯定了上述原则。北京市高级人民法院出台的《专利侵权判定若干问题的意见》也是如此。该意见指出，全面覆盖是指被控侵权物（产品或方法）将专利权利要求中记载的技术方案的必要技术特征全部再现，被控侵权物（产品或方法）与专利独立权利要求中记载的全部必要技术特征一一对应并且相同；以台湾而论，2004 年台湾地区“智慧财产局”制定的“专利侵害鉴定要点”即指出，全要件原则是指请求项中每一个技术特征完全对应表现在鉴定对象中，包括文义的表现及均等的表现。“均等论”成立的要件是：相对于申请专利范围之技术特征，待鉴定对象之组件、成分、步骤或其结合关系的改变或替换未产生实质差异，则适用均等论。适用均等论须先符合全要件原则，始有成立可能。

（5）判定等同侵权的常见表现

根据等同原则，总结专利司法实践案例，等同侵权发生的情形常见的有以下几种形式：

1）等同替换。这是最常见的一种形式。它指的是与专利保护技术特征上所属公知的等同技术特征，常见的如在机械上用螺丝钉代替铆钉、用齿轮替代皮带轮，在化学上用氢氧化钠代替氢氧化钾等。等同替换也就是要素的替换，它是技术特征的简单替换，其特点是所替换的技术特征与专利技术相应的技术特征之间具有等效性，即在目的、功能和效果上本质相同。

2）部件移位。这是指移动被控侵权产品中某些部件的位置，以改变与专利权利要求书中记载的相应的部件之间对应关系、改变部件之间的结构关系的行为。如将关键部位从左边移到右边，或者从上部移到下部，而这种结构上的简单变化并没有引起功能、作用、效果的任何变化，也不存在实质上的改进。

3）技术特征的分解或者合并。技术特征的分解见于被告为避免侵权，而将原告专利权利要求的某一个必要技术特征分解为若干技术特征；技术特征的合并则见于用一个或几个技术特征代替原告专利权利要求中的多个技术特征。如果上述分解或者合并并没有产生新的技术功能、作用、效果，则构成等同侵权。技术特征的分解或者合并也可以称之为组合方式的变化。

# 第4章　知识产权共同侵权责任

从理论方面说，尽管知识产权共同侵权问题是民法共同侵权的一部分，但它在某些方面对传统的共同侵权理论提出了挑战，丰富并完善着传统的共同侵权理论。目前，理论界对于知识产权共同侵权问题以及与传统共同侵权的关系研究涉及的不多；从审判实践方面说，需要作出共同侵权判断的知识产权侵权案件很多，但对知识产权共同侵权问题的并未有太多的关注。因此，探讨知识产权的共同侵权问题具有一定的理论和实践意义。

## 4.1　共同侵权行为的传统理论

### 4.1.1　共同侵权的概念与规定

共同侵权行为又称共同加害行为，是指两个或两个以上的民事主体，基于共同的故意或者过失或行为，侵害他人的人身权利或财产权利的违法行为。不同国家对共同侵权行为的表述是不同的。如《德国民法典》第830条规定："1.数人因共同实施侵权行为造成损害的，各人对损害均负责任。不能查明数关系人中谁的行为造成损害的，亦同。2.教唆人和帮助人视为共同行为人。"学者一般认为这是第一个关于共同侵权行为的法律规定。《日本民法典》第719条规定："1.因数人共同实施侵权行为加害于他人者，各加害人负连带赔偿责任。不知共同行为人中何人为加害人时，亦同。2.教唆人及帮助人，视为共同行为人。"显然这个定义与德国民法典的含义基本相同。英美法通过大量的判例也确立了与大陆法系基本相同的侵权行为的一般规则。受大陆法系的影响，我国台湾地区民法典第185条也规定了共同侵权行为的规则："数人不法侵害他人之权利者，连带负损害赔偿责任。不能知其中孰为加害人者，亦同。"

1986年我国颁布实施的《民法通则》第130条规定："二人以上共同侵权造成他人损害的，应当承担连带责任。"最高人民法院在《关于贯彻执行〈中华人民共和国民法通则〉若干问题的意见（试行）》第148条补充规定了教唆人和帮助人应当承担共同侵权的民事责任。

2004年5月1日起施行的最高人民法院《关于审理人身损害赔偿案件若干问题的解释》（以下简称《解释》）（法释[2003]20号）对共同侵权行为作了法律规定，第3条第一款："二人以上共同故意或者共同过失致人损害，或者虽无共同故意、共同过失，但其侵害行为直接结合发生同一损害后果的，构成共同侵权，应当依照《民法通则》第 130 条规定承担连带责任。”第 3 条第二款：“二人以上没有共同故意或者共同过失，但其分别实施的数个行为间接结合发生同一损害后果的，应当根据过失大小或者原因力比例各自承担相应的赔偿责任。”第 5 条规定：“二人以上共同实施危及他人人身安全的行为并造成损害后果，不能确定实际侵害行为人的，应当依照《民法通则》第 130 条规定承担连带责任。共同危险行为人能够证明损害后果不是由其行为造成的，不承担赔偿责任。”

2010 年 7 月 1 日开始实施的《中华人民共和国侵权责任法》（国务院令 360 号）第 8 条规定：“二人以上共同实施侵权行为，造成他人损害的，应当承担连带责任。”第 9 条规定：“教唆、帮助他人实施侵权行为的，应当与行为人承担连带责任。教唆、帮助无民事行为能力人、限制民事行为能力人实施侵权行为的，应当承担侵权责任；该无民事行为能力人、限制民事行为能力人的监护人未尽到监护责任的，应当承担相应的责任。”第 10 条规定：“二人以上实施危及他人人身、财产安全的行为，其中一人或者数人的行为造成他人损害，能够确定具体侵权人的，由侵权人承担责任；不能确定具体侵权人的，行为人承担连带责任。”第 11 条规定：“二人以上分别实施侵权行为造成同一损害，每个人的侵权行为都足以造成全部损害的，行为人承担连带责任。”第 12 条规定：“二人以上分别实施侵权行为造成同一损害，能够确定责任大小的，各自承担相应的责任；难以确定责任大小的，平均承担赔偿责任。”第 13 条规定：“法律规定承担连带责任的，被侵权人有权请求部分或者全部连带责任人承担责任。”第 14 条规定：“连带责任人根据各自责任大小确定相应的赔偿数额；难以确定责任大小的，平均承担赔偿责任。支付超出自己赔偿数额的连带责任人，有权向其他连带责任人追偿。”

### 4.1.2　共同侵权行为法律特征

对于共同侵权的特征，学界始终存在有不同的认识。有些学者将其特征归纳为以下四个方面：① 行为人必须是两个或两个以上的人；② 数个行为人之间主观上有共同过错；③ 数人的行为相互联系，构成为一个统一的致人损害的原因；④ 数个行为人的行为与损害结果之间有因果关系。同时认为，共同侵权行为本质特征在于数个行为人对损害结果具有共同过错，十分强调“共同过错”的重要性。

另外，一些学者则将共同侵权的特征归纳为三个方面：① 侵权行为主体的复合性；② 侵害行为的共同性；③ 侵害结果的单一性。

关于共同侵权的理论争议，主要表现在“主观说”和“客观说”两种观点上。“主观说”认为，只有各行为人之间有意思联络或者说具有“共同过错”，才能构成共同侵权。如各侵害行为人之间并无意思联络，但因为偶然行为竞合，造成同一的损害结果，应当各自承当相应的责任；而“客观说”则强调，只要各行为人的违法行为与损害结果之间存在着直接的因果关系，就构成共同侵权，各行为人之间是否有意思联络并不重要。“客观说”

的法理学原则认为，之所以要求共同的加害人承担连带责任，主要是基于现代民法保护弱者、保护法过错者、保护受害人利益的价值取向，要求无意思联络的共同侵权人承担连带责任。随着社会和科技的发展，与传统的社会相比，现代社会中的侵害行为变得更加广泛和深刻，现代侵权行为法应当更加关注受害者的权益。“主观说”的法理学基础在于，近代私法把基于人的意思的“行为”作为侵权行为法的归责根据的前提，认为人应当“为自己的行为负责任”。

尽管“主观说”和“客观说”的观点有所不同，但是我们还是可以找出两者对共同侵权行为都认同的法律特征：

1）侵权主体至少为两个。即共同侵权的行为主体必须为两个或两个以上，侵权的主体可以是公民，也可以是法人或非法人单位。

2）侵害对象及损害结果具有同一性。即受到损害的对象可以是人身或者财产或财产性利益，但这些权利或利益必须属于同一民事主体；同时，侵害行为造成了同一个不可分割的结果，即物质或非物质损失。

3）侵权主体实施了共同的加害行为。这是行为人是否应当承担共同侵权责任的关键性特征，这里加害行为一定要作广义上的理解，既包括了共同实施行为，也包括教唆行为与实施行为的结合以及帮助行为与实施行为的结合。

4）共同行为与损害结果之间具有因果关系。即受害人的损失是由侵权主体的共同行为造成的，侵权主体才可能承担共同侵权责任。

### 4.1.3　一般共同侵权行为分类

#### 1. 有意思联络的共同侵权

有意思联络的共同侵权，也称一般共同侵权，包括共同故意、共同过失的行为。它的法律特征是：

1）共同侵权人的主体为多个人，即两个或两个以上构成；

2）共同侵权人在主观上都具有过错即主观上存在故意或过失；

3）共同侵权行为所造成的损害是同一的，不可分割的；

4）数个行为人的行为与侵害结果之间有因果关系，行为对损害结果具有原因力。

比如，招投标活动中，招标人与招标代理机构私下沟通，对特定投标人进行排挤、限制，致使本应中标的投标人失标，招标人与代理机构的行为是典型的有意思联络的共同侵权，招标人与招标代理机构私下沟通，说明他们有共同故意，并实施了排挤、限制投标人的行为，该行为具备了有意思联络共同侵权的全部构成要件。依照依照《解释》第 3 条第一款的规定，二人以上共同故意或者共同过失致人损害，其侵害行为直接结合发生同一损害后果的，构成共同侵权，应当依照《民法通则》第 130 条规定承担连带责任。

所谓“直接结合”是指数个行为结合程度非常紧密，对加害后果而言，各自的原因力和加害部分无法区分，具有时空统一性的特点。有意思联络的共同侵权，行为人应承担连带赔偿责任。要求有意思联络行为人承担连带责任是因为在该类共同侵权的行为中，责任主体的整体性源于主观过错的共同性，这种共同过错把共同侵权行为人连接成一共同的、不可分割的整体，成为了一个共同的行为整体，应对其共同的行为负责。在此情形下，受害人可以同时要求共同侵权人共同承担赔偿责任，也可以要求其中一人对他们共同的侵害后果承担全部责任。

### 2. 无意思联络的共同侵权

无意思联络共同侵权是一种特殊共同侵权形态，其法律特征为：

1）侵害的主体必须是两个或两个以上。

2）行为人主观上并无意思联络，各行为人不仅没有共同故意，也没有共同过失，一般情况下，他们无法预见到自己的行为与他人的行为会结合在一起并对他人造成同一损害。

3）数个无意思联络的共同行为人的行为与损害的结果具有因果关系。

4）数行为人的行为偶然结合而造成对受害人的同一损害。这种行为的结合，不是行为人主观因素造成的，而是各行为人所不能预见和认识的客观的、外来的、偶然的情况引起的。

5）无意思联络的数行为人侵权的法律后果，是依据数行为人行为的结合方式不同，所引申出侵权法律后果也不同。

无意思联络共同侵权又分为两种情况：

（1）联络行为的直接结合

所谓直接结合是指数个行为结合程度非常紧密，就加害后果而言，各自的原因力和加害部分无法区分，具有时空统一性的特点。虽然这种结合具有偶然因素，但其紧密程度是数个行为凝结为一个共同的加害行为，共同对受害人产生了损害。例如，施工机械在施工中，由于过失致第三人伤害，驾驶员操作失误明显有过错，但经过检查也证明这个机械刹车质量也存在严重的缺陷。第三人可以将驾驶员、机械制造商作为共同被告起诉至法院，两者承担连带责任。在驾驶员无力偿还赔偿的情况下，可以要求机械制造商承担全部赔偿责任。

在这种情况下，行为人之间无意思联系，不存在共同的过错，但存在共同的侵权行为。他们之间的侵权行为都指向了同一对象，并且侵权行为结合共同造成了受伤人的单一损害后果。因此，对操作员与吊笼制造商的行为与受害人的损害具有直接的因果关系，属于无意思联络的数人侵权，且行为具有直接结合性，依据《解释》第 3 条第一款规定，“二人以上者虽无共同故意、共同过失，但其侵害行为直接结合发生同一损害后果的，构成共同侵权，应当依照《民法通则》第 130 条规定承担连带责任。”

（2）联络行为的间接结合

间接结合是指多种原因相对比较松散的、非直接结合的，但由于各行为的结合在事实上产生了对同一对象的致害结果。无意思联络的数人侵权的各行为人的各行为相互间接结合，而致使损害后果发生，其损害后果发生的原因不具有同时性，通常是相互继起，各自独立，但互为中介，数个行为分别构成损害后果的直接原因或间接原因，也即“多因一果”。故此，间接结合的明显特征是松散性、非时空统一性的特点。

举一个房屋产权变更登记，侵犯他人财产与人身权利的实例。王甲与王乙系姐妹关系。2000 年 9 月 20 日，王甲为将其父母及王乙房屋产权变更为己有，到某居委会要求出具王乙死亡证明，某居委会根据王甲的陈述出具了王乙的死亡证明。王甲持此证明到房管局申请办理房屋产权变更登记。房管局向公证处出具了一张要求办理继承公正的函件，但王甲并未及时到公证处办理公证。2002 年，王甲再次到房管局申请产权变更手续。房管局要求其补交继承公正文件，为此王甲于 2002 年再次到某居委会开了一张王乙的死亡证明书，并连同房管局 2000 年出具的函件一并提交给公证处。公证处根据王甲申请和上述证明，于 2002 年 10 月 9 日为被告王甲办理了继承公证书。王甲将此继承公证书提供给房管局，房管局按王甲申请将某处房屋的产权登记为王甲所有，发给其房屋所有权证。但实际上王乙并未死亡，其在 2003 年得知自己被公正为死亡后，即向有关部门反映。公证处发现发证错误，撤销了原继承公正。随后，房管局也做出了撤销原向王甲颁发房屋所有权证的决定。王乙认为，王甲、居委会、公证处的行为严重侵犯了其财产权和人身权，遂诉至法院，要求三被告共同承担连带赔偿责任。

分析此案，三被告的行为主观上无意思联络，三被告是在没有共谋的情况下侵害了同一受害人的权利。其侵权行为客观属间接结合而非直接结合。王甲为获房产虚构王乙死亡事实；居委会不具备出具死亡证明书的资格，却轻信王甲的陈述出具死亡证明；公证处未尽审查义务，即作出继承公正。三被告各自行为均对原告人格尊严权的损害结果具有原因力，但这些原因行为并非密不可分，即使单独看来亦构成对王乙人格尊严权的侵犯，并非相互结合才为损害结果的唯一原因。其各自行为作为损害结果发生的原因不具有同时性，而是相互继起、各自独立。在这种情况下，三被告如何承担责任呢？专家认为此案属于无意思联络共同侵权中的间接结合，应按《解释》第 3 条第二款规定：“二人以上没有共同故意或者共同过失，但其分别实施的数个行为间接结合发生同一损害后果的，应当根据过失大小或者原因力比例各自承担相应的赔偿责任。”即对各行为人的责任进行划分，然后根据各自的责任大小承担按份责任的赔偿义务。

### 3. 共同危险行为的侵权

共同危险行为是广义共同侵权行为的重要类型。民法中规定共同危险行为的原因在于：当数人共同参与实施具有致害他人危险的行为且已造成实际损害，但是具体的加害人不明；或者数人分别实施侵权行为而造成受害人同一损害，但各加害人的参与部分不明的时候，无法将他们的行为加以一体化处理。此行为的法律特征如下：

1）危险行为是数人实施的，即主体必须是两个或两个以上。

2）行为人的主观上具有过错或共同过错，但没有致人损害的意思联络。

3）行为的性质具有危险性，即具有侵害他人合法权利的可能性，这种致害的危险性可以从行为本身、周围环境以及行为人的控制力等方面进行分析判断。

4）行为与损害的因果关系不应强调数行为时空上的“同一性”，而应考虑其“时空关联性”，以其是否具有造成同一损害的危险性与可能性为认定标准。他与损害事实之间有着某种可能的因果关系，缺乏这种客观的联系，就构不成共同危险行为；对于“加害部分不明”的数人侵权不宜定性为共同危险行为；从构成要件的层面而言应为推定的因果关系，应允许行为人通过证明自己的行为与损害结果之间不存在因果关系而免责。

5）加害人是不确定的，结果的发生难以确定实际的加害人，这一点是与共同侵权行为的明显区别。

共同危险行为人应当就受害人所受到的损害承担连带赔偿责任，这一点与共同加害行为没有区别。各危险行为人应平均责任数额。因为这种行为本身无法确定为加害人，更无法判明过错轻重，只能根据实际情况，直接推定全体被告都是直接加害人，并且共同危险行为人在实际共同危险行为中，致人损害的概率相等，由于其责任的不可分割性，所以共同危险行为人的责任一般是平均分担的，各人以相等的份额对损害结果负责，在等额的基础上实行连带责任。其中一共同危险行为人承担了超出自己份额以外的责任后，有权向未承担责任的其他义务人追偿。

那么共同危险行为规则的基础是什么呢？共同危险行为应以危险行为的客观联系为规则的基本事实，并不以主观的联系为必要。其规则理由是数人均给客体造成了不合理的危险，这些危险都可能造成对客体的某种实际损害。这些危险都可能是共同造成的，也可能是分别造成的，但这些行为在客观上都有造成实际损害的可能，并且造成的损害又必须为其中某个危险行为所致。那么，在对造成的损害无法查明何人是真正加害人时，此共同危险亦就成立，可以推定行为人均负有责任。因此共同危险行为重存在时间上的“时空关联性”和致害概率的可能性。若想免除侵权责任行为人的责任，必须举证证明损害并非其行为所致。对于受害人而言，只要受害人能够举证证明损害事实确已发生，并且数人所实施的危险行为确定为损害发生的原因，受害人即举证完毕。

如某工地青年职工赵某、刘某、张某下班回宿舍。路上，他们三人偶然遇见同村马某。当时，马某正走在路上。刘某等三人想搞恶作剧，藏在暗处，用泥土、小石子等袭击马某。其中有两块石子击中马某，马某当即受伤倒在地上，随后被送往医院进行住院治疗。此案是典型的共同危险行为侵权案例，举证责任应由被告承担，若被告能证明未实施侵害行为且造成对马某的伤害才能免责，否则被告要承担民事侵权责任。

本案的三名被告扔石子致马某损害的行为，其行为主体是数人；行为的性质具有侵害他人合法权利的可能性，是具有社会危险性的行为；这种具有危险性的共同行为是致使马某受伤的原因，且行为与损害后果之间具有因果关系；马某的伤害结果不是共同行为全体所致，但不能判明其中谁是加害人。按《解释》第 4 条的规定，“二人以上共同实施危及他人人身安全的行为并造成损害后果，不能确定实际侵害行为人的，应当依照民法通则第一百三十条规定共同危险行为人应共同赔偿受侵者的经济损失，并互负连带责任。”三被告应共同赔偿马某的经济损失，并互负连带责任。当然，共同危险行为人能够证明损害后果不是由其行为造成的，就可以不承担赔偿责任。

### 4．对直接与间接结合的理解

《最高人民法院关于审理人身损害赔偿案件运用法律若干问题的解释》第 3 条规定：“二人以上共同故意或者共同过失致人损害，或虽无共同故意、共同过失，但其侵害行为直接结合发生同一损害后果，构成共同侵权，应当依照民法通则第一百三十条的规定承担连带责任。二人以上没有共同故意或者共同过失，但其分别实施的数个行为间接结合发生同一损害后果的，应当根据过失的大小或者原因力比例各自承担相应的赔偿责任。”该条首次提出了直接结合和间接结合的概念，并在责任后果上加以区分，侵权行为直接结合的承担连带责任，间接结合的承担按份责任，这一规定对指导我国司法实务具有重要意义。

如何区别直接结合和间接结合？《解释》没有进一步明确，这就易产生理解上的歧义，容易造成共同侵权责任的扩大化和随意性，不能保障该条正确运用，不能体现自己对自己行为负责的侵权法原则。因此，有必要就直接结合、间接结合的区分标准进行明确。目前对直接结合、间接结合主要有三种区分标准：

（1）结合紧密说

该观点认为直接结合是指数个侵权行为结合程度非常紧密，对加害后果来说无法区分，凝结成一个共同的加害行为。比如，某电力公司架设的火线在广播线上方，刮风下雨吹落的树枝将两线绊连致导电，一人经过触电死亡。电力部门架线行为与园林部门管理行为是直接结合；甲开车逆行迫使骑自行车人乙为躲避甲向右拐跌入丙挖的坑里，施工单位丙未对该坑设保护措施，造成了乙车毁人伤。甲、丙的行为是间接结合。

（2）时空统一说

该观点认为数个侵权行为在侵权过程中发生的时间、地点是一致的，则构成直接结合，相反则构成间接结合。比如，两车相撞致一行人死亡，两车行为是直接结合；甲被乙打伤，送往医院后因护士丙误用针药致乙药物过敏死亡。打伤和误治是间接结合。

（3）综合标准说

把结合紧密说、时空统一性说，两者结合起来综合判断。数人侵权行为结合程度紧密，同时又具有时空统一性则构成直接结合，反之则是间接结合。

虽然上述观点不无道理，但仍就不能严格区分直接结合与间接结合。结合紧密说，在区分直接和间接的标准上引入了“紧密性”，如何界定结合紧密？这种本身不确定的且弹性幅度大的概念，在司法实践中往往会因人而异，不同法官有不同的看法，易造成自由裁量权的扩大或任意选择运用连带责任或按份责任。时空统一说太片面，很难成为界定直接结合、间接结合的标准，在实践中很多即使时间、地点不一致也构成共同侵权，承担连带责任。比如，数个企业在不同时间、地点向同一河流排污，构成共同侵权，承担连带责任；往工地运送建筑材料两车相撞，毫无疑问具有时空统一性，但是司法实践中却往往依照交通事故责任认定，判决承担按份责任。综合标准说，综合了前两种观点，但在实践中仍不能在本质上加以区分。紧密性缺乏科学的判断标准，时空统一性又太片面，在这种基础上的综合实际上笼统大概的划分，缺乏充足依据。

有专家认为区分直接结合和间接结合应该结合《民法通则》中关于共同侵权的理论以及该《解释》的立法原意来加以理解。要考虑到《解释》对受害人加强保障力度的利益倾向又要考虑到两者在侵权行为性质的区别。一般认为构成直接结合应具备以下几个特征：

（1）侵害的积极性

即行为人的行为表现是积极的加害状态，与间接结合的消极状态有区别。《解释》第 3 条原文用“侵害行为”与“分别实施的数个行为”在主观立意上就区别了直接结合与间接结合。前者是积极的加害，后者是作为行为，性质的不同决定了两者在承担责任上的不同。比如，两个互不相识的人对受害人进行攻击，造成受害人血流不止死亡，且伤口流血量的大小不能分辨。这两个行为人既不是共同故意也不是共同过失，而是各自的积极加害行为结合并造成一个后果，是直接结合，承担连带责任。又比如，行人甲依照绿灯过十字路，乙丙两司机驾车闯红灯相向而来，甲躲闪不及被撞伤。乙丙应当预见到闯红灯过十字路口的严重后果，对事故的发生有重大过失，属积极加害，是直接结合，承担连带责任。

对于直接结合的共同侵权纠纷，不能笼统地认为承担连带责任或按份责任，应以当事人是否存在积极过错，以及这种过错对造成损害后果的原因力可不可分为判断依据。侵权行为均是积极而为并且原因力不可分是直接结合，承担连带责任，否则是间接结合，承担按份责任。比如，上例中甲被撞伤是乙、丙共同造成的，原因力不可分，直接结合。又比如，甲骑摩托车带乙，因超速行使与丙车追尾致乙伤。责任认定丙车超高承担 10%的责任，甲承担 90%的责任，丙车超高有过失，但这种过失不足以引起乙伤这一后果，不是直接原因，应按照责任大小承担按份责任。

（2）行为的紧密性

即行为与行为之间是直接、不可分割的一个整体，与间接结合行为之间松散型、彼此中介，互为链条式的结合有区别。如前面两个互不相识的人同时攻击受害人致死的例子，行为联系集中，不能划分是由某个单独行为造成损害后果，是直接结合；两车在十字路口闯红灯致使行人受伤的例子，两个行为结合是密切的，是不可分割的共同的因，是直接结合。又比如，未成年人通过爬上垃圾堆，翻过院墙，墙外变压器未上锁，手一伸打掉一只胳膊。此案侵权行为彼此互为中介，行为之间不是集中发生而是一环套一环，是可以分割的原因并能判断责任力大小，是间接结合。

（3）时空统一性

即数个侵权行为发生时间、地点高度集中。与间接结合行为大都有时间先后或不同地点的侵权有区别。比如，前面提到两个互不相识的人同时攻击受害人致死的例子，以及两车在十字路口闯红灯致使行人受伤的案子，在侵权时间、地点上都具有统一性，是直接结合。又比如，前车肇事逃逸，20 分钟后，后车扎死伤者，是间接结合。因前、后车过失行为时间不同，对造成被害人死亡的后果有继起性，应按各自过失大小承担责任。

（4）原因的唯一性

即行为共同直接指向损害后果，对损害后果的发生基于必然性，在因果形态上，属于一因一果，与间接结合各行为对损害后果发生是偶然性，属于多因一果的情况有区别。如前面提到施工机械在施工中，由于过失致第三人伤害的例子是驾驶员、机械公司行为共同行为造成的，在因果形态上，属于一因一果；前面房屋产权变更登记，侵害他人财产权和人身权的例子，侵权行为彼此互为中介，有直接原因，也有间接原因，即多因一果，是间接结合。街道居委会、公证机构、房地产管理局共同承担侵权责任。共同侵权类型汇总见表 4-1。

**表 4-1　共同侵权类型汇总表**

| 序号 | 类型 | 行为主要特征 | 法律责任 |
|---|---|---|---|
| 1 | 有意思联络共同侵权 | 有意思联络/直接结合 | 连带责任 |
| 2 | 无意思联络共同侵权 | 无意思联络/直接结合 | 连带责任 |
| 3 | | 无意思联络/间接结合 | 按份责任 |
| 4 | 共同危险行为侵权 | 无意思联络/无法确定实际加害人 | 等额责任 |

### 5．共同侵权行为类型发展趋势

社会生活是不断发展的，侵权行为法也在随之发展。共同侵权行为的类型也在不断拓展，以至于不可能穷尽所有的类型。

（1）教唆人与实行行为人共同侵权行为

《侵权责任法》第 9 条规定，“教唆、帮助他人实施侵权行为的，应当与行为人承担连带责任。教唆、帮助无民事行为能力人、限制民事行为能力人实施侵权行为的，应当承担侵权责任；该无民事行为能力人、限制民事行为能力人的监护人未尽到监护责任的，应当承担相应的责任。”教唆行为是指行为人以损害他人为目的，用言语或利益开导或诱导实行行为人侵害原告的权益，而教唆人本人并不直接参与侵权。由于教唆人本身具有过错，实施了教唆行为，并导致了损害他人的后果，这种结果也是教唆人所追求的结果，因此具有可规则性，应当与行为人共同承担侵权责任。但是由于被教唆人的民事行为能力不同，责任承担也有区别。各国法律一般认为，教唆人教唆无行为能力人侵权的，应当完全由教唆人承担民事责任，我国侵权责任法以及最高人民法院的司法解释也确立了这一规则。

（2）总承包商与分包商质量共同侵权

《建设工程质量管理条例》规定，“总承包单位依法将建设工程分包给其他单位的，分包单位应当按照分包合同的约定对其分包工程的质量向总承包单位负责，总承包单位与分包单位对分包工程的质量承担连带责任。”

（3）广告经营者与厂商共同侵权行为

如《中华人民共和国广告法》第 38 条规定，“广告经营者、广告发布者明知或者应知广告虚假仍设计制作、发布的，应当依法承担连带责任；社会团体或其他组织，在虚假广告中向消费者推荐商品或服务，使消费者的合法权益受到损害的，应当承担连带责任。”

（4）生产者与销售者共同侵权行为

《中华人民共和国产品质量法》第 43 条规定，“因产品存在缺陷造成人身、他人财产损害的，受害人可以向产品的生产者要求赔偿，也可以向产品的销售者要求赔偿。属于产品的生产者的责任的，产品的销售者赔偿的，产品的销售者有权向产品的生产者追偿。属于产品的销售者的责任，产品的生产者赔偿的，产品的生产者有权向产品的销售者追偿。”

（5）合伙人和公司发起人的侵权连带责任

这是两种特殊共同侵权行为。合伙是一种特殊民事主体，是指两人以上，共同出资，共同经营管理，共负盈亏，共担风险。根据《民法通则》第 35 条第二款的规定，“合伙人对合伙的债务承担连带责任，法律另有规定的除外。”所以，当合伙人在执行合伙事务过程中，因侵权行为造成的损害赔偿责任，视为合伙人的共同侵权，合伙人之间应当承担连带责任。与此相类似，当公司的发起人在公司成立过程中，因发起人的过错，导致侵害他人权利，公司不成立时，发起人之间应当承担连带责任，当然如果公司成立，则由公司承担责任。

（6）新闻媒体、网络共同侵权

法律法规以及最高人民法院相关司法解释，如《侵权责任法》、《关于审理名誉权案件若干问题的解释》、《最高人民法院关于审理涉及计算机网络著作权纠纷案件适用法律若干问题的解释》、《信息网络传播权保护条例》等分别确认了新闻媒体的共同侵权、网络提供者的共同侵权等都是对共同侵权行为的发展。

（7）环境污染共同侵权

依据《环境保护法》、《环境污染防治法》、《侵权责任法》、《民法通则》等法律法规，多个污染者共同排污的行为可能超过环境容量和环境的自净能力，污染环境给受害人造成损害，构成共同侵权。或按照责任大小承担责任或承担连带责任。

（8）美国的一些州通过一项法案《麻醉品销售者责任法》规定，加害人非法提供麻醉品，导致吸食者侵害他人人身、财产的（如吸食麻醉品后，驾车肇事）销售者和加害人承担连带责任。

## 4.2 知识产权共同侵权行为探讨

### 4.2.1 对常见问题的分析

下面我们运用民法共同侵权的传统理论，对常见的知识产权纠纷中当事人是否构成共同侵权问题进行探讨，以提高当事人对知识产权共同侵权问题的辨别与把握，以利于在实际工作中加以防范。

#### 1．发包人与侵权承包人是否构成共同侵权

关于这个问题，争论比较多的是，招标人是否存在过错。有观点认为，对于承包是否对知识产权侵权，发包人没有能力进行审查，发包人没有过错，不应承担责任。但从司法实践中看，大多判例一般都认为发包人有审查不严的过错，判决两者承担共同侵权责任。如北京市第二中级人民法院民事判决书（[2006]二中民初字第9648号）对北京某墙材科技有限公司与某某建设有限公司、北京某某房地产开发有限公司侵犯专利权纠纷案的审理，建设有限公司为承包单位，侵犯了北京某某墙材科技专利权，最后法院判决承包人建设有限公司和发包人北京某某房地产开发有限公司构成共同侵权，承担连带责任。

从民法普通的共同侵权理论来分析，发包人与侵权承包人是否构成共同侵权，恐怕也会引起较大的争议。从客观上看，两者的行为共同造成了同一侵害后果，就是说只有承包人的侵权行为，没有发包人提供工程建设的机会，也难以构成实质侵权；没有承包人的侵权行为，也就根本没有承包人违法实施、使用行为。因此，从“客观说”理论判断，认定共同侵权比较容易。如果以“主观说”理论来判断，还要看两者有无共同过错。从主观上看，侵权承包人的过错形态一般是故意，而招标人的过错形态一般是过失。在归责原则上，两者也有区别，侵权承包人应当是过错原则，而招标人应当是过错推定原则或无过错原则。因此，是否为共同过错，就会引起争议。在依照民法共同侵权理论确定两者是否构成共同侵权时，应当注意的是，知识产权共同侵权与普通的共同侵权相比，发包人和侵权承包人的共同侵权有着其自身的特点：

一是侵权承包人行为和发包人对他人知识产权的实施、使用行为都是法律所明确规定的侵权行为。普通的共同侵权是两者的行为相互依存和相互联系而导致侵犯了权利人的权利，单独一方的行为不能构成对权利人的侵害。侵权承包人和发包人的行为虽然也相互依存才能构成对权利人的实质损害，但承包人擅自抄袭或使用他人知识产权的行为和违反使用他人知识产权行为都是法律明确规定的侵权行为。这一区别的重要原因是，普通的民事权利的保护范围法律没有明确规定，而知识产权权利的保护范围法律则是明确规定的。

二是侵权承包人行为与发包人不一定以必要共同诉讼的形态作为共同被告。普通的共同侵权行为的行为人一般作为共同被告参加诉讼，并承担连带责任。数人的行为造成了同

一损害，如果有侵权人不参加诉讼，由参加诉讼的侵权人承担全部责任是不公平的。但是，对于知识产权的侵权承包人与发包人来说，则可以不作为必要的共同诉讼参加诉讼。其中一个原因如前所述，即侵权承包人与发包人的行为能够各自构成法定的侵权行为；另外一个原因是，在计算侵权赔偿额上两者也可以分开计算。可以以侵权承包人与发包人的非法获利而不是权利人的损失作为赔偿的依据。这种赔偿的计算方法为权利人单独起诉专利侵权中标人或者发包人提供了可能。在司法实践中，权利人单独起诉专利侵权承包人或招标人的案件也是存在的。

综合上述分析，对于发包人与侵权承包人是否构成共同侵权，不应拘泥于民法的共同侵权理论，而是应当根据这类案件的实际情况进行认定。但应当按照各自的获利，在各自承担责任的基础上，承担连带责任，不宜笼统地判定共同承担责任。

### 2. 侵权作品的委托人与受托人是否构成共同侵权

作品的委托人一般是指需要使用、宣传作品的单位，如为工程建设项目建设而委托他人设计、艺术作品用于场地宣传而委托他人制造等。委托人通过签订作品委托承揽合同，将设计、制作任务交给设计或制作人（有资质的设计单位或广告单位）进行。有资质的设计单位或广告单位为受托人，受托人按照委托人的要求，提供作品以及相关的服务，委托人支付一定的设计、制造费用。那么，如果受托人在完成委托作品的过程中，使用他人作品，应当承担征得著作权人许可并依法支付报酬的义务。未履行该义务而构成侵权时，受托人是否要承担共同侵权责任呢？如果从传统的共同侵权理论来看，对于这类案件数被告构成共同侵权，应该争议较少。主要的原因是，通过合同关系被告之间的主观意思和侵权行为密切联系起来了。从审判实务中看，大多案例也都判决数被告承担连带责任。如四川省成都市中级人民法院的民事判决书（[2004]成民初字第 200 号）廖某某与四川省某某置业有限公司、成都闫某某设计顾问有限公司著作权侵权纠纷案。受托人闫某某公司在代理某某置业有限公司制作广告时，以营利为目的，未经著作权人廖某某许可，使用了廖某某享有著作权的绘画作品，委托人置业公司在其建筑工地外墙上使用，未尽审查注意义务。法院判决委托人置业公司与受托人闫某某设计公司，应当承担连带责任。

这类案件数被告的侵权行为，反映了社会分工导致的法律问题的复杂性。设计、制作者是事实的侵权行为人，对著作权利人作品的使用是由受托人选择、提供的，最后也是由受托人指导完成的。受托人侵权，委托人不应该承担侵权责任。但是从面向社会的角度而言，委托人就是侵权作品的使用人、制作人或复制人。按照法律规定讲，委托人也要承担侵权责任，正因为如此，也有人主张，在这类案件中，只要委托人承担侵权责任即可，委托人对委托他人的行为应当视为委托人的行为，委托人承担侵权责任后，他们再通过合同关系内部来分配所需承担的责任。这种说法有一定的道理。为此，在司法实务中，也有案例原告只起诉委托人，法院也判决委托人承担全部侵权责任，并不将受托人追加为被告。但是，考虑到两者之间的行为和意思联络的密切性，以及为更为有效地保护权利人，如果权利人同时起诉两者，仍应以承担连带责任为好。

### 3. 侵权专利产品的名义制造人与实际制造人是否构成共同侵权

未经专利权人的许可，名义制造人委托实际制造人制造专利产品，并以制造人的身份向社会经营销售，两者是否构成共同侵权？我们说，名义制造人和实际制造人是一种加工承揽的关系。有人认为名义制造人不应当承担侵权责任，因为名义制造人没有实际的“制造侵权产品的行为”，而应有实际制造人承担侵权责任。这种观点没有认识清楚现代化的社会分工条件下民事行为的复杂性。在社会分工不发达的情况下，名义制造人和实际制造人是一致的。但在当前社会分工日趋细密的环境下，稍微复杂的产品都是由多家制造人制造，最后由一家制造人进行组装。因此，不论产品的制造者涉及多少，在产品上标识自己为制造人的主体，应当认定为法律所规定的制造人或者生产者。如果缺乏这种推定，保护第三人和公共利益方面的法律规定，就形同虚设。这方面保护第三人的消费者权益保护法和产品质量法最为明显。

最高人民法院在《关于产品侵权案件的受害人能否以产品的商标所有人为被告提起民事诉讼的批复》（法释[2002]22 号）中认为：“任何将自己的姓名、名称、商标或者可资识别的其他标识体现在产品上，表示其为产品制造者的企业或个人，均属于《民法通则》第122 条规定的产品制作者和《中华人民共和国产品质量法》规定的生产者。”这一批复明确了名义制造人的法律责任。因此，前述专利产品的名义制造人的制造行为也应当认定为《专利法》第 11 条规定的“制造”行为。实际制造人因为是产品制造行为的参与者，当然也应当承担责任。在司法实践中，一般认定两者构成共同侵权，承担连带责任，这种做法是可取的，正是名义制造人的行为和实际制造人的行为紧密相联，导致了侵权后果的发生。而且，通过加工承揽的合同，两者形成了紧密的意思联络。但是，如果权利人只起诉名义制造人，就不应当再追加实际制造人。

还需要指出的是，对于“来料加工”的委托人和加工人在专利侵权中是否承担连带责任应当慎重。“加工人”只是根据委托加工人对产品的要求和其提供的材料加工，特别是有的加工人只负责组装，收取的加工费非常低廉。如有的加工人组装一台小型产品的加工费只有十几元钱，是委托人产品利润的几十分之一，而与委托加工人相比，其过错程度和与侵权后果的因果关系没有委托加工人直接，要求其与委托加工人承担连带责任，似有失公平。因此，一般应判定委托加工人和加工人各自承担相应的责任。

### 4. 间接侵权与直接侵权是否构成共同侵权

“间接侵权”的用词在我国的专利法、著作权法、商标法中并没有直接出现，但在其有关法规、司法层面中都有所规定。“间接侵权”也是理论界和实务界一直探讨的问题。在《商标法实施条例》第 50 条第二款规定，“故意为侵犯他人注册商标专用权行为提供仓储、运输、邮寄、隐匿等便利条件的，也是对商标专用权的侵犯。”这类行为实质上是在帮助他人侵权或称为间接侵权。

北京市高级人民法院制定的《专利侵权判定若干问题的意见（试行）》（京高法发[2001]229号）第73页至第80页对间接侵权问题则作了较为明确界定。该意见认为：

1）间接侵权，是指行为人实施的行为并不构成直接侵犯他人专利权，但却故意诱导、怂恿、教唆别人实施他人专利。

2）间接侵权的对象仅限于专用品，而非共用品。这里的专用品是指仅可用于实施他人产品的关键部件，或者方法专利的中间产品，构成实施他人专利技术（产品或方法）的一部分，并无其他用途。

3）间接侵权人在主观上应当有诱导、怂恿、教唆他人直接侵犯他人专利权的故意。

4）行为人明知别人准备实施侵犯专利权的行为，仍为其提供侵权条件的，构成间接侵权。

5）间接侵权一般应以直接侵权的发生为前提条件，没有直接侵权行为发生的情况下，不存在间接侵权。

按照上述规定，这种侵权行为的构成，必须是行为人有主观上的故意，仅仅是过失并不构成侵权。这种故意应当是行为人明知他人的行为构成侵权，而不仅仅是明知他人有相关行为。对于有主观上故意的行为，应当与直接侵权人行为构成共同侵权。如湖南省高级人民院民事调解书（[2005]湘高法民三终字第31号）请发明专利侵权案审理中，对被告湖南省某某建材实业有限公司明知其生产的BDF混凝土薄壁管系专用于制造空心楼板的关键部件，仍提供给被告省某工程公司用于制造侵权空心板并提供安装，构成对原告发明专利的间接侵权，法院判决两被告承担连带责任。

但是在审判实践中，认定间接侵权人具有故意侵权的倾向，或者有诱导、怂恿、教唆的行为是比较困难的。有的判例在过错的要求上，则并不以故意为条件。按照北京高院对间接侵权的界定，直接侵权人和间接侵权人应当承担连带责任。

### 5. 侵权商标的印制人与使用人是否构成共同侵权

伪造、擅自制造他人的注册商标标识和未经商标注册人的许可，在同一种或者类似商品上使用与其注册商标相同或者近似的商标的行为，都是商标法规定的侵犯注册商标专用权的行为。这两种侵权行为有着密切的联系，商标的使用侵权人一般都委托商标印制人印刷商标或者是制造、印制有他人商标的容器、包装。正是通过这种紧密联系，导致了商标权利人损害后果的发生。在主观过错上，一般两者都是故意的。因此，按照一般的共同侵权理论，两者应该判定构成共同侵权。如安徽省高级人民法院审理的潘小琴与上海建设路桥机械设备有限公司、镇江沪江机械有限公司侵犯注册商标专用权纠纷法院判潘小琴、沪江机械公司共同侵权，承担连带赔偿责任。但有两点值得注意：

一是在侵权获利上，两者往往有较大的差别。比如，侵权商标使用人假冒国际驰名建设机械设备品牌，委托制作人制作商标铭牌，将假冒产品转手销售，侵权商标使用人的获利往往是侵权商标铭牌制作人的几十倍，甚至上百倍，在解决法律纠纷中，法院如果判令商标制作人与使用人负担等同责任，似乎有失公平。

二是商标印制行为和使用行为都是商标法明确规定的侵权行为，制作商标行为不需要与使用行为联系在一起才构成侵权，反之亦然。正如《商标法》第 52 条第（一）项和第（三）项所规定的，使用他人商标者、伪造、擅自制造他人注册商标标识者都构成侵权。两者无须有联系。只要发生其中一种行为就是侵权。从上述这两个方面来说，应该判决其各自承担责任较好。

### 4.2.2 对传统理论的挑战

知识产权作为新类型民事权利的出现，对传统的民事权利的性质和保护都提出了挑战。如何将传统的民事理论运用在知识产权权利的界定和保护上，同时，通过对这一新型民事权利的研究和实践，丰富和完善传统的民事理论，是当前民事理论和实务界的一个重大课题。就知识产权侵权来讲，在侵权的判定和民事责任上，当然是要运用传统的民事侵权理论。但知识产权的侵权与其他一般侵权行为相比，有很多不同之处，如比较典型的“即发侵权”问题、知识产权使用人无过错也要返还获利，停止使用问题等。当前对于知识产权侵权的自身的特点研究比较深入，例如，专利侵权的等同替换、已有技术抗辩等原则，商标侵权中的“类似商品”的确定原则等。但对于传统民法侵权理论运用在知识产权侵权中的遇到的新问题研究较少，近年来，学界和实务界也开始注意这方面的问题，如近年来一直争论的比较激烈的知识产权侵权的归责原则问题，其中的一些研究成果已经体现在法律和司法解释中，丰富了传统的民法理论，更新了对传统民法侵权理论的认识。

#### 1. 知识产权的特点认识

知识产权共同侵权问题也是与传统民法联系比较密切的一个问题，而且在知识产权审判实务中经常遇到，可惜对这方面的研究并不是非常深入。实务界对知识产权的共同侵权也有不少好的判例，但没有系统的总结。所以说对知识产权共同侵权的问题要深入研究，通过案例总结、分析出一些原则性的东西，知识产权共同侵权问题与传统共同侵权问题有所不同，必须注意其具有两个基本的特点：

（1）非形性是知识产权最重要的特点

对有形性的财产的侵权表现为侵占、妨害和毁损的行为，但知识产权是以“权利为标的”的“物权”，对知识产权的侵犯，表现为对知识产权的“利用”，如按照专利的技术方案制造产品，在相同或者类似的产品上使用商标权人的商标，复制、发行作品等，并不对知识产权的客体本身产生任何的妨害和毁损，在侵权行为发生的同时，权利人还可以同时“利用”该知识产权，并且由于知识产权的无形性，侵权行为几乎不受空间限制，在现代社会分工高度发达的今天，各侵权行为人跨越空间合作进行侵权的可能性和必要性增加。因此，与其他侵权行为相比，知识产权的共同侵权行为较多，而且有着自身的特点。

（2）知识产权保护范围的法定性是知识产权的另一重要特点

有形性财产的保护范围在法律上是不需要明确规定的，但是知识产权的保护范围是法律明确规定的，知识产权的侵权行为也是法律明确规定的。

### 2. 注意知识产权与传统共同侵权理论的区别

基于上述基本特点，在知识产权共同侵权的判定和民事责任的分配上，应当注意与传统的共同侵权理论的区别：

（1）关于“主观说”和“客观说”两种理论在知识产权共同侵权判断中的运用

从上述的分析来看，“客观说”理论在知识产权侵权中几乎没有适用的必要。各侵权行为人的侵权行为偶然竞合，造成损害结果的发生，如两车偶然相撞，致第三人受伤，这种行为竞合现象在知识产权侵权中基本不可能出现。一般而言，各侵权行为人必须有一定的意思联络，才能导致最后损害结果的发生。知识产权共同侵权对“主观说”也提出了挑战，有的情形，即使符合对共同侵权要求比较严格的“主观说”的要求，仍然不宜认定为共同侵权，如商标印制人和使用人的侵犯商标权的情形。

（2）关于知识产权“损害结果”的特殊性对共同侵权认定的影响

知识产权侵权的一个重要特点是数个侵权行为才能导致最后的损害结果的发生，但是这数个侵权行为又是法律规定的独立的侵权行为。如侵犯著作权，抄袭人的行为、出版社的行为、印刷人的行为、发行人的行为形成一根前后连接的行为链条，才会导致损害结果的发生。但是，从著作权法上看，这数个行为又是法律明确规定的独立的侵权行为。所以，在知识产权共同侵权的判定上，不能绝对地认为，符合数个行为共同导致了损害结果的发生（同时也符合其他条件），就认为构成共同侵权。

（3）在知识产权共同侵权中应当更加注重过错程度和因果关系的远近

从传统的共同侵权理论来说，过失和过失、故意和过失都可以构成共同过错。这一观点在知识产权侵权中仍然是适用的。但是应当充分注意知识产权的特殊性，特别是在有的侵权人是故意侵权，而有的侵权人是过失侵权的情况下，应当综合因果关系的远近，侵权获利的多少等各方面的因素确定是否承担连带责任。如出版社和印刷厂的关系，如果出版社故意侵权，印刷厂只是因为对手续审查不严，导致侵权结果发生，就不宜认定为共同过错。同样，如果两侵权人在对损害后果的远近上，有着很大的区别，也不应判令侵权人承担连带责任。

（4）知识产权共同侵权的必要共同诉讼问题也值得注意

按照传统的民法理论，共同侵权的侵权人应当作为必要的共同诉讼人参加诉讼。这一方面是从保护权利人的利益出发，另一方面，也是为了保证对其中的某个共同侵权人的公平。因为本来应当共同负担的民事责任实际上只有参加诉讼的侵权人负担了。在权利人只起诉其中一个侵权人的情况，法院应当追加其他共同侵权人参加诉讼。但在知识产权共同侵权中，一般权利人只起诉其中一个侵权人，没有必要将其他共同侵权人列为被告。理由在于：一是权利人放弃了法律对其权利的强保护；二是对于权利人侵权赔偿可以以侵权人的获利来计算，而不一定以权利人的损失来计算，对参加诉讼的侵权人并无不公平之处；三是知识产权的共同侵权人之间一般都有合同关系，其中的侵权人承担责任之后可以通过合同关系向没有参加侵权之诉的侵权人追偿。

（5）在侵权人之间是否承担连带责任上，应当充分考虑公平原则

由于按照侵权人的获利计算侵权损失赔偿的方法经常运用，在数个侵权人之间获利十分不平衡的情况下，判令数侵权人承担连带责任，就有显失公平之处。如前面提到的“来料加工”中专利侵权，商标印制人与商标使用人在商标侵权中获利的巨大差别等情况就是如此。在这种情况下，就不能机械地考虑共同侵权的要件是否具备，还要从最基本的公平原则考虑。

## 4.3 共同侵权最终赔偿份额的确定

《侵权责任法》第 12 条规定：“二人以上分别实施侵权行为造成同一损害，能够确定责任大小的，各自承担相应的责任；难以确定责任大小的，平均承担赔偿责任。”第 14 条第一款规定：“连带责任人根据各自责任大小确定相应的赔偿数额；难以确定责任大小的，平均承担赔偿责任。”第一次明确规定了数人侵权责任分担中的最终责任确定规则。从这两个条文的相似性可以看出，虽然按份责任形态与连带责任形态的主要差别在于数个侵权责任人是否对外连带地承担责任，但均适用类似的规则确定对内的最终责任份额。这可以从《侵权责任法》第 67 条规定：“两个以上污染者污染环境，污染者承担责任的大小，根据污染物的种类、排放量等因素确定。”这里没有区别规定按份额责任与连带责任得到印证。由于《侵权责任法》对“相应的责任”和“责任大小”用语未作进一步规定，因此，对司法实践中最终责任份额的确定并无任何实质性指导意义，有待进一步探讨。

### 4.3.1 分担基本原理

#### 1. 分担的意义

数人侵权责任分担中的最终责任份额分担问题，实质上就是最终责任的确定问题。在数个责任人之间对内进行侵权责任分担的意义在于：第一，确保矫正正义的实现。即按照责任自负原则分配最终责任份额，以实现侵权法由致害人填补受害人的矫正正义功能；第二，预防受害人的多重受偿，实现权利义务的平衡。如果不进行最终责任的分担而由数个侵权责任人分别承担全部的损害赔偿责任，那么就有可能造成受害人多重受偿的不公平后果；第三，作为受偿不能风险分担以及分摊请求权与追偿请求权产生的基础。在最终责任分担的基础上，适用数人侵权责任分担形态分配受偿不能风险；在责任人承担赔偿责任后，通过分摊请求权和追偿请求权分担受偿不能的风险。

2．分担的基本原则

对法院来说，最公平的做法莫过于达到“责任与过错相等”的状态，即实现分配正义意义上的“应得”。分配正义实现的方式是按照分配标准进行分配，因为“正义以数学的术语将财产的函数界定为平等的函数；在数学上，通过平等的标记将一个人与其他人联系起来”。分配正义按照“几何比例”的原则去实现就是“比例分担原则”。

3．分担的标准

对于数人侵权责任分担中可责难性和原因力的考量权重，学术界长期存在争议。以杨立新教授为代表的持“过错为主说”的学者认为，过错程度大小对于共同责任的分担起主要作用。而以张新宝教授为代表的持“原因力为主说”的学者则认为，应该以原因力作为主要标准，适当考虑第三人与被告的过错类别和过程程度。王利明教授的观点相对折中，他认为应当根据共同侵权行为人的过错程度和原因力程度确定分担比例。

从比较法上看，最终责任份额的确定是法官自由裁量权的范围，清晰说明侵权责任份额决定的运算法则是不可能的，也不存在详细或者严格的规则，但这并不意味着无章可寻。作者认为，应该区分最终责任分担与受偿不能风险的分担。最终责任所体现的是侵权法的补偿价值，因此，应该以客观作用，即原因力标准为主；而受偿不能风险的分担体现的是侵权法的预防价值，因此在过错责任领域应该以过错程度为主，在无过错责任领域则应该以客观危险程度为主。最终责任分担理论是与侵权责任构成理论直接对应的侵权责任分担理论，体现责任自负原则，因此其分担标准是“以原因力比例为主、可责难性比例为辅”。相应地，受偿不能风险分担的标准就应该是“以可责难性比例为主、原因力比例为辅”。侵权责任人只对自己所造成的损害负最终赔偿责任，且责任范围与因责任人的侵权行为而产生的损害赔偿之债范围理应相同，因此，数人侵权责任分配的基本规则就是使得最终责任份额与责任人造成的损害比例相等。

### 4.3.2 份额确定程序

在证据足以确定最终份额的情形下，我国司法实践中的普遍做法是首先确定整体责任，然后在连带责任人之间确定各自的责任份额。然而，仍有学者对此提出反对意见，认为加害人之间的追偿在程序上不能与共同加害人对受害人承担连带责任相混淆，共同加害人对受害人承担连带责任，不以在共同加害人之间进行追偿是否有困难作为考虑的前提；法院在判决数个加害人承担连带责任时，原则上不得在判决书中分割各加害人的赔偿份额，在后来的追偿过程中发生纠纷的，追偿权人应再行诉诸法院。这种观点考虑了实践中可能出现的因证据不足，无法在诉讼中一次性确认最终责任份额的情形，具有一定的合理性。

值得注意的是，根据有关统计，《最高人民法院公报》从1985年创刊到2010年上半年，共公布了约 200 个侵权类案例，其中判决承担连带责任的 22 份判决书中，仅有一份判决书对连带责任人的内部份额作了明确规定。这在一定程度上说明，司法实践中法院在判决连带责任的同时对最终责任份额进行确定的案件并不占多数。虽然存在司法实践和学说上的不同认识，但可以肯定的是，法院在确定分摊的数额时应该首先确定每一个共同侵权行为人应该分担的部分；否则，分摊请求权的行使便无从谈起。

值得关注的是，《侵权责任法（草案）》（公开征求意见稿）第 14 条第一款规定："连带责任人承担连带责任后，根据责任大小确定相应的赔偿数额；难以确定的，平均承担赔偿责任。"而最后通过的《侵权责任法》第 14 条第一款的最大变化就是删除了"连带责任人承担连带责任后"的用语。根据立法机关的解释，删除该条文的目的是："侵权之诉和连带责任人之间的责任分担之诉就可以合并解决，既解决了连带责任人的责任分担，也不妨碍对被侵权人利益的保护，同时还达到简化程序，减少诉讼成本，提高效率的目的。"有专家认为，最终责任份额的确定，是分摊请求权成立和行使的前提。因此，法院如果能够在一次判决中同时解决连带责任形态的适用和最终责任份额的确定，何乐而不为？但是，如果的确存在无法确定最终责任人的情况，也没有必要强求。因此，既没有必要要求原则上不能在判决书中分割加害人赔偿责任的份额，也没有必要强调必须在一份判决书中进行分割，但一定要在程序法上允许被告通过第三人诉讼将其他连带责任人纳入诉讼并确定最终份额。

### 4.3.3 份额确定方法

最终责任份额的确定方法，大体上可以分为比例分担与平均分担两类。前者体现在《侵权责任法》第 12 条前段规定的"能够确定责任大小的，各自承担相应的责任"和第 14 条前段规定的"连带责任人根据各自责任大小确定相应的赔偿数额"；后者则体现在《侵权责任法》第 12 条后段和第 14 条后段规定的"难以确定责任大小的，平均承担赔偿责任"。可见，《侵权责任法》第 12 条和第 14 条第一款均采纳了"比例分担为原则，平均分担为补充"的规则，这样兼顾了最终责任份额在确定程序上可能后置的情形。在独立的分摊请求权诉讼中，如果仍然无法确定最终份额，那么适用平均分担作为最终解决方案更为合适。需要强调的是，如果连带责任人之间能够对最终责任份额事先或事后达成协议的，那么应该尊重其约定。

#### 1. 比例分担论——对"相应的"责任的理解与适用

《侵权责任法》第 12 条前段规定的"承担相应的责任"和第 14 条第一款前段规定的"相应的赔偿数额"，实质上就是最终责任的比例分担问题。在我国的司法实践中最终责任份额一般由法官综合考量确定。1984 年《最高人民法院关于贯彻执行民事政策法律若干问题的意见》第 73 条第一句规定："两个以上致害人共同造成损害的，应根据各个致害人的过错和责任的大小，分别承担各自相应的赔偿责任"。前一个"责任"，应该理解为原因力。

由此可见，在《民法通则》颁布之前，我国的司法实践中就已经综合考虑过错和原因力进行侵权责任分担。20世纪90年代的主流侵权法学说将过错和原因力在侵权责任分担中的作用表述为“平均加权法”：首先，确定整体的责任是100%。其次，确定各行为人主观过错在整体过错中的百分比，按照故意重于重大过失，重大过失重于一般过失的标准，分别确定各行为人各自所占的百分比；也可以依据各行为人的行为对损害发生的原因力来确定，对原因力亦可用百分比表示，即全体行为人的行为总和为100%，各行为人可以根据其原因力的不同占不同的比例。最后，某一行为人的过错百分比与行为人原因力百分比相加除以2，即为该行为人的责任份额。这种做法看似机械，但在一定程度上给予了过错和原因力同等考量的地位，具有很强的指导意义。在未来的司法实践中应该坚持这种做法，由法官根据原因力和过错的大小，综合确定行为人的责任份额。

还有一个特殊问题，就是比例不明情况下的“合理基础”标准问题。所谓比例不明，是指致害人明确，但对于损害之程度或内容欠明确之情形。比例不明不同于致害人不明，它主要表现为通常作为考量要素的原因力和可责难性比例难以估算。这种情况广泛存在于多人造成的河流污染、烟尘、噪音诉讼中。损害份额不明并非损害不可分，仍然可能通过合理的标准进行侵权责任分担而避免适用平均分配规则。美国法学会《第二次侵权法重述》第433A条第1款第b项提出了“合理基础”标准，值得借鉴。一般情况下先确定某一造成损害程度大致相同的基本标准，如认为同一数量的污染物造成的损害大致相同、两条狗或者两头牛可能造成的损害大致相同。《侵权责任法》第67条规定的“污染物的种类、排放量等因素”就属于确定最终责任份额的合理基础。

### 2．平均分担论——对“平均承担赔偿责任”的理解与适用

《侵权责任法》第12条后段和第14条第一款后段均规定：“难以确定责任大小的，平均承担赔偿责任”。这实质上就是最终责任的平均分担问题。在早期的侵权法中，存在按照侵权人的数量对损害赔偿的最终责任进行平均分担的做法，但现代侵权法一般不再采用平均分配的做法，除非没有任何其他的分配方案。我国也有民法学者认为，如果确实不能依据过错程度和原因力确定责任，那么可以由共同侵权行为人平均分担责任。《最高人民法院关于审理人身损害赔偿案件适用法律若干问题的解释》第5条第一款第三句采用了这种规则：“……责任范围难以确定的，推定各共同侵权人承担同等责任”。作为一种在没有任何合适的分配基础情况下的最后选择，这种责任分担方案与比例分担原则相比，其公平性欠佳。因此，对于责任份额不明的数人侵权责任分担采用平均分担是补充性的规则，是在更加公平的比例分担无法实现的情况下，以人数作为基本比例关系，退而求其次的比例分担原则实现方式。在适用《侵权责任法》的过程中，对于比例分担与平均分担之间关系的协调适用，应该注意如下几点：

1）平均分担是一种暂时的责任分配方式，其适用本身就隐含着可能背离事实和更加公平的分担方案。因此，如果有新的证据能够表明有比平均分担更公平的侵权责任分担方

案，那么就应该采用更为接近比例分担的分担方式，并赋予承担了超过其责任份额的责任人以追偿请求权。

2）平均分担的本质是一种等额推定，因此在综合考虑原因力和过错的侵权责任分担机制中，应该尽量单独适用原因力和过错推定。如果过错比例可以确定而原因力比例不明，那么仅推定原因力相等，因而在责任比例确定中主要考虑过错；同理，在原因力比例可以确定而过错比例不明时，仅推定过错程度相等，而主要考虑原因力比例。在过错推定责任和严格责任中，也主要适用后一种规则，即主要考虑原因力比例。如果有证据证明数个责任人之间的责任比例区间，如甲的责任至少是乙的两倍，那么应该按照更接近比例分担的方式，即按照 2∶1 的比例进行分担。不过，因为这并非最终确定了责任比例分担基础，所以仍然是一种平均分担的变型。对于部分责任份额比例能够大致确定分担比例的情形，应该对该部分适用比例分担，对剩余部分适用平均分担。

欧洲侵权法原则第 3：105 条“不确定部分的因果关系”规定：“在有多个行为的情形，能够确定其中没有任一行为引起全部或任何可确定部分损害的情况下，则那些（至少）可能引起损害的行为应被推定为引起了相同比例的损害。”这体现了比例分担与平均分担的协调思路：如果有四个加害人，甲、乙、丙和丁能够确定甲至少造成了 60%的损害，其余部分不明，那么甲、乙、丙和丁均参与剩余 40%责任的均分，即甲承担 70%（60%+10%），乙、丙和丁各承担 10%。这种思路值得借鉴，即可以综合适用《侵权责任法》第 12 条和第 14 条第一款的前段和后段规则：能够确定责任比例的部分，适用前段“各自承担相应的责任”；不能够确定责任的部分，适用后段“平均承担赔偿责任”。

# 第5章　知识产权的法律诉讼

知识产权诉讼是指在人民法院进行的，涉及知识产权的各种诉讼的总称，包括知识产权民事诉讼、知识产权行政诉讼和知识产权刑事诉讼。从这一角度讲，知识产权诉讼不是一类单独的诉讼类型，其本质仍是民事诉讼、行政诉讼及刑事诉讼的总和。

## 5.1　知识产权诉讼种类

### 5.1.1　知识产权民事诉讼

#### 1．知识产权侵权诉讼

我国《民法通则》第94条至第97条明确了知识产权的民事权利：公民、法人享有著作权（版权），依法有署名、发表、出版、获得报酬等权利；公民、法人依法取得的专利权受法律保护；法人、个体工商户、个人合伙依法取得的商标专用权受法律保护；公民对自己的发现享有发现权。发现人有权申请领取发现证书、奖金或者其他奖励；公民对自己的发明或者其他科技成果，有权申请领取荣誉证书、奖金或者其他奖励。也包括《反不正当竞争法》中所规定的有关不正当竞争行为即收到侵害的诉讼权利。

#### 2．知识产权归属诉讼

知识产权归属诉讼就是知识产权的权利归属发生的诉讼，简称权属纠纷。

1）发明创造专利权归属纠纷。例如，专利权的继受、非职务发明创造的权利归属、委托合作专利发明的权利归属、职务发明创造权利归属等。

2）著作权的归属纠纷。例如，继受归属、演绎作品的归属、合作作品的归属、汇编作品归属、委托作品、职务作品归属等纠纷。

3）商标权的归属纠纷。例如，商标权的归属、植物新品种权归属、集成电路不图设计专有权利归属等纠纷。

#### 3．知识产权合同诉讼

就知识产权的取得、转让、使用等交易行为所产生的纠纷，在取得环节与权属诉讼有交叉。包括著作权、专利权、商标权的取得、转让、使用等的交易行为发生的纠纷。

### 5.1.2 知识产权行政诉讼

#### 1. 由国家行政机关作出的行政裁判引起

专利权和商标权需要行政机关确权，依相关知识产权法律，当事人对该确权决定不服可以向行政裁判机关（即专利复审委员会和商标评审委员会）申请复审；对该复审决定（其实质是行政裁判）不服，则可以向该行政机关所在地人民法院提起的行政诉讼。

#### 2. 由国家行政机关做出的详细行政行为引起

在知识产权确权和转让、使用过程中，确权机关依相关知识产权法，对当事人作出具体行政行为（包括行政决定、行政许可和行政处罚等），行政相对人不服提起的行政诉讼。

#### 3. 由地方知识产权治理机关行政执法引起

对于具有知识产权执法权的地方各级知识产权管理机关，可以对侵犯知识产权等违法行为进行处罚和调解，相对人对该处罚或者调解决定不服的，可以向该行政机关所在地人民法院提起行政诉讼。

### 5.1.3 知识产权刑事诉讼

依据《中华人民共和国刑法》规定，由以下七种行为构成知识产权犯罪：

1）未经注册商标所有人许可，在同一种商品上使用与其注册商标相同的商标，情节严重的，处三年以下有期徒刑或者拘役，并处或者单处罚金；情节特别严重的；

2）销售明知是假冒注册商标的商品，销售金额数额较大的，处三年以下有期徒刑或者拘役，并处或者单处罚金；销售金额数额巨大的；

3）伪造、擅自制造他人注册商标标识或者销售伪造、擅自制造的注册商标标识，情节严重的，处三年以下有期徒刑、拘役或者管制，并处或者是单处罚金；情节特别严重的；

4）假冒他人专利，情节严重的；

5）以营利为目的，有下列侵犯著作权情形之一，违法所得数额较大或者有其他严重情节的，处三年以下有期徒刑或者拘役，并处或者单处罚金；违法所得数额巨大或者有其他特别严重情节的：

① 未经著作权人许可，复制发行其文字作品、音乐、电影、电视、录像作品、计算机软件及其他作品的；

② 出版他人享有专有出版权的图书的；

③ 未经录音录像制作者许可，复制发行其制作的录音录像的；

④ 制作、出售假冒他人署名的美术作品的。

6）以营利为目的，销售明知是本法第二百一十七条规定的侵权复制品，违法所得数额巨大的；

7）有下列侵犯商业秘密行为之一，给商业秘密的权利人造成重大损失的，处三年以下有期徒刑或者拘役，并处或者单处罚金；造成特别严重后果的，处三年以上七年以下有期徒刑，并处罚金：

① 以盗窃、利诱、胁迫或者其他不正当手段获取权利人的商业秘密的；

② 披露、使用或者允许他人使用以前项手段获取的权利人的商业秘密的；

③ 违反约定或者违反权利人有关保守商业秘密的要求，披露、使用或者允许他人使用其所掌握的商业秘密的。

明知或者应知前款所列行为，获取、使用或者披露他人的商业秘密的，以侵犯商业秘密论。

### 5.1.4　知识产权仲裁

知识产权仲裁是指至少涉及一项知识产权权利纠纷的仲裁。知识产权权利纠纷可能表现为侵权纠纷，也可能表现为合同纠纷。仲裁主要在知识产权合同纠纷中，特别情况可以在权属或者侵权纠纷中根据事后协议选择仲裁。

#### 1. 知识产权仲裁的优势

（1）更易于实现公正

这主要是因为涉及知识产权的纠纷通常都有很强的技术性，审理起来远比一般的案件更为复杂。仲裁可以聘请技术专家参与，消除纠纷中的技术障碍，有利于实现裁决的公正。

（2）更有利于知识产权的保护

在知识产权纠纷的仲裁中，除了一般性的保密要求之外，还要求保护其技术秘密，如专利技术和专有技术。仲裁程序除了当事人有相反约定之外，其审理程序均不公开，这就在很大程度上减少了商业秘密和企业商誉受到损害的概率，有利于知识产权的保护。

（3）更高效

随着科学技术的发展，技术和产品的生命周期愈来愈短，有些专利技术在保护期届满之前早已遭淘汰而失去保护的价值和意义。在版权上，一旦非法复制品被投入流通市场，便会广泛地在消费者中传播，权利人想要将它们全部收回以消除不利影响几乎是不可能的；更典型的例子是当这部分作品被人非法上载至互联网，损害可能立即传遍世界各国。因此，知识产权争议对处理时效要求很强。与诉讼方式相比，由于仲裁程序更为简化，案件处理的时间会大大缩短，当事人可以减少时间成本，及时得到救济。而且，仲裁还可以通过自身的规则来缩短案件处理时间，如世界知识产权组织“仲裁中心”设立了一种“快速仲裁程序”，该程序对案件听审的时间进行了严格限制，如举行听证应在收到请求答辩书和答辩状后30天内进行，除非有特殊情况，听审不应超过3天。

（4）更有利于维持双方正常的商贸关系

双方当事人在仲裁中的对抗性比在诉讼中的要小，有利于继续保持合作关系。知识产权交易中互相合作就更为重要，因而人们乐于将有关纠纷交付仲裁。

（5）从国际角度看，知识产权仲裁裁决更容易被执行

国际商事仲裁机构多为民间组织，独立于一国的司法体系外，在裁决的涉外承认与执行上比法院更为便利。因为1958年纽约公约《承认和执行涉外仲裁裁决的公约》对此专门作出规定，参加和承认的国家有包括我国在内的100多个国家，因此我国的涉外仲裁裁决可通过该公约的规定在外国得到承认和执行。

（6）其他优点

如比诉讼方式费用低；与协商、调解相比，仲裁依照一定的程序和规则，有更强的操作性，仲裁结果具有终局性和强制执行力等。

**2．知识产权仲裁范围**

知识产权仲裁是指至少涉及一项知识产权权利纠纷的仲裁。知识产权权利纠纷可能表现为侵权纠纷，也可能表现为合同纠纷。主要在知识产权合同纠纷中，也可以在知识产权侵权纠纷或特别情况权属者中根据事后协议选择仲裁。一般来说，知识产权纠纷的类型大致可以分为两类：一类是与转让合同和许可合同有关的纠纷；另一类是与侵权有关的纠纷。

（1）转让合同和许可合同方面的纠纷比较适合于用仲裁方式解决，包括中国国际经济贸易仲裁委员会在内的许多仲裁机构都审理过这种性质的纠纷。根据中国国际经济贸易仲裁委员会的实践，与知识产权有关的合同纠纷主要有以下一些类型：

1）关于知识产权合同是否生效的争议。我国的合同法规定，依法成立的合同，自成立时生效，法律、行政法规规定应当办理批准、登记等手续生效的，依照规定。我国的知识产权法中也有关于经批准、登记合同生效的规定。例如专利法规定，转让专利申请权或专利权的，当事人必须订立书面合同，经专利局登记和公告后生效。在合同订立及履行当中，如果出现不符合法律法规的规定使得合同未能生效的，便会产生关于责任的争议。

2）关于知识产权合同是否无效的争议。我国合同法规定下列情形的合同无效：一方以欺诈、胁迫的手段订立合同，损害国家利益；恶意串通损害国家、集体或第三者利益；合法形式掩盖非法目的；损害社会公共利益；违反法律、行政法规强制性规定。合同法还规定了非法垄断技术、妨碍技术进步或侵害他人技术成果的技术合同无效。合同无效后，财产应当返还，有过错一方应当赔偿对方受到的损失。出现这样的争议时，需要仲裁庭判断合同是否无效以及双方的过错责任等问题。值得注意的是，我国现行外贸法、有关外贸制度、技术引进合同管理法规以及版权涉外代理规定中有关于从事技术进出口经营者和知识产权涉外活动主体的民事权利能力和行为能力的规定，违反这类规定也会产生合同无效的结果，从而需要进行双方的责任确认。

3）关于知识产权合同是否可以撤销的问题。合同法规定，当出现因重大误解订立合同或订立合同时显失公平的情况，当事人一方有权请求仲裁机构对合同进行变更或撤销。如果一方以欺诈、胁迫的手段或乘人之危，使对方在违背真实意愿的情况下订立合同，受损害方有权请求仲裁机构变更或撤销合同。此时双方的责任判断方式与上述合同无效的情况相同。

4）关于签订知识产权转让或许可合同的出让人或许可人是否具有相应权利的问题。在一些知识产权转让或许可合同以及中外合资、中外合作合同当中，当事人并不具有相应的权利便进行转让或许可，或者以知识产权进行投资、合作。实际案例中便有专利权、商标权地域问题，专利权、商标权时效问题，真实权利人问题等。审理这些情况下的争议时仲裁庭就要判断责任，确定相应的赔偿责任。

5）关于知识产权转让合同、许可合同、技术开发合同、技术咨询服务合同标的物的瑕疵问题。这种类型的合同通常都规定标的的内容、范围和要求以及验收标准和方法，如果履行时标的物与合同的规定不符，或者如果合同对于标的物质量规定的不完备、不准确，则很容易产生争议。

6）关于转让费、许可费的支付问题。在知识产权转让、许可合同中，受让方或被许可方的主要义务是支付转让费或许可费，由于各种原因，有时会出现不支付费用或延迟支付费用的情况，从而产生争议。

7）关于保密的问题。在技术合同中，尤其是在技术秘密转让合同中，通常会规定保密义务，这也是容易产生争议的一个环节。

8）关于许可合同之外的第三人侵权问题。在履行许可合同时，有时会出现在许可地域内第三人侵犯作为许可合同标的的知识产权的问题，此时可能会造成被许可方销售额或利润的下降。如果合同规定得不清楚，则会在许可方和被许可方之间产生谁负责制止侵权的争议。

9）关于受让方或被许可方实施所得到的技术时侵犯他人权利的问题。当转让合同或许可合同之外的第三人指控受让方或被许可方侵权时，合同双方有时会产生谁负责应诉或谁应当承担有关费用的争议。

10）关于中外合资合同或中外合作合同中的侵权问题。在中外合资或中外合作项目中，有时一方以知识产权作为出资。在实际履行过程中，有时会出现合资或合作一方指控另一方侵权的争议，这种争议经常作为合资合同或合作合同争议通过仲裁解决。

（2）知识产权侵权纠纷

侵权纠纷指的是专利权人或商标权人或著作权人作为平等主体一方指控平等主体的另一方侵害其权利，而另一方不承认被控的侵权行为，从而产生的争议。知识产权侵权纠纷是平等主体之间的财产权益纠纷，其性质属于仲裁法规定的可以仲裁解决的争议。用仲裁方式解决知识产权纠纷主要的好处是当事人可以选择知识产权领域的专家进行判断。美国在使用仲裁方式解决知识产权纠纷方面，在立法上和实践上都有许多突破。根据美国

1983 年实施的 PUBLIC LAW 97－247 的规定，许多有关专利纠纷的事项都可以仲裁，其中包括专利的有效性纠纷和侵权纠纷。按照该法的规定，合同当事人可以自由约定使用仲裁解决专利纠纷，仲裁不公开，裁决结果对于双方有约束力。这样的结果只对当事人双方有效，双方可以约定在将来专利权最终被无效的情况下如何修改仲裁裁决书。

在国内用仲裁方式解决知识产权侵权纠纷的案例较为少见，其原因可能在于当事人仲裁意识不强、侵权纠纷比较难以达成仲裁协议的缘故所致。近年来，随着社会的发展和知识产权法律的不断完善，我国一些城市已经开始运用仲裁方式对知识产权侵权纠纷进行解决。例如，武汉市知识产权局与武汉仲裁委拟共同实施的《知识产权保护工作战略合作实施方案》进行磋商，拟在解决知识产权侵权纠纷中引入仲裁机制。解决知识产权侵权纠纷引入仲裁机制有利于提高纠纷解决效率，加快化解矛盾，构建和谐社会；引入仲裁机制，可解决行政调解侵权赔偿没有强制执行力的问题，有助于知识产权执法部门对知识产权范围内侵权行为“一揽子”解决的执法力度，达到“1+1>2”的效果；根据该方案，双方商定在武汉市知识产权局设立武汉仲裁委知识产权仲裁院分院，以充分利用行政资源与仲裁资源，将知识产权的行政调处与仲裁的优势有机地结合起来，建立起武汉市多元化的知识产权保护机制。此举旨在充分利用仲裁所具有的专家办案、一裁终局、快捷便利、无地域管辖限制等特点，实现知识产权的行政调处与仲裁的优势互补。

据不完全统计，市知识产权局每年处理专利侵权案件达 30 多起，其中多数涉及赔偿问题。随着市场主体对知识产权保护认识的提高，专利侵权纠纷总量也将呈上升趋势。目前，除知识产权局行政调解和诉讼之外，尚未有处理日益增多的此类纠纷的有效途径。仲裁作为一种快捷解决民商事纠纷的法律制度，应该而且能够为化解此类纠纷发挥作用。

## 5.2 知识产权诉讼特点

以知识产权民事诉讼为例。知识产权侵权诉讼作为民事诉讼的一种，与其他民事诉讼没有本质的区别，但由于其所保护的对象与有形物权、债权和人身权均有较大不同，因此又具有如下的不同特点。

### 5.2.1 诉讼主体广泛与法律关系复杂

#### 1. 诉讼主体

在知识产权诉讼中，知识产权权利人、权利受让人、被许可人以及其他利害关系人都有可能成为诉讼主体。例如，某专利权人获得专利权后将该专利权的部分权利又转让给第三人推广实施，该第三人在不同地域，以不同的许可方式许可他人实施，在提起侵权诉讼时，专利权人、专利权受让人、被许可人都有可能成为知识产权诉讼的原告。法院在审查起诉时，应仔细审查他们之间的转让和许可合同，并应分别情况，确定诉讼主体的资格。

此外，在知识产权民事法律关系的产生、变更和消灭过程中所涉及的法律事实往往是一系列的事件或行为，这些经常会涉及多个与该事件或行为相关联的主体，成为同一诉讼中的当事人。例如，在知识产权诉讼中，常常会发生多人对某一权利人的知识产权侵权的现象以及多个知识产权人被同一侵权人侵权的现象，这种诉讼主体范围的广泛性是知识产权诉讼的特点之一。

**2. 诉讼法律关系复杂**

在知识产权诉讼中，往往既涉及财产权利，又涉及人身权利。侵权诉讼中或出现侵权纠纷和权属纠纷以及与第三人的合同纠纷并存的情况；或出现因当事人各自拥有不同类型的知识产权而形成权利冲突的情况；或出现因同一违法行为（甚至多个违法行为）而引起的民事侵权责任、民事违约责任甚至行政责任等不同法律责任的情况。这些都使知识产权诉讼的法律关系复杂化。例如，某实用型专利技术权利人将其注册专利与甲公司签订实施合同，将其专利转让给甲公司实施；乙公司与甲公司签订该专利销售合同，乙公司在工程前期使用该项注册专利产品，但在工程建设后期又与丙公司签订同类产品的销售合同。这里就涉及甲公司与乙公司签订的专利转让的合同关系，又牵扯到乙公司与甲公司签订的专利产品销售合同的法律关系，还有牵扯到乙公司与丙公司订立的同类销售产品的合同法律关系，这些法律关系纵横交错，错综复杂。

### 5.2.2　诉讼争点专业技术性强

知识产权诉讼中，诉讼争议的焦点有数量多且专业技术性强的特点。在诉讼案件审理时，一般需要首先确认权利归属，或者确定原告是否享有受法律保护的权利以及该权利的范围；其次，在对被告的侵权行为的认定上，往往需要法官对侵权标的进行技术上和专业上的比较、判断，这又涉及工程技术、自然科学甚至文学艺术鉴赏等方面的专业技术知识。如果不具备相关的专业背景，没有丰富的知识面，就难以真正把握知识产权诉讼的争点。

例如，对于建设材料领域涉及化学配方的商业秘密侵权诉讼，首先要确定当事人的配方是否符合构成商业秘密的四个要件；其次要判断被控侵权人的配方是否与原告的配方实质相似。这一过程中，法官或律师如没有相关的化学知识，即使委托鉴定机构做技术鉴定，恐怕也难以看懂技术鉴定报告。更何况律师还要就诸如本方当事人配方的成分比例、反应过程、反应条件等具体专业技术问题去说服法官；而法官也要面对双方在这些专业技术问题上截然不同的陈述，独立做出判断，这些都对知识产权诉讼的参加者，尤其对法官和律师提出了更高的要求。

### 5.2.3 侵权形式多样与取证举证困难

#### 1．知识产权客体的侵权形式

知识产权客体的非物质性，使得知识产权人无法以有形控制的占有形式来排除他人对自己权利的侵害。侵犯知识产权并不表现为侵权人剥夺了权利人的智力成果，而表现为侵权人在无法律依据而又未获得权利人授权的情况下使用了该智力成果。因此，在知识产权诉讼中侵权形式多为擅自使用、假冒、剽窃等形式。而对不同种类的知识产权，又有不同的侵权形式。例如，我国《著作权法》第 47 条、第 48 条共规定了 19 种侵犯著作权的形式；《商标法》第 52 条以及《商标法实施条例》第 50 条共列举了 6 种侵犯商标专用权的形式；由于商标权和著作权具有不同的法律特征，这两类侵权行为的形式虽然都如此之多，但实际却是完全不同的。

#### 2．知识产权侵权的举证

由于知识产权客体具有非物质性的特点，加上对侵权行为的判断又需要专业技术知识。因此，在知识产权诉讼中无论是当事人对侵权事实证据的提供，还是就已提供的证据进行说服，都比证明物质性财产侵权要困难得多。而这一现象的出现，使诉讼中在举证责任的分配上对法官提出更高的要求，法官只有灵活、准确地运用举证责任的转移和倒置规则，才能在诉讼中更好地体现公平原则。

另外，由于与物权的侵权诉讼不同，知识产权诉讼的举证范围较一般侵权诉讼要复杂得多。在知识产权诉讼中，对原告而言，首先要提供受诉法院有管辖权的证据；其次，不仅要证明被告有侵权行为、自己有损害后果以及两者之间有因果关系，而且要证明自己拥有合法来源的、有效的知识产权，证明自己知识产权的权利范围。

以著作权侵权诉讼为例，通常情况下，原告首先应针对自己著作权来源的不同情况，准备如下证据：

1）作品登记证书；如没有登记，应提供作品原件或已出版作品的版权页；

2）如系委托作品，应提供委托创作合同；

3）如系法人作品，应提供按法人意志创作并由法人承担责任的证明；

4）如系职务作品，应提供执行职务而完成作品的证据；

5）如系合作作品，应提供合作作品原件等证据；

6）如系继承、受让作品，应提供权利继承或受让的证明；

7）此外，原告还应提供被告侵权的证据，如侵权作品；

8）主张财产损失的，还应提供损失计算方法的证据；

9）主张精神损失的，还应提供精神受到损害的证据。

这些证据的范围以及对事实的证明程度，都因案件各异而不同，需要当事人（律师）

或法官反复斟酌。

### 5.2.4 诉讼赔偿数额难以计算

由于知识产权具有无形的特点，其价值往往难以估量。在专利侵权中，对专利和非专利技术成果的实施又需要一定的投资才能完成，在投资未收回的情况下，侵权人往往没有形成利润。在商标侵权中，一件侵权商标在侵权人所销售产品中所占比重的大小，以及在著作权诉讼中，作者所受到的精神损害的赔偿数额，都是非常难以计算的。

从我国的知识产权审判实践来看，损害赔偿问题一直是知识产权诉讼中的难点之一。1997年5月和2000年8月，最高人民法院曾两次专门召开了知识产权损害赔偿问题研讨会，以期解决这一难点问题。足见知识产权诉讼中赔偿问题的复杂性。

由于知识产权诉讼的上述特点，使得知识产权诉讼越来越专门化，没有接触过知识产权诉讼或缺乏知识产权诉讼经验的法官或律师，很难把握知识产权诉讼诸多的不同于普通民事诉讼的特点。知识产权诉讼的这种专门化特点，不仅源于各有特点的知识产权实体法，而且也体现在诉讼程序中诸如管辖、审理程序、证据制度、保全措施和执行措施中，知识产权诉讼的专门化，使得法官或律师对知识产权诉讼的特点有着相同的认识和诉讼思路，久而久之，使他们在知识产权诉讼中形成了一些共同的理论基础。如专利诉讼中的“等同原则”，商业秘密诉讼中的“接触加相似原则”等。正如德国杜塞尔多夫上诉法院知识产权庭庭长威尔弗里德·诺伊豪斯博士所说：“（专利诉讼的）辩护律师和法官两方面都已专门化，而这种专门化毫无疑问是值得提倡的，因为没有丰富的经验是无力审理专利侵权诉讼案件的。”

## 5.3 知识产权诉讼的举证责任

### 5.3.1 诉讼的举证责任

#### 1. 举证责任的概念和含义

举证责任是指民事诉讼当事人对自己的诉讼主张，有提供证据，加以证明的责任和无法证明时，要承担的责任；当事人的举证责任是根据案件的具体情况而分担的，当事人对其所承担的举证责任如果不能加以证明，应当承担败诉的责任。我国《民事诉讼法》第64条第（一）款规定了当事人对自己提出的主张有责任提供证据。这是举证责任分担的基本原则，即通常所说的“谁主张，谁举证”原则，我国对于举证责任的分担规则，以此为一般原则。对于一些特殊侵权案件，则采取所谓“举证责任倒置”规则。民事诉讼举证责任问题，是民事诉讼理论中的核心问题之一。在英美法系和大陆法系中，关于举证责任都有不同的含义。因此，有必要首先明确举证责任的含义。

1）英美法系在英美证据法上，举证责任包括提出证据责任和说服责任。虽然英国或美国均有许多学者对诉讼中的举证责任作过论述，并对提出证据责任和说服责任有不同的称谓，但对这两种责任的含义基本是明确的。其中，加拿大证据法对这两种责任的定义明确扼要，被认为是集英美法系权威证据法理论之大成的佳作。该法第 12 条规定："说服责任"是指当事人承担说服事实审理者，使之相信事实确实存在的义务。第 13 条规定："提供证据责任"是指当事人就某一事实存在据以提供足够证据，使事实审理者加以审理的义务。

2）在大陆法系中，德国的证据法理论研究比较系统、细致。在德国法上关于举证责任的一整套理论也是首先以明确举证责任所包含的两种责任为基础的。即举证责任包括行为上的责任和结果上的责任两种责任。所谓行为上的举证责任是指将当事人为避免败诉的风险而负有提供证据证明其主张的事实存在的责任（也称主观的举证责任）；而对于事实真伪不明时，主张该事实的人承担不利后果的责任称为结果上的举证责任（也称客观的举证责任）。

比较两大法系举证责任的两种含义可以看出，大陆法系的行为责任也就是英美法系中所说的"提出证据的责任"，而结果责任虽然与说服责任不同，但在功能和效果上却是一样的。因此，无论是大陆法系还是英美法系，其举证责任的定义都包括了行为上和结果上的两层含义。这一点在实践中对于掌握举证责任的转移是有重要意义的。按照举证责任的上述概念，如果当事人举证不能证明案件事实，将承担败诉的结果。那么，法律如何规定当事人举证责任的分担，就有可能直接影响案件的审理结果。因此，合理地确定举证责任的分担规则，是实现公正审判的前提和基础。

我国理论界对于"举证责任"这一术语的使用没有统一的规范，有的学说系"证明责任"，有的则提"举证责任"，又有借鉴英美法系提"主张责任"等概念交叉的术语，也有学者认为"证明责任在整个证明责任规则概念体系中是一个上位的集合概念，所有涉及证据提出及相应风险的责任，都从属于证明责任"。鉴于我国相关法律规范及审判实践中长期的约定俗成，认为"举证责任"与"证明责任"为同义语。

### 2. 举证责任的分担规则

（1）举证责任分担具体案件具体对待

当代英美法通说认为举证责任分担并不存在一般性标准，而是在综合若干要素的基础上由法官具体案件具体对待。举证责任分担时应考虑的要素有：① 政策；② 公平；③ 证据距离；④ 方便；⑤ 盖然性；⑥ 经验法则；⑦ 请求变更现状的当事人理应等。而在德国法上，关于举证责任分担有着多种不同的理论学说，其中长期占主导和支配地位的是由罗森伯格创立的法律要件分类说。该说将民事实体法律规范分为权利根据规范、权利妨碍规范、权利消灭规范和权利制约规范四种。法院在审判中如遇事实不明，且双方均不能证明时，罗氏认为，凡主张权利的当事人，应就权利发生法律要件存在的事实负举证责任；否定权利存在的当事人，应就权利的妨害、消灭或制约的法律要件存在事实负举证责任。法官可径行对该待证事实所依据民事实体法中的法律规范进行归类，从而确定应负举证责任的当事人，再根据举证责任履行的效果，作出相应的裁判，将败诉的结果判给经举证责任分配后产生不利影响的一方当事人具体到一件诉讼中，即一方当事人如果声称只要适用某民事实体法律条款，就可胜诉，在这种情况下，该当事人就该法律条款提出的主张，应当就需要适用该法律条款的那些实际已存在的事实承担举证责任。但是，依法律要件分类说分配举证责任，在知识产权诉讼中并不能完全体现公平。譬如，某发明专利是一项产品的制造方法，专利权人指控制造同样产品的单位或个人侵犯其专利权，被控侵权人是否在产品制造过程中使用了专利方法，只有亲临被控侵权人的生产现场才能了解。而对于专利权人来讲，既无法通过解剖被控侵权人的产品又无法接近被控侵权人的生产现场来取证。因此，如按法律要件分类说要求被侵权人（即专利权人）举证证明被控侵权人侵犯了其方法专利权非常困难，而以此作为举证不能将败诉结果判给被侵权人（专利权人）又显失公平。后来，德国学者保勒斯提出的“危险领域说”弥补了这一缺陷。该说认为当事人应对其所能控制的“危险领域”内的事实负举证责任，即在加害人所能控制的“危险领域”内，受害人对于损害发生的客观与主观要件均不负举证责任，而由加害人就该客观和主观要件不存在的事实举证。该说继而认为，实际上实体法已根据公平正义原则，为预防损害的发生，明文规定了危险领域内事项的举证责任，即举证责任倒置的情况。

（2）我国民事诉讼法的一般规定

1）一般规则：《民事诉讼法》第 64 条第一款规定“当事人对自己提出的主张，有责任提供证据”。《最高人民法院关于民事诉讼证据的若干规定》（以下简称《证据规定》）第 2 条第一款“当事人对自己提出的诉讼请求所依据的事实或者反驳对方诉讼请求所依据的事实有责任提供证据加以证明。”这即是通常所说的“谁主张，谁举证”的举证责任分配一般规则。

2）特殊规定：最高院《关于适用〈中华人民共和国民事诉讼法〉若干问题的意见》第 74 条对几种特殊侵权诉讼的举证责任分配作出了规定，《证据规定》第 4 条对其作出了细化和补充规定。《证据规定》第 6 条针对劳动争议案件的举证责任分配作出了规定。以上规定事实上构成法定的举证责任倒置规范。此外，《证据规定》第 5 条针对合同纠纷案件的举证责任分配作出了规定。

3）兜底条款：《证据规定》第 7 条“在法律没有具体规定，依本规定及其他司法解释无法确定举证责任承担时，人民法院可以根据公平原则和诚实信用原则，综合当事人举证能力等因素确定举证责任的承担。”

### 3．举证责任倒置

“危险领域说”是在德国传统的证据法理论（即举证责任分担的法律要件分类说）基础上，面对现代型诉讼不能体现诉讼的公平而出现的新理论。它所提出的举证责任“倒置”

是相对于法律要件分类说的“正置”而言的，两者之间的关系是一般和特殊的关系。与“正置”一样，“倒置”也需要在实体法上有明文规定。由于知识产权案件的复杂多样性、知识产权法律关系的特殊性以及当事人举证能力的制约，我国相关知识产权法律法规亦对举证责任分配作出了一些特殊规定，即知识产权诉讼举证责任倒置的法律规范：

1）《著作权法》第 53 条及最高法院《关于审理著作权民事纠纷案件适用法律若干问题的解释》第 19 条，规定了出版者、制作者对其出版、制作有合法授权承担举证责任，发行者、出租者对其发行、出租的复制品有合法来源，承担举证责任；出版者尽了合理注意义务的，侵权构成的举证责任转移至著作权人。

2）《专利法》第 61 条第二款规定，因新产品制造方法发明专利引起的专利侵权诉讼，由制造同样产品的单位或个人对其产品制造方法不同于专利方法承担举证责任。此条规定亦与《证据规定》第四条第一款（一）项遥相呼应。

《专利法》第 70 条规定，“为生产经营目的使用、许诺销售或者销售不知道是未经专利权人许可而制造并售出的专利产品，能证明该产品合法来源的，不承担赔偿责任。”

3）《商标法》第 60 条第二款规定：“销售不知道是侵犯注册商标专用权的商品，能证明该商品是自己合法取得并说明提供者的，由工商行政管理部门责令停止销售。”

4）《关于禁止侵犯商业秘密行为的若干规定》第 5 条规定，权利人能证明对方所使用的信息与自己的商业秘密具有一致性或同一性，同时能证明对方有获取其商业秘密的条件，而对方不能提供或拒不提供其所使用的信息合法来源的，可以认定侵权行为成立。

举证责任倒置并非对“谁主张，谁举证”的完全颠覆，而是由法律预设提出诉讼主张的一方不必对其请求权成立的全部要件事实承担举证责任，仅就部分要件事实（如损害事实，侵权人等）予以证明，而由对方就该诉讼主张成立的另一部分要件事实（如因果关系，过错等）不存在承担举证责任的一种举证责任分配方式。也就是说，即使在举证责任倒置的情况下，仍然应当由提起诉讼的当事人首先承担法定的举证责任。

### 4. 举证责任转移

知识产权侵权纠纷中，举证责任在分担后并不是固定不变的，而是随着当事人对其主张事实的证明程度不断转移的。通常，一方当事人对自己的主张提出证据加以证明之后，另一方当事人如果否认这一主张就负有反驳这一主张的举证责任，如果其反驳的证据足够、充分，就可以不再举证，而由提出主张的当事人继续举证予以反驳。这就是举证责任的转移。举证责任转移表明了举证责任分担后当事人进行举证活动的效果。它通过保证诉讼中证明活动的进行来达到证明要求的目的。因此，无论举证责任正置还是举证责任倒置，都需要在证明过程中不断转移举证责任。但是，举证责任的转移并不是任意的，而是需要具备以下两个条件：

1）当事人对其主张提出的证据在数量上足够、质量上充分，可以满足证明待证事实的要求；

2）法院认定负有举证责任的当事人提供的证据已经能够证明待证事实了。

上述两个条件中，前者是必要条件，后者是充分条件。只有在法院作出认定后，当事人的举证责任才发生转移，而法院作出这种认定的前提是当事人的举证足够、充分，达到了证明待证事实的部分或全部要求。由于知识产权诉讼特殊性，使同一案件中常常出现既有举证责任倒置又有举证责任转移的情况，在实践中有效地区分两者，具有重要意义。

举证责任“正置”和“倒置”，是举证责任的分担规则。诉讼中，原、被告对举证责任的分担一旦确定后，其所承担最终的结果意义上的举证责任（或英美法系上的说服责任）便不再转移；但在诉讼的进行中，原、被告却在不断地提出事实、主张权利，对这些主张进行证明或反驳而承担的行为意义上的举证责任（或英美法系上的提出证据的责任）也不断地从原告转移到被告，再从被告转移到原告。值得注意的是，举证责任转移的只是行为上的举证责任，而结果上的举证责任在举证责任分担以后就已经被“正置”给原告或“倒置”给被告了，它在诉讼一开始就被固定下来，不再转移。

例如，在方法专利侵权诉讼中，按照《专利法》第 61 条第二款的规定，被告应当承担提供其产品制造方法的举证责任。在诉讼中，原告首先要证实被告制造的是同样的新产品，依该条款，就适用举证责任倒置。如果被告提供了自己的制造方法，证明与专利方法并不相同，那么被告所承担的（行为上的）举证责任就完成了。此时，就发生了举证责任转移。随后，原告会继续就“被告提供的制造方法与原告的专利方法相同”这一主张继续举证，而被告也应对“自己提供的制造方法与原告的专利方法不相同”这一主张继续承担举证责任。

被告之所以要承担对这一争点的证明责任，是由开始即分配给他的举证责任所确定的。在整个诉讼过程中，被告对这一争点所承担的最终的（结果上的）举证责任始终未变。换句话说，当原告充分证明了被告的制造方法与专利方法相同，而被告却没有充分的证据来反驳原告的这一主张的话，被告就应当承担败诉的风险。容易引起混淆的地方在于，如果原告对被告的制造方法与专利方法相同的主张的举证并不充分，而被告反驳这一主张的证据也不充分，此时，仍应由被告承担败诉的风险。因为，在一开始倒置了举证责任后，被告就最终地（从结果上）承担了证明其制造方法与专利方法不同的责任。不管是原告证实了两者相同，还是原告将两者不同的主张推向了事实不清的境地，只要被告未能充分证明自己的制造方法与专利方法不同，最终的败诉责任都要由被告承担。

但是，在具体审判中，当事人的举证达到了什么标准才算足够、充分，法律不可能作出明确规定。因为诉讼实践中，具体案件各不相同，各种证据对同一待证事实的作用也各不相同，举证责任何时转移，难以规定整齐划一的标准，只能取决于法官的“心证”。

### 5. 推定法则

推定是指根据某一事实的存在而作出与之相关的另一事实的存在（或不存在）的假定。推定是由推论演化而来，是人类根据事物之间的客观规律进行逻辑思维和经验积累的产物，其结论是具有盖然性的。但推定作为诉讼的一种技术性手段，在人类长期的诉讼实践中，之所以被广泛采用，是由于它能解开诉讼中的一个“死结”——当诉讼双方主张相对、案件事实真伪不明，法官又根本无法查出证据加以证明时，运用推定法则，可以避免使诉讼陷入僵局。尤其是在现代型诉讼中，一方面，复杂的民事侵权案件往往使主张者举证困难；另一方面，受害人与侵权人的地位不平等，由此产生传统的以过错为归责原则的侵权责任法在适用上的困境。此时，推定法则的引入，合理地解决了这些特殊侵权问题，保障了诉讼的公平。此外，推定法则对于简化诉讼程序，加速案件审理也发挥着极为重要的作用。

大陆法系国家一般将推定分为事实上的推定和法律上的推定。如日本学者认为，法律上的推定是指法律规定“如果是甲，就推定乙”的情况；事实上的推定则，是指在具体诉讼中法官根据自由心证原则依一定的证据推定系争事实的情况，事实上的推定，具有免除或减轻当事人举证责任的效果。

我国《专利法》第 61 条第二款对于专利侵权的举证责任倒置规定，就是运用推定法则而产生的。实际上，许多国家专利法对此部分的表述都直接采用法律推定的形式，如德国专利法和日本专利法规定，如果依照专利方法直接获得的产品在专利申请日（要求优先权日，或优先权日）前是新的，那么（推定——笔者注）第三人所制造的同样产品是用专利方法获得的。由于推定具有盖然的性质，是根据人类的经验法则和逻辑思维而形成的。因此，无论是法律上的推定还是事实上的推定，都是可以反驳的，可以被推翻的。只是法律上的推定由于具有较高的盖然性被立法所确定，事实上的推定由于在具体案件中难以把握其盖然性高低而被赋予了法官的裁量。

知识产权诉讼本身的特点，使得具体的诉讼当中常常会有一些权利人难以举证的情况。因此，在法律尚未有明确规定，或者作为普遍情形盖然性不大但在个案中的盖然性极大时，应当允许法官采用事实推定，合理地分配举证责任，减轻或者免除知识产权人的举证责任。这样做，既符合事物是相互联系的一般规律，也符合诉讼公平的原则。

侵犯知识产权有不同于侵犯有形物权或人身权的特殊性，因此在知识产权诉讼中应当考虑原告（权利人）举证上的困难。但具体诉讼中的实际情况又不可能随时通过修改法律来弥补，因此，我国应在未来的《民事诉讼法》的修改中应明确举证责任的正置规则（一般原则），同时规定除正置规则（一般原则）外的其余情况均可以倒置。这样，便可以使法官在具体的知识产权案件中，合理地分配举证责任，以保证诉讼的公平。

在目前现行法律对知识产权诉讼中的举证责任分担没有明确规定的情况下，知识产权人的利益也必须得到保护。因此，在《民事诉讼法》修改之前，依推定法则，对知识产权诉讼中应由被告承担举证责任的情况可用另一种方式来分配举证责任。依我国民事诉讼法律规定，当事人（原告）因客观原因不能自行收集证据时，人民法院可以依职权调查收集证据。那么，在审判实践中，法官即可以综合各种诉讼利益，以实体正义和程序公平为原则，以经验、学识和论理逻辑来衡量案件事实的盖然性高低，依职权向被告进行证据调查，从而变相将举证责任分配给了被告。此时被告必须承担相应的证明责任，只是这种依职权分配举证责任的方式，较之于法定举证责任的分担方式，具有更大的随意性。当事实不清、无法证明时，决定当事人命运的审判规则没有法律的明确限制，这既容易滋生司法专断又有悖于程序正义原则，在司法实践中的确应严格掌握。

### 5.3.2　知识产权诉讼的举证范围

#### 1. 诉讼证据范围

无论是选择何种途径来追究知识产权侵权人的法律责任，当事人都需要向有关主审机关提供相关证据，包括证明知识产权权利有效的证据（权利证据）以及表明知识产权被侵害的证据（侵权证据）和有关损害赔偿的证据。

（1）权利证据

当事人所提供的权利证据通常需要证明：① 该当事人是该权利的拥有者或其利害关系人，因此他是合法的原告或投诉人；② 该知识产权在中国合法存在、有效并且因此可被依法行使。

就商标权而言，提交该类证据的目的在于证明商标权的归属，受保护的是何种类型的商标，是否为驰名商标，从而确定该商标权的保护范围。主要包括：① 商标注册证（如指定颜色的须提交商标注册证的原件）及续展手续。如果是国际商标注册，则需由国家商标局发布该国际注册在中国有效的证明。② 驰名商标认证书。

就专利权而言，提交该证据的目的在于明确专利权的归属、权利状态、专利的有效期限，确定专利权的保护范围。主要包括：① 专利权证书，包括授权权利要求书、说明书及附图。该专利权如经历无效或撤销程序，且对专利文件进行了变更的，应当提交相应的行政审查决定。如果是实用新型专利，则最好还要有国家知识产权局发布的证明该实用新型具有专利性的检索报告。② 最近一次缴纳年费的收据。③ 专利独占实施许可权人与专利权人作为共同原告一同提起侵权诉讼的，还应当提交独占实施许可合同。

（2）侵权证据

当事人所提供的侵权证据要能够证明：被告实施了或正在实施被控侵权行为。例如，被告的促销宣传材料、被告的产品样品、被告的产品销售合同、销售发票等。

1）被告实施侵犯其商标权行为的证据，提交该类证据的目的在于确认被告以何种形式侵犯原告的商标权，侵权行为发生的范围等。主要包括：被告生产的被控侵权产品及销售发票、买卖合同、视听资料等。在原告不能获得被控侵权产品时，销售被控侵权产品的发票、合同也可以作为直接证据使用。

2）被告实施侵犯其专利权行为的证据，提交该证据的目的在于证明被告实施了侵犯原告专利权的行为，是判令被告承担侵权民事责任的事实依据。主要包括：① 被告生产的被控侵权产品，即侵权行为的直接证据。② 如因客观原因不能取得被控侵权产品，则可以先提供诸如被告在报刊上刊登的销售其产品的广告，与他人签订的买卖合同等间接证据，再以其他方式获得侵权的直接证据。③ 被控侵权产品的销售和使用者明知该产品是侵权产品而仍然进行销售和使用的证据。④ 原告就被控侵权产品与原告专利权利要求书进行的对比，说明其技术特征如何落入了原告专利的保护范围，从而构成对原告专利权的侵犯。

3）有关损害赔偿的证据。在侵权之诉中，原告要求被告赔偿，应当提交有关赔偿数额的计算方法。由于在几类侵犯知识产权案件中赔偿数额的计算方法均不止一种，且在几种计算方法都可以使用的情况下，应当由原告选择最有利的计算方法，保护自身的合法利益，并据此提交相应的证据。

① 侵犯商标权的赔偿数额计算方法有三种，a. 为侵权人在侵权期间因侵权所获得的利益，可以根据侵权商品销售量与该商品单位利润乘积计算；该商品单位利润无法查明的，按照注册商标商品的单位利润计算。b. 或者被侵权人在被侵权期间因被侵权所受到的损失，包括被侵权人为制止侵权行为所支付的合理开支（含调查费和律师费），可以根据权利人因侵权所造成商品销售减少量或者侵权商品销售量与该注册商标商品的单位利润乘积计算。c. 或由人民法院根据侵权行为的情节判决给予五十万元以下的赔偿。人民法院在确定赔偿数额时，主要考虑侵权行为的性质、期间、后果，商标的声誉，商标使用许可费的数额，商标使用许可的种类、时间、范围及制止侵权行为的合理开支等因素综合确定。

② 在侵犯专利权案件中，提交该证据的目的在于以侵权事实为依据，以专利法及其相关法规规定的侵权法律责任承担为原则，说明原告提出赔偿经济损失具体数额的计算方法或考虑的主要因素，使法庭注意原告诉讼请求的合理性。侵犯专利权的赔偿数额，按照权利人因被侵权所受到的损失或者侵权人因侵权所获得的利益确定；被侵权人的损失或者侵权人获得的利益难以确定的，参照该专利许可使用费的倍数合理确定。

权利人因被侵权所受到的损失，可以根据专利权人的专利产品因侵权所造成销售量减少的总数乘以每件专利产品的合理利润所得之积计算。权利人销售量减少的总数难以确定的，侵权产品在市场上销售的总数乘以每件专利产品的合理利润所得之积可以视为权利人因被侵权所受到的损失。

侵权人因侵权所获得的利益可以根据该侵权产品在市场上销售的总数乘以每件侵权产品的合理利润所得之积计算。侵权人因侵权所获得的利益一般按照侵权人的营业利润计算，对于完全以侵权为业的侵权人，可以按照销售利润计算。

被侵权人的损失或者侵权人获得的利益难以确定，有专利许可使用费可以参照的，人民法院可以根据专利权的类别、侵权人侵权的性质和情节、专利许可使用费的数额、该专利许可的性质、范围、时间等因素，参照该专利许可使用费的 1 倍至 3 倍合理确定赔偿数额；没有专利许可使用费可以参照或者专利许可使用费明显不合理的，人民法院可以根据专利权的类别、侵权人侵权的性质和情节等因素，一般在人民币 5 000 元以上 30 万元以下确定赔偿数额，最多不得超过人民币 50 万元。

4）有关侵权人情况的证据。侵权人确切的名称、地址、企业性质、注册资金、人员数、经营范围等情况，都是权利人必须了解的。权利人根据侵权人的具体情况，采取有针对性的策略和方案。确定诉讼或行政打假的方案，确定管辖的机关。

### 2. 证据获取方法

权利人根据案件的具体情况，选择一种最为有利可行的取证方法，尤为重要。其主要方式如下：

（1）自行取证和委托律师调查取证

由于知识产权案件专业性较强，由权利人自行取证，对取证的方向和范围把握得十分准确会有一定的难度。律师是专业从事法律工作的，以向社会提供法律服务为职业。律师不仅具有丰富的法律知识，而且具有丰富的办案经验和熟练的诉讼技巧，能在不同的诉讼阶段为当事人作出适当的选择。一般说来，律师调查取证要比当事人调查取证方便得多，收集证据的范围也更加广泛、精确。在司法实践中法官往往也会对律师另眼相待、提供更多的方便。

（2）申请公证机关进行证据保全

公证机关的法定业务之一便是“保全证据”。公证证据具有推定为真的效果。《民事诉讼法》第59条规定：“人民法院对经过公证证明的法律行为、法律事实和文书，应当确认其效力。但是，有相反证据足以推翻公证证明的除外。”公证机关对证据进行保全，其效果与法院依职权所进行的保全，是相等的。在诉前，当事人能够充分运用公证机关收集、保全证据，是做好诉前准备的一个有效措施。

（3）申请法院进行诉前证据保全

2002年最高法院《关于民事诉讼证据若干问题的规定》第25条：“法律、司法解释规定诉前证据保全的，依照其规定办理”。这就为当事人或利害关系人向法院申请诉前证据保全确定了一个合法依据。最高法院2002年1月实施的司法解释《关于诉前停止侵犯注册商标专用权行为和保全证据适用法律问题的解释》，规定了在商标权侵权案件中，可以申请诉前证据保全。最高法院2001年7月1日实施的《关于诉前停止侵犯专利权行为适用法律问题的若干规定》第16条也规定了诉前证据保全。最高法院2002年10月15日实施的《关于审理著作权民事纠纷案件适用法律若干问题的解释》第1条规定：“人民法院受理以下著作权民事纠纷案件”，其中有一项就是“申请诉前财产保全、诉前证据保全案件”。可见，申请诉前证据保全在知识产权侵权案件中是大量存在的。保全措施后，当事人或利害关系人应在法定时间段里提起诉讼。如果没有向法院提起诉讼，则此种保全措施应当予以解除，或者将有关证据予以销毁或发还，同时申请人还要就此所造成的损失承担赔偿责任。

（4）申请人民法院调取证据

我国《民事诉讼法》第64条规定：当事人及其代理人因客观原因不能自行取得的证据，或者人民法院认为审理案件需要的证据，人民法院应当调查收集。基于此当事人往往在提起专利侵权，商标侵权和著作权侵权诉讼的同时，提出一份调取证据申请，调取的证据通常又分为三类：第一，保全被控侵权产品；第二，调查被控侵权单位的财务账册，以便确定赔偿额；第三，调取被控侵权人存在侵权的证据。

根据《民事诉讼法》及最高法院有关司法解释的规定，法院调查收集证据有两种运作方式：一是主动依职权调查收集证据。在涉及可能有损国家利益、社会公共利益或者他人合法权益的事实以及有关程序事项时，法院应当主动依职权调查和收集证据，而无须当事人提出取证申请。二是根据当事人的申请取证。在法院主动依职权调取证据的范围被缩小了以后，当事人提出证据调查的申请变得日益重要。如果缺乏当事人及时提出的证据调查申请，法院一般不主动调查证据。在当事人提出证据调查申请后，法院是否启动调查取证的机制还取决于法院的审查判断，只有在当事人提出的该项申请符合法院取证范围之时，法院才有义务调查取证，否则法院应当驳回该项申请。当事人申请法院调查取证应当注意两点：一是申请调查的证据范围，必须符合法定情形；二是此项申请必须注意举证时限。法院通常采取的措施是对易拍照的被控侵权产品采用拍照的方式，或采用记录下被控侵权产品的技术特征的方式，对易于调取的书籍、商标实物等采用扣押、提取等手法，而对于被控侵权人的财务账册往往因侵权人的阻挠或隐藏而极难得到。

（5）申请行政机关调查取证

国家知识产权局令颁布的《专利行政执法办法》（第 60 号令）第五章对调查取证有专章规定。管理专利工作的部门在查处案件的过程中，可以根据需要依职权调查收集有关证据。可以查阅、复制与案件有关的合同、账册等有关文件；询问当事人和证人；采用测量、拍照、摄像等方式进行现场勘验。涉嫌侵犯制造方法专利权的，管理专利工作的部门可以要求被调查人进行现场演示。涉及产品专利的，可以从涉嫌侵权的产品中抽取样品。

# 第 6 章　知识产权侵权抗辩与反诉

现代社会中，由于存在知识产权限制与反限制的多元选择，存在权利人、传播者、使用者等主体一定程度的对峙等现实，知识产权法在实现促进经济、社会、文化发展、保障权利人和其他主体利益、实现社会公平等多重价值目标的过程中，必须统筹兼顾，平衡协调各种可能相互冲突的因素，才能真正发挥作用。《侵权责任法》颁布后，有关知识产权侵权问题引起人们越来越多的关注，在注重保护知识产权人合法利益的同时，基于权利平衡等原则的侵权抗辩也逐渐成为研究重点，实践中也得到了广泛的运用。

## 6.1　知识产权侵权抗辩

### 6.1.1　侵权抗辩概念

广义上的抗辩权是指妨碍他人行使其权利的对抗权，至于他人所行使的权利是否为请求权在所不问；狭义的抗辩权则是指专门对抗请求权的权利，亦即权利人行使其请求权时，义务人享有的拒绝其请求的权利。现就知识产权法中的在先权，专利法中的先用权、现有技术、禁止反悔；著作权中的合理使用以及商标法和反不正当竞争法中的正当使用等主要抗辩事由的适用情形予以梳理，以期提供相应实践参考。诸如自己专利抗辩、专利权丧失又恢复时他人的使用权、同一申请人重复申请专利、专利内容公开前实施不侵权、权利用尽、平行进口、科研实践、临时过境、经授权使用、默许使用、搭售等反垄断行为等，鉴于篇幅关系，且实践中运用较少，故不在本章讨论范围。

### 6.1.2　侵权抗辩事由

#### 1. 在先权抗辩

专利侵权诉讼中被控侵权人除了主张自己实施的行为对象未落入专利权的保护范围之外，有的采用在先权进行抗辩。从系统论角度看，一种权利又可细分为许多子权利。当同一子权利的客体依法衍生出两项或者两项以上权利，且分别归属于不同主体，从而导致相互矛盾或抵触的，不免发生权利冲突。根据冲突的权利是否是知识产权，可以分为知识产权与知识产权的冲突与知识产权和非知识产权的冲突。就知识产权与知识产权的冲突而言，又可以分为同类权利之间的冲突与不同权利之间的冲突；根据冲突的知识产权的地域属性，可以分为国内知识产权与国外知识产权的冲突等。当上述冲突发生时，如果当事人之间不能自行协商解决，难免形成诉讼。而解决此类诉讼的重要原则之一是保护在先权利原则。这里所谓的“在先权利”是相对于“在后权利”而言的。从权利产生的时间上比较，同一客体上先产生的权利为在先权利，同一客体上后产生的权利为在后权利。该原则的含义有二：其一，在先权利人指控在后权利人侵权时，在先权利应受到保护，在后权利人不能对抗在先权利人；其二，在后权利人指控在先权利人侵权时，在先权利人可以对抗在后权利人。

从法院审理的权利冲突案件看，既有在先权利人指控在后权利人侵权的案件，也有在后权利人指控在先权利人侵权的案件，涉及专利权与专利权纠纷、商标权与名称权纠纷、专利权与著作权纠纷、专利权与商品的包装装潢纠纷以及著作权与商品的包装装潢纠纷等。我国知识产权法建立初期，由于缺乏明确的法律依据，各地法院的审理思路不统一，做法不尽相同。有的法院以上述纠纷涉及行政管理为由，不予受理或驳回起诉；有的法院则中止诉讼，等待相关处理结果；有的法院则依据相关法理，保护在先权利；有的法院则以冲突权利均合法为由，驳回当事人诉讼请求。随着法律法规的不断完善，各法院的做法逐渐统一。除商标权与商标权冲突，且不涉及不规范使用外，根据《专利法》第 23 条、《最高人民法院关于审理专利纠纷案件适用法律问题的若干规定》（法释[2013]9 号）第 15、16 条，以及《商标法》第 9 条等的规定和精神，将保护在先权利确立为审理知识产权权利冲突纠纷案件的一项最基本的原则。在对适用该原则的理解上，当事人应明确以下几点：

首先，当事人的在先权利或在后权利都应具有合法性。在先权利和在后权利从形式到内容均应具有合法性，均能够成为一项独立、完整的权利。如果其中一项不合法，则不属于权利冲突案件，而应属于权利人与侵权人之间的侵权纠纷案件。其次，注意自己与他人权利形成的时间，根据“谁主张，谁举证”原则，权利人应对其主张权利和赖以抗辩权利的形成时间负举证责任，并达到优势证据程度；最后，在先权利的效力范围应当覆盖在后权利，如此，在先权利抗辩成立。否则，可能无法适用在先权抗辩。

值得注意的是，最高人民法院《关于审理注册商标、企业名称与在先权利冲突的民事纠纷案件若干问题的规定》对主要涉及权利冲突纠纷的受理、案由的确定、构成侵权承担民事责任的方式作了规定，明确了除两个注册商标发生冲突的纠纷要由行政主管机关解决外，涉及注册商标与其他在先民事权利冲突的，人民法院都可以依法作为民事纠纷案件受理。对于被控侵权人如超出核定商品的范围或者以改变显著特征、拆分、组合等方式使用与他人注册商标相同或近似的注册商标所引起的纠纷，人民法院应当予以受理。因为这已经超出了商标授权争议行政解决程序的范围。关于被诉企业名称构成侵权或者不正当竞争行为的民事责任承担的方式，虽然司法解释根据这类案件的特点仅作了“停止使用、规范使用”等方式的具体规定，但适用司法解释时，应当注意该《规定》并不排除根据案件的具体情况对其他民事责任方式的适用。对于虽有工商登记的合法形式，但实体上构成商标侵权或者不正当竞争的，依法认定构成商标侵权或者不正当竞争，既不需要以行政处理为前置条件，也不应当因行政处理而中止诉讼。对于在中国境外取得的企业名称等，即便其取得程序符合境外的法律规定，但在中国境内的使用行为违反我国法律和扰乱我国市场经济秩序的，按照知识产权的独立性和地域性原则，依照我国法律认定其使用行为构成商标侵权或者不正当竞争。

### 2. 先用权抗辩

专利侵权诉讼中被控侵权人也可以采用先用权对侵权诉讼进行抗辩。无论将先用权理解为独立的权利，还是抗辩权，均不影响其对专利权的限制。对此，《专利法》第69条第1款第（二）项规定，在专利申请日前已经制造相同产品、使用相同方法或者已经作好制造、使用的必要准备，并且仅在原有范围内继续制造、使用的行为，不属于侵犯专利权。实践中，当被控侵权人提出先用权抗辩的，应该了解、掌握自己的被控侵权物的相应技术特征与权利人要求记载的全部必要技术特征是否相同或等同，如果既不相同也不等同，法院将直接驳回原告的诉讼请求，无须采取先用权抗辩；如果相同或等同成立，则可进行先用权抗辩。先用权抗辩是否成立，要依据其是否符合法律法规的有关规定。

依据《专利法》第69条第1款第（二）项规定，先用权抗辩是否成立的关键在于如何准确地理解先用权抗辩人是否“已经制造相同产品、使用相同方法”、“已经做好制造、使用的必要准备”和“仅在原有范围内继续制造、使用”。对于前条是否“已经制造相同产品、使用相同方法”先用权抗辩人可以举证证明，如相关生产记录、仓储情况等。对于后两条“已经做好制造、使用的必要准备，并且仅在原有范围内继续制造、使用的”也需要正确理解。对于“已经做好制造、使用的必要准备”的理解，《最高人民法院关于审理侵犯专利权纠纷案件应用法律若干问题的解释》（法释[2009]21号）第15条有明确规定，有下列情形之一的，属于已经做好制造、使用的必要准备：① 已经完成实施发明创造所必需的主要技术图纸或者工艺文件；② 已经制造或者购买实施发明创造所必需的主要设备或者原材料。对第15条可以这样加以理解：

其一，从实质性的专项投资来说，先用权抗辩人应负以下举证责任：① 制造或者购买了专用设备、工具等。被控侵权产品不需要专用设备、工具的，先用权抗辩人应提供利用该设备等所制造的样品；② 具有能够制造相同产品、使用相同方法的生产场所；③ 制造相同产品、使用相同方法所必需的原材料。

其二，从必要的技术准备来说，先用权抗辩人应负以下举证责任：

1）完整的产品设计图纸和工艺文件。如申请日前已完成的产品设计图纸、产品施工图纸、关键零部件加工图纸，以及工艺流程等完整的生产技术资料。如果上述文件资料不完整，不能证明已实质性的掌握案涉技术，仍应承担举证不能的后果。

2）已完成样品试制和各项技术性能的检测。如果针对相同产品，先用权抗辩人应已试制出样品，且样品符合设计要求。如果针对相同方法，该方法已处于试用中，且取得了与专利方法相同的效果。

上述条件一般应同时具备，缺一不可。比如，先用权抗辩人仅购买了相关的设备、工具等，但未完成样品试制和各项技术性能检测的，“必要准备”抗辩仍不成立；仅开始制造、使用相关产品或方法的前期准备，如可行性论证、预算、向申报生产手续、下达任务书、完成技术成果鉴定、基础性建设工作等，“必要准备”抗辩也不成立。同理，即使最先作出发明创造的人，虽具备实施专利的能力，如果没有从事实质性的专项投资，也不享有先用权。因为先用权制度在于避免在先的工业投资不能因他人在后申请专利而停顿，导致资源浪费。因此，未投资便不存在资源浪费，便无须先用权保护。

至于对“仅在原有范围内继续制造、使用”如何理解，一般认为，“原有范围”的量化标准为，不超过申请日前原有设备的正常生产能力可以达到的产量。如北京市高级人民法院关于《专利侵权判定若干问题的意见（试行)》（京高法发[2001]229 号）第 96 条第 2 项规定：先用权的原有范围是指专利申请日前所准备的专用生产设备的实际生产产量或者生产能力的范围。这与国外绝大数国家专利立法对先用权的行使范围不加以量化的做法存在差异。日本、英国、瑞典等市场经济发达国家的《专利法》均对先用权实施范围的量化限定持否定态度，允许先用权人在原有的生产经营范围内合理地扩大先使用行为的规模。国际通行理论也认为，先用权是一种独立的民事权利，而任何民事权利一般不应该有数量和力度上的限制，从平衡权利权人与先用权人利益的角度出发，先用权的效力范围应以满足先用权的“自身发展目的”或“企业发展需要”。因此，对先用权的行使加以不合理定量限制违背了先用权制度的目的，也违背了市场经济的法则。

### 3. 现有技术抗辩

现有技术抗辩是被控侵权人经常采取的一种抗辩事由。2009 年 10 月 1 日施行的《专利法》中，首次以法律的形式规定了现有技术、设计抗辩制度，即新增加的第 62 条规定，“在专利侵权纠纷中，被控侵权人有证据证明其实施的技术或者设计属于现有技术或者现有设计的，不构成侵犯专利权。”该法条的加入使得目前在司法实践中已经广为应用的现有技术、设计抗辩有了明确的法律依据。根据本条规定，在专利侵权纠纷中，如果被控侵权人有证据证明其实施的技术或者设计属于现有技术或者现有设计的，处理专利侵权纠纷的部门一旦认定被控侵权人实施的技术或者设计属于现有技术或者现有设计的，即可以直接认定被控侵权人不侵权。按照《专利法》第 22 条和第 23 条的定义，这里所说的“现有技术或者现有设计”是指在国内外为公众所知的技术或者设计。需要注意的是，处理专利侵权纠纷的部门的这一认定只是确定被控侵权人的行为是否侵犯专利权，而不是对专利权是否有效的认定。要否认专利权的有效性，依然要通过专利无效宣告程序来确认。在援引现有技术、设计抗辩证据时，当事人应注意以下问题：

第一，现有技术援引证据的范围问题。现有技术抗辩所提供的证据，只要在申请日以前为国内外公众所知的技术、设计均可用于现有技术、设计抗辩的证据，而不论其是属于

"自由公知技术"，还是属于"非自由公知技术"。例如，某法院在审理的一起侵犯实用新型纠纷案件中，专利权人以被控方提供现有技术系他人的专利技术并非自由使用的技术为由，对相关证据拒绝质证。对此，合议庭予以释明，指出现有技术是指申请日前在国内外出版物上公开发表、在国内公开使用或者以其他方式为公众所知的技术，也称为公知技术。该技术并不要求同时具备任何人均可以使用的特征，被控侵权人可以以公知技术为由提出现有技术抗辩。随后，原告当事人同意质证。

第二，提供公知技术组合抗辩证据问题。在外观设计专利侵权不适用组合抗辩已为共识。就发明和实用新型专利侵权而言，一般认为可用于现有技术抗辩的现有技术仅限于一项单独的现有技术方案。也有人认为，还可以包括一项单独的现有技术方案与公知常识的简单组合。但用以抗辩的多份文献叠加如果均指向一项技术，并不属于组合抗辩。例如，在一起涉及高速公路施工的方法专利侵权纠纷中，被控侵权人援引了多份技术文献，分别涉及公路维修、水坝建设、混凝土浇灌等，但均指向一种技术，被控侵权人认为此为组合抗辩，显然是误解。对于一项公知技术与所属领域技术人员的常识或者熟知技术的简单组合的，可以适用公知技术组合抗辩外，对两项公知技术的组合抗辩一般不应认定成立。至于三项以上公知技术组合抗辩，由于涉及复杂的创造性判断问题，法院一般不予以认定公知技术抗辩成立。

第三，三种技术特征相同或近似对现有技术抗辩判定的影响。一般认为，当被控侵权物的技术特征与专利技术相似，被控侵权物的技术特征与现有技术相同时，现有技术抗辩成立，不构成侵权。如果被控侵权物的技术特征与专利技术相同，与现有技术也相同时，能否认定现有技术抗辩成立？我们说，现有技术抗辩的目的并不否定专利技术的新颖性、创造性，其根本目的在于否定自己行为的侵权性，因此，现有技术抗辩是被控侵权物的技术特征与公知技术相比，而非被控侵权物的技术特征与专利技术相比。只要被控侵权物的技术特征与一项公知技术相同的，或者虽不完全相同，但属于一项公知技术与所属领域技术人员的常识或者熟知技术的简单组合的，不论被控侵权物的技术特征与权利要求记载的技术特征是否相同或者等同，均可以认定公知技术抗辩成立，被控侵权人不构成专利侵权。如果被控侵权的技术特征与专利技术、现有技术均相似时，法院可能审查两种相似度高低，以确定被控侵物的技术特征更接近于何者，从而确定现有技术抗辩是否成立。但是，对于被控侵权技术与专利技术相同，与现有技术相似的，能否认定现有技术抗辩成立？一般来说法院不倾向于认定现有技术抗辩成立。

#### 4. 禁止反悔抗辩

(1) 禁止反悔的概念

专利诉讼中，攻防的核心往往在于如何确定权利要求，其实质就是在专利权人利益与公众利益之间公平的划界，寻找一个最佳的平衡点。可以说，等同原则是对专利保护的延伸，而禁止反悔原则则是对等同原则的防御，以实现攻防转换的平衡。这种平衡，实际上是民法上的诚实信用原则在专利法上的运用。禁止反悔原则虽然在我国《专利法》上尚未明确，但在相关司法实践中已得到运用，相关法院还形成了适用该原则的指导性意见。

例如，北京市高级人民法院在2001 年颁布的《关于专利侵权判定若干问题的意见（试行）》（以下简称《试行意见》）第一次明确提出禁止反悔原则，对禁止反悔原则的定义如下："禁止反悔原则是指在专利审批、撤销或无效程序中，专利权人为确定其专利权具备新颖性和创造性，通过书面声明或者修改专利文件的形式，对专利权利要求的保护范围作了限制承诺或者部分地放弃了保护，并因此获得了专利权，而在专利侵权诉讼中，法院适用等同原则确定专利权的保护范围时，应当禁止专利权人将已被限制、排除或者已经放弃的内容重新纳入专利权的保护范围。"以上定义基本概括了禁止反悔原则的本质，即要求专利权人对权利要求的解释应该一致，专利权人不能为了获得专利，在专利申请过程或无效过程中对权利要求做出狭义的解释，而在以后的专利侵权诉讼中，为了使权利要求能够覆盖被控侵权物，又对权利要求做出广义的解释，这是不允许的。尽管《试行意见》的适用范围仅限制在北京地区法院，但无疑其对全国其他地区法院在专利侵权裁判中起到示范效应。

此后，在2009 年4 月21 日最高人民法院印发《关于当前经济形势下知识产权审判服务大局若干问题的意见》（法发[2009]23 号文件），其中明确指明："对于权利人在专利授权确权程序中所做的实质性的放弃或者限制，在侵权诉讼中应当禁止反悔，不能将有关技术内容再纳入保护范围。严格等同侵权的适用条件，探索完善等同侵权的适用规则，防止不适当地扩张保护范围。"这也是最高人民法院首次以"发文"形式确认禁止反悔原则。2009 年12 月1 日通过的《最高人民法院关于审理侵犯专利权纠纷案件应用法律若干问题的解释》（法释[2009]21 号）亦将该原则纳入其中，该解释第 6 条：专利申请人、专利权人在专利授权或者无效宣告程序中，通过对权利要求、说明书的修改或者意见陈述而放弃的技术方案，权利人在侵犯专利权纠纷案件中又将其纳入专利权保护范围的，人民法院不予支持。

（2）禁止反悔原则的应用

判断是否侵犯专利权，首先必须确定专利权的保护范围，习惯上，人们把禁止反悔原则作为对等同原则的限制。北京高院《试行意见》中规定，当等同原则与禁止反悔原则在适用上发生冲突时，即原告主张适用等同原则判定被告侵犯其专利权，而被告主张适用禁止反悔原则判定自己不构成侵犯专利权的情况下，应当优先适用禁止反悔原则。

我国《专利法》规定，发明或者实用新型专利权的保护范围以其权利要求的内容为准，说明书和附图可以用来解释权利要求；最高人民法院《关于审理专利纠纷案件适用法律问题的若干规定》进一步规定，专利保护范围应当以权利要求书明确记载的必要技术特征所确定的范围为准，也包括与该必要技术特征相等同的特征所确定的范围。该司法解释将专利侵权由"全面覆盖原则"扩展到"等同原则"。

那么，这是否意味着权利要求书的范围也扩大了呢？对此的权威解释是"等同原则扩大的不是权利要求的范围，而是专利权的保护范围。专利权利要求并不因为法院适用了等同原则而有所改变。……法院应当准确适用禁止反悔原则将等同原则的适用限制在一个合理的范围内。在具体案件审理中，法院应当审查申请人向专利局提交的专利申请文件（包括给专利局的函件和所作的陈述）中对专利权利要求所作的修改，对于其明确限定其权利要求或者放弃请求保护的技术内容，则不能适用等同原则将其专利保护范围延伸到该技术内容所确定的范围。法院确定发明、实用新型专利权的保护范围时，还应当注意不能运用等同原则将已有技术解释为原告的专利技术。”也就是说，为平衡专利权人以及社会公共利益，禁止反悔原则是对等同原则进行有效限制，故禁止反悔原则应当优先于等同原则适用。

通过上述分析，我们知道，禁止反悔原则与专利申请、专利无效过程有密切的联系。在我国专利申请或无效审查过程中，专利申请人或专利权人在必要时需要具体论述技术方案与公知技术的区别技术特征，进而论述其具有的新颖性、创造性和实用性；专利申请人也可以修改权利要求书，根据现有技术对权利要求进行限制或者放弃部分保护范围，以更明确地把发明和公知技术相区别开来，从而获得或维持专利权。假如在以后的专利权侵权诉讼中，专利权人将其在上述过程中放弃或者限制的部分重新“拾起来”，运用“等同原则”追究他人的侵权责任，这无疑对他人是不公平的。通说认为，适用禁止反悔原则应当具备以下三个要件：

1）专利权人对有关技术特征所作的限制承诺或者放弃必须是明示的，而且已经被记录在专利文档中；

2）限制承诺或者放弃保护的技术内容，必须对专利权的授予或者维持专利权有效产生了实质性作用；

3）禁止反悔原则的适用应当以被告提出请求为前提，并由被告提供原告反悔的相应证据。

正确并及时运用禁止反悔原则维护委托人权利是律师的应尽职责，这要求律师在代理专利侵权诉讼过程中，应及时查阅专利档案，了解到最新的专利文本，获取专利权人在申请过程中的审查员意见通知书、专利申请人的陈述意见书、专利申请人对专利申请所作修改前的文本，以及修改的原因。当然，这些也需要国家知识产权局能够最大限度地为律师查阅专利档案提供方便。

（3）禁止反悔原则与等同原则

正确解释发明和实用新型专利的权利要求，准确界定专利权保护范围，既不能简单地将专利权保护范围限于权利要求严格的字面含义，也不能将权利要求作为一种可以随意发挥的技术指导，应当从上述两种极端解释的中间立场出发，使权利要求的解释既能够为专利权人提供公平的保护，又能确保给予公众以合理的法律稳定性。

等同原则与禁止反悔原则均属解释专利保护范围的特例，等同原则扩大了专利的保护范围，有可能忽略专利权人在申请以及无效过程中放弃或者限制部分，不公正地扩大专利权利范围，背离等同原则公平的价值取向；禁止反悔原则缩小了专利的保护范围，使得被控侵权人通过阅读专利文档，分析专利权人在申请时以及无效宣告程序时的修改和陈述，更确切地理解发明的技术特征、发明效果，了解其真正要求保护的范围，拒绝专利权人再将保护范围做扩大解释。

### 5. 合理使用抗辩

（1）合理使用概念

关于合理使用的概念，国内学者的表述都各有特色，归纳起来有以下几种表述：

1）合理使用是指依法对他人作品自由、无偿的使用；

2）合理使用是指为了个人学习、研究或欣赏目的，为了教育、科学研究、宗教或慈善事业，在不征求作者与著作权人同意，不支付报酬的情况下使用他人已发表的作品；

3）合理使用是指在利用有版权的作品时，既不需取得权利人的同意，一般也不需要支付报酬，而且不构成侵权；

4）合理使用是指在一定条件下，作品使用者不仅可以不经作者或其他著作权所有人许可，而且也无须向其支付报酬而自由使用（但要尊重作者的人身权利）受著作权保护的作品。

合理使用必须是在不损害作者的人身权利下进行，《著作权法》第 22 条第 1 款明确规定，进行合理使用必须指明作者、作品名称，不得侵害著作权人依法享有的其他权利。合理使用只能针对已经发表的作品，除图书馆博物馆为保存版本而复制本馆收藏的作品以外，未发表的作品不属于合理使用的范围。《著作权法实施条例》关于对于合理使用他人作品者的义务上也明确写到，不得影响该作品的正常使用，也不得不合理地损害著作权人的合法利益。

（2）合理使用范围

现代各国著作权法普遍认可，合理使用是对著作权权能予以限制的制度。我国也不例外。由于合理使用是对著作权的限制，所以它本身应该限定在法律明文规定的范围内，不能随意扩大合理使用的种类和范围。我国《著作权法》明确限定的合理使用范围有 12 种，在确定该制度时，并对合理使用的适用情形做了较为详尽的列举。确定被控侵权人是否构成对他人作品的合理使用时，一般考虑下列因素：

1）使用的目的和性质，是商业性质还是非营利目的，如系商业性质，一般不构成合理使用，如出于非营利目的，则比较符合合理使用的特征；

2）被使用作品的性质，如未发表作品、虚构作品、视听作品、为特定对象创作的作品的合理使用应作较为严格的限制，对于已发表作品、纪实作品、印刷作品的合理使用限制程度则较低；

3）使用他人作品的数量以及内容的实质性，此为定量和定性判断标准，一旦超过一定数量便构成实质性使用；

4）该使用对他人作品的商业价值的影响。如果该损害达到一定程度，便不再是合理使用。

（3）合理使用存在的问题

网络的发展导致作品的传播和复制变得越来越容易，鼠标轻轻一点就能复制出一篇和原文一样精美的作品了。众多的网络用户可以在任何地域任何时间，只要是需要就可以去复制那些作品，私人性的复制成为利用作品的主要方式。受版权保护的作品，只要有一个人从商业网站买到，然后输入自己的网络终端，那么其他人就可以免费去使用。这就导致只要著作权人一旦把文章输入网络，那么他就必须要作好冒险的准备。同时这相应带来的另一个问题是，原来的对于印刷品时代而存在的合理使用的制度是否还能规范这些个问题。判断标准的困难化，使得著作权人的利益很难受到保护，这也将导致很多著作权人不再冒险把自己的作品传到网络里，这样一来最后受到损害的还是公众，所以应该在著作权人的利益和公众的利益之间找到一个平衡点。尤其是我国作为一个发展中国家，经济和技术水平还不是很高的情况下，更应该采取一些适应当今情况的措施去改变这种不规范的情况，用来保障著作权人和公众的利益。权威人士认为这里存在的最大的问题就是划定一个标准，一个评判是否是合理使用的标准，采用营利性质和非营利性质为标准，毕竟普通公众使用大多只是为了自己个人的爱好和研究学习，不会以营利为目的，不会对著作权人造成过大的侵害；而营利性质的就应当对作者支付一定的报酬。同时上传作品的网站也只能提供浏览，不提供下载和复制服务，虽然现阶段有些网站上已经就下载做出了一些限制，比如收费或者不能复制等，但是毕竟还是少数，况且收费类文章是否是经著作权所有人认可的也很难说，所以网络管理不容疏忽。完善法律方面的规定，法律具有着它固有的保守性和稳定性，所以作者认为，应该加强最高人民法院的司法解释权限，用来应变当今社会瞬息万变的形势。

### 6. 正当使用抗辩

我国《商标法实施条例》第 49 条规定："注册商标中含有的本商品的通用名称、图形、型号，或者直接表示商品的质量、主要原料、功能、用途、重量、数量以及其他特点，或者含有地名，注册商标专用权人无权禁止他人正当使用。"最高人民法院《关于审理不正当竞争民事案件应用法律若干问题的解释》第 2 条第三款也规定，"知名商品特有的名称、包装、装潢中含有本商品的通用名称、图形、型号，或者直接表示商品的质量、主要原料、功能、用途、重量、数量以及其他特点，或者含有地名，他人因客观叙述商品而正当使用的，不构成不正当竞争行为。"上述规定是被控侵权人以正当使用为由行使抗辩权的明确法律依据。一般认为，正当使用的基础源于权利衡平原则，因为商标权和知名商品特有的名称、包装、装潢等权利的核心在于制止商品来源的混淆与联想，以保护经营者和消费者的合法权益，如果他人以善意并且以正当使用的方法，标示自己的姓名、名称，或者其商品的名称、形状、品质、功用、产地，或者其他有关商品本身的说明，而附记于商品之上的，并非出于使用他人商标或知名商品特有的名称、包装、装潢等目的，不构成侵权。

从司法实践上看，各地法院对正当使用抗辩的适用条件认识上基本一致：

其一，抗辩人主观上善意，非出于与他人商品来源相混淆、误认或使消费者产生联想为目的。其二，对商品做叙述性使用和指示性使用。其三，并非作为自己的商标或主要作为自己的包装装潢使用。其四，不会造成相关公众混淆或误认。

上述四个构成条件中，第一、三、四条比较容易理解，对于第二条中的叙述性使用和指示性使用的范围尚不完全一致。一般认为，普通词汇、图形尤其是叙述性词汇、图形是一种公有财产，一般并不会取得商标权或特有包装装潢等权利。经过长期使用后，该词汇取得了一种事实上的区别作用，或者形成了不同于其原本含义的“第二含义”，才获得相应权利。因此，当他人对该词汇、图形进行叙述性使用时，应属于正当使用。叙述性使用主要包括以下情形：

① 使用商标或知名商品特有的名称、包装装潢中含有的本商品的通用名称、图形、型号的；② 使用直接表示商品的质量、主要原料、功能、用途、重量、数量以及其他特点的；③ 规范使用自己的姓名、名称或字号的；④ 使用地名的。至于指示性使用，如果为了标指商品的来源、用途等真实信息时，并且规范使用的，一般不应认定为侵权。一旦给相关公众造成混淆、误认或者错误联想的，则应具体问题具体分析，不能一概而论。

## 6.2 知识产权侵权反诉

### 6.2.1 侵权反诉的概念

知识产权侵权“反诉”是指在被告将原告诉诸于法庭的诉讼过程中，原告又与被告在另一场官司中转换了角色。例如，在专利侵权诉讼中，“侵权人”将权利人的专利权反诉为无效或者将专利权人诉诸为另一案的被告，这就是专利诉讼中的反诉。适当地应用反诉，这也是被告应用法律手段来保护自己权益的一种方式。反诉的条件有以下几个方面：

（1）须由本诉的被告向本诉的原告提出

反诉与本诉当事人同一性的特征决定了只有本诉的被告才能够向本诉的原告提出反诉。如果不是本诉的被告，如无独立请求权的第三人、被告的诉讼代理人，则无权提出反诉。

（2）须在本诉进行中提出

本诉进行中是指法院受理本诉后直至法庭辩论终结前。法院尚未受理本诉，诉讼程序尚未开始，反诉无从提起。法庭辩论已经终结，再受理反诉不但无法达到诉讼经济的目的，而且会造成诉讼的迟延。进入第二审程序后，原审被告依然可以提出反诉，但二审法院受理反诉后，已不能对反诉作出裁判，因为对反诉作出裁判后不服的一方当事人已无法再上诉，有违两审终审制。二审法院可以用调解的方式处理本诉与反诉，调解不成时，应当告知当事人另行起诉，而不能将本诉与反诉发回一审法院重审。

（3）须向受理本诉的法院提出，且受诉法院对反诉有管辖权

反诉是在本诉进行中提起的，并且要利用本诉的诉讼程序一并进行审理，因此反诉只能向受理本诉的法院提出。管辖权是法院对特定诉讼行使审判权的前提，故受诉法院须对反诉具有管辖权。审理本诉的法院对反诉的管辖权，可以基于牵连管辖而获得，但如果反诉属于另一法院专属管辖，受理本诉的法院则无权管辖，本诉的被告只能向有专属管辖权的法院另行起诉。

（4）须与本诉适用同一诉讼程序

反诉须与本诉适用同一种诉讼程序，方能利用本诉的诉讼程序合并审理。如果本诉适用的是简易程序而反诉应适用普通程序，则难以将两诉合并，反诉也就没有意义。

（5）须反诉与本诉之间存在牵连关系

设置反诉制度的目的既然在于利用同一诉讼程序解决相关联的两个民事纠纷，以达到节约时间和费用，防止裁判相抵触的目的，那么反诉的诉讼标的与本诉的诉讼标的须有牵连，才能够实现上述目的。

所谓存在牵连关系，是指两者存在法律上或事实上的联系。法律上的牵连包括两者源于同一法律关系和两者源于相关联的法律关系，前者如原告提出要求交付买卖标的物的本诉，被告则提出请求支付价金或者请求确认买卖合同无效的反诉；后者如原告基于所有权请求被告交付所占有的动产，被告则反诉要求法院确认他对该动产享有的质权。反诉与本诉存在牵连关系，才有合并审理的必要，才能够达到通过反诉抵消或吞并本诉诉讼请求的目的。

当前，在知识产权诉讼中，反诉已成为侵权纠纷中被告常用的策略。以专利侵纠纷为例，据不完全统计，目前全国约有 15 000 个专利纠纷案件处在各级人民法院的审理和结案之中。在这些案件里约有 80%都是专利侵权案。在这些专利侵权案件的审理实践中，一般法院的审理程序前期，许多被告都曾尝试“反诉”原告专利权无效，即向专利局专利复审委员会启动“宣告专利权无效”的程序来请求宣告原告专利权无效以期获得有利于自己的审理结果。产生这种现象的主要原因在于中国专利法对实用新型专利和外观设计专利不进行实质性审查就授予了专利权，这种专利的纠纷案占全部专利纠纷案的大多数。另一原因与发明专利的审查和批准质量有关。由于在已经审理的专利纠纷案件中，出现了比较多的专利无效案，这也是促使众多专利侵权人提出反诉的原因之一。正确了解和掌握专利官司中的反诉程序进行反诉，不光对“侵权人”有利，实质上对企业正确了解和使用专利法来保护自己的合法权益也有现实意义。下面主要对专利侵权诉讼中的反诉问题进行探讨。

## 6.2.2　专利侵权反诉事由

### 1. 反诉专利权无效

侵权人对原告专利权人的专利权启动“宣告专利权无效”的程序，希望预期效果对自

己有利，但是，专利法对提出宣告专利权无效的具体理由却有法律上的严格规定，即侵权人使用专利法之外的理由来宣告专利无效是不会被受理的，无效宣告的理由只能限定在法律规定的理由之内。《专利法实施细则》第64条对宣告专利权无效的理由做出了详细的规定。

近年来，侵权人最常用的理由之一是：证明已获得专利权的专利技术方案不具备《专利法》第22条所规定的“新颖性、创造性和实用性”中的任意一项或者不符合《专利法》的第23条有关方面规定。

例如，蓝派压实技术公司状告唐山某建筑机械厂侵犯其冲击压路机的专利权和技术秘密，要求巨额赔偿。被告当即查找到了在该专利的申请日前，澳大利亚有相同的专利技术方案已经公开的证据。以原告的“专利”不具备《专利法》上有关授予专利权的规定为理由，反诉原告的专利权无效，最后取得了专利官司反诉成功的结果。

再如，广东鹤山建筑机械厂拥有名为“建筑工地用塔式升降机”的发明专利。在专利纠纷案件处理过程中，广州某机械公司和广东海南某建机厂以该专利不符合《专利法》所规定的“三性”（即新颖性、创造性和实用性）为理由宣告专利权无效。专利复审委员会做出了宣告该专利权无效的决定书。鹤山建筑机械厂为了保护自己的合法权益，不服专利复审委员会的决定，组织专业人员提出专业的详细说明后开始上诉法院。经过北京市第一中级人民法院的审理，维持专利复审委员会原决定。该厂再次上诉到北京市高级人民法院，最终获得胜诉即该专利具有专利法中所规定的“三性”。北京市高级人民法院撤销了北京市第一中级人民法院的审理结果和专利复审委员会的无效宣告决定书。

分析研究上述两案例的详细案情了解到，企业在反诉专利权无效时，一定要聘请具有相关专业（如本案涉及的工程机械和建筑机械）背景，又懂得应用专利法律的律师来代理履行反诉程序。因为在涉及本专业的具体产品和产品结构时，专业人员对《专利法》所规定的“三性”的认识程度和理解程度会更深刻，会提出非常重要的反诉理由和证据。由于一般律师常常做不到这一点，聘请非专业人员来办理反诉，成功的可能性也就不大。

在反诉过程中一定要坚持自己的主张并积极收集证据。目前专利诉讼都是由知识产权法庭来审理的，由于专利官司近几年来才出现得比较多，在国内是一个“新生事物”。国内认定“专利侵权判定基准”的法律上不完善，再加上各地法院审理专利纠纷案件人员的司法水平和审理质量都有待于提高，各地区各级法院审理的最终结果就有可能出现不一样的情形。例如，国内有个专利纠纷案在向侵权地的15个城市的法院诉讼时，出现了8胜7负的结果。

根据专利官司的实际情况来看，国内上一级审理法院的司法水平要高于下一级法院的司法水平，尤其是在对专利侵权案件的审理过程中更是如此。反诉最好坚持到二审法院的终审为止，这样一来，尽管延长了诉讼的时间，也付出了较多的人力和物力，但是，获得公正审理结果的可能性更大。

反诉专利权无效的其他法律规定理由如下：

① 专利技术方案使所属技术领域的人员无法实施，即专利说明书对该专利没有做出清

楚的说明；专利权要求书要求保护的范围不清楚；② 专利权要求书保护的范围未以专利说明书为依据；③ 专利是属于重复授权的发明创造；发明或实用新型权利要求缺少必要的技术特征；④ 发明创造的申请人不是最先申请这项发明创造的人；⑤ 发明创造是属于《专利法》第25条所规定的不授予专利权的内容等。其他更详细的规定可参照《专利法》、《专利法实施细则》和专利局出版的《审查指南》等法规。

### 2. 证明自己为合法使用专利

《专利法》第69条对不支付专利权费，也不被视为侵权的合法使用专利情形规定了五个具体款项，现举例说明如下：

（1）第一款第（一）项“专利产品或者依照专利方法直接获得的产品，由专利权人或者经其许可的单位、个人售出后，使用、许诺销售、销售、进口该产品的”

这一项是关于专利权用尽原则的规定。根据该项规定，专利产品或者依照专利方法直接获得的产品，由专利权人或者经其许可的单位、个人售出后，使用、许诺销售、销售、进口该产品的，不视为侵犯专利权。需要注意的是，此处所述的单位、个人，既可以是中国单位或者个人，也可以是外国单位或者个人；对专利产品或者依照专利方法直接获得的产品的“售出”行为，不仅包括专利权人或者经其许可的单位或者个人在我国境内的销售行为，也包括专利权人或者经其许可的单位或者个人在我国境外的销售行为，即此处的所述“售出”行为的范围不限于中国而是覆盖全球范围。这是与《专利法》其他条款规定的不同之处。这样规定的原因在于：首先，专利权人通过自己制造、进口或者通过许可他人制造、进口的专利产品，并予以销售，就可以从中获利，权利人的权利已经实现，权利人不应当就同一产品重复获利；其次，专利产品在合法予以制造、进口并予以售出之后，如果权利人还可以对该产品行使权利，则不利于专利产品的流通和利用，而且在实践中要对已经售出的专利产品再施行控制也是困难的。

（2）第一款第（二）项“在专利申请日前已经制造相同产品、使用相同方法或者已经做好制造、使用的必要准备，并且仅在原有范围内继续制造、使用的”

这是指“先用权利原则”。例如甲公司生产“新技术施工起重机”，向南方地区供货。乙公司向专利局申请了“新技术施工起重机”的专利，日后乙公司获得专利授权。由于甲公司是在乙公司向专利局申请专利日之前已经开始生产，故可不视为侵权，还可以继续在原来具有的生产规模上生产并可继续向南方地区销售。当然甲公司也可以乙公司的专利不具备《专利法》所规定的“专利必须具备新颖性”的有关方面条文来反诉乙公司的专利权无效。

（3）第一款第（三）项“临时通过中国领陆、领水、领空的外国运输工具，依照其所属国同中国签订的协议或者共同参加的国际条约，或者依照互惠原则，为运输工具自身需要而在其装置和设备中使用有关专利的”

这是“专利海关互惠原则”。例如我国某发明专利权人的“气力输送装置”专利技术可以快速进行船舱卸货，国外某公司的货轮仿制该“气力输送装置”的专利产品在中国港口用于卸货，则可视为临时过境使用，不视为侵犯专利权。

（4）第一款第（四）项“专为科学研究和实验而使用有关专利的”

专利制度的一个主要目的是促进技术的发展。新技术发展一般是在现有技术的基础上创新的。为了改进尚处于专利保护期的专利技术，仿制使用现有专利技术，是科学研究和实验的一个正当手段。例如甲公司仿制国外公司在国内申请的一个专利产品“新型大直径盾构机”，并且将研制的产品用于施工试验验证，拟国产化并在其技术上进一步提高。甲公司只要不销售该产品和进行该产品的有偿施工服务，不论仿制几台实验样机，都视为属于科研和试验范围，都不视为侵犯国外公司的专利权。

企业在上述专利法允许使用他人专利并不视为侵权的情形下，依法合理使用专利技术时，有时也会被专利权人推上法庭，企业可以出具证据来证实自己合法使用专利权的主张。如果原告将此案过度宣扬并给被告企业造成诸如名誉损害、产品销售额下降等方面的其他问题时，企业也可以用《反不正当竞争法》、《民法通则》等法律的相关条款来反诉原告，要求赔礼道歉并赔偿损失。

（5）第一款第（五）项为提供行政审批所需要的信息，制造、使用、进口专利药品或者专利医疗器械的，以及专门为其制造、进口专利药品或者专利医疗器械的

第 69 条第一款第（五）项的规定包括了如下两个方面的信息：① 行为的目的。适用于《专利法》第 69 条第一款第（五）项规定的行为应以“为提供行政审批所需要的信息”为唯一目的，不应是“包含”这一目的的行为，更不应该是与这一目的毫不相干的行为。② 行为的类型。适用于《专利法》第 69 条第一款第（五）项规定的行为，仅限于“制造、使用、进口专利药品或者专利医疗器械的，以及专门为其制造、进口专利药品或者专利医疗器械”，而不包括其他应当被认定为侵犯专利权的行为。只有同时满足这两个条件的行为，才能适用于第 69 条第一款第（五）项的规定而免予承担侵权责任。基于以上解释，仿制药生产商的以下行为是很难适用该条的规定。

1）在相关专利权的保护期限尚未到期的情况下，在为提供行政审批所需要的信息，而制造专利药品或者专利医疗器械的同时，进行以销售为目的的扩大化生产。例如为提供行政审批所需要的信息，只需要制造专利药品 100 kg 即可，但仿制药生产商却实际制造 10 000 kg，在为提供行政审批所需要的信息消耗掉 100 kg 之后，剩下的 900 kg 用于销售。在这种情况下，为提供行政审批所需要的信息所必需的 100 kg 之外的 900 kg 药品的生产行为很容易被认定为侵犯专利权的行为。因为这 900 kg 的生产目的已经不符合《专利法》第 69 条第一款第（五）项的规定了。

2）在相关专利权的保护期限尚未到期的情况下，在为提供行政审批所需要的信息，而制造专利药品或者专利医疗器械的同时，进行产品广告宣传或产品预订等行为，因为这种行为容易对消费者造成销售预期和价格预期，一般会被认定为专利法所规定的许诺销售行为，并被认定为侵犯专利权的行为。

根据《专利法》第 11 条规定，发明和实用新型专利权被授予后，除本法另有规定的以外，任何单位或者个人未经专利权人许可，都不得实施其专利，即不得为生产经营目的制造、使用、许诺销售、销售、进口其专利产品，或者使用其专利方法以及使用、许诺销售、销售、进口依照该专利方法直接获得的产品。而《专利法》第 69 条第一款第（五）项规定的侵权例外行为中只包括了制造、使用、进口，并未包括许诺销售行为。因此，这种许诺销售行为不能适用于《专利法》第 69 条第一款第（五）项的规定。

3）在相关专利权的保护期限尚未到期的情况下，任何未经专利权人许可而销售专利产品的行为，都不能适用于《专利法》第 69 条第一款第（五）项的规定。因为《专利法》第 69 条第一款第（五）项的规定中也未包含《专利法》第 11 条所规定的销售行为。

专利侵权与不侵权之间，经常只有一步之遥。我国仿制药生产商在利用专利法第（五）项进行反诉时，应该准确地把握本项的要点，减少被驳回的风险。

### 3. 专利侵权反诉中的其他问题

被告在反诉专利权人的专利无效时，还应当考虑以下几方面的问题：

（1）专利权的保护期

首先要注意到该专利的保护期是否已到；该专利权是否因为没有缴纳专利年费而被视为撤回或提前终止；“知彼知己”可以降低反诉的成本。

（2）专利权的保护区域

被告在反诉专利权人的专利无效时还应当了解原告专利权的保护区域。

（3）专利纠纷的诉讼时效

被告在反诉专利权人的专利无效时还应当注意专利诉讼的时效问题，我国专利法规定的专利诉讼时效是两年，只要被告有充足的证据来证实自己是在两年前就开始实施该专利技术，并且在实施该专利技术的过程中没有收到原告专利权人的任何警告函和其他方式的侵权警告通知，诉讼之前已经停止了使用行为，就不必反诉。因为对方的有效诉讼时间已过。专利权人自己已经丧失了应有的诉讼权，因而也无法获得任何专利赔偿。

需要特别强调的是：在专利侵权诉讼的过程中，被告若仍然继续实施该专利技术，这就属于连续性侵权行为了，法律规定原告可以自起诉日期开追溯赔偿，这样被告就需要面对现实，设法收集证据并根据具体情况去进行专利官司的反诉程序了。

（4）借鉴他人的反诉案例

借鉴他人专利官司中的反诉案例，对处理自己的官司是很有帮助的。自 2003 年 11 月 1 日起，北京市高级人民法院开始将知识产权裁判文书上载到网站供公众查阅，每月上旬将上月的文书上载，重大案件不受时间限制。另外中国知识产权保护网、中国知识产权网、中国知识产权司法保护网、中华人民共和国知识产权局网站（http：//www.sipo.gov.cn）也经常刊登专利纠纷案件的有关报道，在以上网站上都可以找到专利官司中可供参考的反诉案例。

# 第2篇
# 案 例 篇

# 第 7 章　招标投标知识产权侵权案例

当前在招投标行业知识产权纠纷屡见不鲜，已成为招投标过程中反映较为强烈的焦点问题，应引起招投标当事人的高度重视。招标投标活动中当事人所面临的知识产权风险涉及面比较广泛，几乎包括知识产权的所有内容，专利权、著作权风险较为集中，而面临的商标侵权风险则相对较小。侵权风险主要来源于以下方面：招标人设置"霸王条款"，窃取投标人专利或设计，投标人所面临的风险；中标人侵权，招标人未尽审查义务面临受牵连的风险；招标人作为委托人与受托人之间的作品权属纠纷的风险；投标人设置投标联合体陷阱，侵吞联体成员专利或设计成果，联合体成员面临的风险；由于招投标人泄露标底、企业投标报价等，各方相关主体所面临的商业秘密泄露的风险等。

## 7.1　招投标专利权侵权纠纷

**【案例 7.1】招标人设置霸王条款，未中标人专利遭侵权**

**【案情摘要】**200×年，某玻璃工程公司先后参加了××市新××机场航站楼玻璃幕墙工程的设计标和第一、二、三标段的招标活动，并按要求提供了详尽的设计及施工方案，其中包括本公司专利产品——"幕墙活动连接装置"的使用说明，但都没有中标。200×年 8 月 6 日，新××机场正式使用，玻璃工程公司发现新机场航站楼玻璃幕墙工程使用了该实用新型专利。

200×年年底，玻璃工程公司以侵犯其专利使用权为由将机场经营者市××国际机场股份有限公司告上法庭。开庭后又追加建设方市××国际机场有限公司、投资者省机场管理集团公司和工程施工者某特种玻璃技术公司为共同被告。玻璃工程公司要求判令四被告分别承担侵权责任，共同赔偿经济损失 200 万元，并支付专利技术使用费 100 万元等。

**【法院判决】**经过法院审理，市中院作出一审判决，判令被告施工单位特种玻璃技术公司立即停止专利侵权行为；被告特种玻璃技术公司和投资方省机场管理集团公司支付原告赔偿金 30 万元；被告建设方市××国际机场股份有限公司支付原告专利使用费 15 万元。被告不服，上诉，二审期间，经二审法院主持，本案当事人达成调解协议，由特种玻璃技术公司支付原告玻璃工程公司一定经济补偿费用，玻璃工程公司允许该市××机场和该省机场集团继续使用涉案专利产品。

**【案例点评】**在招投标活动中，招标方往往会在招标公告中设置“霸王条款”注明“无论中标与否，投标方案归招标方所有或者归招标方无偿使用”，即使某些招标人以支付补偿金的方式来换取技术方案的使用权或者买断整个方案，但是补偿金额与技术方案的知识含金量相比微不足道，甚至不足以弥补投标人参与竞标的支出成本。然而，投标方若想参加竞标，就不得不同意这项显失公平的条件，这使得招标方轻而易举地获得所有竞标方案的使用权甚至版权。在对竞标方案的知识产权提出不合理要求的同时，招标方还会要求投标人在竞标方案中对欲采用的技术做详细说明。为了展示自身的竞争优势和技术实力，最终赢得招标项目，投标人必然会将设计方案做得越发详尽，对技术的细节描述也越发具体，甚至包括自己拥有的专利或专有技术的详细说明，这无形中为招标方侵犯其专利权或者技术秘密权提供了便利。由于准备竞标的时间紧迫，投标人的许多专有技术在竞标前还未申请专利，致使这些技术秘密不仅在竞标时白白流失，也丧失了申请专利的机会。为追求方案最优化和利益最大化，一些招标方将众多投标人的竞标方案透露给暗中预定的中标人，让中标者“集众家之长”，将其他方案的精华部分融合到中标方案中，更有甚者，全盘照搬他人的方案，无偿使用别人的技术，而投标人却因为无法获得中标者的设计图纸等关键证据，难以判断其是否被侵权。

本案中的“幕墙活动连接装置”原来是本案原告玻璃工程公司在该项工程投标书中的施工方案，但没有中标。招标单位未经权利人允许，将玻璃工程公司的技术专利，通过施工单位特种玻璃技术公司运用到该项目之中。特种玻璃技术公司是专利的直接使用者，投资方省机场管理集团公司是受益者，建设方市××国际机场行为存有过错，判决直接使用者和受益者两被告应共同支付原告专利经济损失 30 万元，建设方市××国际机场作为招标人赔偿原告专利使用费 15 万元是符合法律规定的。

**【案例 7.2】设计人专利侵权，招标人是否担责？**

**【案情摘要】**李某是三项方法专利的专利权人，其三项施工方法专利分别是：“土体支护及其施工方法”、“建筑物基坑边坡支护的施工方法”、“挡土墙的成形方法”。××市海关的“业务技术综合楼”经政府有关机关批准开工建设。工程由案外人某建安公司中标承建。海关与建安公司签订有《建设工程施工合同》。综合楼的基坑支护工程由第三人设计。第三人与海关签订有《建设工程设计合同》，该合同就因“工程使用和准备采用设计人设备、技术、工艺、材料等”导致侵犯专利权的责任作出约定。第三人提交的基坑支护工程的设计方案，通过市建设行政主管机关组织的评审后，施工图纸由海关交给建安公司进行施工。上述设计和施工单位具有所属领域的技术资质。李某认为有关单位侵犯了其施工专利权，遂向法院提起诉讼，请求判令：1. 海关立即停止侵权行为；2. 海关支付专利使用费 20 万元；3. 海关赔偿本案的调查取证费用以及律师费 5 000 元；4. 海关承担本案的诉讼费用。

**【一审审理】**法院审理认为：《专利法》第 60 条规定，未经专利权人许可，实施其专利，即侵犯其专利权。所谓实施专利，根据《专利法》第 11 条规定，是指任何单位或者个人未经专利权人许可，不得为生产经营目的制造、使用、许诺销售、销售、进口其专利产品，或者使用其专利方法以及使用、许诺销售、销售、进口依照该专利方法直接获得的产品。按上述法律规定，认定侵犯方法专利应同时具备三项要件，即“未经专利权人许可”、“为生产经营目的”、“使用其专利方法”。其中，“使用他人专利”是指被控行为人直接将他人专利技术付诸实现的过程。由于在专利权侵权诉讼中，需要承担责任的是实施专利之人，不是采用了专利技术的“物”的所有人或使用人。因此，“使用专利”只能解释为“人”使用专利，不能解释成“物”（例如某项工程）使用专利。

本案中，国家批准涉案海关建设海关业务技术综合楼，目的是保障其更好地履行法定职责。海关建设业务技术综合楼不是进行工农业生产和从事商业活动，该海关的行为没有生产经营目的。另外，该海关作为国家行政机关，不能自行完成其业务技术综合楼的建筑，而是遵守国家规定，委托有该领域技术资质的单位进行设计和施工。在这一过程中，该海关委托第三人进行设计，并将第三人设计的图纸交给施工单位施工，该行为不具有“实施专利行为”所具有的法律特征。李某认为海关的行为侵犯其专利权，没有法律依据，其诉讼请求不予支持。受诉讼程序所限，在海关不构成侵权的情况，第三人是否应向李某承担责任，本案不作审理。

**【一审判决】**本案经一法院审判委员会讨论决定，判决如下：驳回李某的诉讼请求。案件受理费 5 585 元、证据保全申请费 500 元由李某承担。

**【二审辩诉】**李某不服原审判决，向上级法院提起上诉请求：1. 撤销一审法院的民事判决；2. 支持一审李某的全部诉讼请求；3. 由海关和勘察公司承担赔偿责任。理由如下：

1. 原审判决驳回李某诉讼请求的理由概括原审判决“本院认为”部分可知，原审判决驳回李某诉讼请求的理由如下：

（1）“使用他人专利是指被控行为人直接将他人专利技术付诸实现的过程”，海关作为建设单位没有直接实施和使用李某的专利；

（2）海关“委托第三人进行设计，并将第三人设计的图纸交接使用他人专利就不构成侵权；”现实生活中，侵犯专利权的情况是十分复杂的，并不以行为的直接和间接作为区别是否侵权的标准。

（3）所有建设单位均需“委托第三人进行设计，并将第三人设计的图纸交由施工单位施工”，并不只是海关才如此。事实上，建设单位作为建设工程的所有人，采用有上诉人专利技术的工程设计并将该设计交由施工单位施工，其行为即直接实施了上诉人的专利技术。

2. 建设单位作为工程的所有人，在工程建设中未经许可直接或间接使用他人的专利技术获取了不正当的利益（因实施专利技术而节省了建设费）。

3. 建设单位承担专利侵权赔偿责任已有生效判决建设单位承担专利侵权赔偿责任的一审判决，且得到省高院终审判决的支持，如××市中级人民法院判决的某房地产开发有限公司专利侵权案和某置业公司专利侵权案。中院一审的判决不应与已发生法律效力的判决相抵触。

4. 国家机关未经专利权人许可使用专利技术也构成侵权。《专利法》第11条第一款、第二款都明确规定："任何单位或者个人"未经专利权人许可，不得实施其专利；第12条也明确规定："任何单位或者个人"实施他人专利的，应当与专利权人订立书面实施许可合同，向专利权人支付专利使用费。上述规定并没有将国家机关实施他人专利的情况排除在外。《专利法》第69条明确规定了不视为侵犯专利权的五种行为，本案被上诉人所实施的行为并不包括在内。

5. 第三人应承担赔偿责任。（1）本案原审第三人是法院依职权追加的，勘察公司作为无独立请求权的第三人等同于被告的诉讼地位，法院实际上已作了审理；（2）法院追加第三人后，李某也明确请求第三人应承担侵权责任，原审法院审而不判是错误的；（3）海关与第三人签订的《建设工程设计合同》第8.12条规定，建设工程设计如发生侵权责任应由第三人承担；（4）第三人行为是独立的侵权行为，即使按原审判决的理由海关不侵权，因第三人既不是国家机关，又不是所谓间接侵权，其侵权责任无论如何也不能免除；（5）本市某房地产开发有限公司专利侵权案，法院判决建设单位和设计院同时承担责任。

第一被告海关答辩称：

1. 一审判决认定海关的行为不具有实施专利行为所具有的法律特征，具有事实和法律依据。李某在上诉状中将一般和个案中的建设单位替代海关，从而得出错误的结论。

2. 本案第三人是由海关申请追加后，由法院通知其参加诉讼，李某理解有偏差。李某认为的"第三人行为是独立的侵权行为"，假设第三人存在侵权行为，也与海关无关。

3. 海关与本案所涉及的专利侵权问题无关，海关综合楼的基坑支护工程的设计和施工也不存在侵害李某的专利权。

（1）海关综合楼是政府招标工程、资金来源由国家划拨，对基坑支护设计方案是由市建设局发文组织专家评审落实，海关没有参与基坑支护的设计与施工；

（2）本案所涉专利问题是施工过程中采用的施工方法，海关综合楼工程的施工方法的实施是承包给施工单位；

（3）海关综合楼基坑支护工程全都由第三人设计制作，其设计图纸版权归其所有，海关与设计人是建设工程设计合同关系。

第二被告勘察公司辩称：

1. 勘察公司依法不能作为被告。第三人勘察公司是一个具有独立法人资格的专门从事地基基础等方面施工的专业公司，它只具备施工的资质，没有设计资质，因此不能进行海关业务技术综合楼基坑支护工程的设计，也从未提出过有关设计文件。李某将勘察公司作为第三人起诉没有法律依据。

2. 对"海关业务技术综合楼基坑支护工程"的设计分析。根据对业务技术综合楼基坑支护工程设计图纸的分析，可以看出，其设计主要点都是按照有关标准规程、规范设计的。

3. 海关业务技术综合楼基坑支护工程设计没有侵犯涉案专利。

**【二审审理】**二审法院经审理查明：李某向原审法院提起本案诉讼后，海关向原审法院提出追加该市勘察测绘院为本案的共同被告。原审法院于第一次开庭时，通知勘察测绘院作为本案第三人出庭应诉。原审法院在第二次开庭时，勘察公司作为本案第三人出庭应诉，李某和海关均未对勘察公司的主体资格问题提出异议。原审法院追加勘察公司为本案第三人后，李某没有对勘察公司提出任何诉讼请求。在二审法院进行法庭调查的过程中，勘察公司称其与勘察测绘院均是独立的法人，勘察公司是勘察测绘院的下属公司。

二审法院认为：本案为发明专利侵权纠纷案件。根据一、二审查明的事实和李某原审的诉讼请求、二审的上诉请求，本案的争议焦点为：海关将其“业务技术综合楼基坑支护工程”发包给勘察测绘院进行设计，并由案外人建安公司实际施工，如果被控侵权的施工方法覆盖涉案专利的技术方案，海关是否构成侵权？应否承担相应的侵权责任？

根据《专利法》第 11 条第一款关于专利侵权的规定，即发明和实用新型专利权被授予后，除本法另有规定的以外，任何单位或者个人未经专利权人许可，都不得实施其专利，即不得为生产经营为目的的制造、使用、许诺销售、销售、进口其专利产品，或者使用其专利方法以及使用、许诺销售、销售、进口依照该专利方法直接获得的产品。

李某以海关在建设基坑支护工程中涉嫌使用其专利方法为由提起本案诉讼，理由是海关发包、勘察测绘院设计的技术方案与其专利方法相同，海关是实施涉案专利方法的直接受益者，应当承担相应的法律责任。对此，法院认为：海关在本案中并没有实施被控侵权的施工方法，直接实施被控侵权的施工方法是案外人建安公司。海关将其“业务技术综合楼基坑支护工程”发包给勘察测绘院设计并由案外人建安公司承建，此行为并不属于我国《专利法》第 11 条第一款规定中的“使用其专利方法以及使用、许诺销售、销售、进口依照该专利方法直接获得的产品”的情形。

涉案专利均是施工方法的专利，采用这些施工方法并没有使本案的施工对象（即海关业务技术综合楼）在物理、化学等方面产生任何实质性变化，而本案的施工对象也不宜看成是实施施工方法所直接获得的产品。而且，李某并无证据证明海关在发包的过程中，授意或指定设计单位勘察测绘院、施工单位建安公司使用涉嫌侵犯涉案专利权的技术方案。因此，勘察设计单位、施工单位是否存在侵犯涉案专利权的情况以及应当承担何种法律责任均与海关无关。故李某指控海关侵犯其专利权并承担相应法律责任的请求不能成立，法本院予以驳回。如前所述，海关无须承担专利侵权法律责任，是由于海关在本案中不存在实施专利方法的侵权行为，既不取决于海关作为国家行政机关的地位，也不取决于其行为不具备“以生产经营为目的”的要件。

至于原审第三人勘察公司的主体资格以及应否承担法律责任的问题，因李某在起诉时并未对勘察公司提出任何诉讼请求，也未对勘察公司的主体资格问题提出上诉请求，故法院不再对上述问题进行审查。

**【二审判决】**综上所述，原审判决认定事实清楚，判决所持理由虽然存在一些欠缺，但是案件的判决结果仍然正确，本院应予以纠正。本院依照《民事诉讼法》第153条第一款第（一）项之规定，判决如下：驳回上诉，维持原判。二审案件受理费5 585元，由上诉人李某负担，本判决为终审判决。

**【案例点评】**招投标活动中，招标人对发生的知识产权侵权行为，是否都需要承担责任，是否可以免责？这要作具体分析。招标人作为使用人，是否对侵权行为免责，取决于两个因素：一个看招标人对侵权行为是否存在过错；一个看是否存在法律规定无过错责任适用的情形。如果知识产权权利人能够证明，招标人存在过错或严格过错责任适用，具备两者中的任何一种情形，招标人也就应当承担相应的责任。

在7.1案例中，法院之所以判决招标人与施工单位共同承担侵犯专利的法律责任，是因为招标人将失标人的技术方案，交予施工承包单位予以实施。招标人显然存在过错，所以应承担赔偿责任。但本案7.2的情况则有所不同，招标人涉案工程的设计方案是委托勘察测绘院设计提供的，被告招标人已经将其“业务技术综合楼基坑支护工程”发包给勘察测绘院设计，并与勘察测绘院签订了《建设工程设计合同》，该合同就因“工程使用和准备采用设计人设备、技术、工艺、材料等”导致侵犯专利权的责任作出约定，并由第三人勘察测绘院提交的基坑支护工程的设计方案，由施工单位建安公司负责直接施工的。为此，如果被控侵权施工方法覆盖涉案专利的保护范围，侵权责任也应该由设计受托方勘察测绘院和施工单位承担法律责任，招标人海关对此并无责任。

另外，在本案的一审审理过程中，原告专利权人李某在认识上产生偏差（或另有对勘察测绘院进行独立诉讼之意），并没有将勘察测绘院作为被告进行诉讼，一审法院在提出追加勘察测绘院为本案的共同被告，原审法院第一次开庭时，通知勘察测绘院作为本案第三人出庭应诉，第二次开庭时，勘察公司却作为本案第三人出庭应诉，原告李某和招标人海关均未对勘察公司的主体资格问题提出异议，李某也没有对勘察公司提出任何诉讼请求。为此，法院最后判决驳回原告诉讼请求是符合有关法律规定的。

### 【案例7.3】招标人未尽审查义务，险遭专利侵权赔偿

**【案情摘要】**辽宁某高新技术公司是由中国与×国家科学院黑色冶金研究所、钛设计研究院合作成立，刘某是该公司创始人之一。公司成立之初，×方向中方转让了“××技术专利”，并以刘某的名义予以注册，国家知识产权局向刘某颁发了实用新型专利证书。

200×年，高新技术公司与某冶金设备研究所共同参加了某钢铁公司的基建技改项目设备招标。结果冶金设备研究所投标的“一钢2#转炉”设备中标。同年7月高新技术公司刘某在某钢铁公司了解到该台设备的结构后，他感到自己的专利技术被盗用了。同时了解到，该冶金设备研究所还向国内近10家钢铁厂出售了该项专利技术，认为该台设备侵犯了原告涉案专利权，于是高新技术公司刘某向人民法院提起诉讼，指称冶金设备研究所未经许可擅自销售原告拥有的专利技术。由于某钢铁公司没有审查所购买的设备技术是否

侵权而成为第二被告。

**【法庭辩诉】**原告高新技术公司刘某诉称，未经原告许可冶金设备研究所擅自销售原告拥有的专利技术，某钢铁公司没有审查所购买的设备技术，二被告的侵权行为，给原告造成了严重的经济损失，冶金设备研究所则因侵权而获得了不当利益。据估算，仅销售给某钢铁公司的一套设备，冶金设备研究所即非法获利人民币100万元。为维护原告的合法权益，原告请求人民法院依法查明事实并判令：1. 二被告立即停止侵犯原告所享有的“××设备”实用新型专利权的行为；2. 二被告赔偿原告经济损失人民币100万元；3. 二被告承担本案诉讼费用。

被告冶金设备研究所辩称：原告涉案实用新型专利权不具有新颖性，我所已向国家知识产权局专利复审委员会（以下简称专利复审委）提出宣告原告专利权无效的请求，请求法院中止本案的审理。我所生产的铁水喷纯镁脱硫技术设备的技术特征与原告专利技术特征不同，并未覆盖原告专利独立权利要求的全部必要技术特征。原告指控我所为某钢铁公司制造的设备侵犯其专利权，但原告所举证据不足，不能证明我所制造的设备构成侵权。原告认为我所为某钢铁公司制造的设备获利100万元，没有任何证据支持。故请求法院依法驳回原告的诉讼请求。

被告某钢铁公司辩称：我公司是通过招标的方式购买的涉案铁水喷纯镁脱硫技术设备，有合法的进货来源。我公司在购买该套设备时并不知道该套设备存在侵权的情况，故依照专利法有关规定，我公司不应承担赔偿责任。请求法院驳回原告的诉讼请求。

**【法院审理】**原告刘某对名称为“××设备”的实用新型专利享有专利权。该专利权现仍有效。任何单位或者个人未经专利权人许可，都不得实施其专利，即不得为生产经营目的制造、使用、许诺销售、销售、进口其专利产品。《专利法》第59条规定：发明或者实用新型专利权的保护范围以其权利要求的内容为准，说明书及附图可以用于解释权利要求。根据本院查明的事实，被控侵权铁水喷纯镁脱硫技术设备与涉案专利权利要求1的技术特征相比缺少了“立体式筛分器”和“铁水包盖”两项技术特征，没有落入原告的专利保护范围。原告主张虽然从产品照片上看不到该两产品部件，但是铁水包盖的作用是覆盖住铁水包内的铁水不外溅和卡住喷枪的；立体式筛分器的作用是控制给料器均匀持续精确给料的，都是必须要有的产品部件，但上述事实并非《最高人民法院关于民事诉讼证据的若干规定》中规定的无须举证证明的事实，故在原告没有充分证据予以证明的情况下，法院对原告的主张不予支持。

关于照片中的可开合的铁盖能否与铁水包盖等同替换，原告的证据也不足，法院对原告的主张亦不予支持。由于现有证据不能证明冶金设备研究院制造的、某钢铁公司使用的涉案被控侵权的铁水喷纯镁脱硫技术设备落入了原告专利保护范围，故法院对于原告主张二被告侵权不予支持。

**【法院判决】**法院根据《专利法》第2条第一款、第59条、《民事诉讼法》第64条第一款的规定，判决如下：驳回原告高新技术公司刘某的诉讼请求。案件受理费15 010元由原告承担。

**【案例点评】**本案有两个焦点问题，一是涉案产品是否落入了刘某专利的保护范围？另一个是如果专利侵权行为成立，招标人是否承担赔偿责任？

一、是否落入涉案专利范围？专利法中所谓的“权利要求”是指在专利申请时，权力人对要求保护其的技术方案的定义，是确定专利权保护范围的界定。《专利法》第59条第一款规定：“发明或者实用新型专利权的保护范围以其权利要求的内容为准，说明书及附图可以用于解释权利要求的内容。”第26条第四款规定，权利要求应当以说明书为依据，说明要求专利保护的范围。专利权的保护范围应当以权利要求书中明确记载的必要技术特征所确定的范围为准。

本案该专利权利要求1的内容为：一种单吹气化颗粒镁铁水脱硫设备，它包括计量给料器、带有气化室通道的耐火喷枪、输镁管路、铁水包盖，其特征在于在计量给料器的出口端设置转子计量给料器，在转子给料器的下方安装一个立体式筛分器，筛分器底部连接气包，输镁管路一端与气包相连，另一端与喷枪相连，喷枪穿过铁水包盖伸入铁水包内，惰性气体出口分两条管路，一路连接气包，另一路连接计量给料器。经法院当庭将原告拍摄的被控侵权的铁水喷纯镁脱硫技术设备与原告专利权利要求1进行了对比，结论为：在原告拍摄的照片中看不到被控侵权设备在转子给料器的下方安装有立体式筛分器，在铁水包上没有安装铁水包盖。为此，该案被控侵权铁水喷纯镁脱硫技术设备与涉案专利权利要求1的技术特征相比缺少了“立体式筛分器”和“铁水包盖”两项技术特征，没有落入原告的专利保护范围。因此，法院判定被告未有侵权。

二、如果专利侵权行为成立，招标人是否承担赔偿责任？本案揭示了政府采购活动中侵犯知识产权的瑕疵隐患风险。现今，不论是政府采购办公用品、药物，还是企业采购原材料、半成品抑或机电设备，招标投标都是应用的最广泛和最规范的采购方式之一。通过招标，采购方可以在众多竞标者中选定价格水平与产品性能均符合要求的供应商。但是，当前招投标市场面临着僧多粥少的局面，有些投标商或供应商为了达到中标目的，不惜侵犯他人知识产权进行投标，以增强标书的吸引力和企业的竞争优势，其一旦中标或进入实施阶段，产生的侵权纠纷将会给招标方带来很大的麻烦。当前，有相当一部分招标人（采购方）在关注供应商资质、投标报价、货物质量和售后服务等评标要素时，常常完全忽略或者没有严格审查所购货物的知识产权权利状态，结果导致各类有意或无意侵权行为的发生。这一方面是由于自身的知识产权保护意识薄弱，对采购货物潜在的知识产权权利瑕疵缺乏警觉；另一方面也是因为招投标流程中知识产权合法性审查环节的欠缺，以及招投标知识产权权利担保条款和采购方免责条款的疏漏。以至于不仅未将涉嫌侵权的产品拒之门外，反而因承担连带责任而付出巨大代价。本案如果专利侵权成立，那么，由于招标人（采购人）没有尽到应有的审查义务，将有可能被判承担连带责任。

## 7.2　招投标著作权侵权纠纷

### 【案例 7.4】招标人剽窃他人作品、三被告构成共同侵权

**【案情摘要】**200×年 1 月上海某房地产公司在无政府批文、招标资质和招标条件的情况下，即以美好家园定向招标的形式，向甲建筑设计公司、乙建筑设计公司、丙建筑设计公司发放了《××家园建筑设计招标书》。房地产公司经实地调研后，即要约邀请甲建筑设计公司为其开发的项目提供设计帮助，并正式向甲建筑设计公司发出《××家园（后更名为××××）建筑设计招标书》，并签署协议。协议约定：若甲建筑设计公司的设计方案被房地产公司采用，则需完成方案及初步设计的建筑部分，收费单价按 15 元/平方米计取。在得到房地产公司书面协议以及保证方案评审公平、公正、公开的承诺后，甲建筑设计公司决定投标。同年 3 月 25 日，甲建筑设计公司依房地产公司的要求，按时提交了投标文件（包括设计方案、设计说明书、设计模型、电子文件等），经房地产公司组织的评标委员会评审，甲建筑设计公司的方案设计名列第一。同年 5 月，房地产公司提出修改原投标前所签订的协议，仅委托甲建筑设计公司完成该项目方案设计的工作，经双方磋商后达成了 11 元/平方米的收费单价。事后，招标方房地产公司再无音讯。

甲建筑设计公司得知房地产公司已将该项目委托给未参加投标、招标活动的是丁建筑设计院设计，即函告房地产公司，“今后不得采用甲建筑设计公司的方案设计与构思，并按照招标书的约定，退还投标文件，支付投标补偿金 5 万元。”但房地产公司支付了 5 万元补偿金后，一直拒绝退还投标文件。

同年 8 月，甲建筑设计公司发现房地产公司对外宣传的××家园项目更名为“××××”。开展内部认购时，房地产公司印发的宣传资料（包括网页、售楼书、媒体广告等），抄袭、剽窃了甲建筑设计公司投标文件的内容。从规划到建筑单体，从推荐户型、表现图到文字说明，从设计要素、设计理念、规划布局、空间排列、组合到建筑平面等表现形式，与甲建筑设计公司的方案设计十分雷同。房地产公司不仅利用了甲建筑设计公司的方案设计成果，完成了规划行政主管部门的审批登记，而且将甲建筑设计公司的方案设计略作调整后，以自己的名义向社会公众大肆宣扬，并荣获多个奖项。

甲建筑设计公司认为，其独立创作的作品受法律保护。房地产公司、某土地开发公司（该项目原土地使用权人，后将其土地使用权转让给该房地产公司）未经许可，委托丁建筑设计院将甲建筑设计公司的方案设计与构思进行修改复制后，对外进行发表和发行，侵害了甲建筑设计公司的人身权和财产权，造成重大经济损失，请求法院判令房地产公司、土地开发公司、丁建筑设计院：1. 停止侵权、赔礼道歉、消除影响；2. 连带赔偿经济损失人民币 70 万元；3. 连带赔偿因制止侵权行为支出的费用 8 万元；4. 共同承担本案的案件受理费。

**【法院判决】**法院经合议庭评议，依照《著作权法》第3条第（一）、（七）款、第47条第（一）、（五）、（十一）款和《民事诉讼法》第128条的规定，判决如下：

1. 被告房地产公司、被告土地开发公司、被告丁建筑设计院于本判决生效之日起，立即停止对原告甲建筑设计公司享有著作权的××家园方案设计作品的侵害。

2. 被告房地产公司、被告土地开发公司、被告丁建筑设计院于本判决生效之日起十日内，在《中国知识产权报》上公开向原告甲建筑设计公司赔礼道歉，消除影响（内容须经本院审查，逾期不履行，本院将在该报上公开结果，费用由三被告共同负担）。

3. 被告房地产公司、被告土地开发公司于本判决生效之日起10日内，赔偿因侵害原告甲建筑设计公司享有著作权的××家园方案设计作品造成的经济损失54 000元。

4. 被告丁建筑设计院于本判决生效之日起十日内，赔偿因侵害原告甲建筑设计公司享有著作权的××家园方案设计作品造成的经济损失 30 万元，被告房地产公司、土地开发公司对此承担连带赔偿责任。

5. 被告房地产公司、土地开发公司、丁建筑设计院于本判决生效之日起十日内，连带赔偿原告甲建筑设计公司因支出的合理费用37 575元（含律师费30 000元）。

本案受理费12 810元，因鉴定而发生的实际费用5 380元。两项合计18 190元，被告房地产公司负担10 504元，被告土地开发公司、被告丁建筑设计院各负担3 843元。

**【案例点评】**这是一起招标人未经权利人许可，使用投标人设计方案和建筑设计院抄袭、剽窃投标人方案设计的双重侵权行为案件。归纳本案争议的焦点是：一是原告甲建筑设计公司为被告房地产公司提供的方案设计与构思是否属我国《著作权法》保护的范围；二是被告房地产公司是否有权使用原告甲建筑设计公司的作品；对其使用行为被告土地开发公司是否要承担侵权责任；三是被告丁建筑设计院设计的蓝色天际，是否抄袭、剽窃了原告甲建筑设计公司的作品。

一、关于甲建筑设计公司为被告房地产公司提供的方案设计与构思是否属我国《著作权法》保护的范围问题。依据法律规定，公民、法人创作的作品依法受《著作权法》的保护。按照《著作权法实施条例》第2条的规定：著作权法所称的作品，是指文学、艺术和科学领域内具有独创性并能以某种有形形式复制的智力成果。原告深圳立方设计公司为被告美华公司提供的方案设计与构思，按照《著作权法》第3条第（一）项和第（七）项的规定，该方案设计有一定的客观表现形式，具有独创性，系以文字、线条、色彩及造型综合表现原告甲建筑设计公司一定思想、内容的作品，属于我国《著作权法》保护的范围。原告甲建筑设计公司对该作品享有著作权。被告丁建筑设计院辩称，原告甲建筑设计公司提交的美好家园投标方案设计与构思，不能直接为建筑施工者所使用，不属于我国《著作权法》第3条第（七）项规定的保护范围，其抗辩理由是不能成立的。

二、关于被告房地产公司是否有权使用原告甲建筑设计公司作品的问题。被告房地产公司的《××家园建筑设计招标书》，是希望他人与该公司订立合同的意识表示，按照《合同法》第 15 条的规定，招标书是一种要约邀请行为，该招标书对双方当事人不具有约束力。因此，被告房地产公司不能因为《××家园建筑设计招标书》第9.2条有“对所有投标文件中的内容，招标单位在支付了咨询服务费后，有选择使用的权利”的内容，而擅自使用原告甲建筑设计公司的设计作品。即使按照被告房地产公司的说法，招标书具有许可使用合同性质，被告房地产公司也不得擅自使用原告甲建筑设计公司的设计作品。因为《著作权法》第27条明确规定：“许可使用合同和转让合同中，著作权人未明确许可、转让的权利，未经著作权人同意，另一方当事人不得行使。”我们姑且把招标书第9.2条的内容看成是具有许可使用的合同性质，因该条款中并没有明确许可使用著作权的哪些权利，根据上述法律规定，被告房地产公司不能以招标书的第9.2条为依据而使用原告甲建筑设计公司的作品。其辩称的支付了5万元咨询补偿费，就有权选择使用其作品的抗辩理由不能成立。故被告房地产公司未经原告甲建筑设计公司的许可，无权对其作品进行无偿使用。被告房地产公司在网页宣传、户外广告、售楼书上使用了原告甲建筑设计公司方案设计中的三幅表现图，侵犯了原告甲建筑设计公司作品的署名权、获得报酬权、保护作品完整权，应承担侵权民事责任。

至于被告土地开发公司对被告房地产公司的上述侵权行为是否构成共同侵权的问题。法院认为，被告房地产公司使用作品用于宣传及广告销售的楼盘指向，就是被告土地开发公司确认的由其独立开发的房地产项目，被告房地产公司也在广告宣传画上署名称其为开发商，显然两被告之间在涉案房地产项目上存在经济利益关系。至于是何种经济关系，因两被告不能提供翔实的证据予以证明，法院在本案中未作审理和确认。两被告提供的土地变更手续，是在实施侵权行为之后，与本案并无关联。从现有证据和当事人自认事实表明，被告房地产公司是使用原告设计作品行为的实施者，被告雅苑公司是该使用作品的行为的实际受益者，故两被告应共同承担侵权赔偿责任。

三、关于被告建筑设计院设计的涉案项目是否抄袭、剽窃了原告甲建筑设计公司的内容的问题。被告丁建筑设计院主张涉案项目是自己独立创作完成的设计方案，与原告甲建筑设计公司的设计无关联。法院认为，是否抄袭、剽窃了他人的作品，要将权利人作品与被控侵权作品进行对比，才能得出结论。在本案的审理过程中，被告丁建筑设计院始终不向本院提供其独立设计完成的作品，致使合议庭无法对作品进行对比，也就无法评判被告丁建筑设计院设计的涉案项目是否是自己独立创作完成的。

根据最高人民法院《关于民事诉讼证据的若干规定》（法释[2001]33号）第75条的规定，有证据证明一方当事人持有证据无正当理由拒不提供，如果对方当事人主张该证据的内容不利于证据持有人，可以推定该主张成立。从本案三被告的抗辩理由和涉案项目已实际通过行政审批并施工完成的事实，可以证明被告丁建筑设计院持有其对涉案项目的方案设计图纸，而拒不向法院提供。法院曾依原告甲建筑设计公司两次到市规划土地管理信息中心调取存档资料未果。原告甲建筑设计公司主张涉案项目的方案设计就是用的原告甲建筑设计公司投票文件中的方案设计。并且，对比涉案项目已建成的楼盘，在空间结构上与原告甲建筑设计公司的设计方案完全相同，且被告丁建筑设计院在其单位内展示的该项目效果图与原告方案设计中的图片相同。合议庭依据上述证据规则的有关规定，结合被告实际实施的方案，推定被告丁建筑设计院设计的涉案项目的方案设计，抄袭、剽窃了原告对涉案项目的方案设计，侵犯了原告作品的署名权、保护作品完整权，应承担侵权赔偿责任。原告甲建筑设计公司投标设计文件是提交给被告房地产公司的，被告丁建筑设计院又是受被告土地开发公司委托设计的，三被告之间对抄袭、剽窃行为有不可分割的关系，故被告房地产公司、被告土地开发公司对被告建筑设计院抄袭、剽窃原告的设计方案的侵权行为承担共同赔偿责任。原告要求被告房地产公司、被告土地开发公司、被告丁建筑设计院停止侵权、消除影响、赔礼道歉、共同承担民事侵权赔偿责任的理由成立。

四、关于赔偿额的问题，原告甲建筑设计公司要求三被告连带赔偿经济损失 70 万元，但因本案中实施侵权行为有两个：一是被告房地产公司、被告土地开发公司未经许可，使用原告的方案设计中的表现图侵权行为；二是被告丁建筑设计院抄袭、剽窃原告的方案设计的问题。法院认为，对于第一个侵权行为，直接侵权人系被告房地产公司及被告土地开发公司，与被告丁建筑设计院无关联。原告要求丁建筑设计公司承担连带赔偿责任，法院不予支持。法院只能依照最高人民法院《关于审理著作权民事纠纷案件适用法律若干问题的解释》（法释[2002]31 号）第 25 条第一款的规定，综合考虑侵权人的侵权持续时间、范围、复制数量、使用次数及主观恶意程度等因素，酌定赔偿 54 000 元。对于第二个侵权行为，系被告房地产公司、土地开发公司和被告丁建筑设计院共同实施。原告及三被告均未提供其赔偿依据，法院只能依据侵权的主观恶意程度，参照同类行业的收费标准和本案所在省律师收费指导价标准，并考虑原告未完成最后的修订工作等因素，酌定三被告赔偿原告经济损失 30 万元和支出的合理费用 37 575 元。

**【案例 7.5】设置联合投标陷阱，雕塑失权获赔偿**

**【案情摘要】**200×年 4 月，通过某雕刻公司的介绍，某大学美术学院王某和另两位雕塑家朱某、范某按照某市引水入市办公室《招标文件》的要求，创作设计了 12 个方案送交引水办，填写了作品、作者登记表，参加雕塑创作设计方案投标。经过一审评选，王某为引水工程畔公园设计的浮雕方案被选中。在此基础上，王某按照引水办的要求为该公园做出了主雕和两侧浮雕综合配套的创作设计方案，并被引水办采纳。7 月，根据《招标文件》的要求，王某为公园主、侧浮雕方案设计制作立体模型。其间，雕刻公司的杨某来电话转告，公园雕塑项目被定为一期重点工程，要在国庆节前建成，并称二审评选要的立体稿可以不做了。同时，雕刻公司的杨某又派人取走局部模型。这些说法和举动令王某对公园主、浮雕施工的艺术质量感到担忧，7 月 14 日王某写了《关于主、浮雕艺术质量的几点意见》，用传真发给引水办。此后，王某继续制作立体模型等待引水办与其商定公园雕塑工程实施方案和签订合同，而引水办一直没有做出回应。国庆节过后，王某得知公园的雕塑工程已经建成，使用的正是她的作品。

王某认为引水办的行为严重侵犯了其著作权，请求引水办向其赔礼道歉并支付其创作设计费 20 万元，赔偿经济及精神损失费 10 万元，并承担本案诉讼费用。法院审理过程中，原告王某申请追加雕刻公司为共同被告，认为雕刻公司与引水办共同实施了侵权行为，请求判令雕刻公司承担连带责任。

**【一审辩诉】**引水办辩称：王某在诉状中承认是与另两个雕塑家一同创作，中标作品应为合作作品，王某的诉讼请求超出了其权利范围。即使王某享有著作权，引水办也不存在侵权行为。王某没有购买标书，也没有以自己的名义投标，而是自愿与雕塑公司达成协议，与雕塑公司一起并以雕刻公司的名义投标，王某与雕刻公司是委托关系。引水办依据招标文件以及与雕刻公司的合同获取该雕塑作品，并已按合同规定支付了包括著作财产权在内的各种费用，故使用该作品合法。请求驳回王某的诉讼请求。

雕刻公司辩称，雕刻公司与王某之间有协议并已履行，王某的设计费雕刻公司已支付，而且本案是王某诉引水办侵犯著作权，与雕刻公司无关。

一审法院查明：公园的主、浮雕设计方案为王某一人所作，王某是本案诉讼所涉雕塑的创作者，享有著作权。王某向引水办出具证明："贵部引水工程，需美化环境设计制作雕塑，本人愿与雕刻石材有限公司合作，完成此项工程。"王某、范某、朱某三位雕塑家与雕刻公司签订"关于公园工程雕塑方案与加工制作的协议书"约定，雕刻公司邀请王某等三个雕塑家共同合作并联合组成××河雕塑设计投标小组，达成各项合作规则。王某等三人根据雕刻公司在投标抽签活动中抽到的四个雕塑点的有关要求（见标书），经过集中紧张的设计工作，推出了十二个设计方案。凡被正式选中要进行施工的作品，雕刻公司拥有整个工程的承揽权，如有特殊情况，王某等三人必须充分支持雕刻公司享有这一优先权。

调查中发现，引水办（甲方）与雕刻公司（乙方）签订协议书，其中载明，"经公开招标，引水入市改善环境工程××公园主题雕塑、浮雕设计中标方案为乙方合作者的《××仙子》、《××文化》。鉴于乙方与合作者的协议及其委托书，该工程的施工制作由乙方承担。"在该协议书第 4 条"造价及工程款的支付"中第一项约定，"本工程造价为人民币一百五十万元整（包括设计费、监制费及制作、安装费），采取大包形式，即包工包料，由乙方总包，并由乙方向设计者支付设计费、监制费"。引水办已向雕刻公司支付工程款 130 万元，余款×××市中级人民法院已通知其停止支付。

在本案一审中，雕刻公司给引水办去函，说明雕刻公司与王某是委托与被委托关系，王某与引水办毫无关系，要求引水办不要因此而停止对雕刻公司拨款。同日，雕刻公司向引水办出具"与三设计人认识合作过程"的书面材料，向引水办说明雕塑公司与王某是委托关系，雕塑公司已支付王某设计费等费用 10.3 万元。雕刻公司提供王某给雕塑公司的收条两张，其中一张写明"今收到×××市雕塑工程设计补助费壹万伍仟元整"，另一张写明"今收到星光灿烂小样费伍仟元整"。王某对两张收条的真实性无异议，但只承认领过 1.5 万元设计补助费，对其他款项予以否认，并称"星光灿烂"小样的 5 000 元费用与本案无关。雕塑公司未能提供其他证据证明其向王某支付过相关费用。在庭审中，雕刻公司承认，仍欠王某的设计费，与王某协商过，但未达成一致意见。

中国美术家协会曾出具证明，证明“中央美院、工艺美院收艺术工程（雕塑、壁画等）费 20%～50%的稿费设计费”、中国工艺美术学会雕塑专业委员会界时制定的《雕塑艺术工程创意方案与设计费收费标准（暂行）》第 5 条规定：“创意方案一经委托方确认，并作为中标方案后，即视为进入实施设计阶段。注册雕塑艺术家即可按工程制作费的百分比收取费用”，工程制作费在 100 万～150 万元的收费率为 20%～17%；工程制作费在 150 万～200 万元的收费率为 17%～15%。北京城市雕塑建设管理办公室、中央美术学院雕塑系、清华大学美术学院雕塑系、西安美术学院雕塑系均出具证明，认为王某的设计费可参照上述标准计算。王某要求引水办、雕刻公司赔偿经济及精神损失费 10 万元，但对损失数额的计算未提交证据。

**【法庭审理】**原审法院认为，王某是该公园主、浮雕的设计者，享有著作权，应依法予以保护。王某在设计方案投标前，向引水办出具与雕刻公司合作完成此项工程的证明，并与雕刻公司签订合作协议，约定设计方案的著作权归王某，如果设计方案被选上，雕刻公司享有全部工程的承揽权。引水办正是基于上述证据，在设计方案被选中以后，与雕刻公司签订施工协议书，约定雕刻公司采取打包的形式，设计费由雕刻公司支付给王某。在设计方案投标过程中，王某和雕刻公司是合作关系，并以雕刻公司的名义投标，引水办使用王某的设计方案属于合法使用，且已向雕刻公司支付了绝大部分的工程款，因此王某的设计费应由雕刻公司支付，对王某要求引水办支付设计费的请求，不予支持。雕刻公司使用王某的作品虽已经过王某认可，但仅向王某支付部分报酬的行为，侵犯了王某的著作权。王某要求雕刻公司支付设计费的请求，应予以支持。

对于设计费的数额，王某与雕刻公司的协议和引水办雕刻公司与其的协议书中都没有明确的约定。中国工艺美术学会雕塑专业委员会根据行业内多年的经验制定的《雕塑艺术工程创意方案与设计费收费标准（暂行）》，可以作为本案所涉设计费的参考。雕刻公司称已给王某设计费等费用 10.3 万元，王某只承认给了 1.5 万元设计补助费，雕刻公司又未能提交其他相关证据，故对其他款项不予确认。设计费以外的经济损失和精神损失赔偿数额，王某未能提供依据，对王某要求引水办与雕刻公司赔偿损失 10 万元的请求不予支持。

**【法院判决】**依照《民法通则》第 94 条、《著作权法》第 10 条、第 47 条第（七）项、第 48 条的规定，判决：1. 自本判决生效之日起十日内，雕刻公司支付原告王某设计费 20 万元；2. 驳回王某其他诉讼请求，案件受理费 7 010 元由雕刻公司承担。

**【二审辩诉】**原告王某、雕刻公司不服中级人民法院上述判决，向上级法院提出上诉，王某上诉称：

1. 原审判决认定引水办使用王某的设计方案属于合法使用，没有任何法律依据。雕刻公司不是公园雕塑作品的作者，不享有著作权，引水办与不享有著作权的雕刻公司签订包括著作权内容的合同是违法行为，把引水办与雕刻公司的合同作为认定引水办对王某设计方案属于合法使用的依据是错误的。

王某为公园创作设计的雕塑作品尚未发表，是新的作品，只要引水办不与王某签订作品著作权许可使用合同，就必然违反《著作权法》的一系列规定，侵犯王某对其作品享有的发表权、署名权、修改权、保护作品完整权、使用权和获得报酬权。

2. 原审判决认定在设计方案投标过程中王某和雕刻公司是合作关系，并以雕刻公司的名义投标是错误的。引水办的招标是对雕塑作品的设计招标，根据《招标投标法》第31条的规定，投标联合体的组成成员都应具备参与投标的相应资格，雕刻公司是石刻加工单位，根本没有从事雕塑创作设计的资格和能力，不可能和雕塑家王某组成共同投标的联合体。

3. 原审判决依据《著作权法》第47条第（七）项判决本案属适用法律错误。本案中没有“制作、出售假冒他人署名的美术作品的”行为发生。请求二审法院支持原起诉书中提出的所有诉讼请求。庭审中王某称，雕刻公司未侵犯其著作权，而是侵犯了其名誉权，并要求雕刻公司承担赔偿责任。

雕刻公司上诉辩称：

1. 原审将雕刻公司作为共同被告追加到王某诉引水办著作权侵权一案中的程序违法。追加雕刻公司为本案被告的前提应是雕刻公司与引水办共同侵犯王某著作权，原审判决已认定引水办未侵犯王某的著作权，也就不存在雕刻公司与引水办共同侵权，故雕刻公司不应参加本案审理。如王某认为雕刻公司侵犯其著作权或构成违约应另行起诉。

2. 其实已被原审判决认定，雕刻公司并未侵犯王某的著作权。原审判决认定雕刻公司未全额支付王某设计费是对王某的侵权，这是对法律的曲解。即便雕刻公司未全额支付王某设计费，也只构成违约，与王某所诉的侵权行为是两个完全不同的法律关系。雕刻公司与王某的纠纷是合同纠纷，而不是侵权纠纷，不应在本案中合并审理。

3. 原审判决根据中国工艺美术学会雕塑专业委员会制定的《雕塑艺术工程创意方案与设计费收费标准（暂行）》判令雕刻公司支付王某20万元设计费于法无据。中国工艺美术学会作为社会团体，无权制定收费标准；并且该收费标准未经政府物价部门批准，不能作为确定本案合同价款的依据。原审判决依此判处，显属错误。请求撤销原审判决，依法改判。

雕刻公司答辩称，既然二审中王某已明确表示雕刻公司未侵犯其著作权，雕刻公司在本案中不应再承担法律责任。

针对王某的上诉，引水办答辩称：

1. 王某不是投标人，其是以加入雕刻公司的形式参与雕塑设计的，雕刻公司才是投标人。本案的事实是，引水办向社会发布了××河沿线主题雕塑设计招标公告，雕刻公司参加了招标报名及资格预审，并在报名资格预审过程中通知王某及范某、朱某向引水办出具同意与雕刻公司合作的函件。其后雕刻公司购买了标书，参加了竞标抽签，并按照招标文件向答辩人提交了设计稿。王某没有参加报名，没有购买标书，没有参加抽签，没有向引水办提交投标文件，不享有中标人的权利，不能以自己的名义进行雕塑的加工、制作、安装。

2. 雕塑的著作权一般分为三部分，一是设计者设计的雕塑图稿（平面图）的著作权，二是雕刻者制作的雕刻小样的著作权，三是雕塑完成后的著作权。本案中王某只是进行了图稿设计，在其后的雕刻过程中，有雕刻公司雕刻工匠的独创性劳动，雕刻公司（或雕刻工匠）也对雕塑享有著作权。

3. 是雕刻公司而非引水办使用了王某的作品。雕刻公司与王某合作，目的在于使用王某的作品。雕刻公司按照招标文件的要求将雕塑设计稿投标参加设计评审，目的在于中标后对雕塑的加工、制作。从雕塑的目的及实际使用看，王某图稿的使用人是雕刻公司。

4. 雕刻公司使用设计图稿完全合法。雕刻公司与王某签订了关于使用设计图稿及雕塑小样的协议，双方协议书的第 1 条是关于设计图稿使用问题，第 3 条是关于作品的制作放大问题，第 4 条是许可雕刻公司使用图稿及小样的加工制作问题（即协议中所写的“整个工程的承揽权”）。协议书就是确定双方权利义务的许可使用合同。

5. 在招标过程中，王某是依附于雕刻公司而出现的，不具有独立的身份，在法律关系上始终是以雕刻公司为主体。《招标须知》第 6 条写明：“设计方案确定后，将由业主及中标单位另行商定加工制作。”因为雕塑艺术创作的过程性、材质的不确定性，使得设计费只能包含在雕塑工程造价中。至于王某如何与雕刻公司商定与引水办无关。

6.引水办未侵权，不应承担任何赔偿责任。王某请求支付的侵权赔偿、精神损失费毫无道理，主张的设计费数额缺乏法律依据，不符合《著作权法》第 28 条的规定。综上，王某与引水办不存在直接的法律关系，引水办享有雕塑所有权，有权放置展览，不构成对王某著作权的侵犯。请求维持原审对引水办作出的判决。

**【二审审理】**二审法院认为，本案当事人争议的主要问题有：一是引水办对王某的作品是否是合法使用？二是雕刻公司在本案中是否应当承担法律责任？三是王某所要求的赔偿数额是否合理？

1. 关于引水办对王某作品是否是合法使用的问题。引水办的招标文件明确显示其招标是对雕塑作品的设计招标，招标的目的就是为了获得优秀雕塑作品的使用权，引水办称其不是招标方案使用人的说法不能成立。根据城市雕塑行业惯例，设计人的作品中标后，招标人要与作品作者签订著作权许可使用合同，约定设计费标准，拟订实施计划、材质规格标准、技术要求、工期计划等，并由设计人及业主共同选定施工单位，设计人要参与作品的泥塑放大及特种材质的翻制定型，在雕刻企业对最终定型雕塑作品进行雕刻复制时进行指导和监制，在雕刻制作完成后设计人要现场进行总体指导，及时解决雕塑安置是否符合标准、朝向、主视面，垂直与倾斜等问题。因此，业主与中标单位另行商定加工制作是城市雕塑设计招标的惯例，也是城市雕塑设计招标的应有内容，引水办依据《投标须知》中有“设计方案确定后将由业主及中标单位另行商定加工制作”的内容，称招标是对雕塑设计、制作的整体招标，其同雕刻公司是买卖雕塑成品的关系，理由不能成立。

王某等三人与雕塑公司在协议书中约定“凡被正式选中、要进行施工的作品，甲方（雕刻公司）拥有整个工程的承揽权，如有特殊情况，乙方（王某等三人）必须充分支持甲方享有这一优先权”，除表明王某等三人在作品中标后负有义务支持、帮助雕刻公司从引水办获得雕塑工程制作的承揽权以外，并无任何其他意义，因为只有作为招标人的引水办才有权决定谁承揽这项工程的制作，雕刻公司是从引水办获得的工程承揽权，而非从王某处获得；是通过与引水办签订协议获得，而非通过招标获得。范某代王某给引水办发的传真中，仅写明王某愿与雕刻公司合作完成设计制作雕塑工程；王某等三人与雕刻公司的协议书中，则明确写明了合作的内容，即双方联合组成公园工程雕塑设计投标小组，并约定了其他一些权利义务关系。以上两份证据中均没有王某等三人接受雕刻公司委托进行设计的内容。

引水办在庭审中称：“王某等三人与雕刻公司的协议书中有约定，无论是否中标雕刻公司都要付给王某等三人设计补助费2万元，因此，雕刻公司与王某等三人是委托设计关系。”虽然雕刻公司在与王某等三人签订的协议中有上述约定，但已明确说明该费用并非设计稿费，未约定王某教三人是接受雕刻公司的委托进行设计，也未约定雕刻公司对王某等三人的作品有使用权，而仅仅是约定王某等三人在作品中标后应支持雕刻公司获得该工程制作的承揽权。因此，雕刻公司支付的2万元设计补助费是为获得王某等三人对雕刻公司承揽中标作品制作工程的支持而支付的对价，而非获得作品使用权的对价。雕刻公司支付2万元设计补助费的事实，并不能说明雕刻公司与王某等三人是委托设计关系。朱某的证人证言也证明了王某等三人与雕刻公司不是委托关系，而是平等联合的投标主体。从客观情况分析，如果雕刻公司与王某等三人是委托设计关系，双方也就没有必要再组成联合投标小组。

本案中雕刻公司并未参与雕塑的创作设计，王某等三人与雕刻公司组成联合投标小组，并不违反法律和行政法规的强制性规定，因此该约定是有效的。尽管该约定有效，但并不意味着雕刻公司获得了对作品的使用权。在没有王某等三人授权许可的情况下，即使雕刻公司购买了标书，也无权拿王某等三人的作品以自己的名义去投标。引水办在明知王某等三人与雕刻公司约定组成联合投标小组投标、作品著作权归王某等三人享有、没有任何证据证明雕刻公司已得到王某等三人授权许可的情况下，认为是雕刻公司自己投标，显属对事实认识错误。雕刻公司和王某、范某、朱某三人的约定是明确的，而且双方均参与了投标活动，因此，雕刻公司和王某等三人在投标过程中的行为应认定为联合投标的行为。

城市雕塑作为一种立体作品，有其特殊性。它的完成通常要经过总体构思、绘制平面稿图、立体效果图、设计立体泥塑稿、翻制特种材料制成的小立体模型、按实际需要的尺寸对立体模型进行泥塑放大并翻制成特种材料制成的定型作品等一系列过程，最后再由施工单位按设定的材质规格和技术进行复制。从构思成图到完成定型作品的整个过程中，每一阶段都有设计者对作品深化、修改、完善和再创作的成分，每一阶段都产生设计者新的作品，后一阶段作品是对前一阶段作品的完善和深化，设计者对每一个阶段的作品都享有著作权。

王某根据引水办的招标文件和王某等三人与雕刻公司签订的协议书，为投标先后绘制了两个浮雕和中心主雕的平面稿图、立体效果图，并根据招标文件的要求制作了立体雕塑小样，王某对其设计的平面稿图、立体效果图、立体雕塑小样均享有著作权，依法应予保护。

根据招标文件和王某等三人与雕刻公司签订的协议书，王某应向引水办交付全部立体小样，亦即王某同意引水办使用的作品是立体雕塑小样，并有权参与立体雕塑小样的放大制作，以保护作品的艺术质量。王某已交付的平面稿图、立体效果图作为一种初步的平面设计图稿，只是王某为最终完成立体雕塑作品而设计的一个阶段性作品，是一个尚有待于不断完善和深化的作品。作为招投标过程中的必要环节，王某交付平面稿图、立体效果图，目的只是为了参与评审，初步展现自己的构思和设计能力，为下一步立体作品被使用做必要准备，而并非要发表平面图（平面稿图、立体效果图）作品，其同意发表的作品是招标文件要求其提交的立体雕塑小样。引水办在王某只交付了局部立体模型（主雕人物两个，浮雕局部一件）、未取得作者王某同意的情况下，即与雕刻公司签协议书，让雕刻公司依平面图制作雕塑，并将制成的雕塑置于该公园，而且雕塑未标明作者王某的姓名，在内容上对原平面图作品做了较多的增删及改变，有的内容变更足以导致给王某本人带来较低的社会评价，其行为侵犯了王某对其平面图作品享有的发表权、使用权、署名权、修改权和保护作品完整权。根据《著作权法》第 47 条的规定，王某有权要求引水办赔偿损失、赔礼道歉。

2. 关于雕刻公司在本案中应否承担法律责任的问题。雕刻公司明知引水办在未取得王某授权的情况下，让其对王某的平面图进行立体复制，其不但未提异议，反而向王某隐瞒真相，在自己也未得到授权的情况下，积极从事这一行为，并且在制作雕塑过程中对王某的作品作了内容和形式的较大改动，对引水办的侵权行为起到了积极的协助作用，过错是明显的。但鉴于王某二审庭审中提出雕刻公司不侵犯其著作权，应视为王某放弃了对雕塑公司侵犯其著作权法律责任的追究。王某二审中称：雕刻公司修改其作品导致其所受社会评价降低，构成了对其名誉权的侵害，请求雕刻公司承担赔偿责任。王某在原审中并未针对雕刻公司提出这一诉讼请求，根据最高人民法院《关于适用〈中华人民共和国民事诉讼法〉若干问题的意见》第 184 条的规定，对王某在二审中针对雕刻公司新增加的这一诉讼请求不予审理，王某可另行起诉。因此，雕刻公司在本案中不再承担法律责任。基于这一情况，对雕刻公司的上诉请求已无考虑之必要。

3. 关于王某所要求的赔偿数额是否合理的问题。王某要求引水办赔偿的数额包括设计费损失、精神损害赔偿、为制止侵权而支付的合理费用几个部分。关于设计费损失部分，引水办在使用了王某的平面图作品之后，未向王某支付任何报酬，而是将大部分工程款支付给了雕刻公司，并与雕刻公司约定由雕刻公司向王某支付设计费用，而王某并未授权雕刻公司代其从引水办收取报酬，因此在雕刻公司未向王某支付费用的情况下，王某请求引水办赔偿设计费损失是正当的。

（1）关于设计费损失的数额，中国工艺美术学会雕塑专业委员会的《雕塑艺术工程创意方案与设计费收费标准（暂行）》，北京城市雕塑建设管理办公室“关于城市雕塑设计取费的说明”，中国美术家协会、中央美术学院雕塑系、清华大学美术学院雕塑系、西安美术学院雕塑系的证明，能够反映雕塑行业设计取费的标准，应予认定。根据上述证据，王某的设计费按工程造价的20%取费是合理的。该工程设计的造价为 150 万元，王某的设计费参照上述标准计算应为 30 万元。考虑到王某在立体雕塑小样完成后，由于引水办和雕刻公司的原因未参加后期工作，应适当减少设计费数额。雕塑设计作为一种智力活动，其最主要的价值体现在由构思到成图这一过程中，本案中王某已完成了这一阶段的工作，因此王某主张按 20 万元的数额计算自己的设计费损失是合理的，应予支持。

（2）关于王某请求引水办赔偿其精神损失的问题，鉴于引水办的行为已侵害了王某的保护作品完整权，足以导致王某所受的社会评价降低，而且，王某尽管很想在自己的作品上署名，却由于上述原因不敢再要求署名，而这样一个作品将长期置放于一个大城市的主要景区里，这些事实对王某这样一个雕塑家来说，给其带来的精神损害后果无疑是严重的，本院酌情确定引水办赔偿王某精神损失 4 000 元。

（3）关于王某请求引水办赔偿其为制止侵权支付的合理费用问题，依据修订后的《著作权法》第 49 条、最高人民法院《关于审理著作权民事纠纷案件适用法律若干问题的解释》第 26 条、第 27 条的规定，王某请求引水办赔偿其支付的 10 000 元律师费，应予支持；王某请求引水办赔偿其支付律师的代理费 2 000 元，没有法律依据，不予支持；王某请求引水办赔偿其支出的交通费和食宿费 4 104 元，因原审中第二次开庭是由王某追加雕塑公司为被告引起，本院第二次开庭是由王某提供新的证据引起，且王某明确表示此费用中有其本人和诉讼代理人以外其他人员支出的费用，本院酌情确定王某在这一部分的合理支出费用为 1 000 元，引水办应予赔偿。

**【二审判决】**综上所述，原审判决部分事实认定有误，适用法律不当，应依法予以改判。依据《著作权法》第 47 条第（一）项、第（四）项、第（十一）项、《著作权法》第 49 条第一款，最高人民法院《关于审理著作权民事纠纷案件适用法律若干问题的解释》第 26 条、第 27 条，《中华人民共和国民事诉讼法》第 153 条第（二）项、第（三）项之规定，判决如下：

1. 撤销原审法院的民事判决；2.引水办自判决生效之日起 15 日内向王某赔偿经济损失，包括为制止侵权支付的合理费用共计 211 000 元，赔偿精神损失 4 000 元；3.引水入办自判决生效之日起 90 日内在《雕塑》杂志或其他专业性期刊上就侵犯王某著作权的行为向王某公开赔礼道歉，道歉的内容需经法院审核。逾期不履行，法院将公布判决主要内容，费用由市引水入市工程指挥办公室负担；4.驳回王某的其他诉讼请求。一审案件受理费 7 010 元，由引水入办公负担 5 000 元，王某负担 2 010 元；二审案件受理费 7 010 元，由引水办公负担 5 000 元，王某负担 2 010 元。本判决为终审判决。

**【案例点评】**本案是一起利用联合投标方式，侵犯他人雕塑权侵权案件，值得我们深思和警惕。通过法院对本案的审理判决，对当事人是否有以下几点启示：

一、要加强对雕塑权利的保护。雕塑属于美术的范畴，是一种造型艺术。又称雕刻，是雕、刻、塑三种创制方法的总称。指用各种可塑材料（如石膏、树脂、黏土等）或可雕、可刻的硬质材料（如木材、石头、金属、玉块、玛瑙、铝、玻璃钢、砂岩、铜等），创造出具有一定空间的可视、可触的艺术形象，借以反映社会生活、表达艺术家的审美感受、审美情感、审美理想的艺术。雕、刻通过减少可雕性物质材料，塑则通过堆增可塑物质性材料来达到艺术创造的目的。由于雕塑作品的特性，比较容易被仿冒，给其著作权的保护带来一定的难度，包括著作权权属的证明、侵权损害赔偿等。从本案来看，原告陷入联合投标的陷阱，被告的侵权事实得到了法院的确认，并且法院酌情支持了原告的赔偿请求。作为极易被仿制的雕塑艺术作品等的著作权人，要切实维护好自身的合法权益，就一般的雕塑权保护来说，应当积极采取如下措施：

（一）及时进行著作权自愿登记。根据《作品自愿登记试行办法》第 1 条的规定，经过版权自愿登记，其登记的内容在发生权利争议时，可以作为初步证据被法庭所采纳，有利于保护著作权人权益。由于雕塑作品的特点，极易被仿冒，且被仿冒后难以证明著作权人的原创身份，故进行著作权自愿登记，是证明原告为该系列雕塑作品的著作权人的比较简单可靠的途径。在律师的建议下，王某很快委托律师代为办理了其系列雕塑作品的著作权自愿登记，取得了相应的登记证书。在本案的审理中，被告虽指出了作品的自愿登记仅仅是形式要件，但并未能提出相反的著作权权属异议的证据，法院据此认定了原告对诉争作品的著作权。

（二）采取有力的证据保全措施。根据《最高人民法院关于审理著作权民事纠纷案件适用法律若干问题的解释》（法释[2001]33 号）第 8 条的规定，公证人员在未向涉嫌侵权的一方当事人表明身份的情况下，如实对另一方当事人按照前款规定的方式取得的证据和取证过程出具的公证书，应当作为证据使用。

（三）将涉案相关方均列为侵权人。在本案中，引水入市指挥部、雕刻公司均为侵权嫌疑人，原在一审中并未将雕刻公司作为第二被告而后又追加，给该案件的处理增加了麻烦。

（四）选择适当的侵权赔偿数额计算方式。在著作权权利人的维权过程中，往往很难提供准确计算其遭受的实际损失的证据，也很难取得侵权人的因侵权获得的利益。因此，在著作权法及其司法解释中，对著作权侵权行为导致的赔偿金的确定方法（也可以叫"计算方式"），进行了比其他一般领域的侵权赔偿更为全面、合理的规定。根据 2010 年修订后的《著作权法》第 49 条、最高人民法院《关于审理著作权民事纠纷案件适用法律若干问题的解释》（法释[2001]33 号）的相关规定，可以将著作侵权赔偿金的确定方法归纳为如下三种：

1. 根据著作权权利人的实际损失给予赔偿，即根据权利人因侵权人的侵权行为造成的实际损失，计算侵权人应当承担的赔偿数额。

2. 根据侵权人的违法所得给予赔偿，即根据侵权人的侵权行为获得的违法所得，计算侵权人应当承担的赔偿数额。

上述两种赔偿数额的确定方式，均不包括权利人为制止侵权行为所支付的合理开支（即“维权成本”），即维权成本应当单独计算后，累加到赔偿总额中。

3. 法定赔偿。权利人的实际损失或者侵权人的违法所得不能确定的，由人民法院根据侵权行为的情节，判决给予五十万元以下的赔偿。

一般来说，按照“1”或“2”的计算方式请求赔偿，原告的举证难度均相当大，而按照“3”的计算方式，请求法院酌定赔偿数额较为方便。本案中，法院考虑了各种因素，由第一被告引水办赔偿王某经济损失其中包括为制止侵权支付的合理费用 211 000 元的雕塑设计赔偿费。

二、警惕联合投标的陷阱。通过本案例反映出招投标领域存在联合投标的知识产权陷阱的风险。我国的招标投标制度允许两个以上法人或其他组织组成一个联合体，以一个投标人的身份共同投标。但明确规定联合体各方均应具备承担招标项目的相应能力，如果国家有关规定或者招标文件对投标人资格条件有规定的，联合体各方均应当具备规定的相应资格条件。投标人不得与招标人串通投标，损害国家利益、社会公共利益或者他人合法权益。然而，在招投标实践中，一些不具备竞标资质的企业或组织为了能够参加投标，便拉拢其他具有资质的实体以合作方式共同参与，由具有资质的一方提供投标所需的技术文件和方案设计。对于此种不合格的联合投标体，招标方或是由于疏于审核，让其在资格预审中蒙混过关，或是因为与联合体一方有利益关联，故意睁一只眼闭一只眼。待该联合体中标后，招标人与联合体中无资质一方串通一气，堂而皇之地使用中标方案和相关技术，却撇开技术方案的设计者和著作权人——联合体中的有资质方。而身陷联合投标陷阱的知识产权权利人不仅浑然不知其合法权益已遭受侵害，而且很难掌握对方共同合谋侵权的有力证据。

## 7.3　招投标商标权侵权纠纷

### 【案例 7.6】供应商提供假冒产品，侵犯他人商标权没商量

**【案情摘要】**200×年 3 月，某招标投标管理中心为市机关事业单位社会保险管理处（以下简称事保处）采购××UPS 和××××E630 电脑而举行招标活动，甲电脑经销商（简称经销商）应邀参加投标。经销商的投标书所报山特 UPS 的价格为 7 600 元，明显低于同类经销商价格近一半。最后该经销商中标。3 月 22 日，该经销商与事保处签订了名称为“UPS”、型号为“××（2 000W，10 小时）”、单价为“7 600”和名称为“电脑”、型号为“××××E630”、单价为“6 150”各一台的合同书。3 月 29 日，经销商供给事保处一台由市电标电源设备配套有限公司供货的前面板上部有电标（图形）注册商标下部标有

“SANTAK POWER CORP，HAWAII，U.S.A ”的 UPS 和一台电脑，并安装调试完毕。同日，经销商出具了采购项目为“UPS”、规格为“××[2 000 W，10 小时]”和采购项目为“电脑”、规格为“××××E630”的《政府采购供货验收单》，申请事保处验收，事保处在《政府采购供货验收单》的用户单位验收意见栏签署了“验收合格”。3 月 30 日，经销商向事保处提供的发票载明品名及规格为“山特 UPS”、单价为“7 600”和品名及规格为“电脑”、单价为“6 150”。

3 月 31 日，市工商行政管理局（简称工商局）接到举报，反映该经销商供给事保处的 UPS 是假冒产品，后工商局进行了调查，于 8 月 2 日向该经销商送达了《听证告知书》。经销商申请听证，工商局 8 月 10 日向该经销商送达了《听证通知书》，并于 8 月 23 日进行了听证。9 月 14 日，工商局作出行政处罚决定书认定，3 月，该经销商将标有“SANTAK POWER CORP，HAWAII，U.S.A ”的 UPS 销售给市事保处时，未经注册商标权人许可，在交易文书上擅自使用与“××”注册商标相近似的“××”字样，销售金额为 7 600 元。经销商的行为构成《商标法》第 53 条第（一）项所指的侵犯注册商标专用权行为。根据《商标法》第 53 条、《商标法实施条例》第 52 条的规定，作出决定：1.责令立即停止侵权行为；2.罚款 20 000 元。

**【行政诉讼】**9 月 23 日，经销商向法院提起行政诉讼，认为本公司在合同书中手写“山特”不能认为是使用“山特”的注册商标，工商局认定事实和适用法律错误，请求法院判决撤销被告作出的《行政处罚决定书》。

另查明，多家公司曾提出申请，将“××”作为其商标，用于不间断电源、精密电源、稳压电源装置，并获得核准。

**【法院审理】**法院经审理认为，根据《商标法》第 54 条规定，工商局具有查处侵犯注册商标专用权的行政职权。“××”商标系注册商标，应受法律保护。《商标法实施条例》第 3 条规定，商标法和本条例所称商标的使用，包括将商标用于商品、商品包装或者容器以及商品交易文书上，或者将商标用于广告宣传、展览以及其他商业活动中。据此，商标的使用并不仅仅指直接将商标附着于商品的行为，而是包括任何将该商标与该商品出处相联系的行为。经销商在 3 月 22 日的《合同书》、3 月 29 日的《政府采购供货验收单》、3 月 30 日的发票中均使用“××”字样，对此双方当事人均无异议。《合同书》、《政府采购供货验收单》、发票属于交易文书。

根据《商标法实施条例》第 3 条的规定，原告在交易文书上载有“××”字样，属使用“××”商标的情形之一。被告作出的处罚决定书认定的基本事实清楚，主要证据充分。《商标法》第 52 条第（一）项的规定，未经商标注册人的许可，在同一种商品或者类似商品上使用与其注册商标相同或者近似的商标的，属侵犯注册商标专用权。原告在明知其供给客户的是电标牌 UPS 并不是××牌 UPS 的情况下，向客户提供的《政府采购供货验收单》和发票中仍写为“××UPS”，并致客户误认为原告所供的就是××UPS，原告在《政府采购供货验收单》和发票上使用“××”商标的行为，并未获得“××”商标注册人的许可，且其是在经营与××商标注册人同种的商品（即 UPS）上使用，并非正当使用，被告认定原告的行为构成了《商标法》第 52 条第（一）项所指行为，定性准确。被告市工商局对原告作出责令立即停止侵权行为和罚款 20 000 元的决定，符合《商标法》（第 10 号令）第 53 条的规定，且罚款 20 000 元在《商标法实施条例》（第 358 号令）第 52 条规定的幅度范围内，处罚幅度恰当。被告适用法律、法规正确。

**【一审判决】**审理法院遂依照《行政诉讼法》第 54 条第（一）项、《商标法》第 52 条第（一）项、第 53 条、《商标法实施条例》第 3 条、第 52 条的规定，并经院审判委员会讨论决定，判决维持了被告工商局 9 月 14 日作出的《行政处罚决定书》。

**【二审审理】**一审宣判后，原告经销商不服，一审法院认为“原告在交易文书中载有‘××’字样，属于使用‘××’商标的情形之一”是错误的，作出维持市工商局行政处罚决定的判决没有任何法律依据等为由，向上一级人民法院提起上诉。

二审法院经审理认为，商标专用权是赋予商标注册人在核定的商品上使用其注册商标的权利，也赋予其禁止他人使用的权利。根据《商标法实施条例》第 3 条规定，商标的“使用”并不仅仅指直接将商标附着于商品的行为，而是包括任何将该商标与该商品出处相联系的行为，包括在商品交易文书中使用商标，使得消费者认为该商品为该商标的使用者所生产经营，同样构成对该商标的使用。根据《商标法》第 52 条第（一）项的规定，未经商标注册人的许可，在同一种商品或者类似商品上使用与其注册商标相同或者近似的商标的，属侵犯注册商标专用权行为之一。本案“××”商标系注册商标，“××”字样是“××”商标的组成部分，上诉人虽没有直接使用在所供的 UPS 上，但上诉人在一系列交易文书（包括投标文书、合同书、供货验收单及发票）当中均明确使用“××UPS”字样，使得市事保处误认为所收到的就是“××UPS” 厂家所生产的交易文书上所标明的商品，而事实上却是同类商品电标牌 UPS 应当认定，上诉人在交易文书上使用“××”字样同样属于使用“××”商标的情形之一，而且未经商标注册人的许可，在经营同类商品的交易文书上使用，已经构成侵犯注册商标专用权。被上诉人作出的行政处罚决定符合《商标法》和《商标法实施条例》的相关规定，应当予以支持。

**【二审判决】**二审法院认为，原审法院认定事实清楚，证据充分，审判程序合法。据此，依照《行政诉讼法》第 61 条第（一）项的规定，判决驳回上诉，维持原判。

**【案件争议】**本案的争议焦点关键有两点：一是原告经销商在交易文书中使用“××”字样是否是使用“××”商标的情形之一，是否构成《商标法》第 52 条第（一）项规定的侵犯注册商标专用权的行为；二是被告市工商局的行政处罚行为是否合法。关于本案的定性和处理，有两种不同意见：

第一种意见认为，原告经销商的行为构成商标侵权，被告定性准确，应当维持被告的处罚决定。主要理由是：“××”系注册商标，原告经销商在与事保处签订的《合同书》、申请验收的《政府采购供货单》、所开发票均属于交易文书，均有“××”字样。原告经销商实际供给事保处的是由某市电标电源设备配套有限公司供货的电标牌 UPS，而不是×

×牌 UPS。根据《商标法实施条例》第 3 条和“两高”《关于办理侵犯知识产权刑事案件具体应用法律若干问题的解释》第 8 条第二款的规定，原告甲经销商在交易文书上载有“××”字样，而且整个交易过程都是使用了“××”商标才获得了最后交易成功，被告市工商管理局处罚决定书中认定原告经销商违法的基本事实清楚，主要证据充分，被告认为原告的行为属《商标法》第 52 条第（一）项的行为，构成侵犯注册商标专用权，定性准确，被告适用法律、法规正确，应判决维持被告的行政处罚决定。

第二种意见认为，被告市工商管理局的定性错误，不构成商标侵权，原告经销商的行为只是在最后供货时提供非中标时的产品，系合同违约行为，只能适用民事法律关系来调整，应当撤销被告市工商管理局作出的行政处罚决定。主要理由是：虽然原告经销商供应的不是××UPS，但原告供应的 UPS 上有明显的电标（图形）注册商标，并非冒用“××”商标，充其量是标的不符，合同违约，如当事人提出异议，也是原告经销商与市事保处之间的合同纠纷。原告经销商在合同书、验收单、发票上载明 “××”字样的行为并不符合《商标法》第 52 条第（一）项的规定，不构成侵犯“××”商标专用权的行为。被告适用法律、法规错误，法院应当撤销被告市工商管理局作出的行政处罚决定。

**【案例点评】**本案是近年来在政府采购招投标活动中出现的一种新类型案件。本案涉及法律适用问题，原告经销商的行为如何定性是本案的关键。

一、对“商标的使用”的正确理解。根据国务院《商标法实施条例》第 3 条规定，商标法和本条例所称商标的使用，包括将商标用于商品、商品包装或者容器以及商品交易文书上，或者将商标用于广告宣传、展览以及其他商业活动中。最高人民法院、最高人民检察院《关于办理侵犯知识产权刑事案件具体应用法律若干问题的解释》（法释[2004]19 号）第 8 条第二款也有类似明确的规定。专家学者认为，商标的一个重要的作用是区别和证明作用，使消费者能够识别此商品与彼商品的区别，并能够证明该商品为商标的持有人所生产的商品。对商标的 “使用”应当正确理解。这里的“使用”并不仅仅指直接将商标附着于商品的行为，而是包括任何将该商标与该商品出处相联系的行为，包括在商品交易文书中使用商标，使得消费者认为该商品为该商标的使用者所生产经营，同样构成对该商标的使用。根据《商标法》第 8 条规定，任何能够将自然人、法人或者其他组织的商品与他人的商品区别开的可视性标志，包括文字、图形、字母、数字、三维标志和颜色组合，以及上述要素的组合，均可作为商标申请注册。因此，注册商标中使用的 “文字”是商标的一个组成部分，使用文字部分同样是对该商标的使用。

本案原告经销商在招投标中使用“××UPS”字样并以绝对的低价获得投标成功，并在一系列的交易文书（报价单、合同书、验收单及发票）当中均明确使用“××UPS”字样，使消费者误认为所收到的就是“××UPS”而事实上不是该商品。从原告参与交易的整个过程分析，原告在整个招投标活动中以及中标后出具给购货单位的验收单、发票上均载明是“××”字样，正因为这样才没有引起购货单位的注意，直至最后获得交易成功。该种在交易文书上使用“××”字样同样是对“××”商标的使用情形。

二、对《商标法》第52条第（一）项规定行为的界定。《商标法》第52条第一项规定，未经商标注册人的许可，在同一种商品或者类似商品上使用与其注册商标相同或者近似的商标的，属侵犯注册商标专用权行为之一。构成这项规定的情形需要四个条件：一是使用的商标是注册商标；二是使用该商标未经商标注册人的许可；三是必须是在该商标核定使用的同一种商品或者类似商品上使用；四是使用的商标与注册商标相同或者相近似。该规定没有考虑行为人的主观方面，不管是否存在故意，只要有规定的行为发生，即构成商标侵权。这里的商标“使用”当然包括任何将该商标与该商品出处相联系起来的行为。

本案“××”商标系注册商标，“××”字样是“××”商标的组成部分，原告经销商虽没有直接使用在所供的UPS上，但在一系列交易文书（包括投标文书、合同书、供货验收单及发票）当中均明确使用“××UPS”字样，使得事保处误认为所收到的就是“××UPS”厂家所生产的交易文书上所标明的商品，而事实上却是同类商品电脑标牌UPS。应当认定经销商在交易文书上使用“××”字样同样属于使用“××”商标的情形之一，而且未经商标注册人的许可，在经营同类商品的交易文书上使用，已经构成《商标法》第52条第（一）项规定的侵犯注册商标专用权行为。

三、对被告行政处罚行为合法性的审查。根据《商标法》第54条规定，对侵犯注册商标专用权的行为，工商行政管理部门有权依法查处。据此，本案工商局具有查处侵犯注册商标专用权的行政职权。既然认定本案原告的行为已经构成《商标法》第52条第（一）项规定的侵犯注册商标专用权行为，被告就应当依法进行查处。《商标法》第53条的规定，工商行政管理部门处理时，认定侵权行为成立的，责令立即停止侵权行为，没收、销毁侵权商品或专门用于制造侵权商品、伪造注册商标标识的工具，并可处以罚款。《商标法实施条例》第52条规定，对侵犯注册商标专用权的行为，罚款数额为非法经营额3倍以下。按照上述两项规定，被告市工商局对原告甲经销商作出责令立即停止侵权行为和罚款20 000元的决定，符合规定，被告作出的具体行为具有合法性，应当予以支持。

基于以上分析，法院认定原告经销商的行为构成商标侵权，维持被告工商局所作出的行政处罚决定是正确的。另外，从保护商品交易，打击不正当的违法竞争，维护商品购买人的合法权益角度来分析，原告的行为也应当予以打击和处罚。如果类似情形不受到打击和处罚，那么在以后的政府招投标活动中，就会不断出现类似的不正当行为。当然，本案商品购买单位事保处也可以提起民事诉讼，要求该经销商承担民事责任。

# 第 8 章　勘察设计知识产权侵权案例

勘察、设计、咨询工作是富有创造性的智力劳动。工程技术人员利用工程勘察设计理论、技术与实践经验所完成的每项工程勘察设计咨询成果都凝结着他们的心血、智慧和创新精神，为此，勘察设计咨询行业属于知识密度型行业，当然也会面临着更多的知识产权风险。正因为如此，原建设部于 2003 年 10 月 22 日颁布了建设领域对各行业的首个，也是唯一的一份文件，即《工程勘察设计咨询业知识产权保护与管理导则》（建质[2003]210 号），该文件对于指导全行业增强知识产权保护意识，做好知识产权保护工作，提高市场竞争能力，具有重要意义。勘察、设计、咨询行业面临的侵权风险主要是著作权产生的风险，他人通过复制、演绎、抄袭方式，使企业的设计作品、雕塑作品、设计软件等受到侵害，以及企业或个人由于过错或疏忽造成对别人著作权侵权的法律风险。

## 8.1　建筑作品侵权纠纷

### 【案例 8.1】建筑外观恋兄弟，作品侵权没商议

**【案情摘要】**甲汽车销售股份有限公司（简称甲公司）展销中心建筑于 200×年 12 月 10 日落成，该中心与世界各地的甲公司建筑特征一致，甲公司对该建筑作品享有著作权。两年后乙汽车销售服务有限公司（以下简称乙公司）在××汽车公园内建成汽车展销中心，该建筑与甲公司享有著作权的建筑作品非常相似。甲公司将乙公司告上法庭。在本案一审审理期间，乙公司对本公司销售中心的建筑进行了改造，建筑外部及内部均使用白色建筑材料。甲公司则认为，改造后的建筑仍属于侵犯其著作权的建筑，被告未经许可擅自复制其建筑作品的行为，侵犯其著作权。原告甲公司请求法院判令被告：1. 停止侵犯原告建筑作品著作权的行为，改变其侵权建筑物的侵权特征；2. 赔偿原告经济损失；3. 在相关媒体就其侵权行为发表声明，消除影响。

**【一审审理】**一审法院审理认为，甲公司××展销中心整体采用圆弧形设计，上半部由长方形建筑材料对齐而成，下半部为玻璃外墙；该建筑的入口将建筑物分为左右两部分，入口部分及上方由玻璃构成；长方形工作区与展厅部分相连，使用横向带状深色材料；该建筑展厅部分为银灰色，工作区部分为深灰色。上述四个方面的特征表明，甲公司××销售中心具有独特的外观和造型，富有美感，具有独创性，属于我国著作权法所保护的建筑

作品。乙公司汽车展销中心建筑与甲公司展销中心建筑的前三个基本特征相同，构成近似，侵犯了甲公司建筑作品的著作权。原告关于主张建筑的内部特征亦属于建筑作品所保护的客体的主张依据不足。

**【一审判决】**一审法院依据《著作权法》第 10 条第一款第（五）项、第二款、第 47 条第（一）项、第 48 条之规定，判决：1. 自判决生效之日起六个月内乙公司对涉案汽车销售中心建筑予以改建，改建后的建筑不应具有与涉案甲公司汽车展销中心建筑相同或相近似的组合建筑特征，相关改建效果须经法院审核；2. 乙公司于判决生效之日起十日内赔偿甲公司经济损失人民币 15 万元及因本案诉讼支出的合理费用人民币 17 079 元；3. 驳回甲公司的其他诉讼请求。

**【二审诉辩】**被告乙公司不服一审判决提起上诉。请求撤销一审判决，依法驳回甲公司一审全部诉讼请求。理由：1. 版权登记不进行实质性审查，不能作为甲公司享有权利的证明；2. 一审判决将诸多的较大差异错误地认定为“存在细微的差异”，难以令人信服；3. 一审法院已经查明涉案乙公司中心系由案外人某设计公司所设计和装修，但仍要求乙公司承担相应责任，适用法律错误；4. 本案一审期间乙公司对中心建筑进行了改造，一审法院对相关改造情况未予审理。甲公司表示服从一审判决。

**【二审审理】**二审法院认为：根据我国著作权法的相关规定，建筑作品是指以建筑物或者构筑物形式表现的有审美意义的作品。我国著作权法对于建筑作品所保护的，应当指该建筑作品在外观、造型、装饰设计上包含的独创成分。未经建筑作品著作权人许可复制其作品的，是侵犯著作权的行为，应当承担相应的民事责任。乙公司汽车销售中心建筑与甲公司汽车销售中心建筑在外观上的相同之处在于：

1. 在建筑物的正面均采用圆弧形设计，上半部由长方形建筑材料对齐而成，下半部为玻璃外墙；

2. 在建筑物的入口处将建筑物分为左右两部分，入口部分及上方由玻璃构成；

3. 建筑在方形工作区与展厅部分相连，使用横向带状深色材料。

上述三点相同之处涉及的工作区部分的设计属于汽车销售中心工作区的必然存在的设计，其外部呈现的横向带状及颜色，与所用建筑材料有关，并非甲公司中心建筑的独创性成分，应当排除在著作权法保护之外。

被告乙公司主张第一点和第二点相同之处系基于建筑物的橱窗展示功能和节能采光功能限定的特征，不构成该建筑的独创性成分，缺乏事实依据。被告主张乙中心建筑下方有一个高台、建筑物左右两侧均加有栏杆、其弧形结构的圆弧度不同，两个建筑根本不相同也不近似。但是，就两个建筑的整体而言，如果舍去上述第一点和第二点，整个建筑也将失去根本，因此，可以认定上述第一点和第二点构成两个建筑的主要或实质部分。在此前提下，虽然乙公司汽车展销中心建筑下方多出一个高台、建筑物左右两侧均加有栏杆，但是并不能否定二者实质上的近似。因此，被告乙公司汽车展销中心建筑侵犯了原告对甲公司展销中心建筑享有的著作权。

一审法院判令被告乙公司应对其中心建筑予以改建，使该建筑不再具有与上述主要特征组合相同或近似的外观造型，是正确的。被告上诉认为其已经在一审审理过程中对乙公司汽车展销中心建筑进行了改造，而一审法院对此未予审理，但是根据查明的事实，被告所称的改造，系仅对乙公司汽车展销中心建筑使用白色建筑材料进行粉刷，并未涉及本院认定的前述第一点和第二点相同之处，一审法院对事实作出的认定和处理并无不当。

虽然乙公司展销中心建筑系由案外人中某设计公司所设计和装修，但乙公司作为该建筑的所有权人和实际使用人应当就此承担相应法律责任。

**【二审判决】**综上，一审判决认定事实基本清楚，适用法律正确。乙公司的上诉理由不能成立，对其上诉请求，本院不予支持。依据《民事诉讼法》第 153 条第一款第（一）项的规定，判决驳回上诉，维持原判。

**【案例点评】**近年来，随着建筑业迅速发展和建筑设计水平的提高，各种类型的新的建筑作品大量涌现。但是，复制、演绎、抄袭现象也并不鲜见，建筑著作权侵权纠纷不断出现，应给予高度重视。

一、建筑作品著作权的相关法律规定。按照世界知识产权组织与联合国教科文组织 1986 年公布的一份文件，建筑作品包括两项内容：

（一）建筑物本身（仅仅指外观、装饰或设计上含有独创成分的建筑物）；

（二）建筑设计图与模型。在美国，建筑作品是“以任何有形媒介表达体现的建筑设计”，其范围包括“建筑物、建筑方案或者设计图”。在德国，建筑作品被归入美术作品。我国 1990 年版的《著作权法》没有明确建筑作品是否受保护，但《著作权法实施条例》（1990 年版）第 4 条在给“美术作品”下定义时，列入了“建筑”等造型艺术作品。该条规定：“美术作品，指绘画、书法、雕塑、建筑等以线条、色彩或者其他方式构成的有审美意义的平面或者立体的造型艺术作品。”当时的法律是以美术作品的形式提供对建筑作品的保护。2001 年修订后的《著作权法》在第 3 条第（四）款中同时规定了对于美术作品、建筑作品的保护，意味着法律对建筑作品的保护从隶属于美术作品到成为独立的受保护客体。但是，著作权法同时对建筑作品的范围进行了限定，具体体现在《著作权法》（2001 年版）第 3 条第（七）项中，明确规定了工程设计图等图形作品和模型作品。这意味着建筑设计图被归入工程设计图中，建筑模型被归入模型作品中。因此，建筑作品不应当仅包括建筑设计图和建筑模型，建筑作品与工程设计图、建筑模型分别作为单独客体给予保护。

二、关于建筑作品的保护范围及独创性

（一）建筑作品的保护范围是否涉及建筑材料、技术方案，是否涉及该建筑的内部特征。确定建筑作品的保护范围，首先应当明确著作权法意义上的建筑作品与建筑学上的建筑作品并非等同。建筑学上的建筑作品强调的是建筑的技术性和功能性，建筑材料、技术方案均包含于其中，而著作权法意义上的建筑作品则不同。按照我国现行的《著作权法实施条例》，建筑作品是指“以建筑物或构筑物形式表现的有审美意义的作品”。世界知识产权组织与联合国教科文组织的文件指出，建筑作品中的建筑物，仅仅指外观、装饰或设计上含有独创成分的建筑物。一幢建筑物给人的第一个印象，是它的外观；而它的外观则是建筑设计师一定美学构思的表达形式；这种表达形式可能被他人复制并借此营利，所以应当由其创作者享有版权并得到某种程度的保护。因此，建筑作品的保护范围只能及于建筑物本身，不包括建筑材料、技术方案，且只涉及外观，包括线条、装饰、色彩等，不涉及建筑物的内部特征和装潢。本案中，一审法院驳回了原告关于建筑的内部特征亦属于建筑作品所保护的客体，乙公司汽车展销中心建筑内部侵犯了其相关著作权的主张是正确的。

（二）如何认定建筑作品的独创性。建筑作品作为作品，无疑需要具备独创性，世界各国在此问题上的规定几乎高度一致，理论界对此也几乎没有什么争议。然而，对于如何判断建筑作品的独创性，在世界各国并不相同，也是我国司法实践中的一个难点。大陆法系观点认为，作品必须达到一定的“创作高度”。英美法系曾认为，只要作品系“独立完成”，即“额头流汗”即可，后逐步倾向于要求“独立创作”加少量创作性。可见，两大法系的观点逐渐趋于接近，但在创作高度的问题上仍有一定差别。

一般认为，审判实践中考虑作品的独创性时，一方面应当注意，不应有严格的创作高度的要求；但另一方面，著作权法的目的是促进科技、文化事业发展，法律对所给予保护的作品必然有一定要求，即该作品应当能够对人类文明有所贡献。因此，我们认为，独创性是指为作者独立创作，非窃取他人的，且要包含作者的判断。本案中，双方当事人对于涉案乙公司汽车销售中心建筑系独立完成并无争议，争议的是该建筑是否包含创作者对于该建筑的美学构思或判断。司空见惯的纯粹以实用为目的而建造的“火柴盒式”楼房，根据常规设计建造的楼房、建筑工地中为建筑工人临时搭建的工棚等，因外观简单、形状普通而缺乏独创性不构成建筑作品。本案中，法院综合分析了甲公司汽车销售中心的特征，认定该建筑具有独特的外观和造型，富有美感，具有独创性，属于建筑作品。

（三）如何看待建筑的功能性设计和因建筑材料而产生的外观。在著作权侵权判定时，常用的判定方法是“三步法”。这种方法是1992年美国第二巡回上诉法院在著名的“阿尔泰案例”中所确立的。我国在实践中也早已有过类似的判例。“三步法”的主要目的在于：在判断被控“作品”是否侵权时，不能仅凭相同或相似与否加以认定，而应当分三步走，从实质上来加以认定。

第一步，“抽象法”。首先要把原被告作品中不受保护的“思想”本身从“思想的表达”中删除出去。如果只是创作或设计思想本身相同，是不构成侵权的。

第二步，“过滤法”。把原被告作品中虽然相同但又都是属于公有领域中的内容删除出去，即使这些内容不再是思想本身，而是“思想的表达”。因为公有领域的内容，必须留给大众自由使用，其本身不受著作权法保护，无著作权可言。

第三步，“对比法”。只有在“抽象”和“过滤”之后，剩下的部分，如被告作品中仍旧有实质性内容与原告作品相同，才有可能被认定侵犯著作权。这时才需要将原被告的作品加以对比看是否相同或相似。

在建筑作品侵权案中经常会涉及功能性设计以及为功能所决定的外观的问题。按照上述三步法中的“过滤法”，其应当属于公有领域的内容，应当将其“过滤”掉。本案中，甲公司汽车销售中心建筑的汽车4S店工作区的设计属于为功能所决定的必然存在的设计，该工作区的横向带状和颜色，属于单纯因所用建筑材料而产生的外观，应排除在著作权法保护之外。

（四）对本案建筑作品著作权侵权的认定。本案法院面临的主要问题是，如何把握建筑作品受著作权保护的标准，以及如何认定该有著作权的建筑作品被抄袭。对一个具体的三维建筑物，对它的著作权保护，本案一审和二审法院很好地把握了标准，即对原告和被告的建筑物所具有的特征进行比较，确认主要特征存在一致性，进而确认被告存在抄袭。法院没有过窄地定义原告三维建筑作品受保护的特征，而将保护的焦点集中在甲公司销售中心相对于相同功能建筑物表现的新颖特征，并将著作权保护的范围限定于这些特征。

一审法院的判决认为，我国著作权法所保护的建筑作品，是以建筑物形式所表现出来的建筑物的外观和造型，不包括建筑内部的装潢特征。这项判决的主旨是，把握对建筑作品的著作权保护，主要看其外观，即人们所能看到的某建筑作品的外部“形象”。从本案实际情况分析，原被告建筑作品的外观，在主要方面存在明显的相似之处，基本特征相同。故法院判决被告败诉。

需要指出的是，承审法院将甲公司中心建筑物的侧面和背面，排除出保护范围，如工作区域的外墙使用有水平条纹的深色材料。二审法院的判决认为，这些背面和侧面的外观“属于汽车销售店工作区的必然存在的设计”。该院进一步认为，“其外部呈现的横向带状及颜色，与所用建筑材料有关，并非甲公司中心建筑的独创性成分”，因而这些要素“应当排除在著作权法保护之外”。

三、判决侵权建筑物必须改建。一般认为，建筑作品具有功能性和艺术性合一、原创性认定难、抄袭认定难的特点。但是，本案承审法院通过判决，比较好地处理了上述问题。接下来的难题是，如何判决被告的侵权责任。我国《著作权法》规定的承担侵权责任的方式有：停止侵权、消除影响、赔礼道歉、赔偿损失等。一般著作权侵权案中通常适用销毁侵权物的方式，对于涉及建筑作品的著作权侵权，如何停止其侵权？合法的有著作权的建筑在一边，非法的侵权的建筑在另一边。如果不对侵权建筑物本身做出任何改变，侵权行为将一直延续。所以，在认定抄袭侵权后，在判决被告停止侵权时，一定会有对侵权建筑予以改建的要求。

在判决（建筑作品）侵权者的法律责任这一关键点上，本案判决为建筑作品侵权纠纷提供了一个很有借鉴意义的案例。在侵权责任形式的选择上，法院不是判决通常适用的销毁侵权物的方式，而是判决侵权人对涉案建筑物予以改建，改建后的建筑物不应具有与涉案有著作权的建筑作品相同或相近似的组合建筑特征。这项判决，既考虑了建筑作品侵权的特殊性，也体现了法院适用法律的灵活性。

一审法院的判决是：“关于停止侵权的具体方式，法院结合原告甲公司要求对侵权建筑物予以改建的诉讼请求和本案的具体情况酌情予以确定。鉴于涉案甲中心建筑由正面呈圆弧形，上半部由长方形建筑材料对齐而成，下半部为玻璃外墙；建筑物及其上方将建筑物正面分为左右两部分，建筑物入口部分及其上方由玻璃构成等主要特征组成，本案被告乙公司应对其北京中心予以改建，使该建筑不再具有与上述主要特征组合相同或近似的外观造型。

被告应对其抄袭的原告建筑作品的主要特征予以改建，这就是判决被告停止侵权的具体要求；被告侵权建筑不再具有与原告作品主要特征组合相同或近似的外观造型，这就是判决被告改建的具体标准。在一审判决之前，被告已经将侵权建筑正面上部粉刷为白色。被告在上诉状中称，其建筑物外观的变化，足以区别原告的建筑，已经消除了侵权影响。对此主张，二审法院没有采信。二审法院认定，被告改变建筑物颜色，不足以避免侵权。二审法院维持一审判决，责令被告必须改建其建筑。

**【案例 8.2】设计图纸遭诉讼，无创新抗辩部分获支持**

**【案情摘要】**某人防工程设计院分别与甲、乙、丙、丁房地产公司签订建筑工程设计合同，合同约定，由其为他们各自开发的项目人防地下室进行工程设计。人防工程设计院先后完成设计，交付施工图，履行并完成了上述合同义务，称其拥有著作权的工程设计图纸均产生于上述合同的履行过程。对工程设计图纸著作权的归属，合同各方均未作约定。

人防工程设计院后来发现，某建筑设计院为戊房地产开发公司开发的项目工程的设计人，其并无单建掘开式人防工程设计资质，在与戊房地产开发公司签订的项目地下人防工程设计合同后，通过非法手段复制、剽窃了人防工程设计院的工程设计图，并以自己的名义向戊房地产开发公司提供，侵犯了原告对上述图纸享有的著作权。遂将该建筑设计院告上法院。

**【法庭诉辩】**人防工程设计院诉称：被告建筑设计院并无单建掘开式人防工程设计资质，在与戊房地产公司签订的地下人防工程设计合同后，通过非法手段复制、剽窃了原告人防工程设计院的工程设计图，并以自己的名义提供给戊房地产公司，侵犯了原告对上述图纸享有的著作权。因此，请求法院判令被告建筑设计院：1. 立即停止侵权行为，不得将侵权图纸使用在下一个工程或交与他人使用，变更侵权图纸的署名为原告地下建筑设计院；2. 在报刊上向原告地下建筑设计院公开赔礼道歉，消除影响；3. 赔偿原告人防工程设计院经济损失人民币 90 万元；4. 赔偿原告人防工程设计院支付的律师代理费人民币 1.5 万元；5. 承担本案的诉讼费用。

被告建筑设计院在庭审中辩称：1. 原告不享有涉案工程设计图纸的著作权。涉案图纸非原告原创作品，而是源于标准图集，原告的图纸缺乏创作这一智力活动的三个法律特征；2. 被告设计的戊房地产公司地下人防工程全套图纸，包括“建施”、“结施”、“水施”、“电施”、“人防风施”五大部分共 111 份，均系被告设计人员根据开发商提供的技术资料，依据实际地形、地面建筑的构成，按国家标准，并参考已有的公开的标准图设计而成，表现了被告对戊房地产公司项目“地下人防工程”的创作意图和创作结果。个别图纸的设计包括说明等，若与原告设计的图纸相同，是因为引用了相同的标准图纸并因技术规范上的要求而造成，并非是侵权。请求法院驳回原告的诉讼请求。

**【法院审理】**经过对图纸的分析，原、被告提交的有效证据及当事人在庭审中的陈述，法院认为：

1. 原告人防工程设计院其中的五张图纸早已在《上海市建筑标准设计人防工程标准图集》中载明，原告不是著作权人。原告对被告设计的五张图纸的侵权指控，由于原告不对上述图纸享有著作权，故侵犯其著作权的指控不能成立。

但甲房地产公司的项目人防地下室防护单元（二）战时平面图署名的设计人为原告人防工程设计院，在被告建筑设计院无相反证据的情况下，法院确认原告人防工程设计院为上述工程设计图纸的著作权人。被告的戊房地公司项目地下室的战时干厕详图与原告的防臭干马桶图纸在图形、指示符号、文字、数据、随机填充物上完全相同，明显抄袭原告享有著作权的图纸，其行为已构成侵权，应承担相应的侵权责任。

2. 对于原告要求被告赔偿经济损失人民币 90 万元的诉讼请求。法院认为，原告提出该项诉讼请求所依据的事实是被告设计的戊房地产公司地下人防工程的总面积为 8 302.9 平方米，原告按照通常的收费标准推算出被告由此可获得的标准设计费为 90 万元。为核实被告收取的戊房地产公司项目地下人防工程的总设计费，法院要求被告在庭审结束前提交有关戊房地产公司工程的合同，但被告未在法院规定的期间内提交。按照最高人民法院《关于民事诉讼证据的若干规定》第 75条：“有证据证明一方当事人持有证据无正当理由拒不提供，如果对方当事人主张该证据的内容不利于证据持有人，可以推定该主张成立”的规定，法院推定原告主张被告收取 90 万元设计费的事实成立。按照被告全套戊房地产公司项目地下人防工程共有图纸 111 份计算，每份图纸的获利约为 8 100 元，因此，推定被告两张侵权图纸的获利约在 16 200 元左右。

3. 对于原告人防工程设计院要求被告建筑设计院在有关报刊上向其公开赔礼道歉，消除影响的诉讼请求，法院认为，侵权人赔礼道歉的方式应与其造成的影响相适应，本案中，被告建筑设计院为戊房地产产公司项目地下室共设计了 111 份图纸，仅有两张图纸抄袭了原告享有著作权的图纸，因此，被告的侵权行为造成的影响不大，给原告带来的损失也并不严重，故以向原告书面赔礼道歉的方式即可弥补其所造成的影响。

4. 对于原告要求被告赔偿其支付的律师代理费人民币 1.5 万元的诉讼请求，法院认为，律师开具的发票能证明原告已支付律师代理费 1.5 万元，且律师也以代理人的身份参加了庭审，但 1.5 万元的代理费明显超出本案合理费用的范畴，因此，对于代理费，法院将按照有关规定在合理的范围内予以确定。

**【法院判决】**法院经审理，依据《著作权法》第3 条第（七）项、第9 条、第10 条第一款第（五）项、第二款、第 11条、第 17条、第 47条第（五）项、第48 条第一款、最高人民法院《关于审理著作权民事纠纷案件适用法律若干问题的解释》第7 条、第 24条、第 26条第二款之规定，判决如下：

1. 建筑设计研究院立即停止著作权侵权行为，不得将涉案的侵权图纸使用在下一个工程或交予他人使用，并变更侵权图纸的署名为人防工程设计院。

2. 建筑设计研究院于本判决生效之日起十日内就侵权行为以书面形式向人防工程设计院赔礼道歉。

3. 建筑设计研究院赔偿人防工程设计院经济损失人民币 16 200 元，于本判决生效之日起十日内履行完毕。

**【案例点评】**本案是一起设计图纸著作权侵权纠纷案。建筑设计院未经过权利人许可，擅自复制他人工程设计图纸，为盈利所用。本案法院只判了少量图纸侵权，主要是由于被告人运用现有技术抗辩策略进行了抗辩，由于部分图纸并非原告人防工程设计院享有的著作权，没有独创性，使用这部分设计图纸不属于侵权。所谓“独创性”也称为“原创性”，是著作权法特有的概念。按照我国著作权法的规定，只有享有著作权的作品才能受到法律的保护，而司法实践中又都普遍遵守具备独创性的作品才能享有著作权这一规则。由此可以看出，只有在作品内容合法的前提下，具备了独创性的作品才有可能受到法律的保护。在我国《著作权法》中，并没有将作品享有著作权的条件直接规定为作品具备独创性要素，但在《著作权法实施条例》中，则把独创性直接规定为作品成立的条件之一。《著作权法实施条例》第 2 条规定：“著作权法中所称的作品，是指文学、艺术和科学领域内具有独创性并能以某种有形形式复制的智力成果。”也就是说，只有具备独创性的脑力劳动成果才能被称为作品，不具备独创性的脑力劳动的成果就不属于作品。本案原告人防工程设计院的涉案设计图纸，有部分是来源于《上海市建筑标准设计人防工程标准图集》中，其本身的设计并无独创性，为此，法院判决部分设计图纸不属于法律保护的作品范畴。

### 【案例 8.3】职务作品起纠纷，侵犯作者署名权

**【案情摘要】**何某为某工业设计研究院的设计人员，工业设计院与某开发公司签订了《工程设计合同》，约定由工业设计院承担“体育馆钢球形壳屋盖工程”项目的钢球形壳屋盖结构、檩条、顶部走道、挂架的设计。合同签订后，工业设计院安排何某作为该设计项目的负责人进行设计，何某与其他设计人员按照合同的约定完成了工程的各项设计，形成了全部设计图纸。

由于工业设计院与开发公司在合同履行过程中发生纠纷，开发公司另行委托某建筑设计院参与合同项目的设计。此时，该屋顶的拱点基础部分即支撑座已经施工，屋顶部分业已下料。此时，建筑设计院的设计必须建立在原设计的基础之上。鉴于此，开发公司将工业设计院图纸交付建筑设计院。此后建筑设计院完成了施工图的设计。何某认为建筑设计院抄袭了本人的设计成果，将何某负责完成的设计图变为建筑设计院其自行完成的作品，并以该院的名义向开发公司和体育馆的施工、设计、监理等单位和建设行政主管部门提交。同时，该院对外宣称合同项目的设计工作是由其上级单位完成的，并在杂志、网站上将“体育馆屋盖钢网壳”工程的钢结构设计作者署名为其上级单位的名称。遂原告何某向法院提起诉讼。

**【法庭诉辩】**原告何某诉称：建筑设计院的行为侵犯了何某的署名权，应将其署名为项目负责人。被告侵犯了何某的著名权，请求判令建筑设计院停止侵权；在有关媒体上公开赔礼道歉，消除影响；赔偿律师费等费用800元。

被告建筑设计院辩称：被告方认为何某不能作为本案原告。涉案工程是委托方先与何某所在的工业设计院订立设计协议，但后来与该院解除协议而委托被告方进行设计。工业设计院的图纸未被使用，被告方独立完成了该工程的设计。因此该工程设计图的著作权人是被告方，且工业设计院未提出异议。在何所在单位对涉案图纸不享有著作权的情况下，原告主张署名权是不合法的，而且没有证据证明何某就是工业设计院所设计图纸的设计者，因此何某不具备诉讼主体资格。工业设计院在本案中不主张权利。

**【法院审理】**法院认为，建筑设计图纸属于《著作权法》第16条第二款第（一）项规定的职务作品，作者享有署名权，著作权的其他权利由法人享有。航空设计院完成的长春体育馆屋盖网壳钢结构的技术设计与完成的施工详图设计的整体著作权由航空设计院享有，包括对图纸的使用权、发表权、修改权和保护作品完整权，同时，设计单位也有权利表明设计单位的名称。具体参与创作的作者则有权利表明作者身份。项目负责人是设计方案的主要提出者，属于《著作权法》上的作者称谓。何某在图纸上仅署名所审而非项目负责人，《著作权法》规定，在作品上署名的是作者，有相反证据证明的除外。屋盖网壳钢结构的设计图包括技术设计和施工设计两部分。该项目的承接由当时任主任工程师的何某负责，技术设计的总体方案由何某提出，经各参与人员的讨论后分工协作，分工协作的具体协调和实施由何某负责，项目的对外联络协调亦是何某，各项试验的方案亦由何某主要提出，施工图的细化、施工图的统一均需经过何某审核，何某是实际上的项目负责人。对此“项目负责人”的署名者高某亦表示认可，何某应为项目负责人。

建筑设计院的施工图设计并未构成完全独立于原设计图的新作品，属于对工业设计院图纸的修改图。对图纸使用及修改的权利由工业设计院控制，现工业设计院未主张上述权利，对于使用及修改是否合法不在本案处理范围内。关键在于对甲设计院的修改图，何某有否署名为作者的权利。建筑设计院承接该工程后亦需组成项目组，亦有相应的项目负责人。从理论上讲，何某是原图纸的作者之一，亦应成为修改图的作者之一。但在作者的标识上必须遵循建筑设计的惯例，因“项目负责人”兼具主要方案提供和组织协调项目的含义，且图纸设计单位与作者间具有特定的职务关系，不宜将何某径行加列为建筑设计院修改图纸的项目负责人。但是，由于项目最终图纸系工业设计院与建筑设计院共同劳动的成果，建筑设计院将自己作为该项目的唯一设计单位，导致了工业设计院劳动被抹杀的结果。作为工业设计院该项目的负责人即图纸的主要作者，何某为图纸设计所付出的从技术设计到施工图设计历时数月多次试验的劳动亦因此无从体现。署名权的本质在于表明作者的身份，意即向公众表明作者为某项作品所付出的某项独创性劳动。建筑设计院将自己作为唯一设计单位的行为割断了作品与作者之间的联系，何某作为作者的身份已被剥夺，建筑设计院对此具有过错。

何某的作者身份不应受到工业设计院未主张侵权的影响，相反，在其任职单位不主张职务作品的著作权时，作者对身份权益的主张应得到尊重、理解和支持。建筑设计院应当修正自身的行为，并在需要指明上述设计的全部项目负责人时，对何某在原图纸的作者身份予以明确。建筑设计院的行为仅间接地影响了何某的作者权益。因本案中建筑图纸的使用采用保密方式，故未给何某造成不良影响，无须承担公开致歉及消除影响的责任。何某所提律师费用并无证据支持，该请求亦不予支持。

**【法院判决】**依据《著作权法》第10条第一款第（二）项、第11条第四款、第16条第二款第（一）项、第20条、第47条第（十一）项之规定，判决如下：

1. 被告建筑设计院停止以体育馆屋盖网壳钢结构全部唯一设计单位的方式署名或者在署名时注明修改设计；在需要指明项目负责人时，明确原施工图的项目负责人为原告何某；

2. 驳回原告何某对被告建筑设计院的其他诉讼请求。案件受理费100元，由被告建筑设计院负担，于本判决生效之日起七日内交纳。

**【案例点评】**本案是一起发生在勘察设计业内著作署名权纠纷案件。我国著作权法规定了著作权包括著作人身权和著作财产权。著作人身权是作者基于作品依法享有的以人身利益为内容的权利。人身权方面，包括发表权（决定作品是否公之于众的权利）、署名权、修改权（修改或者授权他人修改作品的权利）和保护作品完整权（保护作品不受歪曲、篡改的权利），人身权的后三项权利一般为作品的作者所享有。

署名权，即表明作者身份，在作品上署名的权利，也称姓名表示权。通常可用真实姓名，也可以用笔名、别名，或隐去姓名不署。不署姓名是署名权的行使方式之一。作者的署名权、修改权、保护作品完整权的保护期不受限制。依据著作权法规定，因署名问题发生争议的可以向人民法院提起侵权行为之诉或确认之诉来解决。

对于职务作品，作者具有署名权吗？我国《著作权法》第16条对职务作品的著作权归属问题做了规定：“公民为完成法人或者其他组织工作任务所创作的作品是职务作品，除本条第二款的规定以外，著作权由作者享有，但法人或者其他组织有权在其业务范围内优先使用。作品完成两年内，未经单位同意，作者不得许可第三人以与单位使用的相同方式使用该作品。

有下列情形之一的职务作品，作者享有署名权，著作权的其他权利由法人或者其他组织享有，法人或者其他组织可以给予作者奖励：

（一）主要是利用法人或者其他组织的物质技术条件创作，并由法人或者其他组织承担责任的工程设计图、产品设计图、地图、计算机软件等职务作品；

（二）法律、行政法规规定或者合同约定著作权由法人或者其他组织享有的职务作品。”

公民为完成法人或者其他组织工作任务所创作的作品是职务作品。由于此种作品在创作过程中作者和他所服务的机构之间存在着劳动关系，故作品在归属上与非职务作品的著作权归属存在着区别。职务作品具有以下特征：1.作者与所在工作机构应具有劳动关系；

2.创作的作品应当属于作者的职责范围；3.对作品的使用应当属于作者所在单位的正常工作或业务范围内。

第 16 条第一款规定，除本条第二款的规定以外，著作权由作者享有，即通常情况下职务作品的著作权属于事实作者，也即自然人作者。受劳动关系影响，职务作品在完成以后，著作权关系也受到劳动关系的影响。对于此种职务作品，本条规定，法人或者其他组织有权在其业务范围内优先使用。这种使用是无偿的，但是法律提倡作者所在的单位根据作品的被使用情况，给予作者适当的奖励。本条还规定，作品完成两年内，未经单位同意，作者不得许可第三人以与单位使用的相同方式使用该作品。《中华人民共和国著作权法实施条例》第 14 条又规定："职务作品由作者享有著作权的，在作品完成两年内，如单位在其业务范围内不使用，作者可以要求单位同意由第三人以与单位使用的相同方式使用，单位没有正当理由不得拒绝。在作品完成两年内，经单位同意，作者许可第三人以与单位使用的相同方式使用作品所获报酬，由作者与单位按约定的比例分配。作品完成两年后，单位可以在其业务范围内继续使用。作品完成两年的期限，自作者向单位交付作品之日起计算。"

按照第 16 条第二款的规定，在特殊情况下职务作品的著作权由法人或其他组织享有，作为作者的公民享有署名权，著作权中的其他权利由法人或者非法人单位享有，法人或者其他组织可以给予作者奖励。本条规定了如下两种特殊情况：（一）主要是利用法人或者其他组织的物质技术条件创作，并由法人或者其他组织承担责任的工程设计图、产品设计图、地图、计算机软件等职务作品；（二）法律、行政法规规定或者合同约定著作权由法人或者其他组织享有的职务作品。[根据《中华人民共和国著作权法实施条例》第 15 条规定："著作权法第十六条第二款第（一）项所称物质技术条件，指为创作专门提供的资金、设备或者资料。"]在这两种情况下，著作权由法人或其他组织享有，而事实作者只享有依劳动关系而产生的劳动报酬请求权，而不享有著作权中的任何权利。这种基于法律规定的著作权中的财产权与作者分离，是由于这类职务作品所使用的财力、物力是法人或非法人单位的，作品的民事责任也是由法人或非法人单位承担，单位给予作者一定奖励，作者就不再承担责任。这种著作权中的财产权与作者分离，从一定意义上讲，也是保护了作者的权利。

本案何某承担了此项目的实际设计工作，虽属于职务作品，但依据《著作权法》第 16 条第二款规定，对于职务作品，作者享有署名权，著作权的其他权利由法人或者其他组织享有，法人或者其他组织可以给予作者奖励；包括主要是利用法人或者其他组织的物质技术条件创作，并由法人或者其他组织承担责任的工程设计图、产品设计图、地图、计算机软件等职务作品的情形。也就是说本案何某设计虽然属于职务作品，但其本人具有著名的权利，应受到法律保护。该项目工程设计虽然中途易主，但是基础部分还是按照何某的设计方案进行的，理应获得部分著名权。建筑设计院将自己作为唯一设计单位的行为割断了作品与作者之间的联系，何某作为作者的身份已被剥夺，对此，建筑设计院应属于侵权行为。

## 8.2　雕塑作品侵权纠纷

### 【案例 8.4】从平面到立体，复制行为属侵权

**【案情摘要】**甲雕塑喷泉盆景创作中心（以下简称甲雕塑创作中心）在业务经营中，有多个作品刊登在相关媒体上。其中，“××雄狮”的平面视图曾公开发表在《××》杂志上，“××头像”、“××腾飞”、“××之星”等平面视图曾分别公开发表在《××》杂志上，“××情”的平面视图曾公开发表在《××教育》杂志上，“××塔”的平面视图曾公开发表在《中国××报》上。雕塑创作中心在上述媒体上，以雕塑世界的名义表明展示作品是雕塑的平面视图。

甲雕塑创作中心后发现，乙雕塑景观制作厂（以下简称乙雕塑制作厂）将上述作品制作成雕塑后散放陈列于粮油管理所内并将“××之星”（改称为“××情”）、“××腾飞”、“××塔”（改称为“××家族”）以及名人头像等作品的平面视图刊登在《中小学管理》杂志上，用以招徕客户购买其雕塑作品。在作品的创作构思、主体造型、表现方式、表达内容等方面，雕塑制作厂的“××之星”、“××腾飞”、“××塔”、“××情”4件作品与原告先前发表的平面视图作品一致。原告自行拍摄了被告涉嫌侵权的相关证据。公证部门进行了公证，原告支付公证的费用是1 600元，遂向法院提起诉讼。

**【法庭诉辩】**原告甲雕塑创作中心诉称，原告是较早从事雕塑设计和制作安装的专业性企业，拥有较多作品的著作权。被告乙雕刻制作厂未经原告许可，私自复制了6件原告享有著作权的作品并在其经营场所和《中小学管理》杂志等媒体上公开展示，侵犯了原告的著作权，抢占了原告市场份额，给原告造成了经济损失。原告请求判令被告立即停止侵权行为、销毁侵权雕塑和模具，并公开道歉并赔偿原告经济损失3万元。

被告乙雕塑制作厂未作书面答辩，也没有提供相关证据。其委托代理人在庭审中辩称，原告所举证据只能证明其发表过争诉作品的广告，没有著作权且这些平面广告发表时间均在原告成立之前，故原告不享有著作权，没有诉讼主体资格；被告仅仅是为了学习而临摹且制成后都散放于厂区没有销售，故被告的行为并不构成侵权。被告请求驳回原告的诉讼请求。

对原告提供证据的真实性、关联性，被告没有提出异议，法院予以确认。被告没有在法定的举证期限内向本院提供证据。

**【法院审理】**本案焦点是被告将上述平面视图制成雕塑的行为是否构成侵犯原告著作权并应承担的侵权责任。法院认为：依据现有证据，在相反证据出现并由被告向原告提出抗辩之前，应认为甲雕塑创作中心对本案4件作品“××之星”、“××情”、“××腾飞”、“××塔”的平面视图享有著作权，同时也享有利用这些平面视图立体地复制为雕塑作品的著作权。甲雕塑创作中心被撤销后，根据设立单位同意，原告承诺承担其债权债务，原

告也对登记机关进行了承诺，应视为原告同时也继承了被撤销单位所拥有的上述平面视图作品著作权的相关权利。因此，原告具备本案的诉讼主体地位。

《著作权法》第22条第一款规定：为个人学习、研究或者欣赏，使用他人已经发表的作品或对设置或者陈列在室外公共场所的艺术作品进行临摹、绘画、摄影、录像可以不经著作权人许可，不向其支付报酬，但应当指明作者姓名、作品名称并不得侵犯著作权人的其他权利。被告将上述平面视图作品制成雕塑后散乱放置于他人可以进出无特别障碍的场所，同时也没有指明作品名称和作者，作为同为雕塑制作的专业厂家采取这种方式进行临摹和学习也不合情理，故被告辩称制作目的是为了临摹学习的理由本院不予认同。创作雕塑作品最为关键和重要的部分在于之前的创作构思包括以何种主体造型表达创意，依据平面视图的主体造型与主要特征，一个具备正常雕塑技艺的人就能够立体地制成雕塑这种表达某种创意的载体。从艺术创作层面上说，仅仅是一个对平面视图的立体复制过程并不存在一个独立著作权要求的独创性特点，被告存在接触以上刊登争诉作品媒体的可能，同时被告也不能举证证明其独自创作或参考原告以外的他人创作上述争诉四件平面视图作品的任何一个过程，在四件立体作品的创作构思、主体造型、表现方式、表达内容均与原告享有著作权的平面视图作品基本一致的情况下，被告的制作行为是对原告平面视图的复制行为，上述从平面到立体的制作“××之星”、“××情”、“××腾飞”、“××塔”4件作品雕塑作品的行为应视为侵犯了原告的雕塑作品著作权，被告对此应承担侵权责任。

原告请求判令被告立即停止侵权行为，赔礼道歉的要求应予以支持；被告虽然没有销售上述4件作品，但原告的诉讼请求目的之一也是为了防止潜在的客户在不知道争诉作品已经侵犯他人著作权的情况下购买并扩大自己作品的市场，取得经济效益。所以，原告请求判令销毁侵权雕塑和模具的主张，本院亦予以支持。

考虑到原告的合理支出和被告没有销售等具体情况，在权利人的实际损失和侵权人的违法所得不能确定情况下，本院酌定被告赔偿原告的经济损失为15 000元，对原告因此支付的合理费用也应该负担即以800元计算为宜。

“××雄狮”具有其传统的艺术造型与表现形式，“××头像”依据各个名人早已公示公知的性格特点和面貌都可以通过雕塑的艺术方式体现。事实上在很早的香港上海汇丰银行发行的纸币上就印载有与“××雄狮”，相类似的图案而涉案的“××头像”也在很早的众多媒体中发现且原告所主张的“××头像”，原告并没有创造出与其他先前作品相比有独创性地表现人物性格或神态的艺术特征。故原告请求主张“××雄狮”、“××头像”的雕塑作品著作权，属于过度扩张其民事权利的行为，本院不予支持。

**【法院判决】**依照《民法通则》第118条、第13条第（一）、（七）、（十）项，《著作权法》第47条第（一）项，《民事诉讼法》第128条的规定，判决如下：

1. 被告乙雕塑制作厂立即停止侵犯原告甲雕塑创作中心“××齐飞”、“××之星”、“××情”、“××塔”雕塑作品著作权的行为；

2. 被告乙雕塑制作厂于本判决生效之日起十日内向原告支付赔偿金 15 000 元，为制止侵权的合理费用 800 元，合计 15 800 元；

3. 被告乙雕塑制作厂于本判决生效之日起十日内销毁“××齐飞”、“××之星”、“××情”、“××塔”的雕塑和制作模具；

4. 被告乙雕观制作厂于本判决生效之日起十日内在《中小学管理》杂志上公开向原告甲雕塑创作中心赔礼道歉，内容由本院确定，逾期本院将在该杂志上公布本判决内容，费用由被告负担；

5. 驳回原告甲雕塑创作中心对被告乙雕观制作厂主张“××雄狮”、“××头像”雕塑著作权并要求判令承担民事责任的诉讼请求。

案件受理费 1 210 元由被告乙雕塑制作厂负担 1 000 元，原告甲雕塑创作中心负担 210 元。

**【案例点评】**从平面到平面的复制不具有特殊性，是雕塑或建筑作品侵权行为中最常见的，也是最严重的侵权方式。但是，按照他人的平面设计视图，制作出一个立体的模型或建造出一幢建筑或雕塑的从平面到立体的复制，则是要特别判定的，从平面到立体的过程是否属于著作权法上的复制是有争议的。根据我国 1990 年版的《著作权法》第 52 条规定：“本法所称的复制，指以印刷、复印、临摹、拓印、录音、录像、翻录、翻拍等方式将作品制作一份或者多份的行为。按照工程设计、产品设计图纸及其说明进行施工、生产工业品，不属于本法所称的复制。”可见，当时规定从平面到立体的过程不属于复制。相关人士在介绍立法背景时指出：“把从平面到立体也视为复制将会导致许多工业领域的生产寸步难行。”2001 年版的《著作权法》删除了上述规定，但并未说明“从平面到立体”为复制，从而可以解释为复制包括了对于作品的从平面到立体的复制。

美国 1990 年专门制定了《建筑艺术作品法》，以弥补过去不承认按建筑设计图建造建筑物构成复制的缺陷。其他伯尔尼公约成员国多在立法中承认从平面到立体的“再现”过程属于复制。尽管在立法上，英美等国家都认为对平面到立体的“再现”过程构成复制，但在司法实践中，从平面到立体的复制的外延是受到严格限定的。法院通常认为，产品设计图虽然可享受版权保护，但根据设计图而生产出的产品却不能称为著作权法意义上的作品。譬如，纸面上的衣服设计图案属于图形著作，而依照该图裁剪出来的衣服则不能获得版权保护，理由是相对于艺术上的创新来说，遮羞避寒方面的实用功能还是衣服最基本最常见的用途，衣服的艺术性不能脱离实用性而单独存在，该理论现已被美国的判例多次验证和确立。

在从平面到立体的过程中，建筑物的“再现”则是建筑设计图中包含有独创性的艺术表达部分时，构成“复制”。因为版权法所保护的是建筑物具有独创性的艺术表达，而非建造建筑物所使用的施工方法和建筑技术，且建筑设计图作为建筑作品受保护的也是其所蕴含的创作表达，行为人将建筑设计图转变为建筑物，改变的只是创作成果的表达方式，作为著作权保护内容的创作并没有被改变。将这种从平面到立体的按图施工过程视为“复制”是符合著作权法内在逻辑的。为此，本案原告雕塑创作中心，依据我国现行的《著作权法》，提出“权利人具有平面视图著作权，同时也享有利用这些平面视图立体地复制为雕塑作品的著作权”的诉讼请求，得到了法院的支持。

## 8.3 软件设计侵权纠纷

### 【案例 8.5】窃取资料搞程序，判决侵权有依据

**【案情摘要】**刘某系某建筑设计院职工，在建筑设计院负责计算机软件开发事项。200×年7月，根据原告建筑设计院指令并由设计院提供全部物质条件，由刘某负责开发工程量计算软件，两年后完成了市场调研和软件设计。嗣后，刘某离开原告单位建筑设计院，与被告某科技发展有限公司签订合作开发协议，从事“工程算量软件”的开发工作并获成功。科技公司除招聘刘某外，还招聘了其他人员一起对工程量计算软件进行设计开发，并予以资金投资。201×年6月，刘某与科技公司因故实际终止履行合作开发协议，仍回原建筑设计院工作。7月29日，刘某与科技公司办理了技术交接手续，刘某将其在科技公司开发和掌握的文档资料和程序源码移交给科技公司，并在“技术报告”中称，软件主持单位是科技公司，合作单位是建筑设计院。作为软件的合作单位，从200×年4月开始，建筑设计院就组织了本软件的部分前期市场调研和软件初步设计工作等。科技公司将“工程算量”软件向国家版权局申请著作权登记，并获得了计算机软件著作权登记证书。为此，建筑设计院将刘某、科技公司两被告诉至法院，请求判令科技公司的“工程算量软件”系侵犯原告拥有的“工程量计算软件”著作权的侵权作品，并向建筑设计院赔礼道歉，消除影响。

**【法院审理】**法院认为：刘某在到科技公司工作前已经进行了一定的开发工作，对于刘某提交给原告的《工程量计算——计算内容》、《第一部分：工作流程、总控及属性定义》、《第二部分：模型建立及修改》、《第三部分：图形及工程数据》4本软件技术资料是否属于职务作品，系原告建筑设计院与刘某之间的法律关系。现作者刘某对原告诉称的职务作品事实完全认可，并且被告科技公司也未能证明这4份技术资料是刘某在科技公司工作期间开发的。因此，法院认定原告建筑设计院提交的上述4本软件技术资料系刘某在到科技公司工作前完成的职务作品，其著作权属于建筑设计院。从建筑设计院提交的上述四本软件技术资料内容分析，该软件资料虽然属于软件设计的概要设计阶段，但是，该软件技术资料具有创造性劳动的特征，同样可以受著作权法中关于文字作品的规定予以保护。经比较，刘某移交给科技公司的《工程量计算软件设计说明——计算》和《属性定义程序编制说明——属性定义》同原告建筑设计院享有著作权的其中两本软件设计资料大部分内容相同。据此，法院认为，科技公司未经原告许可，由刘某将原告单位未发表的作品复制到科技公司使用，应当认为构成了复制使用。即便科技公司在本案诉讼过程中称将刘某移交涉嫌侵权的作品排除在其文档外，两被告仍应承担相应的法律责任。

由于原告建筑设计院未开发出独立的系争软件，而且科技公司在开发系争软件过程中，除招聘刘某外，还招聘了程序员等其他工作人员，并独立投入了相关费用。同时，由于程序语言与原告享有著作权的4本软件技术资料的设计语言属于不同的表达方式，根据著作权侵权判断的基本要素，原告仅仅依据现有的4本软件技术的概要设计资料，否定科技公司整个系争软件的著作权，缺乏事实与法律依据，法院不予支持。

**【法院审判】**法院判决：1. 被告科技公司停止使用刘某移交给科技公司的《工程量计算软件设计说明——计算》和《属性定义程序编制说明——属性定义》两本技术资料；2. 被告刘某和被告科技公司在本判决生效之日起 15 日内，以书面形式向原告建筑设计院赔礼道歉、消除影响（内容须经法院审核）；3. 原告其他诉讼请求不予支持。判决后，原被告均不服一审判决，向高级人民法院提起上诉，二审法院作出了驳回上诉，维持原判的终审判决。

**【案例点评】**本案是一起涉及从文字到程序的计算机软件著作权侵权判断的新类型案件，主要涉及以下法律问题：

一、原告四本软件技术资料性质的认定。本案原告诉称被告科技公司的“运昌算量软件程序”系侵犯原告拥有的“工程量计算软件”著作权的侵权作品，其所基于的权利证据是《工程量计算——计算内容》、《第一部分：工作流程、总控及属性定义》、《第二部分：模型建立及修改》、《第三部分：图形及工程数据》4本软件技术资料。因而，判断这4本软件技术资料究竟是原告计算机软件中的程序部分还是文档部分，成为本案原告享有权利的关键。通常一个计算机程序的设计开发一般要经历三个阶段：

1. 产生程序设计的概念或创意阶段。这种概念或创意根据顾客或用户的需要拟定，将作为未来程序的基础。此阶段相当于软件生命周期中的可行性研究与计划阶段和需求分析阶段。

2. 程序设计准备阶段。在这一阶段，使用流程图或算法来说明程序设计的概念或思想。此阶段相当于软件生命周期中的概要设计阶段和详细设计阶段。

3. 用一系列指令的形式写出程序本身。此阶段相当于软件生命周期中的编码实现阶段。

从原告提供的4本软件技术资料的内容分析，4本软件技术资料的主要内容系描述开发计算机程序的一种设计思想，尚属于概要设计阶段，原告本身并未开始计算机程序的开发。因此，从著作权保护的角度，原告享有的权利以4本软件技术资料为准。至于这4本资料是受文字作品、文档保护还是程序保护，法院认为其只能依据其创造性给予著作权法中的文字作品保护。

二、侵权的认定——著作权保护的范围：创意表达两分法

1. 创意表达两分法界定与适用。创意表达两分法是指当存在许多不同的方式可用来表现某一概念时，如果所选择的表达方式并不是为了表达思想概念所必须采用的唯一方式，那么该表达方式只是思想概念的表达，而不是思想概念本身。著作权保护表达，不保护思

想，是目前各国都接受的基本原则。也就是说，著作权法只保护计算机程序作品的创作形式而不保护该程序的内涵。

本案在确定原告4本技术资料享有相关著作权后，是否能够延及内容反映的技术思想，实践中有不同的观点。一种观点认为，4本技术资料文字及其反映的技术思想均受著作权保护。被告科技公司利用其中的技术思想进行相应的软件开发，构成了著作权侵权。原告就是持这种观点；另一种观点，即法院审理本案的意见认为，根据著作权保护的表达和思想两分法，原告的4本技术资料只是反映了一种技术思想，思想本身不能受著作权保护。尤其在计算机软件领域，只有思想与表达有机地集合在一起的作品，才能享有著作权法保护。

《TRIPs协定》第9条第二款明确规定："版权保护应延及表达，而不延及思想、工艺、操作方法或数学概念之类。"该条约明确提出著作权只保护表达，不保护思想。1996年底通过的《WIPO版权条约》第2条对此也作了几乎相同的规定："版权保护延及表达，而不延及思想、过程、操作方法或数学概念本身。"

至于一件作品哪些部分属于思想概念，哪些部分属于思想概念的表达，有时区分起来是一个难题。思想概念只有以某种形式表达出来才能受著作权法的保护，而且在多数场合，思想和表达只是一个相对的概念。原告现有的4本软件技术资料对于文档来说，属于创意的表达，应当受著作权法保护，但对于程序而言，则仅属于创意，尚未到达表达的程度。因此，对于原告来说，4本技术资料如果被他人以同样的方式抄袭或剽窃，则构成著作权侵权；如果他人使用了该技术资料的部分技术思想，但运用不同的表达形式，则不构成侵权。在某些特殊情况下，创意表达可以合并。比如，某一创意可能只有少数几种表达，这时已经很难对创意及其表达加以区分。因为著作权法不保护创意，所以这种情况下对创意的表达也无法给予保护。故某人为同一创意而采取的表达，如果与他人已经存在的表达相似，则不认为侵权。

计算机软件侵权案件的创意表达两分法，是美国法院在审理计算机软件侵权案件中确立的原则。尽管该原则在国外的司法实践中被广泛直接运用，但国内判决类似案件大都持谨慎态度。即便在案件审理中依照该原则认定相关事实，但一般不在判决书中直接适用。本案合议庭在审理这起案件中对该原则进行了研究，直接根据该方法认定被告侵权。

2. 两分法与著作权上的改编之间的关系。被告科技公司是否将原告4本软件技术资料用计算机语言加以改编形成了计算机软件，这是本案要解决的关键问题。在著作权法上的改编，是指以原作品为基础，变更其形式，重新表现该作品内容。一般而言，改编的目的是为作品不同的用途、满足不同需要进行的形式上的编写，它们在内容上有较大的承继关系，只是表达形式上进行了变更。在计算机软件领域，文档与程序之间属于完全不同的两种基础表达形式，技术文档体现的是一种技术构思，而程序是采用某种程序设计语言编写出的代码化指令序列。两者在制作要求上完全不同，思想表现方式也完全不同，它们之间不构成原作品与改编作品之间的关系。只有当采用某种程序设计语言编写的程序已经存在时，在原有程序基础上改用另一种程序设计语言编写得到的新程序与原有程序之间的关系才是著作权法意义上的“改编”。那么，体现原告技术思想的技术资料是否就不能得到有效的保护呢？如果当事人要对该程序体现的技术思想进行保护，则必须采用专利法或反不正当竞争法等进行保护。当事人在各种权利竞合的情况下，选择不同的诉讼角度，其诉讼后果不尽相同。因此，本案的诉讼后果跟原告的诉讼角度是有关系的。

三、本案的法律适用。被告刘某擅自将其在原告处开发的4本软件技术资料的职务作品带给被告科技公司，是不符合法律规定的。自1991年6月1日起施行的《著作权法》、2001年版所修订的《著作权法》，还是2010年4月1日修订的《著作权法》第16条均规定：“公民为完成法人或者非法人单位工作任务所创作的作品是职务作品，除本条第二款的规定除外，著作权由作者享有，但法人或者非法人单位有权在其业务范围内优先使用。作品完成两年内，未经单位同意，作者不得许可第三人以与单位使用的相同的方式使用该作品。有下列情形之一的职务作品，作者享有署名权，著作权的其他权利由法人或者非法人单位享有，法人或者非法人单位可以给予作者奖励：（一）主要是利用法人或者非法人单位的物质技术条件创作，并由法人或者非法人单位承担责任的工程设计、产品设计图纸及其说明、计算机软件、地图等职务作品……”。根据该规定，一般的文字、美术等职务作品的著作权属于作者，但是涉及有关技术的工程设计图纸、产品设计图纸及其说明、计算机软件等职务作品的著作权属于单位。本案涉及的文字作品属于由建筑设计院承担责任进行软件开发的技术资料，对这种技术资料职务作品的著作权，适用《著作权法》第16条第二款第（一）项的规定处理，即著作权属于原告建筑设计院。因此，本案由建筑设计院作为原告起诉是恰当的。《著作权法》第47条规定了（十一）项侵权行为，被告的行为不属于上述前10项侵权行为，鉴于被告侵权行为的特殊性，法院认定适用第47条第二款第（十一）项“其他侵犯著作权以及与著作权有关的权益的行为”开放性的规定，判被告侵权是妥当的。

### 【案例8.6】调离单位窃秘密，构成侵权违法律

**【案情摘要】**某软件公司研制开发的“三维可视化工程量智能计算软件”，该软件通过了由建设部科技司组织，该市建设局主持的科技成果鉴定。200×年12月，软件公司制订员工手册，将包括技术开发的信息、源程序和目标程序磁盘文件，软、硬设计文件和图纸等作为商业秘密的内容，列入商业秘密保护范围。软件公司与员工在签订劳动合同时，还签订有员工保守商业秘密及技术秘密承诺书。该承诺书约定：公司员工在劳动合同终止后的两年内，本人不直接或间接地使用或帮助他人在与软件公司竞争的领域内使用秘密，不直接或间接地劝诱或帮助他人劝诱企业内掌握技术秘密的职工离开软件公司。

其间，陈某受聘进入软件公司。陈某担任副总工程师，负责技术开发和档案管理工作。钟某亦受聘进入软件公司，负责技术开发工作。陈、钟二人与软件公司签订劳动合同书。陈、钟均是“三维可视化工程量智能计算软件”的主要研制人员。此后，陈、钟二人辞职

离开软件公司。陈、钟二人受聘进入某信息公司，分别担任市场总监和销售经理。同年，信息公司开始研制开发“××工程量”软件，陈、钟两人参与了该软件的研发工作。“××工程量”软件开发成功后，信息公司进行了市场销售。软件公司认为陈、钟二人与信息公司侵犯了其“三维可视化工程量智能计算软件”中的商业秘密，软件公司向法院提起诉讼。

**【法庭诉辩】**软件公司请求法院判令：陈、钟、信息公司立即停止侵犯其商业秘密，停止“××工程量软件”的复制和销售等行为，并判令陈、钟、信息公司采取保密措施、赔礼道歉、连带赔偿经济损失20万元、10万元、20万元。

在一审庭审中，软件公司、陈、钟、信息公司确认“三维可视化工程量智能计算软件”和“××工程量软件”均是在美国软件AutoCAD平台上进行二次开发的建筑工程量软件。但双方在如下问题存在重大分歧：1. 软件公司所主张的技术信息是否构成商业秘密？2. 软件公司的软件和陈、钟、信息公司的软件在该技术方面是否相同？3. 如果是相同技术，该技术是否是业内公知技术？经中国科学技术法学会知识产权司法鉴定中心鉴定报告认为：

（一）陈、钟、信息公司的“××工程量”软件使用的技术与软件公司的“三维可视化工程量智能计算软件”相比：1. 程序具有不可比性；2. 建模的方式、方法具有等同性；3. 数据库及其储存方法具有等同性；4. 两系统均采用AutoCAD平台自动计算，具体的算法不可获知，无法判断。

（二）等同部分与业内公知技术的比较分析；根据专家的认识和了解，利用多义线建立柱、梁、板、墙的模型和文字表示钢筋的含义、级别等方法，属于建筑行业内的公知技术。但是，专家组认为，在建筑施工应用软件中综合利用上述技术，在软件公司技术的形成时间，具有创造性。而陈、钟、信息公司软件的建模方式、方法等与软件公司的上述技术相等同，陈、钟、信息公司在举证其使用的技术系业界公知技术时所出示的图书资料属实，但是列举的一些同类软件的编制时间均为软件公司软件完成之后；当专家在听取陈、钟、信息公司的意见陈述时，提出了陈、钟、信息公司软件创造性和技术的合法来源的问题。陈、钟、信息公司才从网上找到一个同类钢筋算量软件早期版本来支持钢筋文字定义是业界公知技术的证据。专家组认为：陈、钟、信息公司关于软件创造性和技术的合法来源的举证不足以说明陈、钟、信息公司是通过公知领域获得该项综合技术。

**【法院审理】**法院审理认为，本案的关键问题在以下几个问题：

1. 关于软件公司所主张的软件技术是否构成商业秘密问题。商业秘密的本质特征是：专有性、秘密性、价值性。本案中，软件公司请求保护的商业秘密是“三维可视化工程量智能计算软件”中四项技术，属于技术信息。市建设局颁发的科学技术成果鉴定证书和司鉴中心司法鉴定书，软件公司软件在建模的方式、方法方面的技术具有专有性。市建设局科学技术成果定书认为“该软件采用AutoCAD R14作为开发和使用平台。有效利用施工图的电子文档，采用人机对话方式，建立图形化的工程量计算模型。在没有施工图电子文档的情况下，软件提供简便生成各种轴网和构件的辅助工具，较好地解决了土建工程的工程量计算问题，尤其对于复杂平面的工程量计算，能大大提高工作效率及准确度”，“该软件达到国内领先水平，该委员会一致同意通过科技成果鉴定，并建议在全国推广使用”。

司鉴中心的司法鉴定书认为“利用多义线建立柱、梁、板、墙的模型和文字表示钢筋的含义、级别等方法，属于建筑行业内的公知技术。但是，专家组认为，在建筑施工应用软件中综合利用上述技术，在软件公司技术的形成时间，具有创造性”。因此，软件公司软件在建模的方式、方法方面的技术是软件公司开发研制的技术，具备一定程度的创新性，是其专有技术。

关于秘密性，软件公司的上述技术只表现在软件的源程序中。虽然该软件的应用软件进行了市场销售，但是应用软件是通过一系列菜单让用户使用软件功能，普通用户对软件功能的实现方法是不可获知的。与此同时，软件公司与其员工签订有保守商业秘密及技术秘密承诺书，并建立了有关保守商业秘密的规章制度。软件公司的上述技术对公众而言，不可能通过公开渠道获取，软件公司对该秘密也采取了必要的保密措施。关于价值性，市建设局科学技术成果鉴定证书认为“该软件达到国内领先水平，该委员会一致同意通过科技成果鉴定，并建议在全国推广使用”，该软件中的上述技术无疑符合价值性要件。综上，软件公司软件在建模的方式、方法方面的技术具备技术秘密中的专有性、秘密性和价值性，符合技术秘密的构成要件，应当受到法律保护。

2. 关于举证责任的分配及陈、钟、信息公司行为是否构成侵权问题。在举证责任的分配上，软件公司所主张的商业秘密构成商业秘密，软件公司也举证证明陈、钟是软件公司软件的主要研究开发人员，陈、钟又是信息公司的公司员工。应当认定陈、钟、信息公司对软件公司软件中的上述技术有接触的条件。司鉴中心司法鉴定书认定软件公司和陈、钟、信息公司软件在上述技术方面是等同的，陈、钟、信息公司软件使用了软件公司软件在建模的方式、方法方面的技术。按照公平原则，综合当事人举证能力等因素，应当视为软件公司已完成举证责任。被告必须举证证明其上述技术来源的合法性。陈、钟、信息公司主张其上述技术来源于公知技术，华科司鉴中心司法鉴定书认为：软件公司的上述技术具备创造性，而陈、钟、信息公司在公知技术方面的举证不足以说明其是通过公知领域获得该项技术。因此，应当认定被告在其技术来源的合法性上，举证不充分，被告不能证明其上述技术的合法来源，应当承担举证不能的法律责任。陈、钟违反约定和软件公司有关保守商业秘密的要求，披露、使用其所掌握的商业秘密，信息公司明知陈、钟是软件公司上述技术的主要研发人员，在研发同类软件时，仍使用陈、钟所掌握的商业秘密。陈、钟、信息公司行为均构成侵犯软件公司商业秘密的行为，属于制造、销售侵权行为。陈、钟、信息公司在行为上有意思上的联络，构成共同侵权，应当互相承担连带责任。

3. 关于损失赔偿数额的计算问题。软件公司认为没有具体依据，根据被告软件用户的数量、销售价格推算陈、钟、信息公司获利超过 50 万元，根据过错程度要求法院判令陈、钟、信息公司分别赔偿软件公司经济损失人民币 20 万元、10 万元、20 万元。对软件公司因陈、钟、信息公司侵权行为所遭受的经济损失，或者陈、钟、信息公司因侵权行为所获取的利润，法院无法查清，法院将依法酌情确定：酌情赔偿数额将综合考虑以下因素加以确定，在商业秘密的类型上，软件公司请求保护的商业秘密是建筑工程应用软件中的有关技术；在软件公司技术的价值性上，市建设局科学技术成果鉴定证书认为“该软件达到国内领先水平”；在侵权行为的性质上，陈、钟明知软件公司技术属于技术秘密，仍违反有关约定，披露与信息公司使用，陈、钟、信息公司行为给软件公司造成了严重影响；同时还应考虑软件公司因调查和制止侵权所支付的合理费用包括律师费和公证费。综上，陈、钟、信息公司共同侵犯了软件公司的商业秘密。被告应当承担停止侵权的法律责任。包括立即停止使用软件公司商业秘密编制的“××工程量”软件的复制、销售等行为，并采取有效的保密措施，不得扩散软件公司的商业秘密。软件公司请求法院判令陈、钟、信息公司赔礼道歉，鉴于没有充分证据表明陈、钟、信息公司侵权行为给软件公司造成了精神或者商誉损害，对该诉讼请求，不予支持。

**【法院判决】**法院依照《反不正当竞争法》第 10 条第一款（三）项、第二款、第三款、《民法通则》第 130 条、《民事诉讼法》第 54 条第一款、《最高人民法院关于民事诉讼证据的若干规定》第 1 条、第 7 条的规定，判决如下：

1. 陈、钟、信息公司立即停止侵犯软件公司的商业秘密；2. 陈、钟、信息公司分别赔偿软件公司经济损失 5 万元、5 万元、6 万元。陈、钟、信息公司互相承担连带责任；3. 驳回软件公司的其他诉讼请求。本案案件受理费 10 010 元、鉴定费 30 000 元，由陈承担 12 003 元，钟承担 12003 元，信息公司承担 16 004 元。

**【二审诉讼】**陈、钟、信息公司三方均不服上述一审判决，共同向上级法院提起上诉称：

1. 中国科学技术法学会司法鉴定结论超出一审法院委托鉴定的范围，对公知技术的组合利用进行鉴定。软件公司未主张公知技术的组合利用属于其商业秘密的前提下，一审法院以鉴定部门违反法律程序做出的司法鉴定为依据，认定软件公司的“可视化软件”属于商业秘密是不正确的。

2. 一审法院依据司法鉴定书认定“陈、钟、信息公司关于软件创造性和技术的来源举证不足以说明其是通过公知领域获得该项综合技术”是错误的。因为，在一审法院委托的鉴定事项中，陈、钟、信息公司无须对于软件的创造性和技术来源举证。陈在其题为“建筑工程结构输入系统”的研究生毕业论文已将建筑工程和计算机技术融为一体，软件公司的“可视化软件”源于陈的前期研究成果。陈、钟、信息公司的“××工程量软件”具有创造性和技术来源的合法性。

3. 软件公司的“可视化软件”属于建立在 AutoCAD R14 平台上的第二次开发软件。该软件产生的每一个数据都以 AutoCAD 提供的实体来进行存储，无法进行加密处理，这种数据结构本身无法保密，不具有商业秘密的构成要件。该软件需借助 AutoCAD 平台才能工作，而 AutoCAD 属于美国 Autodesk 公司所有，但软件公司未经美国 Autodesk 公司的合法授权。“××工程量软件”和“可视化软件”有根本区别。

4. 软件公司没有提供因侵权行为所遭受的经济损失，或者陈、钟、信息公司因侵权行为所获取的利润等证据的情况下，一审法院依职权自由裁量赔偿数额没有法律依据。同时，一审法院在软件公司没有举证证明侵权行为产生的损害后果情况下，认定陈、钟、信息公司的行为构成侵权不当。

5. 软件公司的诉讼请求没有获得全部支持，应承担部分诉讼费，但一审判决陈、钟、信息公司承担全部诉讼费不当。

综上，一审判决认定事实错误，适用法律不当，请求二审法院撤销一审判决，依法认定“可视化软件”不具备商业秘密的构成要件，驳回软件公司的诉讼请求。

软件公司没有提供书面答辩，其在二审法庭调查时口头答辩称：一审判决认定事实清楚，处理正确。陈、钟、信息公司上诉无理，请求二审法院驳回上诉，维持原判。

**【二审审理】**一审法院的结论属于对事实的判断。综上，上述鉴定结论没有超出一审法院委托的范围，属于对案件事实作出的技术判断，且该鉴定报告亦经过当事人质证，故该鉴定报告依法可以作为认定案件事实的依据。陈、钟、信息公司上诉认为上述鉴定结论超出一审法院委托鉴定的范围，且部分内容属于鉴定部门超出职能所作出的判断的主张与事实不符，本院不予采纳。

根据市建设局科学技术成果鉴定书及中国科学技术法学会知识产权司法鉴定中心的司法鉴定书证实，即上述软件具有实用性，能给软件公司带来经济利益。软件公司开发研制的该种软件，技术上具有的创新性，该技术只表现在软件的源程序中。虽然该软件的应用软件进行了市场销售，但是应用软件是通过一系列菜单让用户使用软件功能，普通用户对软件功能的实现方法是不可获知的，即软件公司的上述技术对公众而言，不可能通过公开渠道获取。

软件公司与其员工签订有保守商业秘密及技术秘密承诺书，并建立了有关保守商业秘密的规章制度，对软件技术采取了必要的保密措施。依照《反不正当竞争法》第 10 条第三款规定，上述软件属于软件公司的商业秘密，应受法律保护。陈、钟、信息公司上诉认为软件公司的 “三维可视化工程量智能计算软件”属于侵权产品，但未能提供充分证据支持，故本院对上述主张不予采纳。

陈、钟受聘软件公司期间，是软件公司“三维可视化工程量智能计算软件”的主要研究开发人员，掌握软件公司开发该软件中的技术，依法负有保守上述商业秘密的义务。陈、钟从软件公司离职后，共同受聘进入信息公司工作，并于同年研制开发了“××工程量软件”。根据司法鉴定中心司法鉴定书证实“××工程量软件”使用了“三维可视化工程量智能计算软件”在建模的方式、方法方面的技术。由于陈、钟、信息公司不能充分举证证明“××工程量软件”技术合法的来源，陈、钟违反其与软件公司有关保守商业秘密的约定，披露、使用所掌握的商业秘密，信息公司明知陈、钟是软件公司上述技术的主要研发人员，在研发同类软件时，仍使用陈、钟所掌握的商业秘密，故应认定陈、钟、信息公司行为均构成侵犯软件公司商业秘密。陈、钟、信息公司存在意思上的联络，构成共同侵权，应当互相承担连带责任。一审判决认定陈、钟、信息公司共同侵犯软件公司商业秘密正确，本院予以维持。

对于侵权赔偿问题，由于当事人均未提供充分证据证实因侵权行为给软件公司造成的实际损失，或陈、钟、信息公司因侵权行为而获得的利润，一审法院采取定额赔偿方式，根据陈、钟、信息公司侵权行为的性质、情节、软件公司商业秘密的价值及软件公司为制止侵权行为所花费的成本等因素，酌定陈、钟、信息公司分别赔偿软件公司经济损失5万元、5万元、6万元，陈、钟、信息公司互相承担连带责任。上述判决符合《反不正当竞争法》第20条的规定，并无不当。陈、钟、信息公司共同侵犯软件公司的商业秘密是造成本案纠纷的根本原因，陈、钟、信息公司的侵权事实已经得到法院确认，软件公司请求的侵权赔偿数额亦在法定的定额赔偿范围之内，因此，一审判决陈、钟、信息公司负担全部案件受理费并无不当。综上，陈、钟、信息公司上诉理由不成立，法院不予支持。原审判决程序合法，认定事实清楚，适用法律正确，法院予以维持。

**【二审判决】**依照《民事诉讼法》第153条第一款第（一）项的规定，判决如下：驳回上诉，维持原判。本案二审案件受理费10 010元，由陈、钟、信息公司各负担3 336元。

**【案例点评】**商业秘密在我国《反不正当竞争法》第10条第三款作了较为严格的界定：“商业秘密是指不为公众知悉，能为权利人带来经济效益，具有实用性并经权利人采取保密措施的技术信息和经营信息。”国家工商行政管理局发布的《关于禁止侵犯商业秘密行为的若干规定》对此做了进一步解释，详细列举了技术信息和经营信息的具体内容。和过去的要领外延相比，增加了客户名单、产销策略、招投标中的标底及标书内容、资源情报。在地方法规中，北京市《反不正当竞争条例》将商业秘密概念的属概念界定为“技术”秘密、技术信息和经营信息。《上海市反正当竞争条例》第三章第15条进一步明确商业秘密包括特定的原材料配方、工艺流程、技术诀窍、设计资料、管理方法、营销策略、客户名单、货源情报等。商业秘密的获得及占有在现代市场竞争中具有的重要作用，是商业秘密被侵犯的内在原因。占有了商业秘密，就是占有了市场，把握了生存与发展权。所以，竞争对手往往为获取他人商业秘密而不择手段。不仅影响了权利人经济利益的实现，而且扰乱了社会经济生活秩序，对整个竞争秩序带来了破坏性的影响。商业秘密对于企业来说是非常重要的，它关系到企业的生死存亡。本案例陈某、钟某与信息公司一案就是最典型的例子。

# 第 9 章　建设施工知识产权侵权案例

在建设施工活动中，企业面临的知识产权风险不可低估。有些人认为，企业知识产权保护是知识密集型企业的事情，施工企业属于劳动密集型企业，与知识产权关系不大。实际上，这是一种错误的认识，在施工活动中，施工企业也会面临着各种各样的知识产权风险。比如，本企业专利被他人盗用的风险，本企业由于过错或失误侵犯他人专利的风险，企业内部专利权属纠纷风险以及企业工法遭他人泄露、使用等。同时，施工企业知识产权风险也不单局限于专利侵权方面，在商标权、商业秘密方面所面临的风险也不可低估。比如，施工企业购买的建筑材料、建筑设备（门窗、暖气等）同样会面临商标权侵权风险。为此，施工企业要积极进行知识产权保护，不但要对本企业专利进行保护，也要尊重其他人的知识产权，否则将陷入知识产权纠纷的旋涡之中，最终影响企业的可持续发展。

## 9.1　建设施工专利侵权纠纷

### 【案例 9.1】承包人不慎侵专利，提供构件者间接侵权

**【案情摘要】**邱某持有“××方法”有效发明专利权。200×年 7 月 16 日，专利权人邱某与甲建设公司签订《专利实施许可合同》，授权甲建设公司在本地区排他使用该项发明专利，约定使用费总计 1 635 万元。许可使用期限约定为 16 年，使用费为每年人民币 100 万元，并约定了使用费的支付方式等。该专利实施许可合同签订后，合同双方均向国家知识产权局提出备案申请并依法办理备案手续。8 月 11 日，专利权人邱某收到甲建设公司支付的第一年第一期技术使用费。

一年后，乙建设公司与某建材公司签订《×××混凝土薄壁管购销安装合同》。合同约定，由建材公司向乙建设公司提供×××混凝土薄壁管用于项目工程中，并由建材公司负责安装，合同总价为 141 260 元。在该合同中，双方还约定，建材公司对其开发生产的专利产品×××混凝土薄壁管承担全部民事责任，若因建材公司专利原因给乙公司造成经济损失，由建材公司承担全部责任。若有其他公司就乙建设公司使用“×××方法”起诉乙建设公司侵权，建材公司承担由此造成的全部责任及损失。此后，乙建设公司未经专利权利人许可，在其承建的项目中疑似使用邱某的该项专利，遂后专利权人邱某提起诉讼。

**【法庭诉辩】**邱某诉称：被告乙建设公司未经原告许可，在其承包的项目中制造空心楼板，其特征落入原告上述专利权利要求保护范围，侵犯了原告专利权，被告建材公司明知乙建设公司在其承包的项目中制造的空心板侵犯原告上述专利权，仍然向其进行施工技术交底等帮助，其行为已构成对原告上述专利权的共同侵权。请求判令：

1. 被告乙建设公司立即停止制造侵犯原告专利权的空心楼板，被告乙建设公司赔偿原告人民币 200 万元，由建材公司承担连带责任；2. 建材公司立即停止对原告涉案专利权的共同侵权行为；3. 本案诉讼费用由两被告承担。

被告乙建设公司辩称：乙建设公司与被告建材公司签订的“×××混凝土薄壁管购销安装合同”规定，乙建设公司承建的涉案办公楼工程中使用的×××混凝土薄壁管全部由建材公司生产，并由建材公司销售给乙建设公司，有关现浇空心楼板中的应用技术（施工方法）、安装也由建材公司负责，合同总金额为 141 260 元。乙建设公司并不知道，也不可能知道建材公司生产销售的×××混凝土薄壁管以及现浇空心楼板中的应用技术（施工方法）已由原告申请了专利。乙建设公司使用该产品和有关应用技术（施工方法）系合法取得，不应承担赔偿责任。

被告建材公司辩称，建材公司的薄壁管是用于空心楼盖，自己有两项专利，在原告取得专利前就应用于无梁楼盖中；无梁楼盖是现有技术，建材公司安装无梁楼盖产品使用的是自己的专利，未侵犯原告专利权，请求法院驳回原告的诉讼请求。

8 月 20 日，根据原告证据保全的申请，法院依法提取了两被告在建设银行省分行营业办公楼项目中使用的空心楼板设计图纸，并对空心楼板的施工现场进行拍照。对被告乙建设公司生产空心板使用的技术图纸和现场施工进行分析。法院开庭审理过程中，组织了原、被告双方当事人进行了充分的质证。

**【法庭审理】**法院经过调查审理认为，被告乙建设公司生产、制造的空心楼板产品包含了原告该项专利权利要求记载的全部技术特征，根据全面覆盖原则，可以认定被控侵权产品落入原告发明专利保护范围，构成专利侵权，应承担停止侵权、赔偿损失的民事责任。被告建材公司明知其生产的×××混凝土薄壁管系专用于制造空心楼板的关键部件，仍提供给被告乙建设公司用于制造侵权空心板并提供安装，构成对原告发明专利的间接侵权，依法应承担相应的民事责任。

原告提交参照确定赔偿依据的《专利实施许可合同》已依法备案并实际履行，两被告未能提供相应证据支持其反驳、否定该许可合同的理由，许可使用费亦未发现明显不合理的情况，法院对其真实性予以认定。法院充分考虑本案侵权性质、情节、后果及本案专利的具体情况等因素，参照专利实施许可合同当年度的许可使用费数额确定赔偿数额。对原告提出的责令两被告停止侵权的诉讼请求，法院予以支持；对赔偿损失的诉讼请求，法院予以部分支持。对两被告实施的共同侵权行为，原告根据两被告在侵权中的作用，对其分别提出赔偿请求，不违反法律规定，法院予以支持。

**【法院判决】**依照《民法通则》第 118 条，《专利法》第 11 条第一款、第 39 条、第 56

条第一款、第 60 条，最高人民法院《关于审理专利纠纷案件适用法律问题的若干规定》第 17 条第一款、第 21 条的规定，判决如下：

1. 被告乙建设公司、建材公司立即停止侵犯原告邱某对“预置空腔硬质薄壁构件现浇钢筋砼空心板及其施工方法”发明专利权的行为；

2. 被告乙建设公司赔偿原告邱某经济损失共计人民币 100 万元。此款限被告乙建设公司在本判决生效后三十日内付清；

3. 被告建材公司对上述第二项赔偿义务承担连带责任。

本案受理费 20 010 元，财产保全费 10 520 元，证据保全费 3 000 元，共计 33 530 元，由原告负担 7 000 元，由被告乙建设公司、被告建材公司各负担 13 265 元。

**【案例点评】**本案是工程施工承包中对他人专利权侵权的案例，由于承包企业的不慎，未经权利人允许，使用了他人的专利，侵犯了他人专利权。乙建设公司与建材公司构成侵权责任。本案主要有以下几个争论焦点：1.被告乙建设公司制造的空心楼板与原告的专利技术是否相同或相似？2.被告建材公司向乙建设公司提供空心楼板构件×××薄壁管和技术指导是否构成间接共同侵权？3.原告请求赔偿的依据是否合理？

一、关于被告乙建设公司制造的空心楼板与原告专利技术是否相同或相似的问题。根据我国专利法律、法规、司法解释的规定，人民法院审理专利侵权案件，应当根据技术对比进行判定，应以权利要求记载的全部必要技术特征与被控侵权物的相应技术特征进行对比。专利权保护范围以权利要求书中明确记载的必要技术特征所确定的范围为准，也包括与该必要技术特征相等同的特征所确定的范围，说明书、附图可以用于解释权利要求。根据该判定原则和方法，经对原告专利技术方案与被告乙建设公司涉案空心楼板进行比较，被告乙建设公司制造的空心楼板技术特征为：一种设置有空腔硬质薄壁管的现浇钢筋砼空心板，由钢筋、砼、预置在钢筋砼中的空腔硬质薄壁管、固定定位构件构成，空腔硬质薄壁管通过固定定位构件定位，空腔硬质薄壁管为封闭的空腔构件，与原告涉案专利的必要技术特征相同。被告乙公司制造的空心楼板之空腔硬质薄壁管壁为不溶于水的硬质材料，硬质材料为水泥纤维；空腔硬质薄壁构件两端之间有与构件间现浇砼纵肋相交的现浇砼端间肋，现浇砼端间肋在同一直线上，构成与多条现浇砼纵肋相交的现浇砼通长端间肋，现浇砼通长端间肋有至少两条相互平行。该材质使用、定位方式与原告专利权利之材质使用、定位方式一致，在原告涉案专利权利要求 5～8 的解释中有较清晰的体现。同时，被告乙建设公司制造的空心楼板的技术特征与原告发明专利文献实施例 2 相同。被告乙建设公司在中国建设银行省分行营业部营业办公楼项目中制造的空心楼板技术特征与原告专利技术相同，已落入了原告发明专利的保护范围。

二、关于建材公司为乙建设公司制造空心楼板提供薄壁管和技术指导是否构成间接共同侵权的问题。行为人知道第三人实施侵犯他人专利权的行为，仍然为其提供所需设备等帮助，或行为人知道有关产品或技术只能用于实施特定发明或者实用新型专利的，仍然将其提供给没有合法权利实施专利的第三人使用，构成间接侵权，应承担共同侵权的民事责任。本案两被告所签《×××混凝土薄壁管购销安装合同》明确约定：乙建设公司在中国建设银行分行营业部营业办公楼项目中使用的×××混凝土薄壁管全部由建材公司提供和安装，而该薄壁管又是制造空心楼板不可或缺的关键部件。建材公司向乙建设公司提供了空心楼板所用的专用构件，并帮助其安装，其行为间接地与被告乙建设公司共同实施了侵犯原告专利权的行为，被告建材公司应依法承担间接共同侵权的民事责任。

三、关于原告所提的赔偿依据是否合法的问题。我国专利法及其司法解释的规定，侵犯专利权赔偿数额在被侵权人所受损失和侵权人获得的利益难以确定时，有专利许可使用费可以参照的，可根据专利权的类别、侵权人侵权的性质、情节、专利许可使用费的数额、专利许可的性质、范围、时间等因素，参照该专利许可使用费的 1～3 倍合理确定赔偿数额。本案被侵权人损失及侵权人利益难以确定，本案所涉专利实施许可合同已依法备案并已实际履行，许可使用费亦无明显不合理情形，可参照许可费 1～3 倍合理确定赔偿数额。由于许可使用费采用数额固定、分年分期支付方式（每年 100 万元），考虑侵权性质、情节、后果等因素，宜参照专利实施许可合同的当年度应支付使用费数额确定赔偿数额。此外，被告乙建设公司称其制造的空心楼板使用的专用部件薄壁管系由建材公司负责提供和安装，乙建设公司不应承担侵权责任。被告乙建设公司没有提供证据证明其实施原告专利系经过了原告的许可，被告乙建设公司是本案侵权空心板的生产、制造者，实施了直接侵权行为。依法律规定，实施生产、制造行为的发明专利侵权人不以主观明知为侵权要件，被告之间关于侵权责任的约定亦不能成为其对外免责的合法依据。被告乙建设公司应为其直接实施的侵权行为承担相应民事责任。

### 【案例 9.2】误读技术合作协议、导致施工人侵权赔偿

**【案情摘要】**北京某施工技术公司持有“爬升脚手架的防坠装置”、“爬升脚手架防坠装置的控制机构”两项实用新型专利权。200×年 6 月 25 日，上海某建筑公司（甲方）与该施工技术公司（乙方）签订《导轨式爬架的技术合作协议》，该协议约定：甲方购买乙方导轨式爬架及其应用技术，用于上海地区高层建筑施工。由甲方申请办理有关上海市建设主管部门的专业资质认证，乙方在甲方资质认证期间，提供必要的技术文件资料，甲方对乙方技术资料有保密责任，未经乙方同意，甲方不得以此技术同第三方合作。乙方以优惠价格提供产品，具体价格及应用技术费用根据具体另行签订。同日，双方还签订了《导轨式爬架的经营合作协议》，该协议约定：乙方以甲方的名义，从事承揽爬架工程承包等经营活动，并以甲方建筑公司名义签订合同。8 月 14 日，双方签订《××花苑外爬架租赁合同》，约定甲方承包的××花苑施工外脚手架采用乙方研制生产的导轨式爬架，双方合作方式为设备租赁。此后，施工技术公司发现该建筑公司（甲方）实施了其实用新型专利，遂将其告上法庭。

**【一审审理】**一审法院经审理认为：本案的争议焦点是：1. 原告施工技术公司是否享有“爬升脚手架的防坠装置”、“爬升脚手架防坠装置的控制机构”两项实用新型专利权？

2. 被告建筑公司是否侵犯了原告的上述两项专利权？3. 被告陈某是否侵犯了原告施工技术公司的上述两项专利权？4. 原告施工技术公司要求被告建筑公司及张某赔偿经济损失人民币50万元是否有依据？

争议焦点一：原告施工技术公司认为其合法享有“爬升脚手架的防坠装置”及“爬升脚手架防坠装置的控制机构”两项实用新型专利。两被告对原告提供的上述两项实用新型专利证书不持异议，但认为根据原告提供的缴纳年费收据，只能显示原告缴纳的是200×年的年费，对原告在200×年之后是否继续缴纳专利年费两被告持有异议。故两被告对原告上述两项专利的有效性持有异议。

一审法院认为：原告已提供了“爬升脚手架的防坠装置”及“爬升脚手架防坠装置的控制机构”两项实用新型专利证书及相关的专利文件，并已提供了最近一次的缴纳年费收据。因此，确认原告是上述两项专利的专利权人。两被告对原告专利有效性提出的异议，不予采纳，理由是：一是根据原告提供的国家知识产权局专利收费收据，可以证明200×年7月29日原告向国家知识产权局缴纳了上述两项专利的年费。收据中“交来”一栏记载的是“200×年”，两被告据此认为原告缴纳的是200×年的年费，但根据国家专利局开具年费收据的惯例及综合收据中记载的其他栏目可以确认；二是两被告对原告上述两项专利的有效性持有异议，但并未提供相应的证据加以佐证，两被告的观点缺乏事实和法律依据。

争议焦点二：原告认为被告建筑公司未经原告许可，擅自生产、使用、出租含有原告两项专利技术的爬升脚手架，其行为构成对原告专利权的侵害。被告建筑公司对其生产、使用的爬升脚手架防坠装置的技术特征落入原告两项专利保护范围没有异议，但认为其使用的是施工技术公司提供的技术，是合法使用，不构成对原告专利权的侵害。

一审法院认为：我国《专利法》规定，未经专利权人许可，实施其专利，即构成专利侵权。本案中，被告建筑公司未经原告许可，擅自实施原告的“爬升脚手架的防坠装置”及“爬升脚手架防坠装置的控制机构”实用新型专利，其行为构成对原告专利权的侵害。理由是：1. 根据建筑公司与施工技术公司签订的《导轨式爬架的技术合作协议》，建筑公司购买的是导轨式爬架及其应用技术，在应用技术的内容上，协议并没有明确，因此，不能确定应用技术就是本案涉及的两项专利技术；2. 上述协议只能反映原告与施工技术公司之间的技术合作关系，不能证明原告获得许可，可以自行生产、使用原告的专利产品；3. 被告建筑公司自认，其生产、使用的爬升脚手架的防坠装置的技术特征与原告两项专利的必要技术特征相一致。因此，被告建筑公司关于不构成专利侵权的辩解缺乏相应的证据佐证，不予采信。

争议焦点三：原告认为，在被告建筑公司与案外人签订的《劳务合同》及《安全管理协议》中均有被告陈某的签名，因此被告陈某实施了侵犯原告专利权的行为。被告陈某认为，具体实施技术的是建筑公司，而不是其个人，故原告指控其个人侵权不能成立。

一审法院认为：原告指控被告陈某利用职务之便获得并向被告建筑公司提供专利产品的图纸及技术，但对此原告未提供证据加以证明，因此，原告的指控不能成立。现原告仅以《劳务合同》、《安全管理协议》中有陈某的签名为依据指控陈某构成专利侵权，但因上述两份协议均是由被告建筑公司与案外人签订的，陈某的身份是建筑公司的委托代理人。陈某在上述两份协议上签名的行为并不是其个人行为，而应视为建筑公司的行为。因此，原告指控被告陈某实施了侵权行为，缺乏依据，不予支持。

争议焦点四：原告认为，根据上海市建设基建检测中心提供的材料，可以证明被告将原告的专利产品用于 27 项工程，根据同行业的平均利润，其取得的收益远远超过人民币 50 万元，本案中原告仅要求被告赔偿经济损失人民币 50 万元。被告建筑公司则认为，原告提供的证据不能证明建筑公司已切实履行了上述 27 项工程，而且原告所述的利润过高，没有依据。

原审法院认为：被告建筑公司实施了侵害原告专利权的行为，应当承担停止侵害、赔偿损失的民事责任。根据我国《专利法》的规定，侵犯专利权的赔偿数额，按照权利人因被侵权所受到的损失或者侵权人因侵权所获得的利益确定，被侵权人的损失或者侵权人获得的利益难以确定的，参照该专利许可使用费的倍数合理确定。本案中，鉴于被侵权人的损失或者侵权人获得的利益都难以确定，也没有专利许可使用费可以参照，因此，将根据本案系争专利权的类别、侵权人侵权的性质和情节、过错程度等因素，适用“酌定赔偿”原则确定赔偿数额。

**【一审判决】**一审法院依照《民法通则》第 134 条第一款第（七）项、《专利法》第 59 条、第 60 条、第 65 条、《最高人民法院〈关于审理专利纠纷案件适用法律问题的若干规定〉》第 21 条的规定，判决：

1. 被告建筑公司立即停止对原告施工技术公司享有的“爬升脚手架的防坠装置”及“爬升脚手架防坠装置的控制机构”实用新型专利权的侵害；

2. 被告建筑公司于判决生效之日起十日内赔偿原告施工技术公司公司经济损失人民币 25 万元；

3. 对原告施工技术公司的其他诉讼请求不予支持。一审案件受理费人民币 10 010 元，由原告施工技术公司负担人民币 2 503 元，被告建筑公司负担人民币 7 507 元，专家咨询费人民币 1 500 元，由被告建筑公司负担。

**【二审诉讼】**建筑公司不服一审判决，向上级法院提起上诉，请求撤销原审判决，驳回被上诉人的诉讼请求。上诉人建筑公司上诉的主要理由是一审法院认定事实有误，适用法律不当。根据建筑公司与施工技术公司签订的《导轨式爬架的技术合作协议》及《导轨式爬架的经营合作协议》，建筑公司使用涉案专利技术已经得到了许可。建筑公司使用的技术均是施工技术公司提供的，不构成专利侵权。建筑公司按协议获得技术资料，申请了相应资质，建筑公司使用涉案专利技术是合理使用。关于涉案专利年费，被上诉人的举证不明确。一审法院判决确定的赔偿数额没有事实依据。依据有关民事判决书证明，建筑公司使用技术是付费的。

被上诉人施工技术公司辩称：一审判决认定事实清楚，适用法律正确，上诉人所举证的民事判决书与本案无关，上诉人建筑公司的上诉理由不能成立。一审被告陈某没有答辩意见。

**【二审审理】**二审法院认为：《导轨式爬架的技术合作协议》并未授权建筑公司使用涉案专利技术制造、使用相应专利产品，根据《导轨式爬架的技术合作协议》的规定，是由施工技术公司以优惠价格向建筑公司提供产品，具体价格及应用技术费根据具体情况另行签订。协议允许建筑公司使用的产品应是从施工技术公司购买的产品，协议中所述应用技术费是指使用从施工技术公司购买导轨式爬架产品所涉技术需要支付的费用。

根据协议为获得相关专业资质认证，建筑公司从施工技术公司处获得了相应技术资料，但这并不等于建筑公司获得了实施涉案专利技术的授权。关于专利年费，一审判决已经作了充分的论述，且涉案专利权在后来的无效宣告审查程序及相应的司法审查程序中被认定有效，也进一步印证了一审判决认定的正确性。由于被侵权人的损失或者侵权人获得的利益都难以确定，也没有专利许可使用费可以参照，一审判决根据本案系争专利权的类别、侵权人侵权的性质和情节、过错程度等因素酌情确定的赔偿数额并无不当。

**【二审判决】**综上所述，上诉人建筑公司的上诉请求与理由没有事实和法律依据，应予驳回。依照《民事诉讼法》第152条第一款、第153条第一款第（一）项、第158条之规定，判决如下：驳回上诉，维持原判。本案二审案件受理费人民币10 010元，由上诉人建筑公司负担。

**【案例点评】**本案是由于建筑公司缺乏知识产权知识，导致将专利合作协议误认为是专利转让合同，可以行使转让权利。专利权既是一种人身权，也是一种财产权。根据《专利法》第10条规定，专利申请权和专利权可以转让。中国单位或者个人向外国人、外国企业或者外国其他组织转让专利申请权或者专利权的，应当依照有关法律、行政法规的规定办理手续。转让专利申请权或者专利权的，当事人应当订立书面合同，并向国务院专利行政部门登记，由国务院专利行政部门予以公告。专利申请权或者专利权的转让自登记之日起生效。专利申请权或专利权的转让履行手续如下：

1. 我国个人或单位（包括全民所有制和集体所有制单位）向外国转让专利申请权或专利权的，必须经国家专利管理机关批准；2. 专利申请权或者专利权的转让人要与受让人共同签署一份书面的、符合专利法及有关法律的“转让合同”；3. 必须到专利管理部门申请办理认定、登记手续；4. 应向国家专利管理机关提交“转让合同”和“著录项目变更申报书”，同时，缴纳费用。国家专利管理机关在专利公报上予以公告后，此项专利申请权或专利权的转让才正式生效。

### 【案例9.3】施工人许诺使用专利，未兑现不构侵权

**【案情摘要】**某建设干挂石公司法定代表人钟某拥有“××接头管桩”的实用新型专利，钟某出具《专利许可授权书》将该专利权以独占实施许可的形式授权给干挂石公司，但没有明确授权的期限。

200×年 3 月，某市自来水公司就水厂净水构筑物桩基础工程进行招标，某施工公司参与了该工程项目的投标，投标文件包括了上述“××透视图”，其上标有干挂石公司的名称，盖有施工公司的公章。干挂石公司在该施工公司参与上述工程投标前，向施工公司推广“××”技术，将“××透视图”及《材料报价表》传真给施工公司。

施工公司在中标后没有按照投标书上的施工承诺使用“××”，干挂石公司得知致函该施工公司，希望该施工公司使用。后干挂石公司致函该市建设工程招标管理办公室反映施工公司不按照投标书上的承诺施工的违规情况。

在招标办的过问下，5 月 10 日干挂石公司将《供货合同》草稿传真给施工公司，合同上的购货单位为施工公司（甲方），供货单位为干挂石公司（乙方），该合同约定生效条件：本合同在乙方先行向甲方提供 400 米 C80○300AB 型高强度接头管桩施压，并于 5 月 12 日前低应变检测合格后生效执行。5 月 11 日，干挂石公司将《供货合同》修改后传真给施工公司。其中修改合同生效条件为：本合同在乙方先行向甲方提供 400 米 C80○300AB 型高强度接头管桩施压，并于该管桩施压后通过小应变检测合格后生效执行。

5 月 12 日，施工公司、工程监理公司和干挂石公司工作人员在场，第一次进行试压快速接头管桩，发现管桩有破裂。5 月 14 日，再次进行施压试验，仍然发现管桩破裂。5 月 28 日，施工公司就本案涉及的工程作了一份《总包工作申报表》及附件《处理方案》，其中有沉淀池 A 区 CA75－7 号桩与滤池 A 区 LA17－20 号桩因采用接头管桩施压不成功等内容，监理单位、设计单位、业主对此予以确认。

5 月 16 日，施工公司收到干挂石公司出具的《意见书》，内容主要为：关于施工公司试用干挂石公司提供的接头管桩一事，由于两次试压不成功，干挂石公司决定将该批民政管桩公司生产的接头管桩运走；并要求施工公司在管桩检测报告未出来前，再次考虑将干挂石公司生产出来的接头管桩在其他厂家生产，继续履行施工公司投标文件和施工方案的承诺。

施工公司于 5 月 19 日就干挂石公司于 5 月 16 日的《意见书》复函干挂石公司，称“贵司认为管桩出现裂缝是由于管桩质量原因造成，已请省建材检测中心到场抽样送检，该批管桩只能待检验结果合格后方能使用，至于运走与否，请贵司自己决定……”。6 月 17 日，省建材产品质量检验中心出具的《证明》，内容是其受民政管桩公司委托，对自来水公司某水厂净水构筑物桩基础工程中使用的先张法××进行现场抽样检测，结论为依据国家标准《先张法预应力混凝土管桩》抽样检测，所检项目合格，检验日期为 5 月 15 日。遂干挂石公司将施工公司告上法庭。

**【法庭诉辩】**干挂石公司诉称，施工公司在投标书中将其公司专利为施工方案，但未予以落实，施工公司投标文件中称“该接头管桩技术……已被我公司广泛应用于静压桩施工工艺中”。侵害了干挂石公司的专利权益。虽然施工公司在涉案水厂净水构筑物桩基础工程的实际施工中没有使用干挂石公司的专利，但被告施工公司违反了《专利法》第 11 条规定，属于许诺销售行为，要求法院判决施工公司承担赔偿责任。

施工公司则辩称，本公司并未在涉案工程中使用该公司的专利，没有侵权。请法院驳回干挂石公司的诉讼请求。

**【一审审理】**法院审理认为，钟某是“××”实用新型专利的专利权人，其将该专利权以独占实施许可的形式授权给干挂石公司，干挂石公司依法取得的独占实施许可权应受法律保护。依照我国《专利法》第 11 条第一款的规定：“发明和实用新型专利权被授予后，除本法另有规定的以外，任何单位或个人未经专利权人许可，都不得实施其专利，即不得为生产经营目的制造、使用、许诺销售、销售、进口其专利产品，或者使用其专利方法以及使用、许诺销售、销售、进口依照该专利方法直接获得的产品。”该款规定的“许诺销售”是指以做广告，在商店橱窗陈列，或在展销会上展出等方式作出的销售商品的许诺。“使用”是指实际使用，并不包括“许诺使用”。现双方当事人均确认施工公司在涉案水厂构筑物桩基础工程的实际施工中并没有使用涉案专利。施工公司在招标文件使用××透视图等的行为，既不是“许诺销售”行为，也不是专利法上禁止的“使用”行为，而是一种许诺使用的行为。不管这种许诺使用行为是否经过干挂石公司的同意，都不构成对干挂石公司专利权的侵犯。至于干挂石公司开庭时提出的施工公司还将干挂石公司的专利产品广泛应用于其他工程的主张，由于证据不足，法院不予确认。综上所述，干挂石公司没有证据证明施工公司未经其同意使用其专利产品，干挂石公司指控施工公司侵犯其专利权的依据不足，法院不予支持。

**【原审判决】**依据《民事诉讼法》第 64 条第一款、《专利法》第 11 条第一款，判决如下：驳回干挂石公司的诉讼请求。一审案件受理费人民币 4 510 元由干挂石工程公司负担。

**【二审诉讼】**干挂石公司不服上述判决，干挂石公司随后向市中级人民法院提起诉讼，请求撤销原审判决，依法改判支持其诉讼请求。事实与理由是，被上诉人施工公司在其涉案水厂桩基工程中，存在未经专利权人的许可，擅自使用及许诺销售上诉人的预应力混凝土管桩快速接头技术，被上诉人的行为已经侵犯了上诉人的专利权，依法应当承担侵权民事责任。请求判令：1. 施工公司就其侵害干挂石公司享有的“××”专利技术的行为书面公开向干挂石公司赔礼道歉；2. 施工公司赔偿因其侵犯干挂石公司所享有的“预应力混凝土管桩快速接头”专利技术而造成干挂石公司的经济损失 150 000 元；3. 本案一切诉讼费用由施工公司承担。

施工公司未到庭参加诉讼，也未提供答辩意见。

**【二审审理】**二审法院认为：涉案专利权合法有效，上诉人干挂石公司依法取得了涉案专利的独占实施许可权，该使用权应受法律保护。依照我国《专利法》第 11 条第一款的规定：“发明和实用新型专利权被授予后，除本法另有规定的以外，任何单位或个人未经专利权人许可，都不得实施其专利，即不得为生产经营目的制造、使用、许诺销售、销售、进口其专利产品，或者使用其专利方法以及使用、许诺销售、销售、进口依照该专利方法直接获得的产品。”该款规定的“许诺销售”是指以做广告，在商店橱窗陈列，或在展销会上展出等方式作出的销售专利产品的意思表示。在本案中，双方当事人均确认施工公司在涉案水厂构筑物桩基础工程的实际施工中并没有使用涉案专利。施工公司只是在招标文件使用了预应力混凝土管桩（机械）快速接头透视图，该图也不是涉案专利的附图，故被上诉人施工公司在招标文件使用了××透视图的行为，既不是“许诺销售”行为，也不是专利法上的“使用”行为，该行为并未构成对涉案专利权的侵犯。上诉人认为被上诉人的上述行为构成对其专利的使用和许诺销售侵权，理由不成立，本院不予支持。

**【二审判决】**二审法院认为，原审判决认定事实清楚，适用法律正确，上诉人上诉理由不成立，根据《民事诉讼法》第153条第一款第（一）项的规定，判决如下：驳回上诉，维持原判。二审案件受理费4 510元，由上诉人干挂石公司承担。

**【案例点评】**本案是一起施工企业因在投标书中许诺使用他人专利技术，但最终未能落实而引发的专利权纠纷案。本案关键涉及施工公司的行为是否属于《专利法》第11条规定的“许诺销售”行为？

《专利法》第11条提出的“许诺销售”的概念，源自《TRIPs协定》第28条有关供销售（offering for sale）的规定，但二者都未说明何谓“许诺销售”。《最高人民法院关于审理专利纠纷案件适用法律问题的若干规定》第24条指出：“专利法第11条、第63条所称的许诺销售，是指以做广告、在商店橱窗中陈列或者在展销会上展出等方式作出销售商品的意思表示。”该司法解释采用广义解释，亦即只要具备“意思表示”即可构成“许诺销售”，未得专利权人同意进行“许诺销售”的，即为侵害专利权。在司法实务上，对于许诺销售的认定其实有更为严格的见解。例如，在网站上刊登专利侵权产品时，是否为“意思表示”？是否构成“许诺销售”？是否属专利侵权？就此问题《人民法院案例选2009年第1辑》第429页收录的“伊莱利利诉甘李公司侵犯专利权”一案，对“许诺销售”则采用狭义解释，认为除了意思表示外，还需该侵权产品处于能够销售的状态，二者同时具备方构成侵权。

许诺销售行为发生在实际销售行为之前，其目的是为了实际销售。《专利法》禁止许诺销售的目的在于尽可能早地制止专利产品或依照专利方法直接获得的产品的交易，使专利权人在被控侵权产品扩散之前就有可能制止对其发明创造的侵权利用。因此，被控侵权人不但应当具有即将销售侵犯专利权的产品的明确意思表示，而且在作出该意思表示之时，其产品应当处于能够销售的状态。“伊莱利利诉甘李公司侵犯专利权”一案中，尽管甘李公司在其网站上对其“速秀霖”产品进行宣传，但现有证据不能证明甘李公司所进行的宣传系欲达到销售该产品的目的。因此，甘李公司在其网站上进行宣传的行为不构成许诺销售。因此，依该案见解，在网站上刊登侵权产品，只要该产品不处于能够销售的状态，即不构成“许诺销售”。简单来说，《专利法》对于“许诺销售”侵权方式的认定，可以从两方面来看：1. 法律规定上，只要有明确的意思表示即构成“许诺销售”；2. 司法实务上，除了明确的意思表示外，还需该侵权产品处于能够销售的状态，两者具备方构成“许诺销售”。

结合本案情，虽在投标书上有意思表达，但按照专利法规定，许诺销售是指以做广告、在商店橱窗中陈列或者在展销会上展出等方式作出销售商品的意思表示，不属于上述范畴之内。为此，施工公司的行为不属于许诺销售的行为。同时，双方都确认施工公司并未在施工中使用涉案专利的事实，许诺使用并不等于许诺销售，所以法院驳回干挂石公司的诉讼请求。

## 9.2　建设施工商标侵权纠纷

### 【案例 9.4】防火设备属假冒，承包商承担责任

**【案情摘要】**200×年 7 月，××市某建筑公司承包建设某一小区，决定购买某防火设备公司（甲方）生产的 AA 牌防火门安装在该小区内使用。建筑公司与自称系防火设备公司的王某（乙方）的沟通，决定由乙方按甲方的工程进度负责安装 AA 牌防火门，乙方向甲方提供了防火设备公司营业执照复印件、防火门检验报告及 AA 牌防火门合格证等材料。双方于 200×年 8 月 7 日签订了防火门制作安装合同书，甲方为建筑公司承包某项目部，甲方签字人朱某，乙方是防火设备公司，签字人王某、林某（现场管理人员），双方都没有加盖任何有效公章。200×年 9 月开始，乙方由王某聘请的林某施工团队负责陆续进行安装 AA 牌防火门直至该工程竣工验收。

201×年 9 月，防火设备公司向工商行政管理局投诉称该小区的 AA 牌防火门是假冒该公司的产品，并声明其在公司工作机构从未有过林某、王某这两个业务人员。林某向案件承办人员承认受雇于王某安装该小区内的 AA 牌防火门，赚取其工钱。当事人建筑公司及林某均表示现与王某已经没有办法联络，也无法提供工商管理局查找王某的通联信息。因此，案件承办人员联系公安部门拟进一步调查王某的个人信息情况。不久公安局经济犯罪侦查支队向工商局出具“有关 AA 牌防火门线索的调查报告”中称，该支队曾接到防火设备有限公司的举报：即省消防总队联合工商和质监部门检查发现该工程及房楼建设工程的对安装 AA 牌防火门情况，称该支队无法确定王某的身份，亦未能查清王某提供的营业执照等材料的真实性。当事人建筑公司购买涉案防火门均已经安装投入使用，经营额 468 274 元。经过防火设备有限公司鉴定，该小区内的 AA 牌防火门不是防火设备公司生产的，系假冒防火设备公司的厂名、厂址，其商标铭牌“AA”商标也与防火设备公司的 AA 商标近似。

**【行政处罚】**市工商行政管理局认为，当事人建筑公司的行为属于《商标法》第 52 条第（二）项规定的：“销售侵犯注册商标专用权的商品行为。”同时，也违反了《产品质量法》第 37 条：“销售者不得伪造产地，不得伪造或者冒用他人的厂名、厂址”的规定。随机抽检的一扇门产品质量不合格，鉴于无法代表该小区内所有的 AA 牌防火门都不合格，且其单扇门的货值 650 元，依法处理的罚款畸轻，建议依照《商标法》的有关规定处罚。

由于涉案的防火门产权已经发生转移，该小区部分住户在案发之前更换了其他品牌的防火门，因此，执法机关无法没收违法物品。5 月 28 日，工商局向市公安消防支队发出工商行政管理局行政建议书，建议该部门对已经通过有关部门验收的该小区使用的不合格假冒防火设备公司生产的“AA”牌防火门进行依法处理。根据《商标法实施条例》第 52 条：“对侵犯注册商标专用权的行为，罚款数额为非法经营额 3 倍以下；非法经营额无法计算的，罚款数额为 10 万元以下”的规定，对当事人施工承包公司处罚如下：1. 责令停止侵权违法行为；2. 处以罚款非法经营额 23 万元。

**【案例点评】**本案是发生在工程承包中的一起典型的商标销售侵权行为的行政处罚案例。从上述案例我们可以看出，在承包项目中，承包商将假冒商标产品销售给发包人房地产开发公司，最终转给消费者的行为是销售假冒商标产品的表现形式之一，本案建筑公司的销售行为具体应归类为“混合销售”行为。主要观点如下：

一、关于对商标法中“销售”一词的理解。商标法及相关配套法规、规章均没有对“销售”一词的含义进行特别规定，故应按照“销售”的一般法律意义进行理解。混合销售行为，是指在实际工作中，一项销售行为常常会既涉及货物销售又涉及提供非增值税应税劳务。例如，如果建设施工公司以包工包料方式为建设单位进行施工建设，其中既有提供施工公司劳务，又有建材、设备等的销售。按照流转税制的规定，销售建材设备等属于销售货物行为，应征收增值税，对于发生施工劳务属于提供应税劳务行为，应征营业税。2009 年 1 月 1 日开始施行的《中华人民共和国营业税暂行条例实施细则》第 6 条：“一项销售行为如果既涉及应税劳务又涉及货物，为混合销售行为。”建设工程施工业劳务属于该细则列举的应税劳务。

二、关于本案涉及的工程承包合同书。该建筑公司与房地产开发公司所签订的承包合同约定的工程的承包范围是：涉案项目楼及地下室土建（含桩基）、安装（含承包范围内各专业管道、箱盒的预埋以及管内穿铁丝）及室外总体工程施工，合同价款按照中标价。该合同核心条款内容是当事人对该工程承包方式为包工包料，在调查过程中当事人也供述有加价销售的行为。工程项目完工后当事人采购的设备材料按合同约定随工程转移所有权，且房屋售出后涉案的防火门物权也发生了转移。

三、关于出卖侵权商品行为。商标法规定的“销售侵犯注册商标专用权的商品的行为”即出卖侵权商品，从中获取购进价格与出卖价格之差价的行为，即存在通过出卖侵权商品获取营利的可能性。尽管本案的建筑施工公司购进涉案防火门的直接目的并不是出卖以赚取差价，而是在其承包的建设工程中使用该防火门，但施工公司这种使用方式与商品最终用户的使用是不同的。商品最终用户的使用是纯消费性使用，不具有营利性；而工程施工承包公司却是在经营中使用，涉案商品仍处于流通领域。更重要的是，建设施工公司承包工程采取的是包工包料的形式，建筑材料设备是其总工程价款的一部分，在这种情况下，购进建筑材料价格越低，其营利越多。因此，施工公司使用涉案商品的行为不能等同于商品最终用户的纯粹消费性使用行为，这种使用行为存在其以较低价格购进建筑材料从而通过建筑材料营利的空间。另外，施工公司所承包的建设工程就是将其购进的建材与其劳务结合在一起形成建设工程成果，故其交付于发包方的该成果中就包含了涉案防火门，而其取得的总工程款中也包含了该部分建筑材料的价款。因此，施工承包公司的这种行为应认定为“销售侵权商品”的行为，并依照《商标法》及其实施条例，关于销售侵权商品的有关规定进行处罚。

四、防火设备公司是 AA 商标的所有权人。案发后，执法人员仅在两扇防火门上发现贴有“AA”标志的铭牌，并注明制造商为：防火设备公司。根据防火设备公司鉴定，涉案的“AA”牌防火门全部为假冒防火设备公司的厂名及厂址。承办人员将“AA”注册商标与假冒的“AA”牌防火门上所贴商标进行对比，认为涉案物品上的商标标识与“AA”注册商标标识属于整体结构相近似。

五、根据《产品质量法》第 53 条：“伪造产品产地的，伪造或者冒用他人厂名、厂址的，伪造或者冒用认证标志等质量标志的，责令改正，没收违法生产、销售的产品，并处违法生产、销售产品货值金额等值以下的罚款；有违法所得的，并处没收违法所得；情节严重的，吊销营业执照”的规定。

六、由于当事人建筑公司实施了两个以上有联系的行政违法行为（即违反《商标法》和《产品质量法》有关规定），两个以上行政违法行为同属工商行政机关管辖，按照行政处罚中的重罚吸收轻罚原则，以及《关于工商行政管理机关正确行使行政处罚自由裁量权的指导意见》（工商法字[2008]31 号），从重行政处罚是指工商行政管理机关依法在行政处罚的法定种类和法定幅度内适用较重的种类或者选择法定幅度中较高的部分予以处罚。从重行政处罚其中包括：在该违法行为法定可以选择的几种行政处罚中选择较重的处罚种类进行处罚。

**【案例 9.5】供销商水泥遭诉讼，施工单位涉嫌侵权**

**【案情摘要】**某建筑公司承建水利电力职业技术学院新校址工程，因工程需要，建筑公司向甲建材公司供销商肖某购买了“多尼斯”玻化微珠无机保温砂浆（EVB）产品，并且要求肖某提供了营业执照、“多尼斯”玻化微珠无机保温砂浆（EVB）的产品合格证、检验报告等材料。201×年 5 月，拥有“EVB”商标注册证的乙建材公司，发现建筑公司使用的、肖某生产的玻化微珠保温砂浆的产品包装袋上印有 EVB 字样，认为其擅自使用 EVB 标识侵犯了其“EVB”注册商标的专用权，遂致电肖某要求其停止侵权行为未果，遂向工商行政管理局投诉。工商局于 201×年 7 月 22 日到涉案建筑工地进行了现场检查，制作了现场笔录并对被控侵权产品进行了拍摄取证。现场有标“多尼斯”玻化微珠无机保温砂浆（EVB）约 150 包；产品包装上标注有以下内容：“多尼斯（商标）保温 DOLLENS 玻化微珠无机保温砂浆（EVB）净含量：20 kg±1 kg 保温、隔热、防火耐候、防虫蚁噬蚀、粘结强度高、环保、易施工、可信赖的保温系统，执行标准：GB/T 20473—2006 甲建材公司名称、厂址、电话、传真、网址等。

乙建材公司在产品的外包装上标注了“××”注册商标、商品的名称为“EVB保温隔热防火干粉砂浆”、净含量、产品功能、执行标准、生产厂家为“乙建材公司”名称以及厂家地址、通过ISO 9001质量认证体系等。目前的产品外包装上尚未使用“EVB”注册商标。

另调查证实，200×年4月，××省建设厅建筑标准设计办公室出版的《××省建筑标准设计图集》，该图集多处出现“EVB砂浆”一词。次年2月19日的某设计有限公司的《节能设计说明》里也出现有“EVB保温隔热防火干粉砂浆”的表述。201×年11月11日，肖某以“乙建材公司的EVB是建筑行业广泛应用于建筑物的外墙内外防水、保温材料的原材料膨胀玻化微珠的简称，各生产厂家作为区别于其他方式的建筑防水、保温材料的标识，属于商标法规定的不能作为商标注册的情形”为由，向国家商标评审委员会提出对乙建材公司注册商标予以撤销的申请。

**【一审审理】**一审法院认为：商标是生产者或经营者用以彰显其产品或服务，以区别于其他产品或服务来源的标志，生产者或经营者的商标获得国家注册登记后取得注册商标专用权，享有在经核准的商品或服务上使用注册商标标志并禁止他人侵犯其商标专用权的权利。但是，对注册商标专用权人的权利保护并不是绝对的。从本案查明的情况看，EVB是Small expended and vitrified ball的简称，而Small expended and vitrified ball的中文名称为膨胀玻化微珠，膨胀玻化微珠是建筑行业所使用的保温隔热防火干粉砂浆的一种主要原材料，其通用简称EVB，EVB保温隔热防火干粉砂浆专项设计图集作为在省建筑标准于200×年4月推广实施，EVB在建筑行业通用，即所使用的保温隔热防火原材料若使用了膨胀玻化微珠为主要原材料时通常用EVB表示加以强调或者区别于使用其他的主要原材料；肖某的产品在其外包装上标注了“多尼斯”注册商标、商品的名称为“玻化微珠无机保温砂浆（EVB）”并标明了生产厂家为“甲建材公司”名称以及厂址、电话、传真、网址等，肖某使用EVB字样不是作为商标使用，其用意是进一步向消费者或用户说明自己的产品使用的主要原料是EVB这种材料。乙建材公司产品的外包装上标注了“××”注册商标、商品的名称为“EVB保温隔热防火干粉砂浆”并标明生产厂家为“乙建材公司”以及厂址、通过ISO 9001质量认证体系等，目前，产品外包装上尚未使用“EVB”注册商标。乙建材公司、肖某的产品外包装各自标注自己的注册商标，“××”和“多尼斯”两者文字、读音以及含义上不相同也不相近似，肖某的产品名称“玻化微珠无机保温砂浆（EVB）”与乙建材公司的产品名称“EVB保温隔热防火干粉砂浆”亦不相同，肖某在产品名称上使用的EVB字样的字体、字形与乙建材公司的“EVB”注册商标的字体、字形不相同也不相近似，而且肖某在产品名称中使用EVB字样并没有突出使用，属于正常使用的范围。本案没有证据证明肖某的包装与乙建材公司的产品包装是相同或者相近似。因此，肖某虽然在其产品名称使用了EVB字样，但主观上不存在侵犯乙建材公司“EVB”注册商标专用权、误导公众的故意，客观上相关公众施以一般注意力，不会对肖某生产销售的产品与乙建材公司的产品来源产生混淆和误认。

综上所述，肖某没有利用他人注册商标进行不正当竞争的故意，乙建材公司无权阻止他人对其商标中包含的通用名称和公共词汇部分的正常使用，肖某在其产品名称中使用 EVB 字样属于合理使用，不构成对乙建材公司的“EVB”注册商标专用权的侵犯，乙建材公司主张肖某侵害其注册商标权没有事实和法律依据。由于肖某、甲建筑公司未实施侵害乙建材公司“EVB”注册商标权的行为，故对乙建材公司要求停止侵权、赔偿经济损失的诉讼请求不予支持。

**【一审判决】**法院依照《商标法》第 52 条第（一）项、第（五）项、《商标法实施条例》第 49 条、《民事诉讼法》第 64 条第一款的规定，判决驳回乙建材公司的诉讼请求。一审案件受理费 3 496 元，由乙建材公司负担。

**【二审辩诉】**乙建材公司不服一审判决，向上级法院上诉称：

1. 一审法院对事实认定部分存在重大错误，判决缺乏事实依据。

（1）一审法院认定 EVB 是 small expended and vitrified ball 的简称，且 small expended and vitrified ball 的中文名称是膨胀玻化微珠是错误的。EVB 缩写用于很多行业，也有很多种英文译法，而膨胀玻化微珠是一种产品的物理状态的描述。

（2）一审根据《省建筑标准设计图集》认定“膨胀玻化微珠是建筑行业所使用的保温隔热防火干粉砂浆的一种主要原材料，其通用简称 EVB，在建筑行业通用”是错误的。该图集是为了推广乙建材公司研制的新产品“EVB 牌保温隔热防火干粉砂浆”而编制的，EVB 本身不代表任何物质，省以外的国内其他地区所有用膨胀玻化微珠做保温砂浆的厂家不会在其产品包装上标识 EVB。201×年 1 月 1 日实施的《膨胀玻化微珠轻质砂浆》（JG/T 283 — 201×）的行业标准对保温隔热型膨胀玻化微珠轻质砂浆标记为膨胀玻化微珠轻质砂浆 BW JG/T。

2. EVB 不是膨胀玻化微珠的简称，一审适用《商标法实施条例》第 49 条是错误的，应当适用《商标法实施条例》第 50 条的规定。因此请求撤销一审判决，支持其全部诉讼请求。

3. 二审诉讼费由肖某和甲建筑公司承担。

上诉人肖某辩称：

1. 一审判决认定事实正确：

（1）从建筑保温材料方面来说，EVB 实际上是 expended and vitrified small ball 的简称，而 expended and vitrified small ball 的中文名称为膨胀玻化微珠。建材行业标准《膨胀玻化微珠》（JC/T 1042—200×）规定了膨胀玻化微珠的术语和定义，明确规定膨胀玻化微珠的英文为 expended and vitrified small ball；《××省建筑标准图集》对 EVB 的定义做了解释，EVB 砂浆就是膨胀玻化微珠砂浆，以上这两个标准中膨胀玻化微珠的定义及物理力学性能指标完全一致，将 expended and vitrified small ball 简称为 EVB 符合日常习惯，且乙建材公司的宣传册也对 EVB 做了解释。该解释与以上两个标准相同。

（2）膨胀玻化微珠是建筑行业使用的保温隔热砂浆的一种原材料，通用简称为 EVB，已在建筑行业通用。由于 EVB 优质的保温、隔热、防火特性，200×年 11 月《膨胀玻化微珠》行业标准实施，为推广和规范使用多尼斯砂浆，次年 4 月《××省建筑标准图集》实施，因此多尼斯作为保温隔热防火干粉砂浆的原材料已在建筑行业通用，并通常以多尼斯区别于使用其他材料为原材料的砂浆。

2. 乙建材公司主张《××省建筑标准图集》是专门为其研制的新产品推广而编制的说法没有事实依据。《××省建筑标准图集》于 200×年 4 月实施，其目的是为了鼓励和推广以多尼斯为原材料的新型保温隔热防火材料，且乙建材公司在 201×年 4 月 7 日取得多尼斯注册商标，至今没有使用，在《××省建筑标准图集》实施时乙建材公司的 EVB 牌砂浆尚不存在。

3. 肖某没有将多尼斯作为其产品的注册商标，也没有实施任何使用多尼斯字样后引人误解的行为，其在产品上使用 EVB 字样属于合理使用，不构成对乙建材公司注册商标权的侵犯。

4. 一审判决事实清楚，证据充分，适用法律恰当，审判程序合法。因此请求维持一审判决并驳回乙建材公司的诉讼请求。

甲建筑公司辩称：

1. 关于 EVB 的简称问题，乙建材公司的理解多来自于网上查询，其认为 EVB 不是膨胀玻化微珠缺乏有效依据。根据《××省建筑标准图集》，应当认为膨胀玻化微珠是建筑行业所使用的保温隔热防火干粉砂浆的一种主要原材料，通用简称为 EVB，在建筑行业通用。

2. 乙建材公司举证的获奖证书与本案没有关联，也改变不了 EVB 是建筑行业所使用的保温隔热防火干粉砂浆的一种主要原材料的事实。一审判决认定事实清楚，适用法律正确，因此，请求驳回上诉，维持一审判决。

**【二审审理】**综合诉辩双方的意见，归纳本案的二审争议焦点为：

1. 肖某在其“多尼斯”牌玻化微珠无机保温砂浆的产品名称上使用 EVB 字样是否属于正当使用？是否侵犯了乙建材公司“EVB”注册商标专用权？

2. 涉案建筑公司购买并使用肖某的“多尼斯”牌玻化微珠无机保温砂浆的行为是否侵害了乙建材公司“EVB”注册商标专用权？

3. 如果构成侵权，乙建材公司索赔的数额是否合法有据？

二审法院认为：根据《商标法实施条例》第 49 条规定：“注册商标中含有的本商品的通用名称、图形、型号，或者直接表示商品的质量、主要原料、功能、用途、重量、数量及其他特点，或者含有地名，注册商标专用权人无权禁止他人正当使用”的规定，肖某在其产品“多尼斯”牌保温玻化微珠无机保温砂浆（多尼斯）上使用 EVB 字样属于正当使用，没有侵害乙建材公司的注册商标专用权，甲建筑公司也没有侵害乙建材公司的注册商标专用权。

首先，根据本案事实，EVB 为 expended and vitrified small ball 的英文简称，中文含义

为膨胀玻化微珠。EVB不仅是EVB保温隔热防火砂浆中的主要原材料，而且也成为一定地域范围内的建筑行业约定俗成地以EVB为主要原材料的保温隔热防火砂浆的通用名称。因为在200×年11月1日国家发改委就已经发布了相关的建材行业标准《膨胀玻化微珠》(JC/T 1042—2007)，且因为EVB砂浆优良的保温隔热防火性能在次年4月被省建设厅标准设计办公室批准通过专项设计图集的方式向省建筑行业推广使用并被这一行业逐渐通用，依据通用名称的判断原则“国家标准、行业标准属于商品通用名称的，应当认定为通用名称。相关公众普遍认为某一名称能够指代一类商品的，应当认为该名称为约定俗成的通用名称”，可以认定EVB为以EVB为主要原材料的保温隔热防火砂浆的通用名称。因此，乙建材公司关于“EVB本身不代表任何物质”的主张没有事实依据，本院依法不予支持。

其次，尽管乙建材公司的“EVB”商标经注册取得商标专用权，但至乙建材公司起诉时，该“EVB”注册商标尚未实际使用，未实际发挥识别作用，其作为商标固有的显著性不强，不能发生因肖某的产品名称中使用EVB字样而产生混淆或误认的法律后果。且肖某并没有将EVB作为自己产品的商标使用，其使用EVB字样只是为了说明其产品含有的主要原材料及保温、防火的性能，使用的目的只是善意地说明、描述自己商品的特性。

最后，通过比对，肖某在产品名称上使用EVB字样的字体、字形与乙建材公司的“EVB”注册商标的字体、字形不相同也不相近似，且肖某的产品包装风格、色彩与乙建材公司的产品包装风格、色彩截然不同，肖某产品包装袋上还标注有自己产品的性能、生产单位、生产地址和联系方式，按照相关公众的一般注意力标准，不足以对产品的来源产生混淆和误认，不会产生误导公众的后果，不属于乙建材公司主张《商标法实施条例》第50条的情形。

因此，肖某在其产品“多尼斯”保温玻化微珠无机保温砂浆（EVB）上使用EVB字样属于正当使用，没有侵害乙建材公司的注册商标专用权。乙建材公司指控甲建筑公司侵害其注册商标专用权也没有事实和法律依据。因乙建材公司指控肖某、甲建筑公司侵害其注册商标专用权不成立，其请求停止侵权、赔偿损失及合理开支的诉讼请求依法不予支持。

**【二审判决】**二审法院判决，一审判决驳回乙建材公司的诉讼请求事实清楚、证据充分、适用法律准确，依法应予维持。乙建材公司的上诉请求没有事实和法律依据，依法应予驳回。依照《民事诉讼法》第153条第一款第（一）项的规定，判决如下：驳回上诉，维持原判。二审案件受理费3 496元，由乙建材公司负担。

**【案例点评】**本案法院主要依据《商标法实施条例》第49条规定，驳回乙建材公司的诉讼请求。第49条规定：“注册商标中含有的本商品的通用名称、图形、型号，或者直接表示商品的质量、主要原料、功能、用途、重量、数量及其他特点，或者含有地名，注册商标专用权人无权禁止他人正当使用。”

一、什么是商品通用名称。商品通用名称是指行业规范或社会公众约定俗成地对某一商品的通常称谓。商品或服务的通用名称可以是规定的称谓，也可以是公众约定俗成的简称，如单车、脚踏车。通用名称本身是为了给行业的生产者或经营者在其生产或经营中共同使用的，行业内的生产者和经营者都有权使用。如果商品或服务的通用名称被某个生产者或经营者作为商标注册，他人不得在其商业活动中使用这些标志，这对其他生产者和经营者是显失公平的。由于上述原因，《商标法》第 11 条第一款规定："仅有本商品的通用名称"不得作为商标注册。对已经注册的，《商标法》第 41 条第一款规定："由商标局撤销该注册商标；其他单位或者个人可以请求商标评审委员会裁定撤销该注册商标。"在世界各国的商标法律中均有类似的明确规定。

二、关于商标中部分含有商品通用名称的情况。在实践中还存在另外一种情况，即某商标是由某商品通用名称和其他具有显著特征的要素组合而成的，使之整体上具有了显著性。如"雀巢咖啡"，在各国都获得了注册。又如麻婆豆腐是我国的一种传统川菜名称，但"陈麻婆豆腐"餐馆是该传统名菜创制人的后代开设的，该餐馆同样具有较高知名度。因此，工商局在餐饮服务上核准注册"陈麻婆豆腐"商标。但是，商标注册人在行使其权利时，要受到一定的限制。上述商标的注册人不能禁止他人将"咖啡"和"麻婆豆腐"作为商品通用名称使用。因此，《商标法实施条例》第 49 条规定："注册商标中含有本商品的通用名称、图形、型号，或者直接表示商品的质量、主要原料、功能、用途、重量、数量及其他特点，或者含有地名，注册商标专用权人无权禁止他人正当使用。"上述所谓无权禁止他人正当使用，是指商标注册人不应要求对商标中通用名称部分的专用权，不影响他人正常使用。

三、本案中，EVB 中文含义为膨胀玻化微珠，EVB 不仅是 EVB 保温隔热防火砂浆中的主要原材料，而且也成为一定地域范围内的建筑行业约定俗成地以 EVB 为主要原材料的保温隔热防火砂浆的通用名称。如上所述，在国家发改委就已经发布了相关的建材行业标准《膨胀玻化微珠》（JC/T 1042—2007），且省建设厅标准设计办公室批准通过专项设计图集的方式向省建筑行业推广使用并被这一行业逐渐通用，依据通用名称的判断原则"国家标准、行业标准属于商品通用名称的，应当认定为通用名称。相关公众普遍认为某一名称能够指代一类商品的，应当认为该名称为约定俗成的通用名称"，可以认定EVB为以EVB为主要原材料的保温隔热防火砂浆的通用名称。为此，肖某产品使用 EVB 文字，属于正常使用通用名称，没有侵犯乙建材公司的商标权。

# 第10章　房地产知识产权侵权案例

房地产开发是一个动态过程，与知识产权密切相关，所面临的法律风险具有全过程的特征。楼盘设计、招投标、楼盘施工、楼盘销售宣传广告等环节，当事人都会面临著作权、专利权、商标权等风险法律。从动态过程中的各个环节来看，在楼盘设计环节主要面临著作权纠纷风险，比如，如果开发商使用的设计图可能因涉嫌剽窃他人的建筑作品而面临遭到巨额索赔或诉讼；在施工环节主要面临专利、商标侵权纠纷风险，比如，楼盘施工使用他人专利技术，购入材料侵犯他人商标权风险等；楼盘推广营销环节主要面临著作权、商标权侵权风险，比如，楼盘命名出现“傍名牌”、开发商在楼盘模型、效果图、楼书、宣传片、宣传图册等侵犯他人著作权的风险。近年来，我国房地产行业已频繁出现与知识产权有关的纠纷，从企业的长远发展来看，化解知识产权法律风险，加强知识产权保护，值得引起房地产开发商的注意。

## 10.1　房地产专利侵权纠纷

### 【案例10.1】开发商涉嫌侵权，证明来源免除赔偿

**【案情摘要】**高某向国家知识产权局申请了一项名称为“具有金属滑舌的自动纱窗拉梁堵头”的实用新型专利获准。200×年1月1日，高某与某科贸公司签订“专利实施许可协议”，科贸公司获得前述专利的独占实施许可权，授权期限为三年。5月23日，某房地产公司与某建筑安装公司签订“隐形纱窗制作安装合同”，约定由建筑安装公司承揽建设小区的隐形纱窗制作安装工程，承包方式为包工、包料、包安装及洞口堵塞，纱窗单价为每个人民币70元，结算以现场实际发生数量为准，工程期限约定为6月20日前全部完成施工并通过验收。后权利人科贸公司发现建筑安装公司侵犯了其实用新型专利。7月18日，权利人科贸公司向房地产公司邮寄了一份函件，声明在该项目中安装的隐形纱窗含有涉案专利技术，要求房地产公司立即停止侵犯高某及科贸公司专利权的行为。房地产公司收到了该份函件，但该份函件没有能够证明高某与科贸公司享有该项专利权，高某与科贸公司二原告为此诉至法院。

**【法庭诉辩】**原告高某及科贸公司共同诉称：高某拥有“具有金属滑舌的自动纱窗拉梁堵头”的实用新型专利，高某与科贸公司签订专利实施许可协议，科贸公司获得该项专

利的独占实施许可权。200×年 7 月，二原告发现被告房地公司开发的某项目使用了侵犯原告专利权的隐形纱窗。请求法院判令被告房地产公司立即停止侵犯专利权的行为、公开赔礼道歉、赔偿二原告经济损失 30 万元，并承担本案诉讼费。

被告房地产公司辩称：该公司投资开发了房地产项目，目前该项目 1 号至 17 号楼的工程已全部完工，陆续交付业主使用。其中使用隐形纱窗的总工程量为 7 856 樘，均是由建筑安装公司定制并负责安装的。原告的所谓“具有金属滑舌的自动纱窗拉梁堵头”的实用新型专利，早在原告专利申请日前已在隐形纱窗制作中广泛使用，该技术已丧失新颖性。并且，专利法规定，为生产经营目的使用或销售不知道是未经专利权人许可而制造并售出的专利产品或者依照专利方法直接获得的产品，能证明其产品合法来源的不承担赔偿责任。该公司并不知晓隐形纱窗中包含涉及原告专利的部件，且能够证明该产品的合法来源。因此，不存在侵犯原告专利权的问题，请求法院驳回二原告的诉讼请求。

**【法院审理】**在本案庭审过程中，房地产公司提交了隐形纱窗中所使用的拉梁堵头，对该拉梁堵头的结构进行了对比。此外，承包安装工程的建筑安装公司于 12 月 12 日向法院提交了一份声明，确认该项目所有隐形纱窗所需要的型材、纱窗布包括带有金属滑舌的纱窗拉梁堵头等所有材料和配件，都是由该公司派采购员在市场采购之后加工组装的，该隐形纱窗的加工组装与房地公司无关。上述事实，有专利证书、实用新型专利检索报告、专利收费收据、专利实施许可协议、公证处的《公证书》、涉案项目住宅小区隐形纱窗制作安装合同、工程量确认审核单、宏达公司的证明、证人证言以及各方当事人的陈述等在案佐证。

法院认为，原告高某依法享有名称为“具有金属滑舌的自动纱窗拉梁堵头”的实用新型专利权，未经其许可，任何单位或者个人都不得实施其专利，即不得为生产经营目的制造、使用、许诺销售、销售、进口其专利产品。甲公司与专利权人高某签订了“专利实施许可协议”，取得了专利的独占实施许可权，该项权利受法律保护。尽管房地产公司提出，涉案实用新型专利在专利申请日前已被广泛使用、该技术已丧失新颖性，但由于房地产公司对该主张并未提供有效的证据予以证实，且国家知识产权局在专利检索报告中作出了涉案专利全部权利要求符合专利法有关新颖性和创造性规定的初步结论，因此，法院对房地产公司的相应抗辩主张不予采信。

实用新型专利的保护范围以其权利要求的内容为准，根据名称为“具有金属滑舌的自动纱窗拉梁堵头”的实用新型专利的权利要求书的记载，该专利产品包括主体、一端的滑舌和另一端的连接凸柱，其必要技术特征在于滑舌为金属薄片形，下端为圆滑面。涉案住宅小区安装的隐形纱窗中使用的拉梁堵头的结构包括主体、一端的滑舌及另一端的连接凸柱；拉梁堵头的滑舌为金属薄片形，下端为圆滑面。由此可以确定，被控侵权产品包含了涉案专利的全部必要技术特征，落入专利权的保护范围，属于侵犯专利权的产品。

为生产经营目的使用不知道是未经专利权人许可而制造并售出的专利产品，能够证明产品合法来源的，不承担赔偿责任。依据本案查明的事实，被告房地产公司为涉案房地产项目的开发商，住宅小区 1 号至 17 号楼的隐形成纱窗制作安装工程均由建筑安装公司完成；涉案建筑安装公司确认，涉案项目所有隐形纱窗所需要的带有金属滑舌的纱窗拉梁堵头都是由该公司提供、加工并组装的，隐形纱窗的加工组装与房地产公司无关。因此，房地产公司作为纱窗拉梁堵头的使用方，证明了该产品的合法来源。关于房地产公司是否明知或应知该纱窗拉梁堵头为侵犯他人专利权的产品一事，由于科贸公司向房地产公司邮寄声明、主张权利的时间晚于涉案被控产品的安装时间；并且，科贸公司邮寄的材料中不包括其享有专利权的合理证明。因此，不能认定房地产公司委托建筑安装公司安装隐形纱窗时，明知或应知纱窗拉梁堵头是侵犯原告他人专利权的产品。所以，房地产公司在本案中不应承担赔偿责任，但应停止使用涉案的纱窗拉梁堵头。综上，高某及科贸公司要求房地产公司公开赔礼道歉、赔偿经济损失 30 万元的诉讼请求缺乏事实及法律依据，法院不予支持。

**【法院判决】**依据《专利法》第 11 条第一款、第 59 条第一款、第 70 条第二款的规定，判决如下：

1. 被告房地产公司于本判决生效之日起立即停止使用涉案侵害原告高某、科贸公司实用新型专利权的“具有金属滑舌的自动纱窗拉梁堵头”；

2. 驳回原告高某、科贸公司的其他诉讼请求。

案件受理费 7 010 元，由原告高某、科贸公司负担 6 010 元（已交纳），由被告房地产公司负担 1 000 元。

**【案例点评】**《专利法》第 70 条规定：“为生产经营目的使用、许诺销售或者销售不知道是未经专利权人许可而制造并售出的专利侵权产品，能证明该产品合法来源的，不承担赔偿责任。”这条是关于善意第三人的免责规定。该条款规定的法理基础是民法保护善意第三人的理论。按照该理论，如果行为人在为民事行为时主观上出于善意，并付出了相当的代价，只是因为其他原因而使行为具有违法性，则根据公平原则，该善意行为人的权利应当得到合理保护。本款规定，为生产经营目的使用或者销售不知道是未经专利权人许可而制造并售出的专利产品或者依照专利方法直接获得的产品，能证明其产品合法来源的人即为善意第三人，不承担赔偿责任。在理解本款规定时，应当注意如下问题：

一、行为的范围仅限于为生产经营目的销售或者使用专利产品或者依照专利方法所直接获得产品的行为，不包括制造和进口专利产品的行为。专利法对专利产品的制造提供的保护是一种“绝对保护”，制造行为是否构成侵权行为与制造者的主观意图无关。进口专利产品行为的性质与制造专利产品相似，因此也没有将它列入本款规定的范围之内。这表明，制造者、进口者不能以不知道其制造、进口的产品是他人受保护的专利产品为理由，请求免除其赔偿责任。

二、所谓“许诺销售”，是指明确表明愿意出售一种产品的行为，它是销售行为的前期行为，实际销售行为尚未发生。如果发展到实际售出专利产品，许诺销售者就变成了销售者。专利法规定未经专利权人许可，不得许诺销售专利产品或者依照专利法所直接获得的产品，是为了强化对专利权的保护，尽可能将侵权产品的扩散制止在其萌芽状态，避免使专利权人遭受难以弥补的损失，这是完全必要的。但是对于许诺销售行为来说，由于还没有出现实际销售行为，一般情况下可以认为对专利权人的实际损害还没有形成，所以不必考虑承担赔偿损失的民事责任的问题。作为一种侵权行为，许诺销售行为的行为人应当承担的民事侵权责任主要是停止侵权行为和消除影响。

三、关于行为人的主观过错，本款采用的是“不知道”这一措辞。“不知道”应当被理解为“得知”的反义词，包括不可能知道和应当得知而实际并不知道两种情况。根据侵权行为法的基本原则，如果行为人明知其行为将侵犯他人权利，仍然进行该行为，则行为人是故意侵权，无疑应当承担侵权责任；如果行为人应当知道其行为将侵犯他人权利，然而由于疏忽大意而没有知道，则行为人有过失，也应当承担侵权责任。专利权是国家授予的权利，有专门的专利公报予以公示，任何公众都可以查阅。从理论上说，每一个使用者、销售者都应当事先核实其使用、销售的产品是否为未经专利权人许可而制造的侵权产品，否则就有“过失”。然而，获得专利保护的有可能是整个产品，但是也有可能仅仅是产品的某个零件、部件、电路等，使用者、销售者有可能根本不了解其产品的内部结构，更无从去了解它们是否侵犯了他人的专利权。如果要求销售和使用侵权产品的人只要有过失都应当承担赔偿损失的侵权责任，则销售商和购买者就必须事先一一查明其销售或者使用的所有产品及其所有零部件是否侵犯他人专利权，这将给销售者和使用者带来过于沉重的负担，实际上是绝难作到的。因此，在销售者或者使用者应当知道而实际并不知道并能证明产品合法来源的情况下，可以免除其赔偿责任，但应承担除赔偿之外的其他侵权责任，尤其是停止继续使用或者销售行为。

四、本条也隐含了对举证责任的规定。在有关使用、销售专利产品的侵权纠纷中，原告亦即专利权人应当首先证明所涉及的产品是其专利产品，并且证明该产品是未经其许可而使用、销售的。如果举证成功，为法官所采信，则被告亦即销售者或者使用者要承担侵权责任。此时，被告要想免除赔偿损失的侵权责任，则应当证明他“不知道”其销售或者使用的产品是未经专利权人许可而使用或销售的，并证明其产品具有合法来源。其中，证明“不知道”常常只能是一种断言，一般要由专利权人提供反证，证明被告实际上知道，才能否定其断言；而证明合法来源必须由被告提供具体证据，例如可以通过出示正式的购销合同、商业发票等证明合法取得产品。应当注意的是：证明其产品有合法来源的，并不等于能够证明行为人“不知道”。这两个条件是彼此独立的，不能将它们混为一谈。另一方面，“合法来源”是指销售或者使用的专利产品是通过正当、合法的渠道而获得的。

### 【案例 10.2】开发商专利遭诉讼，先用权抗辩避风险

**【案情摘要】**李某拥有“挡土墙的成形方法”的发明专利并获得授权。该专利的权利要求书记载其独立权利要求为，一种挡土墙的成形方法，其步骤包括：1.基本沿竖直方向采用水泥拌合法形成多个成排布置的水泥拌合桩；2.在紧靠上述基本沿竖向的水泥拌合桩

的前侧的外侧边沿该桩的纵向设置刚性筋；3.在上述基本沿竖向的多个成排的水泥拌合桩后面形成多个地锚。该专利权利要求书的第 6 项从属权利要求还写明：根据权利要求 1 所述的方法，其特征在于在上述基本沿竖向的水泥拌合桩的前侧沿水平方向设置多排横向腰梁，上述地锚中的预应力筋顶端锚固于该横向腰梁上。李某发现，某房地产公司在某商业楼基坑支护工程中，采用了李某的上述专利。李某认为，房地产公司未经其同意就使用他的专利，侵犯了其专利权，遂诉至法庭。

**【法庭诉辩】**李某诉称，被告房地产公司采用原告的专利进行施工比采用传统方法施工，至少节省 50%～60%的工程成本，造成原告使用费以及为调查专利侵权及代理诉讼请律师等费用的损失。请求判令：1. 被告房地产公司停止侵害原告“挡土墙的成形方法”发明专利权；2. 被告房地产公司赔偿原告损失 20 万元。

被告房地产公司辩称：我方在开发涉案商住楼时，委托的设计方是某建筑设计研究院，施工单位是某岩土工程有限公司，这两个单位不是本案被告，即使侵权成立，也应该由这两个单位来承担责任，我方主观上没有过错，要求驳回原告的诉讼请求。

另外，我方工程使用的方法和原告的专利方法不同，且设计方建筑设计研究院在过去的某综合大楼工程中已经设计、使用了该基坑的支护方法，并报有关部门审批。即使原告认为我方的基坑方法侵权，我方也认为由于设计方的设计方案早于原告的专利申请日，因此设计方和施工方对该施工方法享有先用权，并不侵犯原告的专利方法。原告李某曾以相同的理由起诉过该建筑设计研究院，开庭后原告李某认为该案被告建筑设计研究院有先用权，最后原告撤诉了。

**【法院审理】**法院认为，原告李某的名称为“×××的成形方法”的发明专利权合法有效，应受法律保护。被告是该建设工程项目的房地产公司，虽不是工程建筑和设计的具体实施方，但相关工程的建筑和设计均是由被告委托进行，被告应对相关工程中施工方法承担相应的法律责任。

将被控侵权的工地使用的施工方法与原告的专利方法相比较，包括专利的三个技术特征，应认定被控侵权的工地使用了原告专利的施工方法。至于被控工程的搅拌桩前面还有边坡土体，在边坡土体上还有钢筋混凝土面，均是附加的技术特征，不影响被控工程使用了原告专利方法的认定。

根据被告提交的综合大楼基坑工程的资料，该工程方案亦包括前述原告专利的三个必要技术特征，至于该工程在基坑侧还有钢筋混凝土面，没有边坡土体，均是附加的技术特征，不影响前述认定。鉴于该工程是在原告专利申请日前已完成设计和审批，且已开始施工，虽然房地产公司与本案被告不同，但该工程的设计方某建筑设计院和施工方某岩土工程有限公司，均与本案被控工程相同，且均是在同一城市的建筑工程，根据《专利法》第 63 条第一款第（二）项关于在先使用不视为侵犯专利权的规定，应认定该工程的设计单位对其在设计方案中使用原告专利必要技术特征的三个步骤的施工方法是在原有范围内继续使用，不视为侵犯专利权，本案被告按此设计单位设计的方案委托施工亦未侵犯原告的专利权。

**【法院判决】**综上所述，法院依照《专利法》第59条第一款、第69条第一款第（二）项的规定，判决如下：驳回原告李某的诉讼请求。本案案件受理费人民币5 510元由原告李某负担。

**【案例点评】**本案是房地产公司涉嫌侵犯他人施工专利权纠纷的案例。由于涉案侵权专利经过法院审理认定为被告使用的是现有技术，驳回了原告的诉讼请求，避免了被告承担法律责任的风险。《专利法》第69条第一款第（二）项规定，是关于先用权的规定，其赋予先用权人以在先使用权，对抗专利权人的侵权指控。

根据该项规定，在专利申请日前已经制造相同产品、使用相同方法或者已经做好制造、使用的必要准备，并且仅在原有范围内继续制造、使用的，不构成专利侵权行为。这样规定的原因在于申请并获得专利权的人不一定是首先作出发明创造的人，也不一定是首先实施该发明创造的人。在专利权人提出其专利申请之前，可能有人已经研究开发出同样的发明创造，并且已经实施或者准备实施，这样的人被称为先用者。在这种情况下，如果在授予专利权后禁止先用者继续实施发明创造，显然有失公平，而且会造成社会资源的浪费。因此，有必要对专利权的权利进行限制。在专利申请以前实施或者准备实施专利技术的行为被称为在先使用。在先使用产生先用权，可以对抗专利权。

一、在先使用人享受先用权，需要符合以下条件：

1. 必须有实施或者准备实施相同专利技术的行为。在先使用人必须已经开始制造相同的产品、使用相同的方法；或者为制造相同的产品、使用相同的方法做好了必要的准备。这里所说的实施行为只能是制造相同的产品或者使用相同的方法的行为，不包括进口、许诺销售、销售、使用相同的产品或者依照相同方法直接获得的产品的行为。相同的产品和相同的方法是指与已经申请并获得专利权的专利产品、专利方法相同的产品、方法。做了必要的准备是一个相对比较模糊的概念，一般可以从两方面判断：一方面是指先用者进行了相当的投资，已经形成或者初步形成了生产能力；另一方面指先用者的投资与实施专利技术之间有着密切的联系，形成的生产能力只能用于或者主要用于生产专利产品、使用专利方法。

2. 制造、使用行为或者为制造、使用所做的准备工作必须在专利申请日前已经进行。如果专利申请要求了优先权，则上述行为必须在优先权日前已经进行。所谓在申请日之前已经进行，不仅要求在先使用行为开始于申请日之前，而且还要求这种行为一直持续到申请日。换句话说，上述行为在申请日以前不能处于已经停止的状态，除非这种停止是不可抗力所造成。如果某人在申请日以前已开始其生产制造行为，但中途却停止了，直到另一人申请专利之后才恢复其生产，在这样的情况下就不能享受先用权。

3. 在先使用行为必须是“善意”的。这就是说，先用者制造相同产品、使用相同方法或者为此而进行的准备，必须是根据申请日之前自己研究开发的技术或者通过合法途径所获得的信息而进行的。所谓合法途径，包括从后来的申请人那里合法地获得有关技术信息。

例如申请人在申请专利之前的六个月的期限之内在中国政府承认的国际展览会上展出其发明创造，根据专利法的规定，展出行为不影响其随后提出的专利申请的新颖性。在展出到随后提出专利申请之间的时间期间内，如果有人根据展出的发明创造，制造相同的产品或者使用相同的方法，或者为之做好了必要的准备，则是完全合法的行为，即使展出者随后提出了专利申请也继续是合法的。因此在这种情况下，先用权是成立的。如果第三人的制造、使用行为是违背与申请人之间的信任关系或者侵犯其权利的结果，例如通过贿赂申请人的雇员而获得信息，则第三人的制造、使用行为是违法的，不能享受先用权。

4. 实施应当限于原来的规模。在先使用人获得保护的范围，是在原有的范围内继续制造、使用。在原有的范围内，一般是指维持原来的产量，如果原来的产量并未达到生产设计能力，那么在原有设备生产能力下达到的产量，也应当被认为是在原有规模内。先用权的移转（包括转让、继承等）是受到限制的。它只能随同制造相同产品、使用相同方法的企业或者企业中制造相同产品、使用相同方法的一部分，或者随同原先准备制造、使用的企业或者企业的一部分一起移转。

二、先用抗辩权法应满足的条件

应当指出的是：先用权并不是一种单独存在的权利，而仅仅是一种对抗专利侵权指控的抗辩权，它只有在满足下述条件时才有必要予以考虑：

1. 有人针对一项发明创造申请并获得了一项专利权；

2. 他人在上述专利权的申请日之前已经开始实施该项发明创造或者为实施该项发明创造做好了必要的准备；

3. 上述实施行为尚未使有关技术内容为公众所知，构成使之丧失新颖性的现有技术；

4. 先用者在专利申请公布之后或者授予专利权之后继续其实施行为；

5. 专利权人认为先用者的实施行为构成了侵犯其专利权的行为，向有关人民法院起诉或要求管理专利工作的部门予以处理。

## 10.2 房地产著作侵权纠纷

### 【案例 10.3】楼盘广告抄袭摄影，作品侵权依法赔偿

**【案情摘要】**张某曾出版了自己拍摄的××名宅一书，该书一套两册，收录了××名宅 36 例的实景图片。200×年，某置地公司在秋季中国（××市）旅游房地产博览会“××名苑”展位展示墙上、在××市及滨海城市精品楼盘展示推荐会“××名苑”展位展板上以及“××名苑”售楼书、该楼盘现场户外的广告牌上，未经张某同意，使用了张某收录于××名宅中的摄影作品 4 张，共使用 14 幅次。张某认为该置地公司的行为对其构成侵权，遂上诉法院。

**【法庭诉辩】**原告张某诉称：为谋取利益，被告在其开发楼盘“××名苑”的商业宣

传广告中，未经原告同意，擅自无偿使用了原告拍摄的摄影作品共14幅次（4张照片，使用了14次），侵犯了原告的著作权。请求判令：1. 被告立即停止侵害并销毁侵权印刷品“××名苑”售楼书及广告牌，在本地日报上公开向原告赔礼道歉；2. 被告赔偿原告人民币28.5万元（其中包括14幅次×2万元及原告为制止侵权行为往返两地的差旅费5 000元）；3. 赔偿原告律师代理费1.4万元；4. 本案的诉讼费由被告承担。

被告置地公司答辩称：1. 置地公司为宣传推广“××名苑”所制作的广告不存在侵犯原告著作权的行为或现象；2. 原告拍摄的建筑物及附属物的照片不具有独创性，不属于著作权法保护的客体；3. 根据现有证据，置地公司主张著作权的照片与被控侵权的图片只是场景相似而已，不能得出两者等同的必然结论，其要求著作权保护并提出侵权主张，明显证据不足，且原告的侵权证据即所谓现场照片、售楼书等根本无法说明合法来源，其客观性、真实性、关联性均无法确定，不能作为认定被告侵权的事实依据。综上，请求依法驳回原告的诉讼请求。

**【法院审理】**法院认为，摄影照片是摄影者对已经客观存在的事物进行图片记录的载体，在每一次的拍摄中，由于所采用的拍摄角度或光圈、焦距等技术数据上存在的必然差异，使得每一次的拍摄皆具有独创性，从而使得摄影者对其摄影作品皆享有著作权，著作权受法律保护。原告张某拍摄并收录于深圳名宅一书中的摄影作品是具有独创性并能以某种有形形式复制的智力成果，自该作品创作完成之日起，原告张某依法享有著作权。

本案中，被告未经原告许可，基于商业目的使用了原告的摄影作品，其行为已构成侵权，依法应承担停止侵害、消除影响、赔礼道歉及赔偿经济损失的民事责任。原告请求判令被告赔偿28万元以及差旅费5 000元、律师费14 000元。根据本案的作品类型、合理使用费、侵权行为性质、后果等情节，法院酌定本案赔偿标准为每幅作品8 000元，被告使用了原告作品4幅，应向原告赔偿32 000元；对于原告为调查被告侵权事实而支出的差旅费3 576.8元，系合理开支，被告亦应予以赔偿；对于律师费，最高人民法院在《关于审理著作权民事纠纷案件适用法律若干问题的解释》中规定，合理的律师费应予赔付，原告主张赔付14 000元，该主张金额超出合理范围，本院予以酌情支持3 000元。上述三项共计人民币38 576.8元，被告应予赔付。

被告置地公司关于其为宣传推广“××名苑”所制作的广告不存在侵犯原告著作权的行为或现象，原告拍摄的建筑物及附属物的照片不具有独创性，不属于著作权法保护的客体，原告主张著作权的照片与被控侵权的图片不能等同的辩解皆没有事实和法律依据，本院不予采纳。

**【法院判决】**法院依照《著作权法》第2条第一款、第47条、第49条、最高人民法院《关于审理著作权民事纠纷案件适用法律若干问题的解释》第25条、第26条之规定，判决如下：

1. 限被告置地公司于本判决发生法律效力之日起立即停止对原告张某享有著作权的××名宅一书中的摄影作品的侵害，销毁印有原告享有著作权的摄影作品的“××名苑”

售楼宣传画册及广告牌，并于本判决发生法律效力之日起 10 日内在本地日报上公开向原告赔礼道歉（该书面道歉内容需经本院审核）。2. 限被告置地公司于本判决发生法律效力之日起 10 日内赔偿原告人民币 38 576.8 元。3. 驳回原告的其他诉讼请求。案件受理费人民币 5 800 元，由原告负担 80%，即 4 640 元，被告负担 20%即 1 160 元。

**【案例点评】**本案是在房地产销售推广环节触犯他人著作权的案例。在建设领域审理知识产权案件中，涉及摄影作品的著作权侵权纠纷较少，对此类案件的责任的认定及赔偿数额的确定，很值得认真研究。

一、关于摄像作品侵权认定。摄影作品是借助于摄影器材，通过合理光学、化学原理，将客观物体形象再现于感光材料的一种艺术作品。这里的再现不是简单地复制，而是包含有作者的创作，即作者根据其不同构思，摄取最能表现某一物品特点的合理布局，以突出地表现作者的思想。为此，《著作权法》第 3 条规定，将摄影作品作为保护对象。本案例中置地公司在未经著作权利允许的情况下，将《深圳名宅》实景图像加以利用于商业广告，法院认定其侵权是依法有据的。

二、关于赔偿损失的数额问题。根据《著作权法》第 47 条第（七）项、第 49 条的规定：侵犯著作权或者与著作权有关的权利，侵权人应当按照权利人的实际损失给予赔偿，实际损失难以计算的，可以按照侵权人的违法所得给予赔偿。赔偿数额还应包括权利人为制止侵权行为所支付的合理开支。权利人的实际损失或侵权人的违法所得不能确定的，由人民法院根据侵权行为的情节，判决给予 50 万元以下的赔偿。根据最高人民法院《关于审理著作权民事纠纷案件适用法律若干问题的解释》第 25 条规定：人民法院在确定赔偿数额时，应当考虑作品类型、合理使用费、侵权行为性质、后果以及受侵害人为此而追索的直接费用（差旅费、律师代理费、误工费、诉讼费）等情况综合确定。无论是直接损失还是间接损失，既可表现为著作权人预计的在未发生侵权行为的情况下本应获得的利润，也可表现为著作权人在正常签订合同的情况下应得的使用费的数额。除根据以上因素考虑外，还考虑以下因素：作者的信誉及知名度；侵权人使用拍摄的照片数量的多少；根据有关审判工作会议的精神，赔偿的数额过低，不能体现对侵权人的制裁或对作者的损失弥补。本案的赔偿数额 38 576.8 元，法院审判作出的定额赔偿处理是恰当的，确定的赔偿金适当，体现了对摄影作品侵权行为的惩罚和对张某所受损失的适当赔偿。

三、通过案例判决的启示。当前，侵犯他人人身权、财产权著作权要承担损害赔偿责任，还会受到道德的谴责，这一观念已深入人心。未经许可，把他人的摄影作品用于经营活动，也是侵权，并要承担法律责任的观念却还没被社会广泛认同。一些房地产经营者、广告发布媒体保护摄影作品著作权法律意识较差，甚至形成错误的观念：从报刊杂志上下载一个或几个图片，又不是偷或抢什么钱物，别人不会受到什么实质损害，摄影者的作品不就是让人观赏和使用的。他们对自己的开发、销售广告所需要的图片，懒得去拍摄，懒得与著作权人联系，图简单省事，导致了侵权行为的发生，房地产经营商通过本案例的审理判决，应该引以为戒。

## 【案例 10.4】工地围墙抄袭作品，即使公益宣传也侵权

**【案情摘要】**余某系自贡日报社的退休职工，长期从事摄影工作，曾在中国摄影杂志上发表过以××群为背景的摄影作品《盐都自贡》，其后，余某将该摄影作品作为插图，在200×年6月13日自贡日报第三版上发表了《××的记忆》一文。200×年6月11日，自贡市灯城建设工作领导小组颁发灯城建组文件，明确了在自贡市城区增设旅游公益广告，即在城区主要地段建筑工地围墙上装饰旅游景区广告，该项工作由市城乡规划建设和住房保障局负责。200×年12月19日，市城乡建设住房保障局获得某包装有限公司提供的围墙美化图样。其后，市城乡建设住房保障局向项目单位某房地产公司提供了《××之祖××之都》、《××文化地华夏古××》、《天下××》等城市宣传图片。房地产公司在其建设工地临公路的围墙上放大张贴了以天车群为背景的《××之祖××之都》宣传图片，并在该宣传图片旁边张贴了房地产公司宣传广告。余某认为该房地产公司的上述行为侵犯了其著作权，委托律师于201×年5月2日向该房地产公司发出律师函。后因双方协商未果，致使余某向法院提起诉讼。请求判令：1. 房地产公司停止侵权、赔礼道歉，并赔偿损失5万元及律师费等合理支出费用。2. 本案诉讼费由房地产公司承担。诉讼时，房地产公司已更换了《××之祖××之都》宣传图片。

**【一审审理】**一审法院认为：本案双方当事人对余某在中国摄影发表了以××群为背景的摄影作品《盐都××》，余某对该作品享有著作权，涉案房地产公司在其建设工地临公路的围墙上放大张贴了以天车群为背景的《××之祖××之都》宣传图片的案件事实无争议。一审法院认为，本案争议的焦点为：

一是房地产公司张贴的《××之祖××之都》宣传图片是否与余某摄影作品《盐都××》具有同一性；二是房地产公司张贴《××之祖××之都》宣传图片是否侵犯了余某的著作权；三是若构成侵权，余某的损失是多少？

1. 关于房地产公司张贴的《××之祖××之都》宣传图片是否与余某摄影作品《盐都××》具有同一性的问题。摄影作品是指借助器械在感光材料或者其他介质上记录客观物体形象的艺术作品，是在特定时间、特定地点、特定环境下对特定事物的记录。经过对上述两幅图片对比分析，两幅图片在天车群的排列、背景山势的走向、水蒸气的形态上均相同，故房地产公司张贴的《××之祖××之都》宣传图片是在余某摄影作品《盐都××》上的修改，两幅图片具有同一性。

2. 关于房地产公司张贴《××之祖××之都》宣传图片是否侵犯了余某的著作权的问题。著作权侵权之认定适用的是过错原则。在本案中，为促进自贡市旅游开发和提升城市形象，开展公益广告宣传，市城建设工作领导小组颁发灯城建组文件，明确了在自贡市城区增设旅游公益广告，即在城区主要地段建筑工地围墙上装饰旅游景区广告。房地产公司按照市城乡建设住房保障局的要求以及市城乡建设住房保障局提供的《××之祖××之都》等城市宣传图片，在其建设工地临公路的围墙上放大张贴了以天车群为背景的《××

之祖××之都》宣传图片，虽然该房地产公司在该宣传图片旁边张贴了房地产公司宣传广告，但房地产公司是按照市城乡建设住房保障局的要求张贴公益性广告，其在主观上并无侵犯余某著作权的故意，且由于该宣传图片是政府职能部门市城乡建设住房保障局提供，涉案房地产公司对该宣传图片的合法性亦无审查必要，不会产生合理性怀疑，即房地产公司的上述行为也无过失，故房地产公司的行为未侵犯余某的著作权。由于房地产公司的行为未侵犯余某的著作权，故对本案争议的第三个焦点问题不再审查。

综上，余某提交的证据不足以证明房地产公司已侵犯其相关著作权，故其诉请判决房地产公司停止侵权、赔礼道歉并赔偿其因侵权行为给其造成的相关损失及律师费等合理支出费用的诉讼请求，该院不予支持。

**【一审判决】**依照最高人民法院《民事诉讼证据的若干规定》第 2 条“当事人对自己提出的诉讼请求所依据的事实或者反驳对方诉讼请求所依据的事实有责任提供证据加以证明。没有证据或者证据不足以证明当事人的事实主张的，由负有举证责任的当事人承担不利后果”的规定，判决：驳回余某的诉讼请求。一审案件受理费 1 050 元，由余某负担。宣判后，余某以原审判决认定事实不清，证据不足，适用法律错误为由，向上级法院提起上诉。

**【二审诉辩】**余某请求撤销原判，依法改判：1. 房地产公司停止侵权、赔礼道歉并赔偿其因侵权行为给余某造成的相关损失 5 万元及律师费等合理支出费用。2. 本案诉讼费由房地产公司承担。其理由为：1. 原审判决未查清到底是谁擅自使用其摄影作品《盐都××》，属于认定事实不清。2. 房地产公司在张贴的巨幅广告中，擅自使用摄影作品《盐都××》是不争的事实，但原审判决未适用侵权的相关法律规定，属于适用法律错误。3. 本案侵权涉及多个部门，但一审法院未追加其他侵权主体，属于严重违反法定程序。诉讼中，余某放弃原审法院未追加其他侵权主体的主张。

房地产公司答辩称：一审判决认定事实清楚，适用法律正确，审判程序合法。其理由为：1. 按照市城乡建设住房保障局要求，其在建设工地张贴了由该保障局向其提供的《××之祖××之都》宣传图片，其行为不构成侵权；2. 余某起诉称一审判决认定事实不清、适用法律错误、违反法定程序牵强附会，理应驳回。

**【二审审理】**二审法院认为，对一审判决查明的事实予以确认。本案争议的焦点为：一是房地产公司使用《××之祖××之都》宣传图片的行为是否构成侵权；二是如果房地产公司构成侵权，是否应当承担民事责任。

1. 二审法院认为：本案双方当事人对余某享有以天车群为背景的摄影作品《盐都××》即涉案作品的著作权，以及房地产公司在其建设工地临公路的围墙上放大张贴了以天车群为背景的《××之祖××之都》宣传图片的案件事实无争议，本院予以确认。

根据《著作权法》第 10 条关于“著作权包括署名权、复制权等人身权和财产权”的规定，本案中，房地产公司在其建设工地临公路的围墙上张贴的《××之祖××之都》宣传图片与余某涉案作品相比，在天车群的排列、背景山势的走向、水蒸气的形态上均相同，故房地产公司对上述图片是在余某涉案作品上放大复制的使用，且也未署作者余某的名字。对于房地产公司提出使用上述图片是执行市政府文件精神和市城乡建设住房保障局统一部署的行为，其行为不构成侵权的问题。二审院认为，房地产公司的该项抗辩，所提供的证据仅能证明其按照市城乡建设住房保障局的要求以及市城乡建设住房保障局提供的资料使用的上述图片，其在主观上无侵权的故意，但不能证明该使用行为系经过著作权人余某同意，故根据《著作权法》第 48 条第一款第（一）项关于“未经著作权人许可，复制、发行、表演、放映、广播、汇编、通过信息网络向公众传播其作品的，应承担停止侵害、消除影响、赔礼道歉、赔偿损失等民事责任”的规定，房地产公司的上述行为已构成侵权，应承担相应的侵权民事责任。鉴于本案诉讼中房地产公司在使用上述图片时，未损害著作权人余某的声誉，现已停止使用该图片，故法院对余某主张房地产公司应承担停止侵权、赔礼道歉不予支持，但对其主张房地产公司应承担赔偿损失应予支持。

2. 根据《著作权法》第 49 条的规定，“侵犯著作权或者与著作权有关的权利的，侵权人应当按照权利人的实际损失给予赔偿；实际损失难以计算的，可以按照侵权人的违法所得给予赔偿。赔偿数额还应当包括权利人为制止侵权行为所支付的合理开支。权利人的实际损失或者侵权人的违法所得不能确定的，由人民法院根据侵权行为的情节，判决给予 50 万元以下的赔偿。”本案中，鉴于余某没有举证证明其实际损失，以及房地产公司的违法所得，法院根据涉案作品的具体类型、侵权行为的性质、后果、余某实际产生合理费用等情况，酌定房地产公司承担侵权赔偿费用为 2 000 元。对于余某在上诉中曾提出本案侵权涉及多个部门，原审法院未追加其他侵权主体，属于程序违法的问题。因余某在二审诉讼中又放弃一审法院未追加其他侵权主体的主张，故本院对其行为予以确认。

**【二审判决】**综上，上诉人余某的上诉请求及理由部分成立。一审判决认定事实清楚，但认定“房地产公司的行为未侵犯余某涉案著作权”错误，本院应予纠正。据此，依照《著作权法》第 10 条、第 48 条第一款第（一）项、第 49 条，《民事诉讼法》第 153 条第一款第（二）项之规定，判决如下：

1. 撤销一审法院的民事判决书；

2. 房地产开发公司于本判决生效之日起十日内赔偿余某经济损失及各种合理费用 2 000 元；

3. 驳回余某的其他诉讼请求。

本案一审案件受理费 1 050 元，二审案件受理费 1 050 元，合计 2 100 元，均由房地产开发公司负担。

**【案例点评】**本案是一起房地产开发在施工现场围墙的宣传图片而引发的著作使用权纠纷案。经过了两审，一审法院以被告无过错为由，判定被告不构成侵权；二审法院则认为，被告没有经过权利人许可存在过错。为此，判决被告侵权，两审结果大相径庭。

二审法院判决的主要依据是《著作权法》第 48 条第（一）项规定，“未经著作权人许可，复制、发行、表演、放映、广播、汇编、通过信息网络向公众传播其作品的，本法另有规定的除外”。第 48 条是关于侵犯著作权以及与著作权有关的权益的行为及行为人应当承担的民事、行政或刑事责任的规定。应当根据情况，承担停止侵害、消除影响、赔礼道歉、赔偿损失等民事责任；同时损害公共利益的，可以由著作权行政管理部门责令停止侵权行为，没收违法所得，没收、销毁侵权复制品，并可处以罚款；情节严重的，著作权行政管理部门还可以没收主要用于制作侵权复制品的材料、工具、设备等；构成犯罪的，依法追究刑事责任。

《著作权法》第 48 条是行为人侵犯了著作权人对作品的使用权。我国著作权法经过几次修改，2001 年版的《著作权法》对 1990 年版的规定作了修改，一是删除了“以营利为目的”的条件限制；二是在传播方式上，增加了以“表演、放映、广播、汇编、通过信息网络向公众传播作品”的规定，一直延续至今。从修改后的规定看，无论行为人是否以营利为目的，也无论行为人有无主观过错，只要未经著作权人许可，以上述方式向公众传播其作品，就要视其侵权行为的情节，适用本条规定的法律责任。可见本法加大了保护著作权人对作品使用权的力度。当然，法律另有规定的除外，如《著作权法》第 22 条有关合理使用的规定；第 43 条第二款关于广播电台、电视台播放已发表的作品，可以不经著作权人许可，但应当支付报酬的规定；第 44 条关于广播电台、电视台播放已经出版的录音录像制品可以不经著作权人许可，但应当支付报酬的规定等，但本案并不属于除外法律规定。从二审判决结果来看，被告并未经过著作权利人许可使用，无论是否为执行市政府文件精神和市城乡建设住房保障局统一部署的行为，是否为公益性质，都是侵权行为。为此，二审法院判决其侵权，法律适用准确、判决正确、依法有据。

## 10.3　房地产商标侵权纠纷

### 【案例 10.5】楼盘推销搞宣传，擅用他人商标是侵权

**【案情摘要】**某市工业园区××中心公司拥有向国家工商管理总局商标局申批准的第 35 类、第 36 类、第 41 类、第 42 类“××中心”文字注册商标权，其中核定服务项目第 36 类为“不动产代理，不动产管理，不动产出租，办公室（不动产）出租，经纪，租赁担保，代管产业”；××中心公司还就上述服务项目向国家工商管理总局商标局申请注册取得“××中心”指定图形商标。××中心公司各“××中心”商贸大厦以其特定的商业、经贸、文娱商业租售服务、良好的物业管理，以及统一的“××中心”品牌区域商贸中心的宣传，有效地吸引了消费者，并吸引商户置产、租赁入驻。“××中心”成为国内社区商贸中心开发的著名品牌，被媒体广泛誉为“社区服务第一品牌”，并被评为省著名商标。

某房地产公司成立时间晚于××中心公司，其核定经营范围为“房地产开发经营，房地产投资，实业投资等”。房地产公司为推广其所开发的楼盘，在报刊刊登广告，以突出字样“凤凰城上层花园‘××中心’”宣传其组团商业。其后又多次宣传其楼盘中“组团

商业××中心，集购物、餐饮、娱乐、休闲四大功能于一体”。××中心公司阅悉后，即向该房地产公司发出公函，告知该房地产公司使用××中心内容的广告已构成对××中心注册商标专用权的侵犯，要求房地产公司立即停止侵权并就赔偿事宜进行协商。设案房地产公司接函后，在报纸上刊登了一则声明，内容为“目前，凤凰城上层花园宣传广告中所涉‘××中心’系特指凤凰城居住场景之××中心。与工业园区××中心公司所属之‘××中心’无任何关联。特此声明。”××中心公司委托律师事务所向该房地产公司发出律师函一份，再次重申房地产公司侵权事实并且要求其停止侵权，就赔偿事宜进行协商。该房地产公司接函后未予答复，但其在报刊上的不动产销售广告宣传中，将“××中心”变更为“邻里生活中心”字样，××中心公司遂将房地产公司告上法庭。

**【法院诉辩】**原告××中心公司诉称：××中心公司拥有国家工商行政管理局商标局颁发的“××中心”商标注册证，商标类别是服务商标，截至目前，××中心公司已享有10大类100多种服务类别的商标专用权。近几年来，该房地产公司在其开发的楼盘项目过程中，利用了“××中心”作为楼盘卖点，侵犯了××中心公司所享有的商标专用权，给××中心公司造成了一定的损失。请求法院依法判令：1.被告房地产公司在其开发的楼盘宣传中使用“××中心”字样构成侵犯××中心公司商标权；2.被告房地产公司停止侵权，并在其侵权的报纸的相应版位连续三次公开说明，消除影响、赔礼道歉；3.被告房地产公司赔偿相应损失计人民币50万元；4.被告房地产公司承担本案的全部诉讼费用。

被告被告房地产公司答辩称：1.本案为商标权纠纷，主要为经济权利，不存在赔礼道歉的问题；2.××中心公司有关的商标大部分是指定图形和文字组合的商标，单纯的文字商标只在42类和36类中注册，××中心公司诉称在10大类100多种服务类别上享有“××中心”商标专用权依据不足；3.××中心公司诉称其××中心商业点附近的楼盘受到追捧，但这主要是区政府的作用，和“××中心”商标间并没有多大关系；4.房地产公司登报申明旨在防止公众将××中心公司的“××中心”与本公司的“××中心”相混淆，是一种负责的行为而不是推脱；5.房地产公司是在房产销售中使用“××中心”，不包含在××中心公司注册商标核定使用范围内；6.××中心公司诉称房地产公司的行为给其造成了巨大的经济损失，没有证据证实。

**【法院审理】**根据原、被告双方对证据的质证情况并经法庭审核，法院认为对××中心公司举证证据的真实性均可予以认定。本案的争议焦点为被告房地产公司在广告宣传中使用“××中心”字样是否构成对××中心商标专用权的侵犯，并因此承担由此引发的侵权责任。

法院认为，原告××中心公司经国家商标局核准在第36类的“不动产代理，不动产管理，不动产出租，办公室（不动产）出租，经纪，租赁担保，代管产业”服务项目上依法注册取得“××中心”文字商标，其享有的商标专用权依法应受到保护。“××中心”服务商标经过××中心公司连续多年反复突出使用，强化宣传，在不动产代理、不动产管理服务中实际具有显著识别性，成为原告××中心公司特有商业标识，并为广大消费者所熟知。未经授权在不动产代理、不动产管理及类似服务上使用“××中心”文字商业标识，易使相关公众对服务的来源产生误认，构成对“××中心”商标专用权的侵害。本案中，被告房地产公司在其开发的房地产项目宣传广告中，多次使用“××中心”字样。对该行为是否侵犯“××中心”注册商标权，双方具有争议。

争议之一：被告房地产公司认为其使用××中心属于“不动产销售”，而非××中心注册商标核定使用之“不动产代理、不动产管理”等服务项目，××中心注册商标权未涵盖不动产销售服务项目，因而房地产公司不构成对××中心注册商标专用权的侵害。对此争议，法院认为，依据国家工商行政管理局商标局于2003年7月3日出具的《关于商品房如何确定类别问题的复函》（商标函[2003]32号），按照世界知识产权组织提供的《商标注册用商品和服务国际分类》的分类原则，第19类的“非金属建筑物”是指简易的或是可移动的建筑物，不包括“商品房”。在“商品房”建筑、销售等环节中，建造永久性建筑的服务属于第37类，以“商品房建造”申报；出售商品房的服务属于第36类，以“商品房销售服务”申报。据此判断，被告房地产公司商品房销售及相关行为，应涵盖于原告“××中心”注册商标核定的第36类“不动产代理、不动产管理”等服务项目中。房地产公司关于其销售不动产服务与××中心注册商标核定使用服务项目范围不同且不相似的抗辩理由，不能成立。

争议之二：被告房地产公司抗辩认为，其使用的××中心“仅指对建筑形态的描述，是基于合围而组成的四周邻居相互交流的区域”，与××中心公司之“××中心”注册商标无任何关联。就此争议，法院认为，××中心公司注册“××中心”不动产代理、不动产管理类服务商标经××中心公司在社区商贸中心不动产经营中长期突出使用，强化宣传，已实际获得消费对象及社会的认可，在不动产代理、不动产管理服务中实际产生显著商业识别性，“××中心”注册商标获评省著名商标，在该地区更具有较高的市场知名度。被告房地产公司在从事与××中心公司同一类别的不动产代理、管理服务中，多次以引号突出“××中心”字样（即“××中心”）宣传其商业组团，该宣传行为显然是利用商贸中心不动产代理、管理领域“××中心”良好的品牌效应以促进其商品房销售及商铺出租。从“××中心”品牌的市场认知度来观察，被告房地产公司在“××中心”商贸大厦集中连锁经营的工业园区区域范围内，房产销售过程中以“××中心”标识其社区商业组团（中心），容易导致消费对象产生该商贸不动产与“××中心”注册商标存在某种特殊关联的混淆与联想，对服务提供者产生误认，其行为侵犯了“××中心”注册商标权。被告房地产公司抗辩提出其使用的××中心“仅指对建筑形态的描述，是基于合围而组成的四周邻居相互交流的区域”，该抗辩亦显然与其在房产销售广告所明确宣传的“商业组团××中心”内容不相符合，对其抗辩，法院不予采纳。

综上所述，被告房地产公司在其楼盘销售广告宣传中突出使用“××中心”以宣传其不动产商业组团，构成了对 “××中心”注册商标专用权的侵害，依法应承担由此引发的停止侵权、消除影响、赔偿损失的侵权责任。其中，对于赔偿数额的判定，因××中心公司未有直接有效证据证实侵权行为导致权利人的损失或是侵权人的获利状况，法院认为应综合本案中“××中心”注册商标的知名度、房地产公司涉案侵权行为的性质、时间、影响范围及主观故意等，并结合××中心公司为制止侵权所支出的费用等因素，酌情判定。对于××中心公司诉请过高部分，本院不再支持。

至于××中心公司诉请要求被告房地产公司赔礼道歉，根据相关法律规定，赔礼道歉适用于侵害人身权的情形，而本案是对商标专用权的财产性权利的侵害，故依法不再适用，房地产公司相关答辩理由成立。同时，基于本案房地产公司涉案行为与××中心公司诉讼中提及其他（门市部）“××中心”文字或指定图形注册商标非属相同或类似服务，法院不作侵权认定。本案诉讼费用，则考虑到案件系由被告房地产公司侵权引发，并根据对××中心公司诉讼请求的支持程度，法院合理确定双方承担比例。

**【法院判决】**依照《民法通则》第 118 条、《商标法》第 3 条第一款、第 4 条第三款、第 51 条、第 52 条第一项、第 56 条第二款、《最高人民法院关于审理商标民事纠纷案件适用法律若干问题的解释》第 11 条第二款之规定，判决如下：

1. 被告房地产公司立即停止在其楼盘销售广告宣传中突出使用“××中心”字样的侵权行为；

2. 被告房地产公司在就本案所涉侵权行为于本判决生效之日起 15 日内在三份指定报纸上各作出公开声明一次，消除影响；

3. 被告房地产公司向原告××中心公司赔偿侵权损失人民币 80 000 元，于本判决生效之日起 15 日内履行完毕；

4. 驳回原告××中心公司其他诉讼请求。

案件受理费 10 010 元，其他诉讼费 200 元，合计 10 210 元，由原告××中心公司负担 3 063 元，由被告被告房地产公司负担 7 147 元。

**【案例点评】**本案是一起发生在房地产销售环节的“未经权利人许可，突出使用他人注册商标”侵权纠纷案。《商标法》第 52 条第（一）项规定，未经商标注册人的许可，在同一种商品或者类似商品上使用与其注册商标相同或者近似的商标的，属侵犯注册商标专用权。本案关键问题是，房地产公司在房产销售中，未经权利人允许，使用的“××中心”服务商标，是否包含在××中心公司注册商标核定使用范围之内。国家工商局《关于商品房如何确定类别问题的复函》规定：关于商品房类别的确定，应按照世界知识产权组织提供的《商标注册用商品和服务国际分类》的分类原则……在商品房建筑、销售等环节中，建造永久性建筑的服务属于第 37 类，以“商品房建造”申报；出售商品房的服务属于第 36 类，以“商品房销售服务”申报。本案原告××中心公司经国家商标局核准，在第 36 类的“不动产代理，不动产管理，不动产出租，办公室（不动产）出租，经纪，租赁担保，代管产业”服务项目上依法注册取得“××中心”文字商标，其享有的商标专用权依法应受到保护。而房地产公司经营范围为：“房地产开发经营，房地产投资，实业投资等”。可见，房地产公司销售商品房使用××中心的商标的行为，已经落入××中心注册第 36 类商标的法律保护范围之中。为此，被告房地产公司在其楼盘销售广告宣传中突出使用“××中心”以宣传其不动产商业组团，构成了对“××中心”注册商标专用权的侵害，依法应承担由此引发的停止侵权、消除影响、赔偿损失的侵权责任。

**【案例 10.6】楼盘商标、字号有冲突，在先原则为准绳**

**【案情摘要】**某房地产咨询公司（以下简称咨询公司）主要从事代理房地产出租、转让等业务及物业发展顾问等，多年来享誉海内外，曾后获得“市房地产中介（居间）十强企业”、“市房地产营销二十强企业”等称号。咨询公司向国家工商管理局申请注册了“××”文字商标。核定服务项目为第 36 类：不动产评估，不动产出租，公寓管理，公寓出租，农场出租，代管产业。《商标注册用类似商品和服务区分表》载明：第 36 类服务包括保险、金融、货币事务、不动产事务，其中的不动产事务包括住房代理、不动产出租、不动产代理、不动产估价、不动产管理、不动产中介、公寓管理、公寓出租、农场出租等。

近年来，咨询公司发现本市××房地产经纪有限公司（以下简称××公司）将“××”二字作为其商号申请了企业名称，其经营范围为房地产经纪（涉及许可经营的凭许可证经营），并已设立十几家分店。咨询公司认为，××公司未经许可，擅自使用咨询公司持有的注册商标作为字号，并在其服务场所悬挂“××房产”等字样，造成了消费者的混淆，侵犯了咨询公司的商标专用权，遂诉至法院。

**【法院诉辩】**咨询公司请求法院判令：1. 经纪公司立即停止对原告咨询公司所拥有的注册商标专用权的侵权行为，判令被告××公司立即变更以原告注册商标标识为字号的企业名称；2. 被告承担侵权责任，赔偿原告经济损失人民币 10 万元。在第一次庭审中，咨询公司明确其在本案中主张保护其“××”注册商标。在第二次庭审后，咨询公司向法院提出撤销“判令被告××公司立即变更以原告注册商标标识为字号的企业名称”的诉讼请求。

被告××公司辩称：原告咨询公司起诉被告构成商标侵权没有事实与法律根据。被告的企业名称获得核准较原告的“××”注册商标核准日在前，故被告享有“××”商号在先使用权利；被告的服务领域与原告注册商标的核定服务项目不属于同一类别，且被告没有突出“××”两个字：“××房产”四个字的视觉、文字的字形、读音等均与原告注册商标不同且不相类似，不会引起消费者误导，故被告××公司没有侵犯原告的注册商标，请求法院驳回原告的诉讼请求。

**【法院审理】**经过确认的证据，法院查明，原告咨询公司向国家工商行政管理局申请的“××”文字商标，核准注册日期早于被告××公司核准注册成立日期，其经营范围为房地产经纪（涉及许可经营的凭许可证经营）。被告在本市开设的房地产经纪服务场所（第八分公司）所悬挂的店招上，使用了“××房产”蓝底白色大字，门面两侧及一侧的墙面上、灯箱广告上亦使用了蓝底白字的“××房产”四个字。

法院认为，原告咨询公司对其经核准注册的商标，在核准的服务领域享有专用权，应受法律保护。被告××公司的企业字号虽为“××”，但其企业名称的预先核准日期在原告申请系争注册商标之后，且被告的经营范围与原告注册商标核定使用的服务项目存在密切的联系，属相同的服务领域。被告××公司在其公司服务场所的店招、门面以及灯箱广告上突出、醒目地使用了“××”二字，该二字与系争注册商标完全相同，故容易引起相关公众对该商标注册人即原告与被告之间存在特定的关系产生联想或者误认。故被告的行为构成对原告注册商标专用权的侵犯，应当承担停止侵害、赔偿经济损失等民事责任。

原告咨询公司在诉讼请求中提出要求被告××公司赔偿经济损失人民币 10 万元，鉴于原告并未提供证据证明被告因侵权所获得的利益或者原告因被侵权所受到的损失，故法院考虑被告侵权行为的性质、期间、后果等因素酌情确定被告应当承担的赔偿数额。

**【法院判决】**依照《商标法》第 4 条第三款、第 52 条第（五）项、第 56 条第一款、第二款的规定，判决如下：

1. 被告××公司于本判决生效之日起立即在其服务场所停止突出使用“××”二字；

2. 被告××公司于本判决生效之日起 10 日内赔偿原告咨询公司经济损失人民币 4 万元。

本案案件受理费人民币 3 510 元，由原告咨询公司负担人民币 1 053 元，被告××公司负担人民币 2 457 元。

**【案例点评】**本案是一起发生在房地产服务环节的楼盘商标与使用企业名称冲突纠纷案件。依据《商标法》规定，商标包括商品商标、服务商标和集体商标、证明商标；商标注册人享有商标专用权，受法律保护。其中服务商标又称服务标记或劳务标志，服务商标是指提供服务的经营者，为了将自己提供的服务与他人提供的服务区别开来，而使用的文字、图形或其组合标志。与商品商标一样，服务商标可以由文字、图形、字母、数字、三维标志和颜色组合，以及上述要素的组合而构成。本案原告咨询公司注册的“××”就属于服务商标。本案还涉及一个概念是企业名称，企业名称是区别不同市场主体的标志，依次由企业所在地的行政区划、字号、行业或者经营特点、组织形式四部分组成。其中，字号是区别不同企业的主要标志。商标权、企业名称均是经过法定程序确认的权利，分别受到商标法律法规和企业名称登记管理法律法规的保护。

在实践中，商标与使用企业名称冲突纠纷案件不断。所谓“商标与使用企业名称冲突”是指：将与他人注册商标相同或者近似的文字作为企业名称中的字号注册使用，使商标与字号发生的冲突。本案的咨询公司注册服务商标“××”被经纪公司用于企业名称的纠纷就是此类冲突，商标与使用企业名称冲突纠纷案件应当如何适用法律呢？依据北京市高级人民法院关于印发《关于商标与使用企业名称冲突纠纷案件审理中若干问题的解答》的通知（京高法发[2002]357 号）规定，商标与使用企业名称冲突纠纷，从侵权人的行为性质上看，主要是借助于合法的形式侵害他人商誉，表现为使消费者对商品或者服务的来源以及不同经营者之间具有关联关系产生混淆误认，故一般属于不正当竞争纠纷，应当适用《民法通则》、《反不正当竞争法》进行调整。将与他人注册商标相同或者近似的文字作为企业的字号在相同或者类似商品上单独或者突出使用，容易使相关公众产生误认的，属于侵犯他人注册商标专用权的行为，应当适用《商标法》进行调整。

如何判令侵权人承担法律责任？审理商标与使用企业名称冲突纠纷案件，应当遵循诚实信用、保护在先合法权益的原则。侵权人的行为造成消费者对商品或者服务的来源产生误认和混淆，或者造成消费者误认为不同经营者之间具有关联关系，或者对驰名商标造成不良影响，构成不正当竞争的，人民法院可以判令停止使用企业名称或者对该企业名称的使用方式和范围作出限制。因主观上具有过错给权利人造成损害的，还应该判令赔偿损失。《最高人民法院关于审理商标民事纠纷案件适用法律若干问题的解释》（法释[2002]32 号）第 1 条第（一）项对此也做了明确的规定："下列行为属于《商标法》第五十二条第（五）项规定的给他人注册商标专用权造成其他侵害的行为：（一）将与他人注册商标相同或者相近似的文字作为企业的字号在相同或者类似商品上突出使用，容易使相关公众产生误认的"。

本案咨询公司服务商标预先核准日期在先，××公司预先核准日期在后，法院审理本案贯彻了"诚实信用、保护在先合法权益"的原则，同时，两者的服务范围又基本类似，××公司的行为极容易误导消费者，所以法院判决××公司侵权是十分准确的。由于咨询公司受侵损失难以估计，为此，法院综合各方面因素，判决××公司赔偿咨询公司 4 万元的经济损失。

# 第 11 章　建材装饰知识产权侵权案例

建材装饰行业是建设领域的基础行业，也是知识产权纠纷的多发区，应引起生产销售企业的高度重视，否则将给企业带来较大法律风险。建材装饰行业所面临的知识产权侵权风险，主要来自于专利、商标以及商业秘密被侵或侵犯他人权益所产生的风险，在司法实践中前两者纠纷较为常见。按照建材装饰产品的流程细分，不同阶段企业所面临的风险有所侧重，制造阶段以专利、泄露商业秘密侵权所产生的纠纷为主；销售阶段则主要以商标侵权所产生的纠纷为主，这一点应引起建材装饰企业的高度重视。

## 11.1　建材装饰实用专利侵权纠纷

### 【案例 11.1】建材商提供侵权半成品，间接行为构侵权

**【案情摘要】**刘某拥有“全耐火纤维复合防火隔热卷帘”实用新型专利。专利要求书的内容包括 10 项。经国家知识产权局核准，该专利的专利权人刘某变更为某特种纺织有限公司（以下简称特种纺织公司）。同时本专利的相关权利人共同约定，由特种纺织公司承继本专利授权之日起与该专利相关的一切权利义务。除此之外没有许可任何第三人使用本专利技术，该专利受法律保护。

专利实施以后，某陶瓷纤维制品有限公司（以下简称陶瓷纤维公司）具有生产本专利产品的条件。陶瓷纤维公司为逃脱侵权责任，专门为专利产品生产销售半成品，该半成品再由用户根据需要用薄钢带和螺钉或等同方式连接在一起使用。其生产、销售的半成品具有本专利上述权利要求的必要技术特征，覆盖了刘某专利的保护范围，而且其生产销售的半成品专门是为制造专利产品之用。据此，特种纺织公司以间接侵犯专利权为由将陶瓷纤维公司告上法庭。

**【法庭诉辩】**原告特种纺织公司认为，被告陶瓷纤维公司具有诱导、怂恿、教唆他人直接侵犯专利权的故意，在明知他人使用其提供的半产品后直接侵犯原告专利权的情况下仍然生产、销售、提供半成品，并从中获得巨额利润。此外，被告在各种场合、利用各种手段大肆宣传其侵权产品。依据专利法的规定，被告上述故意生产、销售、许诺销售用于制造专利产品所必需的半成品及用户利用被告提供的专门的半成品制成专利成品后使用的行为，已经构成共同专利侵权，侵犯了本专利权，应承担相应的法律责任。因此，根据

有关规定特对被告提起专利侵权诉讼，要求其承担相应的侵权责任。

原告特种纺织公司进一步诉称：被告侵权专利行为，经专业的评估机构评估具有巨大的商业价值，被告的侵权行为给原告造成了巨大损害。一方面挤占了原告专利产品的市场，给原告造成直接经济损失；另一方面，被告在生产、销售侵权产品的同时还进行大肆宣扬，造成恶劣的社会影响，给原告造成无可估量、无法弥补的无形损害，被告理应对其侵权行为承担损害赔偿责任。请求法院判令被告：1. 立即停止生产、销售专门用于制造专利产品的半成品和产成品，停止宣传、散发样本等许诺销售行为；2. 销毁生产侵权产品所使用的模具、工具、已生产出的侵权半成品、产成品；3. 在《人民公安报（消防周刊）》、《经济日报》上向原告公开赔礼道歉、消除影响；4. 赔偿原告经济损失 150 万元；5. 承担本案全部诉讼费用。

被告陶瓷纤维公司辩称：

1. 被告陶瓷纤维公司为维护自身的合法权益，对原告的专利提出的无效请求已为有关部门受理。经初步调查分析，原告的实用新型专利属于技术水平较低的类型，其所用材料均属于十几年前就存在和使用的产品，主要耐火材料早已达到甚至超过专利产品的耐火功效。此专利申请前就存在同类的且结构相似的产品，因此此专利无新颖性；由于此专利产品的功效与其他产品没有明显的进步，且结构的改变无特别影响，因而无创造性；原告所称全无机概念是防火卷帘无法实际生产的，因而无实用性，而且专利权利要求书中有多项请求不是科学规范的，不能成立。

2. 即使被告的专利权无效宣告申请不成立，被告也不构成对其专利侵权。原告指称被告陶瓷纤维公司生产半成品和产成品构成侵权，而在主文中只谈到半成品，可见原告没有事实和理由说明被告陶瓷纤维公司生产了产成品，不能全部支持其主诉请求，主诉被告陶瓷纤维公司生产、销售产成品无事实依据。关于原告指称被告陶瓷纤维公司为了逃脱侵权责任，专门为专利产成品生产、销售半成品，生产销售的半成品专门是为了制造专利产品之用，具有诱导、怂恿、教唆他人直接侵犯专利权的故意，该诉由与事实不符。

（1）原告所称的半成品，对被告陶瓷纤维公司来讲即是产成品，被告陶瓷纤维公司根据市场需要加工生产的半成品并非依据原告的专利而生产，而是依据客户的技术要求而生产。根据法律规定，间接侵权必须以直接侵权为前提，原告没有被告陶瓷纤维公司用于指导客户安装的说明，何以断定被告陶瓷纤维公司故意教唆他人侵犯其专利。

（2）被告陶瓷纤维公司生产的陶瓷纤维制品与原告的产品的技术特征不同，原告已经承认，被告陶瓷纤维公司的半成品缺少其专利产品必备的技术特征，即没有通过连接螺钉将薄钢带、耐火纤维布、耐火纤维毯、耐高温不锈钢丝和铝箔连接在一起的技术特征。不仅如此，被告陶瓷纤维公司的半成品还有与原告专利不同的其他特征，如产品结构。原告的耐火纤维复合防火隔热卷帘是两层耐火毯夹着合金丝和铝箔，而被告陶瓷纤维公司的无机布基防火卷帘只有一层耐火毯，而合金丝和铝箔也非夹在两层耐火毯中间，或根本不加耐火毯。

综上所述，根据我国专利法关于专利三性、侵权全部覆盖原则、非故意和已有技术抗辩的规定，被告陶瓷纤维公司请求人民法院判决被告对原告不构成间接侵权，驳回原告的诉讼请求，有原告承担诉讼费用。

**【法院审理】**法院认为：根据查明的事实，原告依据专利权转让协议和国家知识产权局核准专利变更登记证明取得本专利权，是本专利的受让权利人，其享有自授权日以后本专利的一切权利义务，依法有权对他人擅自实施本专利的行为提起诉讼，是本案适格的原告。根据当事人的控辩理由，本案涉及以下焦点：

1. 关于本专利保护范围的确定。我国《专利法》规定，实用新型专利权的保护范围以其权利要求的内容为准，说明书及附图可以用于解释权利要求。《专利法实施细则》第 20 条第二款规定，专利的独立权利要求应当从整体上反映发明或实用新型的技术方案，记载解决技术问题的必要技术特征。由此可见，本专利最大的权利保护范围的确定，应当以独立权利要求 1 的必要技术特征的内容为准。

被告对本专利独立权利要求 1 内容的真实性不持异议，并承认根据客户要求在耐火纤维毯中间或一侧放置耐高温不锈钢丝，仅认为其产品的玻璃纤维布与本专利耐火纤维布材料不同。对此，法院认为本专利权利要求 10 对耐火纤维布的制作原料进行了明确限定，其限定的可单独使用的材料中包括普通玻璃纤维等制作材料，在说明书中也有相同的说明。因此玻璃纤维布也是本专利保护的技术方案的技术特征，被告的产品中使用玻璃纤维布，与原告专利的相应技术特征不存在区别。

2. 关于被告的行为性质。根据以上认定和查明的事实，被告制造的防火帘在未安装连接螺钉和薄钢带前是专用于本专利的半成品，该半成品与连接螺钉和薄钢带共同构成本专利的全部必要技术特征，完全落入本专利的权利保护范围。被告明确承认其根据客户的要求在防火帘的外部配置螺钉和钢带，因此，客户使用被告制造的本专利的半产品与薄钢带和连接螺钉配套安装使用被告系明知，其主观上具有与他人实施侵害原告专利的故意。同时，被告长期向客户实际销售专用于实施本专利的半成品即被控侵权产品从中获取商业利益，其与他人共同侵权的事实已经实际发生。同时，被告有关公知技术的抗辩理由，因缺乏事实根据，不能成立，法院不予采信。

综上所述，被告制造、销售专用于实施原告专利技术的半成品，所组装完成的最终产品的技术特征完全覆盖了本专利的全部必要技术特征，落入了原告专利的权利保护范围，被告的行为侵犯了原告的实用新型专利权，应当承担侵权责任，停止侵权行为，并赔偿原告经济损失。被告有关其行为对本专利不构成侵权等抗辩理由不能成立，法院不予采信。

**【法院判决】**依照《专利法》第 59 条第一款、第 60 条第一款、第 65 条的规定，判决如下：

1. 被告陶瓷纤维公司自本判决生效之日起，立即停止制造、销售侵犯原告特种公司该项实用新型专利权的特级防火卷帘、防火卷帘、防火无机卷帘（通称防火帘或防火卷帘）产品的行为；

2. 被告陶瓷纤维制品公司自本判决生效之日起 10 日内，赔偿原告特种纺织公司经济损失合计 10 675 799 元；

3. 驳回原告特种纺织公司的其他诉讼请求。

**【案例点评】**本案是一起装饰行业涉及专利间接侵权问题的纠纷案件。专利权是专利权作为人的财产的一部分，应受到法律保护的观念在如今已经无可厚非。专利权人以公开自己的发明创造为代价，取得在一定时期和地域范围内独占实施该专利的权利，并有权禁止非经专利权人许可而为侵犯专利权人的行为。依据我国《专利法》第 11 条所规定的，各种行为之所以要承担侵权责任，是因为未经许可而生产经营性地采用了获得专利权的发明创造。我们把这样的专利侵权行为称为“直接侵权”。

但实践表明，仅仅禁止前述这样的侵权行为、追究侵权者的侵权责任在一些情况下尚不足以给专利权人提供充分有效的法律保护，因为有些行为人可能自己没有直接侵犯专利权，却客观上损害了专利权人的利益。比如：故意制造、销售、进口只能用于专利产品的关键部件；未经专利权人许可，擅自许可他人实施专利技术等行为，是否也应承担侵权责任？对于这个问题，我国《专利法》没有关于专利间接侵权行为的规定，也没有专利间接侵权行为的描述，但在司法实践中，经常遇到间接侵权的问题，为此，一些司法解释中作了一些规定。

如原国家科委 1992 年出版的《中国知识产权制度》蓝皮书，认为间接侵权行为包括：1. 故意制造、销售、进口只能用于专利产品的关键部件；2. 未经专利权人许可，擅自许可他人实施专利技术；3. 专利许可合同的被许可方违反合同中关于“不得转让”的规定，擅自许可第三方实施专利技术；4. 专利权共有人未经其他共有人的同意，第三人实施专利技术；5. 技术服务合同的委托方，在为委托方解决特定的技术问题时，未经专利权人许可，而利用了其专利技术。

北京市高级人民法院 2001 年 9 月制定的关于《专利侵权判定若干问题的意见（试行）》对专利间接侵权行为作出了规定，即“对于一项产品专利而言，专利间接侵权是提供、出售，或者进口用于制造该专利产品的原料或者零部件；对以上方法而言，间接侵权是提供、出售或者进口用于该专利方法的材料、器件或者专用设备。”

由此可见，未经过权利人许可，擅自制造半成品销售，构成间接侵权责任。间接侵权是指行为人的行为本身并不构成直接实施他人专利的侵权，但却教唆、帮助、诱导他人实施专利而发生直接侵权行为，行为人在主观上有诱导或者教唆他人侵犯专利权的故意，客观上为直接侵权行为的发生提供了必要条件。本案中，被告陶瓷纤维公司制造的防火帘在未安装连接螺钉和薄钢带前是专用于本专利的半成品，该半成品与连接螺钉和薄钢带共同构成本专利的全部必要技术特征，完全落入本专利的权利保护范围。被告陶瓷纤维制品公司明确承认其根据客户的要求在防火帘的外部配置螺钉和钢带，因此，客户使用被告制造的本专利的半成品与薄钢带和连接螺钉配套安装使用被告系明知，其主观上具有与他人实施侵害原告专利的故意。同时，被告长期向客户实际销售专用于实施本专利的半成品即被控侵权产品从中获取商业利益，其与他人共同侵权的事实已经实际发生。因此，被告的行为已经构成了间接侵权。

**【案例 11.2】为建材商侵权提供场所，背判连带责任受牵连**

**【案情摘要】**邱某拥有“一种砼空心用薄壁模壳构件”（以下简称 ZL44.8 专利）的发明专利。某建材实业有限公司（以下简称建材公司）、某消防实业有限公司（以下简称消防公司）将被控侵权产品空腔模壳构件用于某市的国际大厦、某生产安置综合楼和广场等项目工地。邱某知情后遂向法院提起诉讼。法院另查明：被告建材公司、消防公司提交作为现有技术抗辩的“模壳构件专利技术”（以下简称 ZL10.1 专利）、“混凝土薄壁筒体构件专利技术”（以下简称 ZL13.3 专利）在原告邱某涉案专利申请日之前，系在先专利，被告以此作为现有技术抗辩的理由。

**【法院审理】**经过法院审理认为本案争议焦点：1. 被告提出现有技术抗辩是否成立？2.被控侵权产品是否构成对原告“一种砼空心用薄壁模壳构件”发明专利的侵犯？3.被告建材公司、消防公司是否构成共同侵权？4.原告要求两被告赔偿经济损失 50 万元是否合理？

1. 被告提出现有技术抗辩是否成立？原告邱某认为，被告提交的证据没有记载与被控侵权模壳构件相同技术方案，被告实施已有技术不构成侵权的理由不成立。建材、消防公司两被告则认为，判断作为现有技术的在先专利是否公开了被控侵权的技术特征时，需要明确 GRC 复合材料的含义。被告建材公司生产和销售的薄壁箱体由水泥料浆和抗碱玻璃纤维制成，薄壁箱体的箱壁包含薄条带状玻璃纤维技术特征已在在先专利中完全公开，被控侵权模壳构件技术特征与现有技术完全相同，故被告对现有技术合法实施，不构成对涉案专利侵权。

法院认为：根据《专利法》及司法解释相关规定，现有技术是指申请日以前在国内外为公众所知的技术。在专利侵权纠纷中，被控侵权人有证据证明其实施技术或者设计属于现有技术的，不构成侵犯专利权。被控侵权产品落入专利权保护范围全部技术特征，与现有技术方案中相应技术特征相同或者无实质性差异的，应认定被诉侵权人实施的技术属于专利法规定的现有技术。本案中，两被告建材、消防公司提交作为现有技术抗辩的 ZL10.1“模壳构件”、ZL13.3“混凝土薄壁筒构件”实用新型专利申请日在原告涉案专利申请日之前，系在先专利，可以作为现有技术抗辩的理由。

法院经 ZL10.1“模壳构件”在先专利公开的技术特征与被控侵权模壳构件进行对比，没有公开被控侵权模壳构件中的纤维薄条带增强物，被控侵权模壳构件并无加强肋结构。将 ZL13.3“混凝土薄壁筒构件”在先专利公开技术特征与被控侵权模壳构件进行对比，被控侵权模壳构件为箱体，该在先专利为筒体，被控侵权模壳构件无在先专利对应相同的特征。此外，被控侵权模壳构件下底板上向下凸出有凸块，该技术特征并未在上述两在先专利中予以记载，被告未能举证证明其实施技术为两在先专利所公开现有技术，故两被告所称被控侵权模壳构件系现有技术的抗辩理由，不予采信。

2. 被控侵权产品是否构成对原告 ZL44.8“一种砼空心用薄壁模壳构件”发明专利的侵犯？原告认为，被控侵权模壳构件落入原告 ZL44.8“一种砼空心用薄壁模壳构件”发明专利权利要求的保护范围，构成侵权。被控侵权箱体的技术特征包括上板、周围侧壁、下底板；上板、周围侧壁、下底板围合成有空腔的多面体结构模壳构件等技术特征与原告专利权利要求 1 中记载的技术特征对应相同。被控侵权模壳构件还客观存在：空腔内设置有空心加劲杆，空心加劲杆连接、支撑上板和下底板空心加劲杆中设置有纤维薄条带网增强物等形成的特征，分别对应再现了涉案专利从属权利要求限定的技术特征或其等同的技术特征，落入了原告专利权利要求的保护范围，构成对原告涉案专利权的侵犯。被告建材公司、消防公司认为，被控侵权模壳构件与原告专利的技术特征并不相同，不构成对原告专利权的侵犯。

法院认为，人民法院判定被控侵权产品技术方案是否落入专利权的保护范围，应当审查权利人主张的权利要求所记载的全部技术特征。被控侵权产品技术方案包含与权利要求记载的全部技术特征相同或者等同的技术特征的，人民法院应当认定其落入专利权的保护范围；被控侵权产品技术方案的技术特征与权利要求记载的全部技术特征相比，缺少权利要求记载的一个以上技术特征，或者有一个以上技术特征不相同也不等同的，人民法院应当认定没有落入专利权的保护范围。法院将被控侵权产品与专利权利要求记载的技术特征进行对比，被控侵权物落入原告权利要求的保护范围，构成侵权。

3. 被告建材公司、消防公司是否构成共同侵权？原告邱某认为，两被告有共同侵权行为，应承担共同侵权责任。被告建材公司工作场所和被告消防公司的法定地址相同，两被告的厂牌挂于同一封闭厂区大门口，该厂区及厂房为两被告共用，一套工作人员进行生产和管理，被控侵权模壳构件实物取自该厂区。两被告联系信息包括地址、电话相同，可见两被告由同一家庭实际控制经营。消防实业公司为建材实业公司业务开展提供生产场地等，为建材实业公司制造和使用被控侵权模壳构件提供了支持和帮助。两被告在人员及技术实施、生产、销售管理以及对外宣传等方面均捆绑进行，共同从事“BDF 薄壁箱体”及楼盖业务，共同实施了制造、销售和许诺销售被控侵权模壳构件（薄壁箱体）产品行为。

被告建材公司、消防公司则认为，两公司系独立法人主体，消防公司没有参与被控侵权模壳构件生产经营，不存在侵权行为。

法院认为，根据民法通则及相关司法解释规定，两人以上共同侵权造成他人损害的，应当承担连带责任，帮助他人实施侵权行为的人，为共同侵权人，应承担连带民事责任。本案中，被控侵权模壳构件生产场地与消防实业公司法定注册地址相同，两公司厂牌同挂于该封闭厂区大门口，两公司对外联系信息地址、联系电话相同。被告建材公司、消防公司虽称消防公司没有参与被控侵权模壳构件生产经营，但未向本院提交证据加以证明。根据原告提交证据，可以认定消防公司为建材公司业务开展提供包括生产场地等在内的支持和帮助，为共同侵权人，应当承担连带民事责任。

4. 原告邱某要求二被告赔偿经济损失50万元是否合理？原告认为，原告主张赔偿请求符合法律规定。认为在本案中，被告侵权行为涉及原告拥有的建材发明专利市场前景非常广阔，给原告造成了巨大损失，包括给原告专利许可实施单位造成了巨大的经济损失，而被告侵权行为对原告专利新产品合理价格体系造成冲击后市场损失无法计算。被告侵权时间长、范围广，侵权情节严重。原告参照其他专利普通实施年许可费进行赔偿，该数额在最高人民法院关于适用法定赔偿时，每项专利赔偿应根据受侵害专利的类型、侵权行为的情节，单项专利法定赔偿一般在人民币5 000元以上30万元以下确定赔偿数额，最多不得超过人民币 50 万元，符合法律规定。另外，原告为调查和制止侵权行为支付了大量费用，也应在被告赔偿范围之内。被告建材公司、消防实业公司则认为，原告诉请赔偿数额没有足够的事实依据。

法院认为，根据我国《专利法》及其司法解释规定，侵犯专利权的赔偿数额按照权利人因被侵权所受到的实际损失确定；实际损失难以确定的，可以按照侵权人因侵权所获得的利益确定。权利人的损失或者侵权人获得的利益难以确定的，参照该专利许可使用费的倍数合理确定。赔偿数额还应当包括权利人为制止侵权行为所支付的合理开支。权利人的损失、侵权人获得的利益和专利许可使用费均难以确定的，人民法院可以根据专利权的类型、侵权行为的性质和情节等因素酌情判定。本案中，原告主张以其他专利实施许可费作为赔偿依据，该许可合同虽经国家知识产权局备案，但原告邱某并未提交证据证明该合同已实际履行，且与涉案专利无直接关联性，被告对该许可合同亦持有异议，故本案不宜参照该专利许可使用费确定侵权赔偿数额。法院将从平衡专利权人与社会公众之间利益关系和适度保护专利权人合法权益原则出发，充分考虑涉案专利技术性质和经济价值、综合被告侵权的主观过错、侵权范围、持续时间等因素，酌情确定赔偿数额。

综上所述，法院认为，被告建材公司、消防公司制造、使用被控侵权模壳构件包含了原告邱某的ZL44.8“一种砼空心用薄壁模壳构件”专利权利要求记载的全部必要技术特征，根据全面覆盖原则，可以认定被控侵权模壳构件落入原告发明专利保护范围，构成专利权侵权。两被告应承担停止侵权、赔偿损失的民事责任。原告邱某有提出要求两被告停止侵权、赔偿损失的诉讼请求，予以支持，但其提出的赔偿数额过高，根据涉案专利性质、被告侵权范围、持续时间等因素，酌情确定赔偿数额。销毁制作侵权模壳构件的模具属于停止侵权的具体方式，应在执行中予以解决。

**【法院判决】**法院依照《民法通则》第130条、《专利法》第56条、第60条，《最高人民法院关于审理专利纠纷案件适用法律问题的若干规定》第21条、第22条以及《最高人民法院关于审理侵犯专利权纠纷案件应用法律若干问题的解释》第19条之规定，判决：

1. 被告建材公司、消防公司立即停止侵犯原告邱某 ZL44.8“一种砼空心用薄壁模壳构件”发明专利权的行为；

2. 被告建材公司、消防公司于本判决生效之日起十日内连带赔偿原告邱某经济损失人民币10万元。

3. 驳回原告邱某的其他诉讼请求。

本案受理费 9 600 元，由建材公司、消防公司共同负担。此款已由原告预交，由被告在履行判决书其他给付义务时直接给付原告。

**【案例点评】**本案是一起建材行业建筑构件专利产品受侵纠纷案件，其中的一个焦点问题是为专利侵权行为提供便利条件的是否构成侵权的问题。根据《民法通则》第 130 条的规定，两人以上共同侵权造成他人损害的，应当承担连带责任，帮助他人实施侵权行为的人，为共同侵权人，应承担连带民事责任。《最高人民法院关于贯彻执行〈中华人民共和国民法通则〉若干问题的意见》第 148 条规定："教唆、帮助他人实施侵权行为的人，为共同侵权人，应当承担连带民事责任。"为此，故意为侵犯他人专利权行为提供便利、仓储、场地等便利条件的，也是对专利权的侵犯。这类行为实质上是在帮助他人侵权，所以被一些学者称为帮助侵权，也有将此类行为归为间接侵权类型的。

值得注意的是，帮助他人侵权行为的构成，必须是行为人有主观上的故意，仅仅是过失并不构成侵权。这种故意应当是行为人明知他人的行为构成侵权，而不仅仅是明知他人有关行为。另外，这类侵权行为的构成，还必须有直接侵权行为的存在。如果最后证明没有直接侵权行为，则这类行为也不构成侵权。直接侵权行为包括：未经专利权人许可，实施其专利即侵犯其专利权的；假冒专利的，其中包括：

一、在未被授予专利权的产品或者其包装上标注专利标识，专利权被宣告无效后或者终止后继续在产品或者其包装上标注专利标识，或者未经许可在产品或者产品包装上标注他人的专利号；

二、销售上述各项所述产品的；

三、在产品说明书等材料中将未被授予专利权的技术或者设计称为专利技术或者专利设计，将专利申请称为专利，或者未经许可使用他人的专利号，使公众将所涉及的技术或者设计误认为是专利技术或者专利设计；

四、伪造或者变造专利证书、专利文件或者专利申请文件；其他使公众混淆，将未被授予专利权的技术或者设计误认为是专利技术或者专利设计的行为。

如果专利权终止前依法在专利产品、依照专利方法直接获得的产品或者其包装上标注专利标识，在专利权终止后许诺销售、销售该产品的，不属于假冒专利行为。

本案例的被控侵权模壳构件生产场地，为消防公司，其与直接生产经营侵权专利产品的建材公司在法定注册地址、公司厂牌同挂处、对外联系信息地址、联系电话等方面均相同，属于同一家庭经营，消防公司属于故意为建材公司业务开展提供包括生产场地等在内的支持和帮助，为此法院判定二者为共同侵权人，应当承担连带民事责任。

## 11.2 建材装饰外观设计侵权纠纷

### 【案例 11.3】擅自仿制步道砖，侵权责任必承担

**【案情摘要】**王某系名称为“步道砖（三）”的外观设计专利权人，王某将该专利独家许可给甲建材公司使用。原告甲建材公司为了开发此产品和市场，累计投入各种技术开发和市场开发的费用超过 50 万元，现在此产品也逐渐被市场接受。甲建材公司因进行相关业务，在市场上发现某市政工程公司在北京某道路两侧铺设涉嫌侵犯其专利权的“步道砖”。王某与甲建材公司在前往被告市政工程公司侵权涉案的水泥厂处的调查取证中也证实了该厂正在大批量的生产，侵权产品的外观特征与“步道砖（三）”专利的外观设计特征完全一致，构成与本案专利的近似。原告王某与甲建材公司立即通知了被告市政施工公司并要求其停止侵权，但被告市政施工公司继续铺设，在明知原告享有专利权的情况下，仍然我行我素。原告的技术自申请专利后，自行组织加工生产，原来产品一直畅销，并且由于原告产品的质量高、信誉好、效果明显，在市场上一直可以较高的价格销售，然而出于被告的侵权，并以低价销售抢占市场，扰乱市场，给原告进行正常业务经营带来极大的困难，给原告的专利产品信誉带来了极大的损害，遂将市政施工公司、水泥厂诉至法院。

**【法庭诉辩】**王某称，被告侵犯了原告的外观设计专利，故请求法院判令：1. 被告立即停止侵权行为；2. 被告向原告赔偿经济损失 10 万元（其中包括为本诉讼支付的合理费用）；3. 销毁被告生产侵权产品的生产模具；4. 被告支付本案诉讼费用。

被告市政施工公司辩称其公司承接的市政工程，甲方指定在该工程中铺设步道砖，并介绍了生产厂家即涉案水泥厂。当前，北京生产步道砖的厂家很多，被告经过市场调查后认为，该水泥厂是正规的水泥产品生产厂家，在近年来开始生产步道砖，其产品符合工程的设计要求，且质量较好、价格低廉，所以其公司采用了该厂的产品。根据我国《专利法》第 70 条不视为侵犯专利权的规定：为生产经营目的使用或者销售不知道是未经专利权人许可而制造并售出的专利产品或者依照专利方法直接获得的产品，能证明其产品合法来源的，不承担赔偿责任。因此，被告认为，其在某小街广场市政工程中铺设的步道砖，是在不知其具有外观设计专利情况下使用的，依法不应当承担侵权赔偿责任。

被告涉案水泥厂辩称，其生产这种产品总共只有 1 150 平方米左右，售价也就是每平方米 30 元左右，销售额不足 3.5 万元，不存在赔偿原告 10 万元的事实和法律依据，并且在知道原告享有专利权的情况下，被告厂家立即停止了这种产品的生产，也停止了给市政工程公司的供货，并且今后也不准备再生产这种产品。

**【法院审理】**通过审理法院认为，被告市政施工公司在某小街铺设道路，铺设使用的“步道砖”系被告涉案水泥厂生产、销售。该“步道砖”的正面外观是由凸起均匀间隔的棱条构成，侧面观察其具有一定的厚度，整体为长方形。经比对，该“步道砖”与本专利

的外观特征完全一致，构成与本专利相近似的产品，故该“步道砖”为侵权产品。在被告市政施工公司在铺设道路工程进行了一半的情况下，原告在公证人员的监督下，将一份载有原告享有本专利权及要求停止侵权的《公函》交给了被告市政施工公司。被告市政施工公司自接到原告的《公函》后继续铺设使用涉案“步道砖”，直至该工程全部结束。上述事实有“步道砖（三）”的外观设计专利证书、公证书及附《公函》、当事人陈述在案佐证。

**【法庭调解】**在本案审理过程中，经法院主持调解，双方当事人自愿达成如下和解协议：

1. 被告市政施工公司承认其在接到原告的《公函》后继续铺设使用涉案“步道砖”至该工程全部结束的行为构成侵权，承诺以后不再侵权；

2. 被告水泥制品厂承认其生产、销售涉案“步道砖”的行为构成侵权，承诺以后不再侵权，就以后继续生产、销售的事宜，被告水泥制品厂与原告王某、甲建筑材公司均表示双方另行具体协商；

3. 被告水泥厂于本调解书签收之日起 10 日内支付原告王某、甲建材公司 2 万元人民币（含诉讼合理支出及其诉讼费用补偿）；

4. 本案受理费 3 510 元，由原告王某、甲建材公司负担。

**【案例点评】**外观设计专利侵权是专利侵权的一种主要类别。外观设计是产品的整体质量不可缺少的组成部分，也称为“工业品外观设计”，是指对产品的形状、图案或者其结合以及色彩与形状、图案的结合所作出的富有美感并适于工业上应用的新设计。外观设计专利保护的对象是产品的装饰性或者艺术性的外形外表设计。产品一旦具有醒目新颖、美观大方的外观，不仅可以刺激消费者的购买欲，提高产品在市场上的竞争能力，而且可以影响到人们的精神风貌，陶冶人们的情操，丰富人们的物质文化生活。比如，本案中的步道砖外观设计，其造型独特，样式新颖，色彩鲜艳，已经获得外观设计专利，受法律的保护。

通常，可以构成外观设计的组合有：产品的形状；产品的图案；产品的形状和图案；产品的形状和色彩；产品的图案和色彩；产品的形状、图案和色彩。

《专利法》第 11 条第二款规定，外观设计专利权被授予后，任何单位或者个人未经专利权人许可，都不得实施其专利，即不得为生产经营目的制造、许诺销售、销售、进口其外观设计专利产品。

由于外观设计专利申请文件中没有权利要求书，也没有详细说明书，主要有表明该外观设计的图片或者照片。因此外观设计专利权的保护范围以表示在图片或照片中的该外观设计专利产品为准，我国《专利法》第 59 条第二款对此做了规定：“外观设计专利权的保护范围以表示在图片或者照片中的该产品的外观设计为准，简要说明可以用于解释图片或者照片所表示的该产品的外观设计。”

该外观设计产品是指申请人在申请时指定使用该外观设计的产品，产品本身不受专利法保护。外观设计专利保护的范围是表示在图片或照片中的该项外观设计。任何人在制造与上述指定产品相同的产品时，不得仿制该外观设计。所谓仿制，不仅包括一模一样的模仿，也包括实质上的模仿，即仿制外观设计中具有新颖性和独创性的部分。在具体判断时，要把仿制的外观设计与享有专利保护的外观设计进行整体的比较，如果二者之间只有微小的差别，任何人看后都认为二者是近似的设计，则可认定前者模仿了享有专利权的外观设计，即前者侵犯了后者的保护范围。至于仿制品用什么方法制造出来的，不影响此种认定。本案“步道砖”与本专利的外观特征完全一致，构成与本专利相近似的产品，故该“步道砖”为侵权产品。

外观设计专利保护的范围与申请专利时指定的使用产品有关。实行外观设计注册的国家，通常都有一个使用外观设计的产品分类法，要求申请人声明该外观设计是使用于哪一类的哪几种产品的。产品分类表在决定外观设计专利权的保护范围时有一定效力。

## 11.3 建材装饰著作权的侵权纠纷

**【案例 11.4】E0 标志被移花接木，建材商行为遭起诉**

**【案情摘要】**××集团拥有的“××及图”商标已经被国家工商总局商标局认定为驰名商标，其产品有很高的知名度和市场认知度。为了配合 E0 级产品（国家质量监督检验检疫总局与国家标准化管理委员会联合发布了关于“胶合板”的国家标准，将甲醛释放量小于等于 0.5 mg/L 的胶合板确定为 E0 级）的推广宣传，××集团委托广告公司于 200×年 3 月 25 日创作完成了涉案美术作品——蓝色 E0 标志，该标志主色调为蓝色，由英文字母 E 和水滴状的 0 组成，周边环绕“国际健康家居标准”、“××出品”的字样，并在达到××E0 级地板的产品上使用了该标志。根据和广告公司的约定，××集团是该作品的著作权人。自 200×年 4 月开始，××集团斥资各种媒介对该“蓝色 E0 标志”以及 E0 作为甲醛释放限量标准标志的含义进行了广泛宣传。

某地板有限公司，在 200×年 10 月 31，召开名为《××××E0 商标维权宣言及 E0 新标识发布》的新闻发布会。该发布会上，被告推出了所谓的“E0 健康新标识”的图形，并通过媒体对该标识进行推广和宣传，且在实际的销售中广泛地使用了该标识。××集团认为其地板有限公司推出的该标识是对其作品的抄袭，侵犯了其作品的著作权。遂诉至法院。

**【法庭诉辩】**北京市第二中级人民法院受理了本案。被告提出了两点未侵犯原告作品著作权的抗辩理由：

1. 关于被告辩称原告的作品是对其注册商标的剽窃问题。被告认为原告的美术作品是对第 34×××99 号注册商标的抄袭模仿，实际上是主张第 34×××99 号注册商标图样作为著作权法上的作品的权利，而第 34×××99 号注册商标因其本身缺乏独创性而不能构成著作权法意义上的作品。即使其能够成为作品，因为本案被告受让的是第 34×××99 号注册商标专用权，受让了注册商标不等于其是合法的著作权人，因此，其并不能当然主张作为著作权人的权利。即使第 34×××99 号注册商标图样是作品，被告也是作品的著作权人，那么原告的作品也不构成对 34×××99 号注册商标图样的侵权。因为，原告的“蓝色 E0 美术作品”与“E0 意林生态及图”作品并不相同，也不构成实质相似。从两者的外形及色彩看，原告的作品整体呈剔透且有八级色彩过渡的蓝色，而“E0 意林生态及图”是白、黑相间的颜色；从创造性角度看，原告作品有很高艺术创造性，有审美价值，而被告的“E0 意林生态及图”作品简单、单调，不具有艺术创造性，无审美价值；从内容角度看，原告作品的主要部分为艺术体的英文字母 E 和水滴状的 0，作品四周是表明健康标志的中英文，而被告“E0 意林生态及图”是由普通英文字母 E 和普通的 0 型，加中文文字“意林生态”，二者差异性很大。另外，我国著作权法保护的是作品的表现形式而非作品的内容，原告本案中主张权利的美术作品在表现形式上明显不同于被告所受让的第 34×××99 号注册商标图样，所以原告在本案中享有著作权的美术作品是完全独立于被告所受让的注册商标图样的新作品。

此外，因为第 340×××99 号“E0 意林生态及图”注册商标在 200×年 3 月 25 日“蓝色 E0 美术作品”被创作之前并没有实际使用过，因此原告的“蓝色 E0 美术作品”的设计单位广告公司无法实际接触到“E0 意林生态及图”的图样。本公司既没有接触，二者的实质又不近似，所以原告的“蓝色 E0 美术作品”不构成对“E0 意林生态及图”作品的抄袭和模仿。原告对“蓝色 E0 美术作品”享有合法的著作权，被告认为原告作品是对其注册商标的抄袭、剽窃的理由并不能成立。

被告辩称，原告的作品是对其注册商标的抄袭模仿实质上想掩盖为何在宣称自己是 E0 注册商标权人的同时公示的却是涉嫌侵犯原告美术作品的侵权作品，且通过这种方式获取了因原告作品知名而带来的商业利润，同时，使相关消费者在看到原告所使用的作品与被告宣称具有商标专用权的作品十分相似时，误认为原告在侵犯被告的商标权。

2. 关于被告辩称其涉嫌侵权作品是自己独创的问题。被告自己网站刊载过一篇名为《××vs××：E0 事件惊天内幕》的文章，文章中包含有被告的作品是自己独创的内容。被告拟用该文章证明被控侵权的作品是其自行独立设计完成的。同时，被告还拟利用一张标有涉案侵权作品的宣传单来证明其涉嫌侵权的作品产生的时间是在 200×年 1 月，即在原告作品创作时间 200×年 3 月之前。然而这两份证据均无法证明被告的抗辩主张。这是由于，首先，被告自己网站刊登的文章，单凭其内容是无法证明被告涉嫌侵权作品是其独创的，亦即该文章缺乏作为证据的真实性和关联性，且其不具有证明力。其次，被告所使用的宣传单，因为该宣传单上并没有标明时间，即使有时间，也无法证明该宣传单产生的时间就是宣传单上所标明的时间。必须有足够而充分的证据才能证明宣传单产生的时间。否则，被告的抗辩理由是无法成立的。

综上所述，被告的两个抗辩理由均无法成立。

**【庭外和解】**200×年 1 月，中级人民法院受理了本案。后该案在开庭前原、被告双方达成庭外和解。

**【案件点评】**虽然该案最终以和解方式结案，但该案所涉及的关于美术作品著作权侵权的法律问题，值得进一步探讨和研究。

一、原告对“蓝色 E0 美术作品”是否享有著作权。根据我国《著作权法实施条例》第 2 条的规定，作品是指文学、艺术和科学领域内具有独创性并能以某种有形形式复制的智力成果。美术作品属于作品的范畴，其指“绘画、书法、雕塑、建筑等以线条、色彩或者其他方法构成的有审美意义的平面或者立体的造型艺术作品”。

本案涉案“蓝色 E0 标志”应属于美术作品。本案的蓝色 E0 标志，是原告为了推广其所生产的甲醛释放量每升小于等于 0.5 毫克（≤0.5 mg/L）的地板，委托广告公司做的专业设计。该标志以美丽清洁的海蓝色为底色，优美的圆形图案内含有美术体英文字母 E 和水滴状的 0，在透着玲珑剔透的美感同时，也契合了 E0 级地板的主体。作品的外围标识着中英文的“国际健康家居标准”、“××出品”。该作品具有高度的概括性，主题鲜明，且创造性高，亦具有丰富的审美价值，且原告所委托的广告公司独立独创完成，具有独创性，可以以某种形式复制，故其属于我国《著作权法》保护的美术作品。

涉案“蓝色 E0 美术作品”是原告委托广告公司创作的。根据我国《著作权法》第 17 条的规定：“受委托创作的作品，著作权的归属由委托人和受托人通过合同约定。”根据原告与广告公司的约定，该“蓝色 E0 美术作品”的著作权归委托方即原告所有，并且原告已经取得了××省版权局针对该作品颁发的《版权登记证》。虽然根据国家版权局《作品自愿登记试行办法》的规定，我国施行“作品自愿登记”原则，即作品登记是自愿的，其并不是作者获得或者享有著作权的条件，但根据《最高人民法院关于审理著作权民事纠纷案件适用法律若干问题的解释》第 7 条规定，当事人提供著作权登记证书可以作为享有著作权的证据。因此，在被告没有相反证据的情况下，本案原告对“蓝色 E0 美术作品”享有著作权。我国《著作权法实施条例》第 6 条规定，著作权自作品创作完成之日起产生。因此，在本案广告公司 200×年 3 月 25 日完成作品的创作之时，原告就享有该作品的著作权。因此，本案原告对“蓝色 E0 美术作品”享有著作权。

二、原告作品先于被告作品产生，且被告有机会接触原告的美术作品，是被告涉嫌侵权作品构成侵权的要件之一。原告委托的广告公司是 200×年 3 月 25 日完成的创作，被告于 200×年 10 月 31 日通过媒体推出涉嫌侵权的作品。在被告没有证据进一步证明其作品产生于 200×年 3 月 25 日之前，我们可以据此推断原告的作品先于被告的作品产生。作品产生时间先后，对判断侵权是非常重要的因素，因为“原告的作品是否发表无关紧要，但必须先于涉嫌剽窃的作品产生才可能涉及剽窃问题。如果有确凿的证据证明，被告的作品先于原告的作品产生，剽窃原告作品之说自然不能成立”。

原告创作“蓝色 E0 作品”目的是为了标明使用该标志的地板属于低甲醛释放量的产品。自 200×年 4 月起，原告通过报纸、广播、电视、网络、地铁广告牌等各种媒介对“蓝色 E0 美术作品”进行了宣传和推广。特别是在中央电视台的第一套、第二套、第三套（即 CCTV—1、CCTV—2、CCTV—3）节目的黄金时段对蓝色 E0 美术作品进行了宣传。并且，原告在其店面、宣传册、网站、商品包装等多处使用了该“蓝色 E0 美术作品”。这种广泛的宣传，使被告或相关工作人员必然会接触到该作品。同时，从被告是原告所在地板行业的同业竞争者角度分析，其不可能对原告如此大规模和声势的销售、营销活动不了解或不知晓。因此，从原告的涉案作品在全国范围内广泛宣传的使用情况可以判断，被告接触过原告的作品。

三、被告作品与原告作品构成实质相似是被告涉嫌侵权作品构成侵权的要件之一作品相同或实质性相似是认定作品是否侵权的关键因素。“实质性相似是从作品的读者（Audience，包括读者、听众、观众等）的角度而言的，即一般的读者在比较了两部作品后，如果感到被告的作品使用了原告的作品，两者之间存在实质性相似，即存在侵权；如果两部作品之间不存在实质性相似，则不存在侵权。” 本案中，被告涉嫌侵权的美术作品与原告享有著作权的美术作品实质相似。作为美术作品，一般的观众是从色彩、形状及构造、内容等方面量比较两个作品的。首先，从颜色上比较，二者均为海蓝色，即颜色相同；其次，从形状及构造上比较，二者均为圆形，圆形图案中间的主要部分是图形，四周环有中文文字及英文字母，且图形、文字、英文的分配比例、绘画、书写完全一样；第三，从内容上比较，两个作品的蓝色圆形图案均由美术体的 E 和水滴状的 0 组成；原告作品的中文文字是“国际健康家居标准”、“××出品”，被告为“国际健康 E0 地板”、“××制造”，二者的内容、行文风格是实质性相似。

同时，因为“受版权保护的作品相同或实质性相似的比对结论成立后，并非均构成剽窃。如果被告能举证证明这种相同或实质性相似是合法的，剽窃行为不能成立”和“作品是独创的，相同或者实质性相似完全属于巧合”往往是被告抗辩的理由。在本案中，被告如果使用这种抗辩理由是不成立的。因为，被告涉嫌侵权作品的独特处与原告的作品是完全相同的。原告作品中有五处突出明亮的浅白色部分。分别为第一处：蓝色圆形部位最左侧的白色狭长部分；第二处：美术体英文字母“E”右侧的白色长线条；第三处：水滴状 0 的左侧类似蝌蚪形的白色狭长部分；第四处：水滴状 0 的右侧大部分呈过渡状的白色部分；第五处：蓝色圆形部位最右侧的白色狭长部分。而被告涉嫌侵权的作品在这五处突出的浅白色部分与原告作品是完全相同的。如果是独立创作的美术作品，这种独特之处的相同几乎是不可能的，因此，这便成为判断剽窃、复制侵权认定的关键元素。

综上所述，被告涉嫌侵权的美术作品与原告享有著作权的美术作品实质性相似，且没有合法依据。

四、被告具有著作权侵权的主观故意。本案中，被告有抄袭原告作品的主观恶意。因为被告于 200×年 10 月 31 日通过媒体推出涉案侵权作品之前，原告利用“蓝色 E0 美术作品”大力推广地板的 E0 标准获得了很大的市场成功，而被告于 200×年 8 月 1 日从一位名叫郭丽珍的自然人手中恶意受让了一个注册在第 19 类胶合板上的含有英文字母 E0 的组合商标——“E0 意林生态及图”组合商标（以下称 34×××99 号注册商标）。在转让并没有公告之前，被告就通过律师函的方式向包括原告在内的多家地板企业发出侵权指控，打击包括原告在内的众多推出 E0 级地板的同行企业，并通过新闻媒体推出涉案侵权标识，并大肆宣传其对 E0 享有商标专用权。随后将涉案侵权作品用于其产品的销售宣传中。被告在称其享有 E0 商标专用权，同时公示的却是涉嫌侵权的作品；并且在原告提起诉讼前被告从未实际使用过第 34××99 号注册商标。

因此，被告具有抄袭原告作品的主观故意，即通过使用抄袭作品，不正当地获得因原告的宣传而产生的巨大市场利益。

通过本文的论述可知，作为美术作品，创作主体在独立进行创作的想象构思空间是非常大的。在完全独立创作的状态下，导致被告的侵权作品与原告的美术作品如此相似状态的可能性应当说是不存在的。本案通过和解方式结案，对解决纠纷是十分有益的。

## 11.4 建材装饰商标权的侵权纠纷

**【案例 11.5】建材商破产被注销，原持商标遂失权**

**【案情摘要】**河北某油毡厂（以下简称油毡厂）经国家工商局商标局核准，获得在第 19 类油毡商品上使用“××”牌注册商标的专用权。油毡厂发现，云南某建材公司（以下简称甲建材公司）在其生产销售的“油毡”商品的包装纸上使用了与油毡厂注册商标图案相近似商标。

云南某矿产化工进出口有限公司（以下简称矿产化工公司）经国家工商局商标局核准，续展获得在第 19 类“石膏粉”商品上使用“××”牌注册商标的专用权，矿产化工公司许可昆明某建材有限公司（以下简称乙建材公司）在石膏粉和油毡商品上使用其公司享有的“××”牌注册商标。乙建材公司也曾向国家商标局就第 19 类“油毡”商品上使用“××”商品申请过注册，但被国家商标局以其申请的商标与矿产化工公司在类似商品上已注册的“××”商标相同为由，驳回了申请。不久，乙建材公司依法宣告破产，由甲建材厂通过招标购买了乙建材公司的破产财产。之后，矿产化工公司进行注册商标验证时所填载的登记表中仍然载明被许可人是乙建材公司，许可使用的商品是“石膏粉”和“油毡”，并经省工商局验证合格。油毡厂发现甲建材公司在其生产的与油毡厂同种类的产品上使用了与油毡厂“××”牌注册商标相同的商标，将甲建材公司告上法庭。

**【法庭诉辩】**原告油毡厂起诉称：其拥有在油毡产品上取得“××”牌注册商标的专用权，原告发现被告甲建材公司在其生产的与原告同种类的产品上使用了与原告“××”牌注册商标相同的商标，曾经致函被告要求停止侵权，但被告甲建材公司仍继续使用侵权商标，给原告造成重大经济损失，被告因侵权所获利润已超过 50 万元，被告应予以赔偿。请求法院判令：1.判令被告立即停止使用侵犯原告注册商标专用权的“××”牌商标；2. 判令被告赔偿原告经济损失人民币 50 万元；3.判令被告承担本案全部诉讼费用。

被告甲建材公司答辩称：其使用“××”商标是经商标权人矿产化工公司许可的，许可使用的商品范围包括了“石膏粉”和“油毡”，被告是合法使用该商标，且被告也曾就此商标提出过注册申请，但被国家商标局以矿产化工公司已有注册为由驳回了申请，现在原告的获权与矿产化工公司同样的注册商标相重叠，被告不构成侵权。被告的销售没有产生利润，原告对于损失计算的依据不足，请求不能成立。

**【法院审理】**法院认为：原告油毡厂合法持有国家工商局商标局颁发的《注册商标证》，享有在第 19 类“油毡”商品上使用“××”牌注册商标的专用权。被告甲建材公司在其生产销售的油毡商品的包装纸上使用了与原告注册商标图案相近似的商标，构成了对原告商标专用权的侵犯。被告甲建材公司辩称其是经矿产化工公司许可而使用该商标，但根据《商标法》第 51 条的规定：“注册商标的专用权，以核准注册的商标和核定使用的商品为限。”而《商标法》第 21 条规定：“注册商标需要在同一类的其他商品上使用的，应当另行提出注册申请”。所以，矿产化工公司所享有的是在第 19 类“石膏粉”商品上使用“××”注册商标的专用权，并无权将该商标用在“油毡”商品上，其许可的是乙建材公司使用，而乙建材公司已经破产终结，企业法人民事主体已经消亡，被告甲建材公司购买的是破产财产，并不是企业名称的变更，被告没有与矿产化工公司签订过许可合同，故乙建材公司与本案被告是两个不同的民事主体。乙建材公司曾经提出的注册申请，不能视为是被告甲建材公司的行为，况且矿产化工公司在进行注册商标验证时也载明是许可给乙建材公司使用，并没有许可给被告甲建材公司使用。因此，被告甲建材公司的主张无相应证据予以支持，其答辩理由不能成立，法院不予采纳。

因被告甲建材公司实施生产销售的行为构成了侵权，原告油毡厂主张以被告所获利润额为赔偿损失的数额，原告对此请求无充足的证据证明，通过法院调查也未取得被告因侵权所获利润的证据，因被告是收购了破产企业，原破产企业乙建材公司和被告甲建材公司均在原告油毡厂获权之前就已生产销售了多年此类产品，被告侵权的主观故意程度不是很大，故法院根据公平、合理原则，确认被告赔偿原告的损失额为 29 805.37 元。

**【法院判决】**法院依照《民事诉讼法》第 64 条第一款、《民法通则》第 45 条、第 118 条、《商标法》第 21 条、第 51 条、第 52 条第一款第（一）项等规定，判决如下：1. 被告甲建材公司立即停止侵犯原告油毡制造公司的“××”注册商标的专用权；2. 由被告甲建材公司于本判决生效后十日内赔偿原告油毡厂经济损失 29 805.37 元。本案案件受理费 10 010 元，由被告甲建材公司承担。

**【案例点评】**本案有两个焦点问题：一是商标许可使用专用权限定问题，二是许可对象发生变化后，收购原被许可单位能否继续享有商标许可权的问题。

一、专用权限定问题。《商标法》第 51 条规定：“注册商标的专用权，以核准注册的商标和核定使用的商品为限。”注册商标的专用权，是指商标注册人在核定使用的商品上专有使用核准注册商标的权利，它是一种法定的权利。所谓“核准注册的商标”，是指登载在商标注册簿上的商标，即商标局注册在案的组成商标的文字、图形、字母、数字、三维标志和颜色组合，以及上述要素的组合；所谓“核定使用的商品”，是指注册时核准使用的指定商品类别中的具体商品。核准注册的商标和核定使用的商品是确定注册商标专用权保护范围的两个具体标准。它们是相互依存、不可分割的统一整体。两个因素必须结合起来使用，不存在没有确定商品的商标专用权。只有在两者同时具备的情况下，商标注册人才享有商标专用权，并受法律保护，任何人都不得侵犯。

商标法设定注册商标的保护范围，既有利于充分保护商标注册人正确有效地行使自己的商标专用权，又可以避免不适当地扩大注册商标专用权的保护范围，使商标注册人将其商标专用权限制在注册范围内，为区别和判断是否构成侵权提供了明确界限，也为当事人预防侵权、工商行政管理部门以及司法机关制止和制裁商标侵权行为提供了法律准则。因此，为了防止使用行为超出法律设定的范围，商标法还规定了商标的另行申请与重新申请制度。《商标法》第 21 条规定，注册商标需要在同一类的其他商品上使用的，应当另行提出注册申请；第 22 条还规定，注册商标需要改变其标志的，应当重新提出注册申请。如果商标注册人自行扩大其注册商标的使用范围或者任意改变其标志，则不但这种扩大使用行为无效，而且还可能导致其注册商标被撤销的后果。总之，注册商标专用权的保护范围既是商标注册人行使权利的根据，也是对商标专用权进行保护的界限。显然本案矿产化工公司所享有的是在第 19 类“石膏粉”商标权，并不具有“油毡”商标专用权，所以，矿产化工公司所享有的是在第 19 类“石膏粉”商品上，使用“××”注册商标的专用权，并无权将该商标用在“油毡”商品上，其许可乙建材公司使用是违法的、无效的。

二、享有商标许可权的问题。从法律上来说，企业破产注销后，商标也随之无效，因为商标失去了依存的民事主体，即商标不再受法律的保护。如果企业需要继续使用该注册商标可以在注销或破产前将公司商标转让，可以到商标管理部门提交申请，办理转让手续，把商标转让到有效的主体之下。本案中乙建材公司已经破产终结，企业法人民事主体已经消亡，并且被告甲建材公司购买的是乙建材公司的破产财产，并不包括商标权的收购和企业名称的变更，被告也没有与矿产化工公司直接签订过许可合同，故乙建材公司与本案被告是两个不同的民事主体。乙建材公司虽提出过的注册申请，但没被批准，也不能视为是被告甲建材公司的行为，况且矿产化工公司在进行注册商标验证时也载明是许可给乙建材公司使用，并没有许可给被告甲建材公司使用。因此，法院的审判是正确的。

**【案例 11.6】张冠李戴换商标，反向假冒判侵权**

**【案情摘要】**200×年 12 月 26 日，某市工商局在日常巡查监管过程中，发现当事人甲涂料公司有侵犯乙涂料公司“×××”注册商标专用权的行为，遂展开对甲涂料公司以及其委托加工点的检查。经查，甲涂料公司为创自己的××商标品牌，从他处购进乙涂料公司生产的“×××”牌经济型乳胶漆（规格分别为 7 升、15 升、18 升）2 600 桶，共付货款为 304 500 元。通过换桶的形式，将“×××”注册商标包装更换成甲涂料公司的××商标，共计为 1 525 桶（每桶 25 公斤）。甲涂料公司在未经“×××”注册商标所有权人许可的情况下，将该批换成××商标的乳胶漆分别加价销售给某贸易有限公司 283 桶，销售给包工头陈某742桶，销售给某项目部500桶。获销货款362 979.49元。乙涂料公司将其侵权行为告到当地工商行政管理局执法机构。

**【案件处理】**本案是一起典型的“反向侵犯注册商标专用权”的案件。由于案件类型特殊，在查处过程中曾发生了一些争议。按照《商标法》第52条第（二）项“销售侵犯注册商标专用权商品的，属侵犯注册商标专用权”的规定，销售侵犯他人注册商标专用权商品的定性处罚要件由两个要素组成：一是存在销售行为；二是具有侵权的行为。本案属于销售行为是无可争议的，但在侵权行为的认定上，因商标是反向侵权，即将他人的注册商标除去，贴上自己的注册商标销售，当事人手法隐蔽，本案案发后当事人又左右搪塞，且侵权后当事人将大部分原包装均已销毁，使行政机关一线办案人员采集有效证据难度增大。对于本案存在两种观点：

一种观点认为：当事人从合法渠道购得他人生产的商品，拥有对此商品的处置权，而且本案当事人将合法购得的他人商品，换装成自己拥有注册商标权的商品加价销售，以争创自己品牌为目的，在实际经营中获利不多，应根据《行政处罚法》处罚与教育相结合的原则从轻处理。

另一种观点认为：商标最基本的特性就是其可区分性，而最基本的作用就是用以区分同种商品或服务的不同提供者，以表明其应该对某种商品或某项服务负责。本案当事人将别人的注册商标的商品换装成自己的注册商标销售，侵犯了消费者的知情权，应根据《消费者权益保护法》以及相关法规定性处理。最终，本案工商行政管理局执法机构，将当事人甲涂料公司的行为确定为“反向侵权”，构成了《商标法》第52条第（四）项规定的行为，即未经商标注册人同意，更换其注册商标并将该更换商标的商品又投入市场的，属于侵犯注册商标专用权。根据《商标法》第53条、《商标法实施条例》第52条的规定，对当事人甲涂料公司作出了行政处罚。

**【案例点评】**

一、商标反向侵权的概念

销售领域“商标反向侵权”行为是指侵权人未经商标注册人同意，在商品销售活动中将他人商品上附着的商标标识予以更换后，冒充为自己的商品予以展示、销售的行为。这种投机取巧牟取利益的违法行为，不仅是建立在对他人注册商标不尊重、蔑视的基础之上，而且剥夺了他人使用注册商标的权利。构成销售领域商标“反向侵权”的标志，就是未经商标注册人同意，更换其商品的注册商标并将该更换商标的商品又投入市场经销。

二、商标反向侵权的危害

（一）这种反向假冒行为给商标权人造成了损害，同时也给社会造成了损害。直接损害的就是商标权利人的利益。这种利益既包括商品上体现的直接财产利益，也包括企业商标上体现的无形价值。表面上商标权人把商品卖出好像是已经实现了其商品上的价值。但事实上其商标上的利益是受到了侵害。因为从商标本质的功能上讲，由其最初区别商品的功能到后来的可以成为一项独立的财产权进行转让，这个发展的历史说明商标法的立法目的也有了改变，不仅在于保护商标的财产利益，而且也开始重视了对商标作为一项独立的权利给予保护了。商标，特别是驰名商标，“饱含了创作者的心血与汗水，物化载体的价值与其无法相提并论。……正是由于创作者的精心投入，其智力成果受到了社会和消费者的欢迎，物化于有形载体中的无形产品成为畅销品。”这就是为什么驰名商标的价值这么大。一批假冒商品上市造成的损失除了销售直接减少外，往往会对该商标的市场声誉造成毁灭性的打击，因此对后者的保护显得比前者更为重要。

具体而言，我们可以从商标法对注册商标的使用范围和使用方式的规定中看出商标侵权的实质，就是对商标权益实现的妨碍。商标的使用范围是，仅限于核准注册的商标和核定使用的商品或服务。商标权的使用方式是，在核定使用的商品或服务上标明或标记核准注册的商标。商标与商品或服务是不可分离的。这是商标独占权，也称商标的专用权。与之相对应的是商标禁止权，即任何行为只要对商标的专用权的使用造成了不正当的妨碍就是构成了对商标权的侵害，商标权人都有权对该种行为加以禁止或请求禁止。

一方没有经过注册商标权利人的同意就将其商标去除的行为，其实就是对注册商标所有人的商标专有使用权的侵害，其表现就是妨碍了注册商标权人在自己的商品上标明自己商标的权利，或者说是“妨碍了注册商标所有权人商业信誉，品牌的建立，使其商业信誉受到了一定程度的损害”。法律赋予商标注册人享有排他性使用其注册商标的专用权利，构成商标侵权的根本原因是这种行为使商标失去区别功能。对方的行为破坏了商品与商标的不可分离性，造成了商标区别功能的丧失，侵害了权利人的商标专用权。

如果要达到此目的，对商标权的保护领域应当作扩大的理解。“由于知识产权的保护对象——智力成果以及工商业信誉是无形的，其本身也是无价的。”对这种权利的保护，不能限于用对物权的保护方式。虽然不能任由权利的无限制地扩张，但是也不能过于限制。如果不能给权利人以足够的保护，将会严重伤害人们对知识创造的积极性，不利于社会财富的创造。目前看来，对这种知识产权上权利的保护是不足的。对专利的保护，我这里暂且不说。就说商标权的保护。如果按照首次销售说，那么某人买了商品之后，故意将商标涂改再出售，或者将该商标商品与黄色物品一块出售，又或者在该商品商标上再贴上一个纳粹的三叉标志等，所有这些行为商标法上都没有给予商标权人足够的保护。虽然我们可以通过其他的方式来获得救济，但事实上也是不够的。这里就提出一个问题。对于商品售出之后，商标权人是否有权禁止任何第三人对商标的不正当使用？权利用尽对商标权人的限制是个好的方面，但是也应该对等地给予商标权人一个对他方不合理利用使用其商标或者是损害其商标权的行为给予一个救济的机会。因此，对商标权的保护理应有所突破，不应仅限于首次销售，还应包括在流通领域，进入消费阶段之前。这样才能更好地保护权利人。

（二）反向假冒行为与造成损害之间具有因果关系。商标反向假冒行为造成的损害上面已经说了，但是也有人主张，认为如果反向假冒的商品只是一小部分，根本不会对商标权人的商标造成任何影响，只有当反向假冒的商品已经占了商标权人商品的一半以上才会对商标权人的商标信誉的建立产生影响。在这里我们要讨论的是反向假冒这种行为的性质，当然这种行为有程度轻重的差别，任何行为都有这种区别。但是行为程度的差别并不会影响对这种行为的定性，只不过是由于行为程度比较轻，它的危害性还不是十分重大或明显，一般不予追究而已。对于反向假冒因果关系的认定，主要是把握两点：一是行为人是否实施了反向假冒行为；二是商标权人是否因此受到了损失。对于损失的认定，以双重标准来确定，一是实际商品上的损失，即商品销售量因此而减少、降价等；二是对商标信誉上的损失，不过这一方面通常无法用一个客观标准来衡量。一般认为只要实施了这种行为就可推定其对商标构成了这种意义上的损害。

（三）侵权行为人具有过错。当然并非全部的商标侵权行为都要求对方有主观上的过错。一般而言，国际上通行的观点也认为，对于直接侵权行为不要求有主观上的过错；而对于间接的侵权行为则要求有明确的故意才构成。反向假冒行为属于对商标权的间接性侵权行为。理由如下：1. 反向假冒行为人的直接目的不是要利用商标，而是要利用商品来获利；2. 行为人对商标的侵害并不是处于一种直接的追求的故意，而是一种放任的故意，只能说是一种间接的故意；3. 该行为为直接侵权的基础。商标反向假冒行为的行为人在主观上是出于故意，其目的是为了获取不正当利益，或牟取暴利，盗用的是他人商品的质量信誉，因而该行为对原商标所有人的商誉或经济利益具有现实或潜在的危害性。

三、应加强对商标反向侵权的查处

本案当事人甲建材公司，在未经商标注册人乙涂料公司同意授权的情况下，擅自将乙涂料公司生产的“×××”商标更换为自己的商标并进行销售的行为，已经侵犯了“×××”注册商标的专用权，构成了“反向侵权”。

《商标法》第 52 条规定：“未经商标注册人同意，更换其注册商标并将该更换商标的商品又投入市场”的行为定性为“侵犯注册商标专用权”。从立法本意来说，就是更加明确对注册商标专用权的保护，作为工商部门理应加大查处力度。

目前，商标持有人对假冒自己商标的生产经营行为非常关心和重视，而对“反向侵权”的自我保护意识，则显得有些淡漠。错误地认为，自己的产品只要有销路，有利润就行了，而对“反向侵权”釜底抽薪的长期危害缺乏深层次的认识和思考，这在一定程度上也助长“反向侵权”行为的发生。再加上“反向侵权”手段简单，方法隐蔽，消费者难辨真伪，往往在事后查处取证困难，使一线办案部门难以定性，处罚不力，从而增大侵权人“反向侵权”的侥幸、投机心理。

如前所述，本案从表面看，侵权人侵犯的是被侵权人的注册商标专用权，似乎危害程度不大，但从深层次看，侵权人侵犯的是市场经济秩序，助长的行为是弄虚作假，非法牟利。同时，本案也从另一侧面说明，要加大对《商标法》宣传、教育的力度，加大对侵犯注册商标专用权行为的打击力度，增强全社会对知识产权保护的意识。综上所述，对本案当事人的定性处罚，之所以产生一些分歧，原因在于社会对“反向侵权”认识不足，无论是被侵权人还是一线办案人员对“反向侵权”的危害性以及定性处罚的尺度把握，还有待于进一步加强和提高。

# 第12章　建机设备知识产权纠纷案

建机设备业是建设领域的重要基础产业。随着建设机械设备研究与发展，目前我国建机设备业已进入新的发展时期，在通过技术引进、进口大量的机械设备与先进技术的基础上，通过学习、消化、吸收，进行二次创新，开发出大量的新技术、新工艺、新方法，与此同时，我国许多企业科研机构，依靠广大科技人员的积极性，自主创新，开发出大量的原创先进的设备技术。由于建机设备行业随着现代设计手段和高技术的不断出现，建机设计、制造的表现形式也不断改变、增加和多样化，知识产权呈现保密难度大，泄密可能性大的特征。建机设备知识产权纠纷涉及商标、专利、商业秘密等各个方面，由于篇幅所限，本章仅收集了专利权和商标权侵权纠纷案例供读者参考。

## 12.1　建机设备专利侵权纠纷

### 【案例 12.1】制造商专利侵权，租赁人遭受株连

**【案情摘要】**某建设机械研究所具有“混凝土泵用柱塞式油缸的缓冲装置”实用新型专利权专利，后该项实用新型专利权人由建设机械研究所变更为工程机械公司。

某机械设备公司的法定代表人为林某，其公司的经营范围为兴办实业、机械设备的购销等。机械设备公司成立后，生产并向多家单位销售混凝土输送泵系列产品。原告工程机械公司认为被告机械设备公司生产、销售、被告某工程机械租赁公司购买使用混凝土输送泵系列产品，侵犯了其涉案专利权，其产品的说明书侵犯原告工程机械公司说明书著作权，以机械设备公司林某的行为构成不正当竞争为由，以机械设备公司、机械租赁公司为被告，向法院分别提起专利侵权、著作权侵权、不正当竞争之诉，并相应提出了证据，财产保全申请，要求查封、扣押被告机械设备公司生产并销售给被告机械租赁公司的混凝土输送泵系列产品，扣押被告机械设备公司相关财务资料等。

**【法庭诉辩】**在庭审中，原告工程机械公司诉称：被告机械设备公司其法定代表人林某原系工程机械公司××办事处负责人。机械设备公司成立后，生产与我公司同样的混凝土输送泵系列产品，并擅自使用了我公司“混凝土泵用柱塞式油缸的缓冲装置”实用新型专利技术，并将产品销给机械租赁公司使用。被告行为严重侵犯了我公司的合法权益，请求人民法院判令：1. 机械设备公司立即停止侵权行为，并责令其消除影响，赔礼道歉；2. 机

械租赁公司立即停止使用侵权产品；3.机械设备公司赔偿我公司经济损失50万元并承担本案全部诉讼费用。

被告机械设备公司辩称：我公司销售原告所诉被控侵权产品，是从某远程液压气设备厂购买，我公司不知该产品侵犯原告专利权，要侵权也是远程液压厂侵权，应将该厂追加第三人。被控侵权产品侵不侵权应由专家出具的鉴定报告决定，不能通过肉眼进行技术对比确定。赔偿损失 50 万元没有事实依据。请求驳回原告诉讼请求。被告机械租赁公司未提交答辩意见，亦未向本院提交证据。

**【法院审理】**根据各方当事人的诉辩主张，举证、质证情况，法院在征询各方当事人意见的基础上，综合庭审调查的基本情况，将本案争议的焦点归纳为三个方面：一是被控侵权产品是否全面覆盖原告涉案专利全部必要技术特征，构成专利侵权？二是被告机械设备公司是被控侵权产品的生产者还是使用者，其承担的是生产者侵权责任，还是使用者侵权责任？三是被告机械设备公司的赔偿依据是什么？

1. 原告认为被控侵权产品全面覆盖了原告涉案专利全部必要技术特征，构成专利侵权。原告将被控侵权产品与涉案专利必要技术特征进行了对比，与涉案实用新型专利独立权利要求记载的技术方案权利要求 1 所述相同。可见，被控侵权物全面覆盖了涉案专利必要技术特征及附加技术特征，落入涉案专利保护范围，构成专利侵权，被告机械设备公司认为原告享有专利权其无异议，但是否构成侵权应依权威鉴定确定，原告没有举出鉴定结论证明侵权，原告认为被控侵权产品侵权缺少依据。

2. 原告工程机械公司认为，被控侵权物是从被告机械设备公司生产并销售给被告机械租赁公司输送泵产品中拆卸而来，该被控侵权物即摆动油缸上没有标明生产厂家，但它是作为输送泵产品的组成部分而存在，输送泵产品的生产者是被告甲机械设备公司。作为该产品构件柱塞式摆动油缸的生产者依法也应是被告机械设备公司。机械设备公司没有提供相应证据证明该被控侵权物不是自己制造的，其应承担生产者侵权责任。被告甲机械设备公司认为，其为柱塞式摆动油缸的消费者、使用者，制造者是远程液压厂。被告甲机械设备公司在本案开庭审理过程中，当庭提出追加远程液压厂为本案被告的请求。

3. 原告机械公司认为，被控侵权物具有巨大的市场价值，是输送泵产品的关键构件；原告工程机械公司是行内知名企业，其涉案专利来之不易；被告机械设备公司的财务资料表明其多家客户销售被控侵权产品的事实；被控侵权物无法单独估算价值，被告机械设备公司不是单独出售被控侵权物，而是装在输送泵上整体出售，价值高达 30 多万元一台。由于客观原因，原告提出要求被告机械设备公司赔偿 50 万元的依据是法定赔偿方式，是综合以上因素提出赔偿额度。被告机械设备公司认为，被控侵权物不是输送泵的心脏，可以以其他产品替换，其价值不高，原告要求按法定赔偿上取确定赔偿数额，依据不足。被告机械设备公司没有侵权的主观过错，在本案起诉后，已停止使用被控侵权物，这些情节都应予以考虑。

法院认为：

1. 关于被控侵权物是否全面覆盖涉案专利全部必要技术特征问题。根据我国专利法律法规、司法解释的规定，实用新型是指对产品的形状、构造或者其结合所提出的适于实用的新的技术方案。实用新型专利权的保护范围应当以权利要求书中明确记载的必要技术特征所确定的范围为准，也包括与该必要技术特征相等同的特征所确定的范围。

人民法院进行专利侵权的技术对比判定，应当以专利权要求中记载的技术方案的全部必要技术与被控侵权物的全部技术特征逐一进行对应比较。被控侵权物全面覆盖了涉案专利必要技术特征，已落入专利保护范围，构成专利侵权。原告工程机械公司对被告机械设备公司侵权的诉讼主张，提供了必要也较充分的证据，被告机械设备公司没有提出相应的反驳证据，其亦未在法定期限内申请技术鉴定，其认为原告应提交技术鉴定报告只是其一单方意见，没有法律依据，对其认为专利侵权应以技术鉴定报告确定，且技术鉴定报告是原告举证责任的抗辩理由，法院不予采信。

2. 关于被告机械设备公司承担是生产者侵权责任，还是使用者侵权责任的问题。我国《专利法》第 70 条规定："为生产经营目的使用或者销售不知道是未经专利权人许可而制造并销售专利产品或者依照专利方法直接获得的产品，能证明其产品合法来源的，不承担赔偿责任。"被控侵权物的善意销售、使用者构成专利侵权，但不承担赔偿责任。本案的被控侵权物系从被告机械设备公司生产的输送泵中提取，被控侵权物没有任何来源标记，为构成被告机械设备公司生产的输送泵的部件，应视为被告甲机械设备公司生产。被告机械设备公司没有提供符合法律规定的证据证明该被控侵权物来源于被告机械设备公司之外的民事主体，其生产者的侵权责任不能免除。被控侵权物是作为输送泵的部件之一与其他部件构成输送泵产品整体被被告机械设备公司销售给被告机械租赁公司的，被告机械设备公司同时亦为被控侵权物的销售者。对被告机械设备公司称其为被控侵权物的善意使用者的抗辩理由，本院不予采信。

专利侵权产品的生产者、制造者的侵权归责原则采取的是无过错责任，不以主观明知为构成要件，只要行为人存在生产、制造侵犯专利权产品的客观事实，行为人应承担专利侵权的民事责任。被告机械设备公司的专利侵权责任不能免除。同时，被告甲机械设备公司当庭提出追加远程液压厂为被告的申请，不符合法律规定，法院亦不予支持。

3. 关于被告机械设备公司的赔偿依据问题。根据《专利法》及司法解释的规定，在被侵权人的损失或侵权人获得的利益难以确定，又没有专利许可使用费参照的情况下，人民法院可以根据专利权的类别、侵权人的性质和情节等因素，一般在人民币 5 000 元以上 30 万元以下确定赔偿数额，最多不超过 50 万元。本案原告工程公司基于其所受损失及被告机械设备公司所得利益难以确定，且又无专利许可使用费参照，要求适用法定赔偿方式，法院予以支持。但原告要求被告机械设备公司按法定赔偿时限承担赔偿责任的诉讼请求，缺乏充足的证据佐证，法院不予支持。

综上，被告机械设备公司生产、制造、销售的柱塞式油缸再现了原告机械公司"混凝土泵用柱塞式油缸的缓冲装置”实用新型专利的全部必要技术特征，根据全面覆盖原则，可以认定被控侵权物已落入本案实用新型专利保护范围，构成专利侵权，应承担停止侵权、赔偿损失的民事责任。对原告要求被告机械设备公司停止侵权，赔偿损失的诉讼请求，法院予以支持。被告机械租赁公司未经原告工程机械公司许可，为生产经营目的以使用侵犯原告专利权产品的方式实施其专利，侵犯了原告工程机械公司专利权，应承担相应民事责任。本案证据能够证明被告机械租赁公司购买、使用的被控侵权产品合法来源于被告机械设备公司，被告机械租赁公司依法不承担赔偿责任。对原告要求被告机械租赁公司停止专利侵权行为的诉讼请求，法院予以支持。

**【法院判决】**法院依照《民法通则》第118条，《专利法》第11条第一款、第59条第一款、第65条第二款，最高人民法院《关于审理专利纠纷案件适用法律问题的若干规定》第17条第一款、第21条之规定，判决如下：

1. 被告机械设备公司立即停止生产、销售侵犯原告的“混凝土泵用柱塞式油缸的缓冲装置”实用新型专利的混凝土输送泵的行为；

2. 被告机械租赁公司立即停止使用侵犯原告“混凝土泵用柱塞式油缸的缓冲装置”实用新型专利的混凝土输送泵的行为；

3. 被告机械设备公司赔偿因其侵犯原告专利权行为给原告造成的经济损失人民币30万元。

本案受理费10 010元，保全费3 020元，共计13 030元，由原告工程机械公司负担3 030元，被告机械设备公司负担10 000元。

**【案例点评】**本案是一起发生在建机设备行业的专利产品侵权纠纷案件，通过法院分析对比两产品的技术特征，完全落入专利权利人保护范围，依据《专利法》第11条规定，发明和实用新型专利权被授予后，除本法另有规定的以外，任何单位或者个人未经专利权人许可，都不得实施其专利，即不得为生产经营目的制造、使用、许诺销售、销售、进口其专利产品等。但是制造和使用两者承担的责任是有所区别的。本案中甲机械设备公司是被控侵权产品的制造者、乙机械租赁公司则是侵权产品的使用者，虽然两种责任都属于侵权行为，但在承担责任方式处上是不同的，未经专利权人允许，擅自使用他人专利进行生产经营者，要赔偿权利人的损失；而对于只是使用侵权产品的行为人，依据我国现行《专利法》第70条规定，为生产经营目的使用或者销售不知道是未经专利权人许可而制造并销售专利产品或者依照专利方法直接获得的产品，能证明其产品合法来源的，不承担赔偿责任，但应承担停止使用、销售该产品行为的法律责任。显然，本案件的机械租赁公司的被控侵权物系从被告机械设备公司生产的输送泵中提取，被控侵权物又没有任何来源标记，法院驳回其追加第三人责任，被告机械设备公司应承担生产者侵权责任。

### 【案例12.2】销售专利侵权产品，销售人受法律制裁

**【案情摘要】**金某拥有“反向地面刨毛机”的发明专利权，该专利权利要求书第1项

载明，一种反向地面刨毛机，它包括电动机、传动装置、箱体、刨盘；其特征在于箱体上前后有两个反向运转的刨盘，由电动机连接传动装置带动前后刨盘运转，每个刨盘有若干个锯片。该专利所要解决的技术问题是，该发明专利适合建筑行业的在建、扩建或改建工程的楼地面施工，能将因前期施工所遗留下粘结在楼地面的砂浆有效刨松，并且快速刨毛楼地面表面，增加楼地面基层与面层的黏结力，减少空鼓现象，提高工程质量。

2010 年 12 月专利人金某发现有人销售利用其专利制造的产品，于是在 12 月 31 日，金某与公证处人员到位于销售地××区××路 2××号建筑机械门市，该门市上方挂有标牌“甲建机公司和电话 69××××××”，在该门市以 1 800 元购买了混凝土地面强力清渣机一台，并获得门市部出具的编号为 00×××××的收据，该收据上盖有“××区××建筑配件经营部财务专用章”，同时，获得被告递交的名片一张，该名片印有××建机公司、地址××区××路 2××号、电话 69××××××”等字样。随后原告将该清渣机运至一间仓库内，由公证处人员将该清渣机贴上封条后进行拍照，交由金某委托代理人杨某保管。公证处出具公证书对上述事实进行了公证。

另查明：被告甲建机公司注册资本 200 万元，经营范围为生产、销售建筑机械、建筑设备、机电产品等，其住所地和经营场所在市×××区××镇民新村。被告荣某名下的市××区乙建筑配件经营部（以下简称“乙建筑配件经营部”）注册经营范围为销售建筑机械及配件等，注册资金 2 万元，其工商注册登记的经营场所为市××区铺石路 2××号。金某认为甲建机公司、荣某侵犯了其专利权，遂诉至法院。

**【法庭诉辩】**原告金某诉称，其拥有“反向地面刨毛机”的发明专利权，原告发现被告在其经营的门店内销售侵犯原告专利权的产品，即发函告知被告要求停止侵权行为，但被告仍未停止销售，给原告造成了重大经济损失。请求法院判令：1. 被告立即停止侵犯原告发明专利权的行为，即立即停止销售侵犯原告发明专利权产品的行为；2. 被告赔偿原告经济损失及合理支出共计 10 万元；3. 被告承担本案诉讼费用。

被告甲建机公司答辩称：该公司没有销售侵犯原告专利权的产品，也未收到任何原告函告停止侵权的通知，不存在侵犯原告专利权的行为，请求驳回原告诉讼请求。

被告荣某答辩称：被告销售的产品没有侵犯原告的专利权，也未收到原告向被告发出停止侵权的函件，没有给原告造成经济损失，故请求驳回原告的诉讼请求。

**【法院审理】**法院通过审理认为，本案主要争议焦点有以下三点：1.被告甲建机公司是否存在侵害原告专利权行为？2.被告荣某名下的乙建筑配件经营部是否存在销售涉案产品行为？3.被告荣某名下的乙建筑配件经营部销售的涉案产品是否侵害了原告专利权？

1. 被告甲建机公司是否存在侵害原告专利权行为。根据被告甲建机公司工商注册登记，载明被告甲建机公司住所地和经营场所在市×××区八桥镇民新村，非市××区石头路 186 号。原告从市××区铺石路 2××号门面处购得涉案产品，虽然该门面有“甲建机公司”字样的广告招牌，但不足以证明涉案产品系被告甲建机公司所销售，因而被告甲建机公司不存在侵害原告专利权行为，原告要求被告甲建机公司承担侵权责任的诉请，证据不足，本院应予驳回。

2. 被告荣某名下的乙建筑配件经营部是否存在销售涉案产品行为。根据原告举示证据显示，该经营部门店挂牌（广告招牌）和该经营部工作人员递送给原告的名片上均载有属于该经营部的联系电话号码 69××××××，原告购买涉案产品所持收据上也有“××区乙建筑配件经营部”印章，可以认定涉案产品是以乙建筑配件经营部名义销售给了原告，且被告荣某已就销售涉案产品给原告的事实和公证实物当庭予以承认。此外，原告于 200×年 7 月 2 日以邮政 EMS 特快专递方式，将有关停止销售侵权产品劝告函件投递到××市××区铺石路 2××号，即被告荣某所在经营场所，原告已经履行告知义务。故被告荣某名下的乙建筑配件经营部销售涉案产品行为成立，其辩称没有收到原告要求被告荣某停止侵权的劝告函不能成立。

3. 被告荣某名下的乙建筑配件经营部销售的涉案产品是否侵害了原告专利权，即涉案产品技术特征与原告发明专利保护范围是否相同或相似。本案中，原告拥有的“反向地面刨毛机”发明专利的权利要求 1 载明：一种反向地面刨毛机，它包括电动机、传动装置、箱体、刨盘；其特征在于箱体前后有两个反向运转的刨盘，由电动机连接传动装置带动前后刨盘运转，每个刨盘有若干个锯片。根据该权利要求，涉案发明专利涉及的技术领域为建筑机械设备，发明名称为“反向地面刨毛机”，技术方案的共有技术特征包括电动机、传动装置、箱体、刨盘；而区别技术特征是箱体前后有两个反向运转的刨盘，由电动机连接传动装置带动前后刨盘运转，每个刨盘有若干个锯片。将被告销售的混凝土地面强力清渣机与原告涉案专利的独立权利要求相对比，被告销售的清渣机由电动机、传动装置、箱体、刨盘组成，与原告发明专利的共有技术特征相同。

被告销售的清渣机的箱体前后有两个反向运转的刨盘，并由电动机连接传动装置带动前后刨盘运转，前面刨盘上有 11 个锯片，后面刨盘有 7 个锯片与金某要求保护技术方案的特征相同。因此，被告荣某销售的涉案产品属于侵害原告专利权的产品，被告荣某辩称涉案产品没有侵害原告专利权的理由不能成立。

原告为调查、制止被告荣某销售侵害原告专利权的清渣机产生了购买清渣机费 1 800 元、公证费 1 428 元、律师服务费 10 000 元及旅差费和仓储费等，属于正常合理支出，被告荣某辩称其没有给原告造成经济损失的理由不能成立。

被告荣某未经原告许可为生产经营目的销售涉案清渣机行为侵害了原告的发明专利权，原告有权要求被告立即停止侵害，赔偿损失。被告荣某未举证证明其销售的涉案清渣机有合法来源，本院对原告要求被告荣某立即停止侵权并赔偿损失的诉请予以支持。鉴于本案没有充分证据证明权利人的实际损失或侵权人的违法所得，法院根据本案事实，综合考虑专利的创造性程度、侵权行为的持续时间、侵权范围和影响，以及原告因调查、制止侵权产生的合理费用等因素，酌情确定由被告荣某赔偿原告经济损失（含合理开支）16 000 元。综上所述，原告要求被告荣某立即停止侵害、赔偿损失的请求成立，本院予以支持，但原告对被告甲建机公司的诉讼请求不能成立，应予驳回。

**【法院判决】**法院依照《专利法》第 11 条第一款、第 65 条第二款，最高人民法院《关于审理专利纠纷案件适用法律问题的若干规定》第 22 条，《民事诉讼法》第 128 条的规定，判决如下：

1. 被告荣某立即停止销售侵害原告专利权的清渣机；2. 被告荣某于本判决生效之日起 15 日内赔偿原告金某经济损失及合理费用共计 16 000 元；3. 驳回原告金某的其他诉讼请求。本案受理费 2 300 元，由被告荣某负担。

**【案例点评】**本案是一起发生在建设机械行业内的销售"反向地面刨毛机"发明专利权侵权纠纷案件。依据《专利法》第 11 条，发明和实用新型专利权被授予后，除法律有规定的以外，任何单位或者个人未经专利权人许可，都不得实施其专利，包括为生产经营目的的销售侵权专利产品的行为。与此同时，《专利法》第 70 条规定："为生产经营目的使用、许诺销售或者销售不知道是未经专利权人许可而制造并售出的专利侵权产品，能证明该产品合法来源的，不承担赔偿责任。"依据第 70 条规定，本案荣某所销售的专利侵权产品，如果能够提供、证明其合法来源，将不承担赔偿责任。但是本案中容某可能出于考虑其他原因，未能提供侵权产品"反向地面刨毛机"的合法来源，所以法院只能判决其承担侵权专利赔偿责任。

## 12.2 建机设备商标侵权纠纷

### 【案例 12.3】假冒商标获高利，刑责民责都要担

**【案情摘要】**"××"商标系甲建设机械公司经国家工商行政管理总局商标局核准注册，被××市工商行政管理局审定为××市著名商标，国家工商行政管理总局商标局批准为驰名商标。200×年 6 月 26 日，甲建设机械公司与××市某路桥工程公司签订商标使用许可合同，该合同约定，甲建筑机械公司将其注册的"××"商标许可给路桥工程公司使用。

某建材制造公司是潘某与他人共同出资注册成立的。200×年 8 月，该公司因未参加年检被当地工商行政管理局吊销营业执照。建材制造公司曾三次向路桥工程公司分别购买颚式破碎机 1 台、3 台、1 台。200×年 3 月 18 日，潘某与乙建筑机械公司签订供需双方供货简单协议，该协议约定：乙建筑机械公司提供该公司生产的 600×900 颚式破碎机 1 台，按照路桥工程公司的技术制作，价格为 140 000 元。该破碎机机身按照潘某要求未喷印商标、未钉铭牌。提货时，潘某要求乙建筑机械公司的厂长陈某把其自带的路桥工程公司许可使用的"××"牌注册商标的铭牌钉到机身上，陈某自己未帮忙钉上，但授意其工人许某帮忙钉上，并将该破碎机以 168 000 元的价格销售给其他公司。200×年 3 月 19 日、3 月 24 日，潘某与乙建筑机械公司分别签订工矿产品购销合同，合同约定乙建筑机械公司提供该公司生产的型号分别为 250×1 000，600×900 颚式破碎机各一台，价格分别为 45 000 元、130 000 元。该两台破碎机机身按照潘某要求未喷印商标、未钉铭牌。提货时，潘某

要求乙建筑机械公司的喷漆工巢某只喷漆，不喷乙建筑机械公司的名称和“××”商标铭牌，装配工许某给打眼钉上路桥工程公司“××”牌注册商标的铭牌。嗣后，潘某将该两台破碎机分别以 58 000 元、162 000 元的价格销售给他人。

事发后，人民检察院起诉指控潘某犯假冒注册商标罪，于 200×年 11 月 27 日向人民法院提起公诉，人民法院经开庭审理判决书认定潘某犯假冒注册商标罪成立，判处有期徒刑三年，宣告缓刑三年，并处罚金 100 000 元；对潘某的违法所得 52 400 元予以没收。该判决书在本案起诉时已发生法律效力。路桥工程公司为制止潘某、乙建筑机械公司侵权行为所实际支出的调查取证费、交通费、食宿费等费用为 1 843 元。

**【一审审理】**经过法庭辩诉、质证，一审法院认为：本案主要焦点有三：1.关于路桥工程公司是否为本案适格主体的问题；2.关于潘某、乙建筑机械公司是否侵权的问题；3.关于潘某、乙建筑机械公司应承担的法律责任问题。

1. 关于路桥工程公司是否为本案适格主体的问题

“××”商标系甲建筑机械公司注册，并至迟自 200×年起就一直许可让路桥工程公司使用在其生产的破碎机上。虽然商标许可使用合同中未明确路桥工程公司有权追究商标侵权人的法律责任，但在路桥工程公司向该院起诉前，甲建筑机械公司出具了关于授权路桥工程公司追究商标侵权者的法律责任的说明。此属商标所有权人事后对商标被许可使用人的明确授权，因此，路桥工程公司在本案中具有适格主体资格。

2. 关于潘某、乙建筑机械公司是否侵权的问题

“××”商标系甲建筑机械公司合法注册，并许可给路桥工程公司在其生产的破碎机上使用。该商标曾被评定为驰名商标，并连续多年被评为××市著名商标，潘某所开办的企业也曾经在路桥工程公司处购买过××牌破碎机。因此，潘某明知“××”系注册商标，仍未经甲建筑机械公司许可，也未经路桥工程公司许可，擅自在其订购的乙建筑机械公司生产的破碎机上贴上“××”商标。潘某的此行为属于假冒注册商标行为。嗣后，潘某又将假冒“××”注册商标的产品破碎机分别销售给他人以牟利，此行为又构成销售假冒注册商标的商品的行为。根据商标法及其实施条例的相关规定，潘某的行为侵犯了路桥工程公司的商标专用权。乙建筑机械公司按潘某要求未在其提供的破碎机机身上钉其公司名称和“××”牌商标，却在潘某提货时授意其员工帮忙打眼和钉上“××”商标，此行为属故意为侵犯他人注册商标专用权行为提供便利条件的行为，因此，乙建筑机械公司侵犯了路桥工程公司的“××”注册商标专用权，其关于不构成侵权的抗辩不予支持。

3. 关于潘某、乙建筑机械公司应承担的法律责任问题

基于上述理由，潘某和乙建筑机械公司的行为侵害了路桥工程公司的注册商标专用权，首先应当承担停止侵权的法律责任，对路桥工程公司的此项诉讼请求，该院予以支持。至于路桥工程公司要求潘某、乙建筑机械公司公告消除影响的诉讼请求，鉴于路桥工程公司未举证证明潘某、乙建筑机械公司的侵权行为使其商业信誉受到损害以及“××”商标的市场评价降低，法院对路桥工程公司的此项诉讼请求不予支持。

至于路桥工程公司要求潘某、乙建筑机械公司共同赔偿 73 000 元的诉讼请求，潘某辩称其已因“假冒注册商标”罪受到了刑事责任追究而不应再承担民事责任，因刑事责任和民事责任是侵权人承担的不同责任类别，可以并行适用，故对潘某的此项辩称，法院不予支持。潘某、乙建筑机械公司的共同侵权行为导致路桥公司经济利益受损，故潘某、乙建筑机械公司对路桥工程公司的经济损失应承担连带赔偿责任。因本案中路桥工程公司要求赔偿的数额系潘某、乙建筑机械公司的侵权所得利益，而潘某违法所得利益 52 400 元已被生效的刑事判决书予以确认且已没收。路桥工程公司认为潘某违法所得利益 73 000 元并无新的证据予以证实。故法院仍确定潘某赔偿数额为 52 400 元及赔偿调查取证费用 1 843 元，乙建筑机械公司承担连带赔偿责任。至于路桥工程公司要求乙建筑机械公司另赔偿经济损失 73 550 元的诉讼请求，因路桥工程公司未提供充分证据证明乙建筑机械公司另行给其造成了经济损失，故对此项诉讼请求不予支持。

**【一审判决】**一审法院依照《商标法》第 52 条第（一）项、第（二）项、第 56 条第一款、第二款、第 59 条第一款，《商标法实施条例》第 50 条第（二）项，《民法通则》第 130 条，最高人民法院《关于审理商标民事纠纷案件适用法律若干问题的解释》第 3 条第（三）项、第 4 条第二款、第 9 条、第 10 条、第 16 条第一款、第二款、第 17 条之规定，判决：

1. 潘某、乙建筑机械公司立即停止侵害路桥工程公司的“××”注册商标专用权；2. 潘某于判决生效后十日内赔偿路桥工程公司经济损失 54 243 元，乙建筑机械公司负连带赔偿责任；3. 驳回路桥工程公司的其他诉讼请求；4. 本案案件受理费 3 268 元，由路桥工程公司负担 268 元，由潘某、乙建筑机械公司共同负担 3 000 元。

**【二审诉辩】**潘某不服一审判决，向上一级法院上诉称：

1. 本案是因刑事犯罪而引起的民事赔偿，潘某因侵犯路桥工程公司的注册商标专用权已被追究刑事责任，并退缴 52 400 元非法所得。按照《刑事诉讼法》及其有关司法解释之规定，路桥工程公司对其损失完全可以提起刑事附带民事诉讼，或通过法院责令退赔使其损失得到弥补，而不应另行提起民事诉讼主张侵权损害赔偿。2. 原审判决支持路桥工程公司侵权损害赔偿的请求，无形加重了潘某的责任，与立法本意相悖；3. 由于路桥工程公司在一审庭审中未能提供其维权费用原始凭证，对此费用是否实际发生无法核实，故该项请求应予驳回。综上，一审判决适用法律和认定事实错误，请求二审法院依法撤销原审判决第二项，驳回路桥工程公司主张赔偿损失的诉讼请求。

路桥工程公司答辩称：

1. 按照刑诉法及其有关司法解释之规定，有权提起刑事附带民事诉讼的人在第一审判决宣告以前没有提起的，可以在刑事判决生效后另行提起民事诉讼。况且，人民法院也未依据刑诉法司法解释的规定告知上海路桥公司提起附带民事诉讼。因此，路桥工程公司依法有权另行提起商标侵权民事诉讼。

2. 人民法院刑事判决没收潘某的违法所得，而非责令退赔或返还违法所得以弥补路桥工程公司的损失；在该刑事判决生效后，路桥工程公司曾向人民法院询问是否可以将潘某的违法所得退赔给路桥工程公司，该院答复没收的违法所得依法应上缴国库，不予退赔。因此，潘某仍应赔偿其侵权行为给路桥工程公司造成的损失。综上，原审判决认定事实清楚，适用法律正确。请求二审法院驳回上诉，维持原判。

乙建筑机械公司陈述称：路桥工程公司在一审中未能提供相关证据原件予以质证，原审判决存在认定事实不清，乙建筑机械公司同意潘某的上诉请求。

**【二审审理】**二审庭审中，根据当事人的上诉理由以及答辩意见，经合议庭归纳并经当事人认可，确认本案争议焦点为：本案商标侵权损害赔偿的民事责任如何确定。与之相关的问题有三：1. 潘某因假冒注册商标罪被依法追究刑事责任后，路桥工程公司能否另行提起商标侵权损害赔偿的民事诉讼？2. 潘某侵权行为的违法所得被司法机关依法没收后，是否再应承担侵权损害赔偿责任？3. 路桥工程公司主张的合理开支 1 843 元是否应当支持？二审法院认为：

1. 路桥工程公司系涉案“××”注册商标的利害关系人，其根据商标权人的合法授权，有权单独提起民事诉讼制止侵权，并有权就侵权行为所造成的经济损失要求赔偿。本案中，虽然潘某侵犯涉案注册商标专用权行为被依法追究刑事责任，但该犯罪行为同时造成了涉案商标权利人的经济损失。因此，路桥工程公司依法有权提起附带民事诉讼或在刑事判决生效后另行提起民事诉讼。根据现行《商标法》第 59 条的规定，“未经商标注册人许可，在同一种商品上使用与注册商标相同的商标，构成犯罪的，除赔偿被侵权人的损失外，依法追究刑事责任。”“销售明知是假冒注册商标的商品，构成犯罪的，除赔偿被侵权人的损失外，依法追究刑事责任。”由此可见，商标侵权行为构成犯罪的，行为人应当承担民事和刑事双重责任。关于商标侵权行为的民事责任与刑事责任的适用关系，二者可以并行适用，当前者私法责任与后者公法责任的适用发生冲突时，私法责任优先，即潘某应先承担侵权损害赔偿责任。

2. 鉴于潘某违法所得利益 52 400 元已被生效的刑事判决书予以确认且已没收，并非责令退赔或返还违法所得以弥补路桥工程公司的损失；同时，路桥工程公司主张潘某因侵权所获得的利益 73 000 元又无新的证据予以证实。故原审法院按业已生效的刑事判决认定的违法所得利益 52 400 元确定潘某侵权赔偿数额亦无不当。

3. 至于路桥工程公司主张的调查取证费、交通费、食宿费等合理开支 1 843 元，因其未能提供该费用的原始凭证，庭审中，潘某、乙建筑机械公司对其提供的相关证据复印件均不予质证或认可，故原审判决对此径行予以认定显属不当，法院予以纠正。综上，潘某提出其因侵犯涉案注册商标专用权已被追究刑事责任，并退缴 52 400 元非法所得，路桥公司不应另行提起民事诉讼主张侵权损害赔偿的上诉理由不能成立，法院不予支持。对于潘某所持路桥工程公司请求赔偿合理开支 1 843 元不应支持的主张，本院予以采纳。

**【二审判决】**法院依照《民事诉讼法》第 153 条第一款第（一）、（三）项之规定，判决如下：

1. 维持一审法院民事判决第（一）、（三）项；2.变更一审法院民事判决第（二）项为：

潘某于本判决生效后十日内赔偿路桥公司经济损失 52 400 元，乙建筑机械公司负连带赔偿责任。一审案件受理费 3 268 元，按一审判决执行。二审案件受理费 3 268 元，由潘某负担 2 614 元，路桥工程公司负担 654 元。

**【案例点评】**本案潘某的行为属于一种典型的商标侵权行为。侵犯注册商标专用权行为又称商标侵权行为，是指一切损害他人注册商标权益的行为。本案被告人涉及承担两种责任，一种是民事赔偿责任，另一种是刑事责任。

一、关于民事责任。《商标法》第 52 条规定了五种侵权行为，本案潘某触犯了前两种规定。

（一）未经商标注册人的许可，在同一种商品或者类似商品上使用与其注册商标相同或者近似的商标的行为。这是最为明显的也是司法实践中遇到最多的一种商标侵权行为。未经商标注册人的许可，是指未按照法律规定办理许可手续，在同一种商品或者类似商品上使用与其注册商标相同或者近似的商标的行为。其具体表现形式不外以下几种情况：一是在同一种商品上使用与他人的注册商标相同的商标；二是在同一种商品上使用与他人的注册商标近似的商标；三是在类似商品上使用与他人的注册商标相同的商标；四是在类似商品上使用与他人的注册商标近似的商标。潘某行为属于第一类。实施此种行为，无论是出于故意还是过失，都会造成商品出处的混淆，使消费者发生误认误购，从而损害到商标注册人的合法权益和消费者的利益，因此是一种典型的商标侵权行为。商标注册人有权阻止这种非法使用，法律也必须对这种侵犯注册商标专用权的行为明令禁止，并依法追究违法者的法律责任。

（二）销售侵犯注册商标专用权的商品的行为。这属于商品流通环节中的一种商标侵权行为。通常侵犯注册商标专用权的商品，除靠生产者自行销售外，往往还要通过其他人的销售活动才能到达消费者手中。像这样的销售者，与侵犯注册商标专用权的商品的生产者一样，都起到了混淆商品出处、侵犯注册商标专用权、损害消费者利益的作用。因此，对这种销售也应认定是一种侵犯注册商标专用权的行为，同样要按商标侵权行为处理，让其承担相应的法律责任。需要注意的是，侵犯注册商标专用权商品的生产者一般都是出于故意，但侵犯注册商标专用权商品的销售者则可能是出于故意，也可能不是。所以《商标法》明确规定，销售不知道是侵犯注册商标专用权的商品，能证明该商品是自己合法取得的并说明提供者的，不承担赔偿责任。据此可知，对于销售不知道是侵犯注册商标专用权的商品，能证明该商品是自己合法取得的并说明提供者的，是不能按商标侵权行为来追究其法律责任的，因此不应承担赔偿责任。本案的潘某假冒他人商标后将机械售予他人属于销售侵犯注册商标专用权的商品的侵权行为。

二、刑事责任

《商标法》对于侵犯注册商标专用权行为的刑事责任有明确的规定，第 59 条，“未经商标注册人许可，在同一种商品上使用与其注册商标相同的商标，构成犯罪的，除赔偿被侵权人的损失外，依法追究刑事责任。”

假冒他人注册商标的行为，不仅严重影响他人的商品信誉，侵犯商标注册人的合法权益，同时侵害了消费者的合法权益，破坏了社会主义市场经济秩序，如果情节严重，按照《刑法》的有关规定构成犯罪的，应当依法追究其刑事责任。根据《刑法》第 213 条的规定，构成假冒注册商标罪应当符合以下条件：

1. 违法行为人使用他人注册商标未经注册商标所有人许可。即行为人使用他人注册商标的行为未得到注册商标所有人的口头或者书面同意。这是构成本罪的前提条件。

2. 违法行为人在客观上实施了在同一种商品上使用与其注册商标相同的商标的行为。如果行为人在同一种商品上使用与他人注册商标近似的商标，或者在类似商品上使用与他人注册商标相同的商标，或者在类似商品上使用与他人注册商标近似的商标，虽然属于侵犯注册商标专用权的行为，但是不构成犯罪。

3. 违法行为人的上述行为情节严重的才构成本罪。所谓情节严重，主要是指非法获利数额较大，给商标注册人造成较大损失，侵权次数多、持续时间长或者有其他严重情节。

根据《刑法》第 213 条的规定，未经商标注册人许可，在同一种商品上使用与其注册商标相同的商标，情节严重的，构成假冒注册商标罪。对犯此罪的，处三年以下有期徒刑或者拘役，并处或者单处罚金；情节特别严重的，处三年以上七年以下有期徒刑，并处罚金。

**【案例 12.4】跨类使用他人商标权，遇驰名商标被判侵权**

**【案情摘要】**200×年 6 月，×××器材公司在×××家居文化广场、中国第一商城发现其所使用的自动扶梯上带有“K××××”标识。经调查发现该电梯由某机械公司生产并销售。除电梯产品外，该机械公司及其北京分公司、广州分公司还在其企业网站、工厂大门、公司门牌、员工名片、产品介绍、企业宣传资料上使用了“K××××”标识。同时，机械公司及其北京分公司还将“K××××”商标注册成其网站域名，并加以使用。机械公司未经授权，在其产品、宣传资料以及公司网站上使用与器材公司“K××××”注册商标完全相同的商标，并将“K××××”注册成为其域名，侵犯了器材公司注册商标专用权，损害了器材公司“K××××”商标的形象，遂将该机械公司告上法庭。

**【法庭诉辩】**器材公司诉称：器材公司就已将“K××××”作为商标使用在照相机上，至今已有 117 年的悠久历史。作为世界知名企业，器材公司在 150 多个国家和地区注册了将近 1 700 件“K××××”商标或以“K××××”文字为主体的商标，具有极高的知名度和良好的市场声誉。在中国，器材公司的“K××××”商标早在 1982 年就已在第 1 类“有机化学品和无机化学品”上核准注册，注册号为 15××××。在此基础上，器材公司又在第 1 类、第 9 类商品上注册了多个“K××××”商标。作为世界最大的影像产品及相关服务的生产和供应商，器材公司的“K××××”商标在中外早已成为驰名商标，中国国家工商行政管理局先后两次将“K××××”商标列入了《全国重点商标保护名录》，中国的多家法院、工商执法机关及海关也认定和查处过众多侵犯器材公司“K××××”

商标的侵权行为。请求法院判令：1. 机械公司立即停止对“K××××”商标的全部侵权行为；2. 机械公司就其侵权行为向器材公司赔偿经济损失 50 万元（包括甲公司支出的合理费用）；3. 机械公司就其侵权行为在全国性报刊上刊登启事公开消除影响。

被告机械公司辩称：1. 机械公司与原告器材公司经营不同类且不相类似的产品，要认定机械公司构成商标侵权的首要前提，是认定“K××××”商标为驰名商标，其次才能适用跨类保护。而器材公司注册的“K××××”商标是否为驰名商标应由法院依照法律进行认定；2. 即使器材公司注册的“K××××”商标被认定为驰名商标，机械公司的行为也不构成侵权，理由是：

（1）机械公司使用“K××××”字样只是表达企业字号“××”的英文翻译方法，没有将“K××××”作为产品商标使用，而其电梯产品与器材公司注册的“K××××”商标核准使用的商品既非同类商品也不是相似商品，不会造成公众混淆与误认，机械公司使用“K××××”字样对器材公司的利益不构成实质性损害；

（2）机械公司注册网站域名进行宣传的均是有关电梯的产品，而非通过这些域名进行与器材公司相同或类似产品的交易，不存在造成相关公众误认的效果或后果；

（3）器材公司无证据表明机械公司使用“K××××”字样造成其商品销量减少或其他经济损失，器材公司要求机械公司赔偿经济损失 50 万元无依据；

（4）机械公司使用“K××××”标识在电梯产品上数量极少，取得盈利也很少。综上，请求法院依法驳回器材公司的诉讼请求。

**【法院审理】**法院认为，本案的争议焦点是：1. 原告器材公司所有的“K××××”商标应否作为驰名商标予以保护；2. 被告机械公司使用“K××××”商业标识的行为是否构成对器材公司“K××××”注册商标权的侵犯；3. 如果构成商标侵权，机械公司应如何承担责任。法院认为：

1. 本案中，原告器材公司指控被告机械公司侵害其民事权利，构成侵犯注册商标专用权，据此请求法院依法追究机械公司的民事侵权责任。因器材公司在美国注册设立，系美国法人，我国与美国均属《保护工业产权巴黎公约》及《世界贸易组织》的成员国，故本案应适用我国相关法律及《保护工业产权巴黎公约》、TRIPs 协议。

首先，原告器材公司所有的“K××××”注册商标应当认定为驰名商标，并依法予以相应的保护。根据《商标法》第 14 条的规定，认定驰名商标应当考虑下列因素：1.相关公众对该商标的知晓程度；2.该商标使用的持续时间；3.该商标的任何宣传工作的持续时间、程度和地理范围；4.该商标作为驰名商标受保护的记录；5.该商标驰名的其他因素。

根据本案事实，“K××××”注册商标系原告器材公司于 1888 年开始创设的臆造性文字商业标识，已先后在全球范围内广泛注册。通过器材公司 100 多年来对该商标进行的大范围、持续的广告宣传，以及“K××××”商标相关商品的良好质量，使得器材公司的“K××××”商品在全球范围内拥有广泛的用户群，为大众所熟知，长期以来享有极高的商誉。我国也是原告器材公司的主要市场，“K××××”商标在我国也已实际成为家喻户晓的商业品牌。鉴于以上事实，可以认定原告器材公司所有的“K××××”注册商标属于在市场上享有较高声誉并为相关公众所熟知的商标，在司法保护中，应认定该注册商标为驰名商标，并依法予以跨商品或服务领域的高水平保护。

被告机械公司答辩认为，原告器材公司未在诉讼请求中独立要求认定“K××××”注册商标为驰名商标，且“K××××”注册商标未经我国商标行政管理部门认定为驰名商标，故主张不能将该商标认定为驰名商标并予以相应的法律保护。对此法院认为，人民法院在审判侵犯商标权纠纷的案件中，对涉案商标是否属于驰名商标作出认定，属对案件基本事实的认定，不受当事人诉讼请求的限制。基于事实认定，对构成驰名商标的涉案商标依法应当予以相应的法律保护。因此，机械公司的上述抗辩理由不能成立，不予支持。

2. 被告机械公司使用“K××××”商业标识的行为构成对原告器材公司所有的“K××××”注册商标权的侵犯？被告机械公司在其商品、公司门牌、员工名片及企业宣传资料上均印制独立且突出的“K××××”文字标识，机械公司及其分公司还以“K××××”为商业标识索引申请注册了域名，并将该域名用于网络宣传经营。在本案诉讼中，虽然机械公司解释其所使用的“K××××”商业标识系其企业字号“××”的英文翻译方法，且未作为产品商标使用，但从其实际使用形式来看，机械公司显然是以商品商标的形式突出使用“K××××”商业标识。

另外，如前所述，“K××××”系原告器材公司臆造创设的商业标识，并无其他文字含义。该标识直接指向于器材公司，是器材公司具有独特性、显著性的商业标识。机械公司虽称其所使用的“K××××”商业标识系对其“××”企业字号的英文翻译，但“K××××”与“××”之间并不具有语言学上的中英文翻译对应关系，且不符合我国语言文字的英文翻译惯例及语音习惯。对此，机械公司也没有进一步做出合理解释，而结合器材公司所有的“K××××”注册商标标识及“××”商标早已广为公众知晓的事实，可以认定，机械公司以“K××××”标示其“××”字号的使用行为，明显是复制、模仿了器材公司“××”与“K××××”驰名商标的相对应关系。因此，机械公司关于其“K××××”标识系其“××”企业字号的语言翻译，其使用该标识属合理使用的答辩理由不能成立。

根据《最高人民法院关于审理商标民事纠纷案件适用法律若干问题的解释》第1条第（二）项的规定，复制、模仿、翻译他人注册的驰名商标或其主要部分在不相同或不相类似商品上作为商标使用，误导公众，致使该驰名商标注册人的利益可能受到损害的，属于《商标法》第52条第（五）项规定的给他人注册商标专用权造成其他损害的行为。与该规定相对应，《保护工业产权巴黎公约》第6条之二规定：“驰名商标，本联盟各国承诺，如本国法律允许，应依职权，或依有关当事人的请求，对商标注册国或使用国主管机关认为在该国已经属于有权享受本公约利益的人所有而驰名、并且用于相同或类似商品的商标构成复制、仿制或翻译，易于产生混淆的商标，拒绝或取消注册，并禁止使用。这些规定，在商标的主要部分构成对上述驰名商标的复制或仿制，易于产生混淆时，也应适用。”TRIPs

协议则在其第二部分“有关知识产权的效力、范围及利用的标准”。第二节“商标”第 16 条“所授予的权利”之 2 进一步规定：“巴黎公约 1967 年文本第 6 条之 2 原则上适用于与注册商标所标示的商品或服务不类似的商品或服务，只要一旦在不类似的商品或服务上使用该商标，即会暗示该商品或服务与注册商标所有人存在某种联系，从而注册商标所有人的利益可能受损。”

结合本案事实及上述法律规范，被告机械公司使用“K××××”标识，显然是模仿原告器材公司所有的“K××××”驰名商标，并借此攀附该商标的良好商誉，以取得不正当的商业利益。从保护驰名商标专有性的角度看，机械公司使用“K××××”标识必然会降低器材公司所有的“K××××”驰名商标的显著性，损害其商誉价值，给器材公司所有的“K××××”驰名商标的专有性及其形象利益造成实质性损害。因此，机械公司未经“K××××”驰名商标权利人同意而使用“K××××”商业标识的行为，构成商标侵权。机械公司关于其使用“K××××”字样对器材公司的利益不构成实质性损害，因而不构成侵权的答辩理由不能成立，依法不予支持。

3. 被告机械公司复制、模仿使用“K××××”驰名商标，侵犯原告器材公司所有的“K××××”商标专用权，依法应承担停止侵权、消除影响及赔偿经济损失的民事侵权责任，器材公司关于机械公司立即停止对“K××××”商标的全部侵权行为并在全国性报刊上刊登启事公开消除影响的诉讼请求，依法应予支持。关于器材公司提出的、判令机械公司赔偿经济损失 50 万元（包括器材公司支出的合理费用）的诉讼请求，鉴于机械公司并未从事与器材公司相同的商品生产、销售，不宜以各自产品的直接经营获利或损失为主要计赔依据，故确定本案经济赔偿数额，应参考机械公司使用“K××××”商标过程中可能获取的利益以及器材公司为制止涉案侵权所支付的合理费用等因素，酌情确定机械公司应承担的经济赔偿责任。对器材公司主张赔偿过高的部分，不予支持。

**【法院判决】**法院依照《商标法》第 14 条、第 52 条、第 56 条，《最高人民法院关于民事诉讼证据的若干规定》第 11 条，《最高人民法院关于审理商标民事纠纷案件适用法律若干问题的解释》第 1 条第（二）项、第 22 条之规定，判决如下：

1. 被告机械公司立即停止使用“K××××”商业标识；

2. 被告机械公司赔偿原告器材公司经济损失人民币 5 万元，于本判决生效后 10 日内履行；

3. 被告机械公司就本案所涉商标侵权事实及商标禁用事项于本判决生效之日起 15 日内在两家全国性的报刊上各刊登启事一次，以消除影响。刊登的启事内容须经法院审核，逾期不刊登，法院将本判决内容公开刊登，相关费用由被告机械公司承担；

4. 驳回原告器材公司的其他诉讼请求。

**【案例点评】**本案是一起建机行业跨类别侵犯他人商标权的案利。关键是原告器材公司的商标是否属于驰名商标的问题，由于有关商标法律规定，驰名商标具有跨类别保护的权利。如果原告商标是驰名商标，那么毫无疑问，被告的行为就构成了侵权；反之，则未侵权。

一、法院需确认驰名商标的条件

在民事纠纷案件中，当事人以商标驰名作为事实根据，人民法院根据案件具体情况，认为确有必要的，对所涉商标是否驰名作出认定：

（一）《商标法》第 13 条规定，就相同或者类似商品申请注册的商标是复制、模仿或者翻译他人未在中国注册的驰名商标，容易导致混淆的，不予注册并禁止使用。就不相同或者不相类似商品申请注册的商标是复制、模仿或者翻译他人已经在中国注册的驰名商标，误导公众，致使该驰名商标注册人的利益可能受到损害的，不予注册并禁止使用。以违反商标法第 13 条上述规定为由，提起的侵犯商标权诉讼，法院可对所涉商标是否驰名作出认定。

（二）以企业名称与其驰名商标相同或者近似为由，提起的侵犯商标权或者不正当竞争诉讼的，法院可对所涉商标是否驰名作出认定。

（三）原告以被诉商标的使用侵犯其注册商标专用权为由提起民事诉讼，被告以原告的注册商标复制、模仿或者翻译其在先未注册驰名商标为由提出抗辩或者提起反诉的抗辩或者反诉的诉讼，法院可对所涉商标是否驰名作出认定。

在民事纠纷案件中，人民法院对于所涉商标是否驰名不予审查：

（一）被诉侵犯商标权或者不正当竞争行为的成立不以商标驰名为事实根据的；

（二）被诉侵犯商标权或者不正当竞争行为因不具备法律规定的其他要件而不成立的。

原告以被告注册、使用的域名与其注册商标相同或者近似，并通过该域名进行相关商品交易的电子商务，足以造成相关公众误认为由，提起的侵权诉讼，按照前款第（一）项的规定处理。

二、驰名商标的认定

本案的关键在于器材公司所有的“K××××”是否为驰名商标问题，《商标法》第 14 条是对认定驰名商标应当考虑的因素的规定。规定了认定驰名商标应当考虑的五种因素：1. 相关公众对该商标的知晓程度；2. 该商标使用的持续时间；3. 该商标的任何宣传工作的持续时间、程度和地理范围；4. 该商标作为驰名商标受保护的记录；5. 该商标驰名的其他因素。

（一）驰名商标是无形的社会财富，保护驰名商标就是保护社会财富，而只有准确的认定驰名商标，才可能有效地保护驰名商标。

（二）鉴于驰名商标很难精确定义，《保护工业产权巴黎公约》只提出了驰名商标的保护问题，《与贸易有关的知识产权协议》也只规定，确认某商标是否系驰名商标，应当顾及有关公众对其知晓程度，包括在该成员地域内因宣传该商标而使公众知晓的程度。这里的“知晓程度”也难确切定义。我国《最高人民法院关于审理涉及驰名商标保护的民事纠纷案件应用法律若干问题的解释》（法释[2009]3 号）将驰名商标定义为：本解释所称驰名商标，是指在中国境内为相关公众广为知晓的商标。为了有效地保护驰名商标，本条在总结实践经验的基础上，参考国际上的通行做法对认定驰名商标应当考虑的因素作了具体规定。

1. 相关公众对该商标的知晓程度。驰名商标是在市场上有较高声誉的商标，为相关公众所认同。把公众知晓程度作为认定驰名商标的首要因素符合《与贸易有关的知识产权协议》的原则和一般大众心理。这里的“相关公众”是指与使用该商标的商品和服务有关的公众，而非所有的公众。

2. 该商标使用的持续时间。一个商标要取得市场信誉，形成竞争力，必须经过使用。无论是注册商标还是未经注册商标，只有通过使用才能体现其存在，体现其价值，也只有通过使用才能为公众知晓，被公众认同。放在抽屉里的商标是不会被公众知晓，被公众认同的，更不会成为驰名商标。因此，把商标使用的持续时间作为认定驰名商标的因素是必要的。

3. 该商标的任何宣传工作的持续时间、程度和地理范围。驰名商标应当是公众熟知的商标，要让公众熟知，需要广为宣传。虽说“好酒不怕巷子深”，但不宣传，其知名度的提升就会很慢。在市场经济条件下，无论商品的生产者还是服务的提供者，都把宣传、推销自己的商品和服务作为重中之重，不惜重金投入树立自己的品牌形象。不少消费者对某商品的知晓最初就是来自该商品的商标宣传。因此，把商标的任何宣传工作的持续时间、程度和地理范围作为认定驰名商标的因素是很有意义的。

4. 该商标作为驰名商标受保护的记录。根据《保护工业产权巴黎公约》和《与贸易有关的知识产权协议》的规定，驰名商标在该公约和协议成员国中都是受保护的，如果能够提供曾经作为驰名商标受过保护的记录及相关证明文件，对在我国认定该商标为驰名商标将起重要作用。

5. 该商标驰名的其他因素。如使用该商标的商品和服务的销售或经营额、销售或服务区域、市场占有率等。由于本条规定无法穷尽认定驰名商标的所有因素，因此，此项规定具有相当弹性，既可以弥补前四项规定留下的空白，也可以为今后增补新的认定因素提供充足的空间。

本案法院对于原告驰名商标予以认定就是基于上述条件进行分析的。

（二）《商标法》第 14 条所列认定驰名商标应考虑的因素是最基本的因素，驰名商标的声誉和知晓程度是变化的，具体认定某商标是否为驰名商标涉及该商标权人和广大消费者的利益，因此，还需要根据本条规定和实际情况个案处理。

三、通过法院对本案的审理判决我们是否应该在以下两个方面得到启示：

（一）本案的关键问题是对涉案商标是否属于驰名商标作出独立认定。按照《商标法》以及配套法律法规规定，驰名商标施行跨类别保护，对驰名商标在不相似商品上作为商标使用的，也属于侵犯他人商标权行为，应承担相应的法律责任。人民法院在审判侵犯商标权纠纷的案件中，对涉案商标是否属于驰名商标作出认定，属对案件基本事实的认定，无论当事人是否提出诉讼请求，法院都应该进行认定，并不受当事人诉讼请求的限制。

（二）根据《最高人民法院关于审理商标民事纠纷案件适用法律若干问题的解释》第 1 条第（二）项的规定，复制、模仿、翻译他人注册的驰名商标或其主要部分在不相同或不相类似商品上作为商标使用，误导公众，致使该驰名商标注册人的利益可能受到损害的，属于《商标法》第 52 条第（五）项规定的给他人注册商标专用权造成其他损害的行为，依法应当承担相应的民事责任。

## 12.3　建机设备商业秘密侵权纠纷

**【案例 12.5】属于商业秘密？还是属于专利权？**

**【案情摘要】**王某系甲建筑机械厂业主，甲建筑机械厂注册经营范围及方式：农机加工、维修，业主王某设计加工出“全液压自动吊装机”，200×年 1 月 16 日经工商行政管理部门注册，经营范围及方式为农机加工、维修。同年，业主设计加工出全液压自动吊装机。200×年 2 月 5 日国家知识产权局授予王某“全液压自动吊装机”实用新型专利。

另一家企业乙建筑机械厂于 200×年 7 月 24 日注册成立，经营者为刘某，注册经营范围及方式：起重机生产、销售。乙建筑机械公司前身名为起重机械厂，200×年 3 月，该公司生产出“全液压自动起重机”。200×年 3 月，该厂生产出全液压自动起重机。200×年 5 月 19 日，经过本地产品质量监督检验所出具机械检验报告，检验结论为“全液压自动起重机”合格。

赵某、曹某原为甲建筑机械厂的技术人员，在 200×年在与甲建筑机械厂签订聘用职工合同时，未能按聘用合同中要求交纳 1 000 元抵押金，分别于 200×年 3 月、200×年 2 月离开甲建筑机械厂后，200×年 6 月 1 日、200×年 5 月 21 日被起重机械厂聘用。甲建筑机械厂王某以乙建筑机械厂窃取其商业秘密为由，将乙建筑机械厂诉至法院。

另查明，200×年 4 月 3 日，省专利管理局对王某出具专利纠纷受理通知书，受理王某请求与起重机械厂关于“全自动液压吊装机”专利侵权纠纷一案。200×年 5 月 16 日国家知识产权局出具撤销专利权请求初步审查结果受理书，对孙某 200×年 5 月 12 日提出的撤销王某的一种“全液压自动吊装机”实用新型专利权请求予以受理。

**【一审审判】**一审法院认为，王某主张的其吊装机中转盘、液压马达、减速机三部分技术属于其专利权保护范围，不构成商业秘密。王某的全液压自动吊装机已被国家知识产权局授予实用新型专利，该专利权保护的即吊装机的形状、构造（组件或者部件的连接或者结合），并未注明仅保护吊装机部分构造。王某称吊装机中转盘、液压马达、减速机系专利权保护范围之外的主张不能成立。王某生产的吊装机已于早年投放市场。其机械构造较为普通，他人可以通过反复研究，研制出成品，故该技术不具备商业秘密之不被公众所知悉的特点，不构成商业秘密。

关于王某主张其结构产品的来源、购料、加工渠道为商业秘密，但其未能提供对方盗取其秘密的相关证据，其主张不能成立。依照《民事诉讼法》第 130 条、第 64 条之规定，原审判决：驳回王某的诉讼请求。一审案件受理费 5 510 元由王某负担。

**【二审审判】**王某不服一审判决向上级人民法院上诉称，其在专利申请中的权利要求书中所要求保护的内容与其主张的转盘、减速机技术完全不同，而对液压马达主张的是外协件采购渠道属于商业秘密，一审将三者混为一谈，且将三者与专利混为一谈，应予纠正；一审法院认定该三者不构成商业秘密缺乏具有鉴定资格的专业部门的鉴定，不能作为判决的依据，请求二审法院查清事实，依法判决。在庭审中，王某提出对双方的产品、液压吊装机、整车及其中的转盘、减速机、液压马达在结构、工作原理及生产工艺方面是否相同进行鉴定。被上诉人孙某、冯某、赵某、曹某、新原建筑机械公司答辩称，一审认定事实清楚，适用法律正确，请求驳回上诉，维持原判。二审经审理查明的事实与一审认定事实基本一致。

二审法院认为，王某诉讼所主张保护的转盘、减速机两部分虽未在其专利申请的权利要求书中明确要求保护，但该两配件属于吊装机的通用配件，并无新颖性，不属于专利保护范围，且一经公示，即可为公众所知悉，故也不符合商业秘密的要件。王某诉讼另主张保护的液压马达本身也不属商业秘密，其请求的实质是保护液压马达的采购渠道，对该进货渠道是否属于商业秘密，依据《反不正当竞争法》的规定，商业秘密权利人应对其经营信息采取保密措施，王某采取何种保密措施，是否与其员工签订有明确保守经营秘密的合同，各被上诉人采取何种侵权行为窃取其经营信息，王某未尽到举证责任，且该采购渠道作为一种经营信息并不具备商业秘密的特征，因此，王某的上诉理由及证据均不足，其上诉请求法院不予支持；一审法院认为王某主张的其吊装机中转盘、液压马达、减速机三部分技术属于专利权保护范围虽有不妥，但处理结果并无不当，应予维持。依照《民事诉讼法》第 153 条第一款第（一）项之规定，判决如下：驳回上诉，维持原判。二审案件受理费 5 510 元由王某负担。

**【案例点评】**本案实质问题是王某所主张的技术属于其专利保护范围，还是属于商业秘密？如果属于专利保护范围，那么，其诉讼案由不成立，法院将驳回其诉讼，如果属于商业秘密则法院才能做进一步审理。换句话说，也就是王某所主张的技术是该案审理的先决条件。

商业秘密是一种特殊的知识产权。《反不正当竞争法》第 10 条规定，“所称的商业秘密，是指不为公众所知悉、能为权利人带来经济利益、具有实用性并经权利人采取保密措施的技术信息和经营信息。”其中，“不为公众所知悉”和“采取保密措施”是构成商业秘密的要件。本案王某诉讼所主张保护的转盘、减速机两部分虽未在其专利申请的权利要求书中明确要求保护，但该两配件属于吊装机的通用配件，并无新颖性，不属于专利保护范围；且一经公示，即可为公众所知悉，不符合商业秘密“不为公众所知悉”要件。另外，王某对其两项技术采取何种保密措施，王某也未尽到举证责任。为此，法院判决其转盘、减速机两项技术都不属于商业秘密范围，驳回其上诉。

# 第 13 章　智能建筑知识产权侵权案例

智能建筑行业属于高科技密集型行业。智能建筑行业是指从事将建筑、通信、计算机网络和监控等各方面的先进技术相互融合、集成为最优化的整体，能够适应信息化社会发展需要的现代化新型建筑的行业。当前，智能建筑行业知识产权流失严重，表现为智能建筑版权的设计方案，时常被直接无偿抄用，建筑智能化系统或应用平台，不使用正版软件；营业场所运行的广播与音乐背景系统未全面实行缴纳音像制品使用版费、对于国内研发的系统集成、物业管理等软件，任意拷贝或低价供货等，侵犯了著作权保护。同时，企业内部技术核心秘密泄露也成为集中焦点，例如新产品的研发、新技术的应用、特定行业的解决方案、二次开发的专业技能等，这些商业秘密流失现象也十分严重。本章案例主要收集了发生在智能建筑行业的专利和商标知识产权侵权的案例。

## 13.1　智能建筑专利侵权纠纷

### 【案例 13.1】IC 卡专利被侵权，终端用户受牵连

**【案情摘要】**某智能科技公司是一家专门研制、生产非接触 IC 卡的专业厂家，经过两年的开发研制，投入大量人力物力，成功研制出了非接触式 IC 卡电梯控制系统。这一技术是采用先进的非接触式 IC 卡，利用计算机网络平台，对电梯使用、保安等进行全方面的管理，使用该技术可以分时间段对使用电梯的人员进行控制，系统自动识别用户所持 IC 卡，此 IC 卡授权后通过刷卡可直接到达指定楼层，而无卡者无法使用电梯。这一专利 200×年 10 月获得了国家发明专利，还被列入省首批专利技术实施计划项目和区政府科技计划项目。该专利包括产品专利和方法专利两部分。专利申请后，该公司随后生产、销售相应的 IC 卡电梯产品。

200×年底，智能科技公司发现，某物业管理公司管理和使用的某招商银行大厦电梯使用的授权进入指定楼层控制方法，与智能科技公司的专利的方法专利完全相同。为达到上述电梯楼层控制的目的，电梯控制部分使用了某电子技术公司生产、销售的智能电梯控制器。智能科技公司经比较，认为上述智能电梯控制器与其发明专利的产品专利相同，而且其经调查还发现，除在招商银行大厦电梯上使用外，电子技术公司生产的电梯控制器还在全国各地销售、使用，并在网上展销。

智能科技公司认为由于该电子技术公司的生产、销售与原告专利产品相同的侵权产品，使原告 IC 卡电梯产品销售受到严重影响，利润明显减少。为此，智能科技公司将涉案的物业管理公司、招商银行大厦和电子技术公司三单位一齐告上法庭。其间，智能科技公司还申请了证据保全申请。

**【法庭诉辩】**智能科技公司认为上述事实被告侵犯了原告的专利权，请求法院，判令涉案的物业管理公司和银行大厦立即停止使用原告的专利产品及专利方法进行电梯楼层控制的行为；判令电子技术公司立即停止生产、销售、许诺销毁侵权的库存产品，并在全国性的刊物上公开向原告道歉；赔偿其经济损失人民币 50 万元、为制止侵权而支出的律师费、调查取证费等人民币 4 万元整，诉讼费用由三被告承担。

物业管理公司代理人辩诉认为，其作为诉讼主体是不合格的，因为物业管理公司仅是对电梯进行维修、养护和管理，不是使用人，同时也认为自己没有为生产经营目的使用智能科技公司的专利的方法或专利产品，故自己的行为不构成侵权。

电子技术公司则以先用权作为抗辩理由，他表示这一智能电梯控制器，是他们在早年门禁控制器基础上，根据用户要求改装而成，早在智能科技公司专利申请之前已在生产和销售。同时，智能卡电梯管理系统及方法不具有新颖性和创造性，涉案专利是国外许多著名公司已公开的技术方案和已生产销售的同类产品。专利属公知公用技术，且在答辩期内他们已向国家专利复审委员会申请宣告涉诉专利权无效，希望法院中止审理。

招商银行大厦则认为，他们电梯有合法的来源，建设银行大厦时开发商承建时将电梯工程发包给一家公司，另一公司从哪里购得他们不清楚，当时他们的要求是要装一个门禁卡。因此，同样认为其行为不构成侵权。

**【一审判决】**经一审法院的审理，法院判决如下：依法维护专利持有人智能科技公司的知识产权，责令侵权人电子技术公司立即停止生产、销售，销毁库存侵权产品，并向智能科技公司赔偿 30 万元。一审判决后，电子技术公司表示不服，并提出上诉，其间双方一度陷入僵局。

**【二审调解】**原告智能科技公司涉案专利经国家知识产权局专利复审委员会判定完全有效。2010 年 9 月，省高级人民法院又一次开庭，在省高级人民法院的主导下，智能科技公司没有要求电子技术公司停止生产 IC 卡电梯系统，而是出于“和谐竞争”的考虑，主动提出只要电子技术公司承认和尊重智能科技公司的专利并适当付费，则允许电子公司继续相关生产，在此原则上，达成了和解协议。根据这份有强制力的和解协议书，电子技术公司确认了智能科技公司的专利权有效，并同意今后若采用涉案的专利技术，还将向智能科技公司逐笔缴纳专利使用费。此外，作为终端用户，招商银行大厦此次也未能全身而退，被责令停止使用原来的 IC 卡电梯系统。

**【案例点评】**本案中如果说电子技术公司在铁证如山的发明专利面前本没有多大胜算的话，那么作为本案的另一主角——招商银行大厦被停止使用侵权电梯，则大大出乎业内人士的预料。责令终端用户承担专利侵权责任，这在以往的知识产权纠纷中是十分罕见的，是中国知识产权保护的一个重要突破。该判例不仅对以后类似的专利纠纷起到很强的示范作用，对中国知识产权的发展和保护也会产生深远的影响。银行大厦由此成为中国知识产权发展史上一个重要的标志。那么，招商银行大厦为什么没有在“一审”之后形势不妙的情况下，明智地选择尽快和解，而是坚持了两年时间将官司打到“二审”的最后阶段？对此，权威专家认为，在整个案件中，招商银行大厦一直觉得自己很冤枉，招商银行大厦不过是上万家使用该 IC 卡电梯系统的公司中不幸被智能科技公司“挑中”的一个，自己成了“出头鸟”。正是基于这种情况，才决定跟随电子技术公司一起加入了“二审”。

除了感到委屈之外，招商银行大厦坚持把官司打到“二审”还有另外一个重要原因。因为在采购该 IC 卡电梯系统时，招商银行大厦就和电子技术公司签署了相关知识产权免责条款，双方约定，一旦涉及知识产权问题，招商银行大厦将不承认任何责任。因此，招商银行大厦对“二审”是抱有很大信心的。那么，招商银行大厦到底该不该承担法律责任？持反对意见的表示，该招商银行大厦只是一个使用者，其并没有责任去打探甚至了解将购买的产品是否侵犯了其他企业的知识产权，此次判决，招商银行大厦更像是一个“冤大头”。而有关法律专家则表示，尽管招商银行大厦只是一个终端使用者，甚至已签署知识产权免责协议，但根据我国《专利法》的有关规定，招商银行大厦依然要承担相应的法律责任，所以责令其立即停止使用并更换侵权的 IC 卡电梯系统，完全合法。

不管怎么说，招商银行大厦花钱买了电梯，并签署了知识产权免责条款，但结果不仅吃了官司，还被责令停止使用原来的 IC 卡电梯系统，这样的结果，绝对是招商银行大厦当初在购买 IC 卡电梯系统的时候所没有料到的。知识产权权威机构认为，这是国内第一次对涉嫌专利侵权的终端用户做出了“停权”（停止使用权）的裁决，在中国知识产权发展史上具有里程碑的意义。

### 【案例 13.2】改造楼区停车场，侵犯外观设计权

**【案情摘要】**甲科技公司拥有“停车场出入口控制机”外观设计专利权。200×年 4 月 3 日，乙科技公司向丙科技公司订购 2 台 P 字形票箱，单价为 1 800 元，价款合计为 3 600 元。200×年 4 月 6 日，丙科技公司向丁科技公司订购 2 台 P 字形票箱，价款合计为 3 000 元。200×年 4 月 8 日，丁科技公司向戊科技公司订购 2 台 P 字形票箱，价款合计为 2 600 元，其订购合同中注明，“1 个入口，1 个出口，入口开发卡机口”、“入口装语音按钮、吐卡按钮、出口装语音按钮”等要求。

乙科技公司分公司在其实施某楼盘弱电工程建设项目中，应发包人要求，对停车场出入口进行改造，利用乙科技公司订购的上述 2 台 P 字形票箱对停车场出入口控制机（一套）进行了改装。经核实，该套停车场出入口控制机包括入口和出口控制机各一台，其区别在于入口控制机有出卡口和出卡按钮，出口控制机没有出卡口。甲科技公司认为，未经专利权人许可，乙科技公司、乙科技公司分公司、丙科技公司、丁科技公司、戊公司五家公司为生产经营目的制造、销售甲科技公司的专利产品，共同侵犯了甲科技公司的专利权，遂

向法院提起诉讼。

**【法庭诉辩】**原告甲科技公司一审诉称：其系“停车场出入口控制机”外观设计专利权人。200×年7月，其在南京某楼盘发现侵犯其该专利权的P字形控制机。经调查，该侵权产品由乙科技分公司和乙科技公司销售并进行安装，乙科技分公司书面告知其该侵权产品的机箱是丙科技公司生产销售并提供了购销合同和送货单。请求法院判令：1.五被告停止专利侵权行为，拆除并销毁安装在南京市建设楼盘中的侵权产品；2.五被告连带赔偿经济损失10万元；3.由被告承担本案的诉讼费用。

丙科技公司、乙科技公司、乙科技分公司、丁科技公司提交书面答辩意见均辩称：他们使用、销售的涉案产品系有合法来源，且不知道其系侵权产品；涉案产品的P字形外观系英文“停车”的开头字母，P是众所周知且广泛使用的停车标志，其行为属于使用现有设计，不构成侵权；原告甲科技公司主张的赔偿数额及诉讼费用的依据不足。请求法院驳回甲科技公司的诉讼请求。

**【法院审理】**法院认为，本案争议焦点为：1.涉案产品与甲科技公司外观设计专利是否相同或者近似？2.涉案产品是否属于现有设计？3.各被告合法来源的抗辩是否成立？4.各被告行为是否构成侵权及若侵权应如何承担侵权责任？法院认为：

1.涉案产品与甲科技公司外观设计专利近似。外观设计专利权的保护范围以表示在图片或者照片中的该产品的外观设计为准。涉案产品与涉案外观设计专利产品均系停车场出入口控制机，属于相同产品。根据两者的设计特征，以一般消费者的知识水平和认知能力，对外观设计的整体视觉效果进行综合判断。涉案产品与涉案专利相比，只有主视图上显示屏、出卡口及出卡按钮等构造上造成视图上的细微差别，在其他视图上相同，在整体视觉效果上没有实质性差异，涉案产品与甲科技公司的外观设计专利近似，落入了该外观设计专利权的保护范围。

丙科技公司、乙科技公司、乙科技公司分公司、丁科技公司、戊科技公司关于甲科技公司提供的公证书所附照片没有涉案产品的后视图、俯视图、仰视图，无法对比的意见，一审法院认为，虽然甲科技公司没有提供涉案产品的后视图、俯视图、仰视图，但甲科技公司提供公证书的立体图照片能够反映涉案产品的各个视图，可以作为与外观设计专利对比的依据。故对上述意见不予采信。

2.涉案产品不属于现有设计。五被告均辩称，涉案产品的P字形外观系英文“停车”的开头字母，“P”是众所周知且广泛使用的停车标志，其行为属于使用现有设计，不构成侵权。法院认为，被诉侵权的外观设计与一个现有设计相同或无实质性差异的，人民法院应当认定被诉侵权设计属于现有设计。虽然英文字母“P”确是众所周知且广泛使用的停车标志，但其只是涉案外观设计专利的设计要素，作为字母或标志本身并不属于法律意义上的外观设计，各被告使用的也并非是该字母或标志本身，并且各被告并没有提供停车场出入口控制机的现有设计，故各被告关于现有设计的抗辩理由没有法律依据，不予采信。

3.各被告合法来源的抗辩不能成立。各被告均抗辩称，涉案产品使用的P字形票箱系从他人处合法购得，且并不知道侵权，故不应承担赔偿责任。丙科技公司、乙科技公司、乙科技公司分公司、丁科技公司提供的证据能够证明，其合法购买的是 P 字形票箱，戊科技公司提供的证据不能证明其 P 字形票箱系合法购买，视为其制造了 P 字形票箱。法院认为，依专利法规定，为生产经营目的使用或者销售不知道是未经专利权人许可而制造并售出的专利产品，能证明其产品合法来源的，不承担赔偿责任。这里的专利产品应当是指专利证书所表明的产品。本案中，就是以表示在授权公告图片或者照片中的“停车场出入口控制机”。作为停车场出入口控制机，不仅包括产品的外壳或机箱，还应当包括具有能实现相关控制功能的控制机构。各被告购得或制造的 P 字形票箱，并不具备控制功能，其不是停车场出入口控制机，只是作为停车场出入口控制机的部件。虽然 P 字形票箱承载了停车场出入口控制机的全部外观设计，但不能认为该 P 字形票箱就是涉案专利所表明的专利产品。因此，各被告购买或制造销售的 P 字形票箱不属于专利产品。其抗辩理由不符合专利法规定的“合法来源”要件，为不必要。

4. 乙科技公司分公司的行为侵犯了甲科技公司的专利权，由乙科技公司与其共同承担相应民事责任；丙科技公司、丁科技公司、戊科技公司的行为不侵犯甲科技公司专利权，不承担民事责任；乙科技公司分公司为生产经营目的，利用乙科技公司购得的 P 字形票箱用于改造某建筑停车场出入口控制机，形成新的停车场出入口控制机，该控制机与涉案专利构成近似，属于制造和销售专利产品；乙科技公司未经专利权人许可，该行为侵犯了甲科技公司的外观设计专利权，应当承担停止侵权、赔偿损失的民事责任；乙科技公司分公司并非法人，不能够独立承担民事责任，由乙科技公司与其共同承担。

P 字形票箱并非专利产品，乙科技公司购买丙科技公司、丁科技公司购买并销售 P 字形票箱的行为不侵犯甲科技公司的外观设计专利权；戊科技公司制造并销售 P 字形票箱的行为不侵犯甲科技公司的外观设计专利权；甲科技公司不能证明戊科技公司知道其制造并销售，丙科技公司、丁科技公司知道其购买并销售 P 字形票箱的行为系帮助乙科技公司分公司实施侵权的共同行为，故原告甲科技公司关于上述被告共同侵权并承担连带责任的主张，没有事实与法律依据，法院不予支持。

对于损失赔偿，甲科技公司请求法院酌定赔偿数额。一审法院认为，赔偿数额可以按照权利人因被侵权所受到的损失确定，该损失可以根据专利权人的专利产品因侵权所造成销售量减少的总数乘以每件专利产品的合理利润所得之积计算。本案中，已查明侵权产品的数量为 2 台（一套），在本案的具体情形下，甲科技公司因乙科技公司分公司侵权而造成专利产品销售的减少量也应当是 2 台（一套），而专利产品停车场出入口控制机的单套销售价格及利润甲科技公司并非难以确定，故其请求酌定赔偿不符合法律规定。鉴于甲科技公司对其专利产品的销售价格与利润举证不充分，一审法院结合双方当事人的陈述，确定销售价格为 4 万元/套，利润为 2 万元，故甲科技公司因侵权行为造成的经济损失为 2 万元，其制止侵权所支付的合理费用综合确定为 1 万元。

综上所述，乙科技公司分公司未经甲科技公司许可，为生产经营目的制造并销售了甲科技公司的外观设计专利产品，侵犯了外观设计专利权。甲科技公司请求判令其停止侵权并赔偿损失的诉讼请求予以支持；丙科技公司、丁科技公司、戊科技公司的涉案行为不侵犯涉案专利权，甲科技公司关于其停止专利侵权行为，并连带赔偿经济损失的诉讼请求没有事实与法律依据，不予支持。安装于涉案楼盘的涉案外观设计专利产品，其系使用人合法购得并为此支付了相应对价，且使用行为不属于侵犯外观设计专利权的行为，故甲科技公司关于拆除并销毁安装涉案楼盘中的侵权产品的诉讼请求没有法律依据，不予支持。

**【法院判决】**依照《专利法》第 11 条第二款、第 2 条第三款、第 59 条第二款、第 60 条，《最高人民法院关于审理专利纠纷案件适用法律问题的若干规定》第 20 条第二款、第 22 条，《民事诉讼法》第 130 条之规定，判决：

1. 乙科技公司、乙科技公司分公司停止制造、销售侵犯甲科技公司外观设计专利权的产品；2. 乙科技公司、乙科技公司分公司于判决生效之日起十日内赔偿家科技公司的经济损失及为制止侵权行为所支付的合理费用共计 3 万元；3. 驳回甲科技公司的其他诉讼请求。本案案件受理费 2 300 元，由乙科技公司、乙科技公司分公司负担。

**【二审诉辩】**乙科技公司不服一审判决，向法院提起上诉，请求撤销一审判决，依法改判驳回被上诉人一审诉讼请求。理由是：一审法院认为涉案 P 字形票箱不属于专利产品，但认为上诉人在购买 P 字形票箱后的改装行为属于制造和销售专利产品，这一认定缺乏事实和法律依据。上诉人承接涉案楼盘二期弱电工程建设项目后，应发包人的要求，对原一期停车场出入口控制系统进行移位改造，在改造过程中为方便使用，发包人建议票箱外壳最好是上部突出的形状，所以上诉人才从他人处合法购得 P 字形票箱提供给发包方。上诉人这一行为属于单纯的买卖行为，加装 P 字形票箱的行为只是买卖行为的一个衍生，不属于制造销售行为。一审法院既已认定 P 字形票箱不属于专利产品，则上诉人的买卖行为亦不构成侵权。请求二审法院依法改判。

乙科技公司又当庭补充以下上诉理由：1. 涉案外观设计专利产品的主体就是 P 字形票箱，未经许可生产该 P 字形票箱即侵犯了涉案外观设计专利权。2. 如果法院坚持认为 P 字形票箱本身不是专利产品，则由于 P 字形票箱承载了涉案外观设计专利的全部外观设计，是涉案专利产品的关键部件，戊科技公司作为专业制造停车场出入口控制系统的厂家，明知该票箱是为了用于专利侵权产品而制造销售，虽然不构成直接侵权，但其诱导、帮助他人侵犯专利权，其行为已构成对被上诉人专利的间接侵权。上诉人通过正常途径购买并销售了 P 字形票箱，并非有意侵犯被上诉人外观设计专利权。故应当由戊科技公司承担所有的侵权赔偿责任。3. 被上诉人提供给上诉人的报价清单显示 P 字形票箱单价为 4 800 元/只，一审判决赔偿 3 万元过高。甲科技公司答辩称：法院判决关于乙科技公司的责任认定正确，请求驳回上诉，维持原判。丙科技公司和丁科技公司服从一审判决。

戊科技公司未作答辩。

**【二审审理】**法院认为二审争议焦点为：1. 乙科技公司购买 P 字形票箱用于改装涉案楼盘停车场出入口控制机的行为是否侵犯了捷顺公司涉案外观设计专利权？2. 如果构成

侵权，一审判决确定的赔偿额是否适当？二审法院认为：

1. 关于涉案外观设计专利权保护范围的确定。《专利法》第 59 条第二款规定："外观设计专利权的保护范围以表示在图片或者照片中的该产品的外观设计为准，简要说明可以用于解释图片或者照片所表示的该产品的外观设计。"第 2 条第三款："外观设计，是指对产品的形状、图案或者其结合以及色彩与形状、图案的结合所作出的富有美感并适于工业应用的新设计。"由此可见，我国专利法所保护的外观设计是指工业产品的外观设计，即外观设计必须与其附着的特定产品相联系，其保护范围的确定不能脱离产品来考虑。就本案而言，涉案外观设计专利的名称已清晰地表明使用该外观设计的产品是"停车场出入口控制机"，即该外观设计要保护的是停车场出入口控制机产品的外观，而所谓停车场出入口控制机，正如一审法院所分析，不仅包括机箱（票箱），还应当包括机箱内部能够实现相关控制功能的设备等。虽然涉案外观设计专利的设计要点或者创新设计部分主要体现在出入口控制机的 P 字形票箱上，但是不能就此将该外观设计专利权的保护范围界定为单纯的 P 字形票箱。毕竟票箱只是出入口控制机的一个组成部件，不能将其等同于控制机产品本身。因此，乙科技公司关于 P 字形票箱就是涉案外观设计专利产品的上诉主张与法相悖，不能成立，本院不予采信。

2. 关于乙科技公司购买 P 字形票箱用于改装的楼盘停车场出入口控制机的行为是否构成专利侵权问题。乙科技公司上诉主张其应发包人要求，利用购买的 P 字形票箱对原有的停车场出入口控制机进行票箱改造的行为不属于制造专利产品，故不构成专利侵权。法院认为，乙科技公司的该项上诉主张不能成立。理由是《专利法》第 11 条第二款规定："外观设计专利权被授予后，任何单位或者个人未经专利权人许可，都不得实施其专利，即不得为生产经营目的制造、许诺销售、销售、进口其外观设计专利产品。"这里的制造专利产品，不仅包括制造全新专利产品的行为，也包括将已有产品的零部件组装成专利产品的行为。

本案中，即使如乙科技公司所主张，其只是应发包方要求，提供 P 字形票箱并利用该票箱对原由案外人上海高多公司承建的出入口控制机进行改装，但是由于该改装行为形成了新的停车场出入口控制机，且该控制机与涉案专利构成近似，该改装行为同样属于制造专利产品。由于乙科技公司实施该改装行为并未征得甲科技公司的许可，故该行为侵犯了甲科技公司涉案外观设计专利权。乙科技公司关于其改装行为不属于制造专利产品的上诉理由不能成立，法院不予采纳。

3. 关于戊科技公司在本案中是否应当承担侵权责任问题。《民法通则》第 130 条规定："二人以上共同侵权造成他人损害的，应当承担连带责任。"《最高人民法院关于贯彻执行〈中华人民共和国民法通则〉若干问题的意见》第 148 条规定："教唆、帮助他人实施侵权行为的人，为共同侵权人，应当承担连带民事责任。"本案中，尽管如前文所分析，涉案外观设计专利保护的是票箱为 P 字形的停车场出入口控制机，仅仅生产、销售 P 字形票箱本身并不构成直接侵犯涉案外观设计专利权的行为，但是由于 P 字形票箱承载了涉案外观设计专利的核心创新部分，是涉案外观设计产品的整体外观部件；且从戊科技公司与丁科技公司签订的合同来看，该合同并非一般的买卖P字形票箱的合同，而是有具体订购要求的订购合同，戊科技公司作为P字形票箱的制造方和销售方，其应当明知合同相对方订购该P字形票箱就是用于停车场出入口控制机。事实上乙科技公司分公司也确是利用该订购的P字形票箱改装了原有的停车场出入口控制机，并形成了与涉案外观设计专利相近似的出入口控制机。换言之，乙科技公司分公司之所以能够实现对原有停车场出入口控制机的票箱改造，与戊科技公司提供P字形票箱的行为是分不开的，且戊科技公司明知买方购买该P字形票箱就是用于停车场出入口控制机，故戊科技公司制造和销售P字形票箱的行为与乙科技公司构成共同侵权，依法应当承担连带侵权赔偿责任。乙科技公司关于戊科技公司应当承担侵权责任的上诉理由成立，法院予以采纳。

4.关于一审判决确定的赔偿额是否适当。《专利法》第65条规定："侵犯专利权的赔偿数额，按照权利人因被侵权所受到的损失或者侵权人因侵权所获得的利益确定。"《最高人民法院关于审理专利纠纷案件适用法律问题的若干规定》第20条第二款规定："权利人因被侵权所受到的损失可以根据专利权人的专利产品因侵权所造成销售量减少的总数乘以专利产品的合理利润所得之积计算。权利人销售量减少的总数难以确定的，侵权产品在市场上销售的总数乘以每件专利产品的合理利润所得之积可以视为权利人因被侵权所受到的损失。"第22条规定："人民法院根据权利人的请求以及具体案情，可以将权利人因调查、制止侵权所支付的合理费用计算在赔偿数额范围之内。"

本案中，乙科技公司二审中提供的专利权人甲科技公司销售成套控制机专利产品的价格为58 680元，且家科技公司与戊科技公司一审庭审中均确认涉案出入口控制机的利润为左右，结合家科技公司为制止本案侵权行为客观上亦支出了相应的公证费、律师费用等因素，一审法院根据我国专利法的上述法律规定，酌情确定本案赔偿额为3万元并无不当。乙科技公司关于一审判决确定的赔偿额过高的上诉理由不能成立，法院不予采纳。

**【二审判决】**综上所述，乙科技公司关于戊科技公司应当承担侵权责任的上诉理由成立，法院予以支持。一审判决认定事实清楚，但是认定戊科技公司不应当承担侵权责任错误，应予纠正。依照《民事诉讼法》第153条第一款第（二）项，《民法通则》第130条，《最高人民法院关于贯彻执行〈中华人民共和国民法通则〉若干问题的意见》第148条，《专利法》第11条第二款、第2条第三款、第59条第二款、第60条，《最高人民法院关于审理专利纠纷案件适用法律问题的若干规定》第20条第二款、第22之规定，判决如下：

1. 维持原审民事判决第一、三项；2. 撤销原审民事判决第二项及案件受理费部分；3. 戊科技公司自本判决生效之日起立即停止生产、销售用于停车场出入口控制机的P字形票箱；4. 戊科技公司、乙科技公司、乙科技公司分公司于本判决生效之日起十日内共同赔偿甲科技公司经济损失及为制止侵权行为所支付的合理费用共计3万元。

一审案件受理费2 300元，由戊科技公司负担1 150元，乙科技公司、乙科技公司分公司负担1 150元；二审案件受理费2 300元，由戊科技公司负担1 150元，乙科技公司、乙科技公司分公司负担 1 150 元。本判决为终审判决。

**【案例点评】**本案是一起智能建筑产品外观设计侵权纠纷案件。以依照《专利法》第 2 条第三款规定，外观设计，是指对产品的形状、图案或者其结合以及色彩与形状、图案的结合所作出的富有美感并适于工业应用的新设计。根据这一定义，国务院专利行政部门在其发布的《专利审查指南》中，对可作为专利保护的外观设计应具备的特征作了具体阐释：

一是外观设计的载体必须是产品。产品是指任何用工业方法生产出来的物品。不能重复生产的手工艺品、农产品、畜产品、自然物等，不能作为外观设计的载体。二是构成外观设计的是产品的形状、图案或者其结合或者它们与色彩的结合。产品的色彩不能独立构成外观设计。可以构成外观设计的组合有：产品的形状；产品的图案；产品的形状和色彩；产品的图案和色彩；产品的形状、图案和色彩。三是该外观设计能应用于产业上并形成批量生产。四是该外观设计是一种富有美感的新的设计方案。

本案被告乙科技公司在案审中运用了两种事由抗辩，一是进行了公知技术抗辩，主张关于 P 字形票箱就是涉案外观设计专利产品，P 是众所周知且广泛使用的停车标志，其行为属于使用现有设计，不构成侵权。如上所述，我国专利法所保护的外观设计必须与其附着的特定产品相联系，其保护范围的确定不能脱离产品来考虑。正如本案法院审理中所分析，产品是外观设计的载体，涉案外观设计专利不仅包括机箱（票箱），还应当包括机箱内部能够实现相关控制功能的设备等。虽然涉案外观设计专利的设计要点或者创新设计部分主要体现在出入口控制机的 P 字形票箱上，但是不能就此将该外观设计专利权的保护范围界定为单纯的 P 字形票箱。毕竟票箱只是出入口控制机的一个组成部件，不能将其等同于控制机产品本身。为此，法院对乙科技公司的不构成侵权的主张不予采信。

二是被告人以改装行为不属于专利法规定的侵权行为进行抗辩。对于改造行为是否属于外观设计专利侵权行为，除《专利法》第 11 条第二款规定外，还有《最高人民法院关于审理侵犯专利权纠纷案件应用法律若干问题的解释》第 12 条第二款之规定，按照上述条款精神，对外观设计专利产品实施改造行为判定为使用侵权行为，运用法律适当，行为定性准确，所以法院对于不属于侵权行为的抗辩，不予支持。

## 13.2　智能建筑商标侵权纠纷

### 【案例 13.3】智能监控产品被举报，假冒他人商标受严惩

**【案情摘要】**200×年 6 月 27 日，知识产权局监察机构接举报，甲智能工程公司在其中标承建的体育中心体育场公安现场指挥部图像监控系统中“使用假冒劣质的自制 MAX1000 视频矩阵电路板卡冒充进口产品，以次充好，牟取暴利”。据举报人所言：“假冒的板卡不但影响图像质量，更会造成影响整个体育中心监控系统的瘫痪，从而严重影响全运会公安安全保障”。知识产权局立即去现场察看，所见板卡与举报人所描述的一致。

鉴于案情重大，遂向上级请示。上级要求在保障全运会顺利召开的同时，尽快查清事实。知识产权局监察机构于9月28日立案调查。

9月28日上午，监察机构执法人员去省公安厅调查到如下情况：该套系统以全运会组织委员会名义购买的，主要用于全运会期间公安现场指挥，安全保障工作。该套设备的使用人是公安部门，所有合同事宜、验收、款项结算都是由公安部门及全运会组织委会安保部（临时机构）负责，具体经办人是省公安厅信息通信处图像科科长章某、市公安局信息通信处图像科副科长季某，涉案甲智能工程公司代表刘某。该套系统通过省级机关政府采购中心统一采购，采购过程分为两个部分：

1. 为了保证与市公安局图像中心现有的视频矩阵功能、要求一致，对该系统中的核心部件MAX1000视频矩阵实行先行单一来源采购方式，要求定牌定厂使用乙智能公司的××品牌MAX1000视频矩阵，采购人直接同MAX1000视频矩阵的原厂商乙智能公司进行联系。原厂商指定甲智能公司为其指定代理商。甲智能公司授权其公司代表姜某进行谈判，最终甲智能公司以人民币38万元的价格中标。同时约定：甲智能公司作为MAX1000视频矩阵的中标人，要保证以确定的报价、交货时间向“体育中心体育场公安现场指挥部图像监控系统”的中标人无条件供货，并协助其做好安装调试工作，即“图像监控系统”无论哪家竞标公司中标，都要以固定的38万元价格从乙智能公司购买××品牌的MAX1000视频矩阵。

2. 在确定下MAX1000视频矩阵以固定的价格、品牌、厂家情况下，“图像监控系统”整体工程于200×年8月16日进行公开招标程序，实行竞争性谈判。最终甲智能公司以人民币180万元（含38万元的MAX1000视频矩阵价格）的报价中标。合同于200×年8月20日签署。因为图像监控系统工程也是甲智能工程公司中标，为防止重复付款，所以实际操作中，MAX1000视频矩阵合同纳入总合同一并履行，在省公安厅信息通讯处所取得MAX1000视频矩阵合同，全运会安保处并没有盖章，也未给甲智能工程公司。唯一盖章的合同由省政府采购中心备档。但实际操作中对产品的约定是依照前期MAX1000视频矩阵合同达成的协议履行。另总合同中还包括市公安局矩阵扩容设备一套，由甲智能工程公司提供，用于市公安局图像系统的扩容，其中含有与全体中心MAX1000视频矩阵相同的MX-832L视频输入卡、视频输出卡等，合同约定品牌为“××”，产地澳洲。该系统报价含在180万元总合同中，不包括在38万元的MAX1000视频矩阵报价内。

当天上午执法人员从省公安厅处对相关的合同、投标文件、验收清单、报关单据进行了复印，现场发现报关单据中缺少MAX1000视频矩阵主要部件HMX-832L视频输入卡的报关单据。

9月28日下午，在有关当事人的陪同下，执法人员对体育中心体育场的公安现场指挥部图像监控系统进行了现场检查。检查中发现，MAX1000视频矩阵主要部件27块MX-832L视频输入卡外观状况与举报人所说的情况一致。但是否为××原厂产品还需要进一步核实。执法人员对现场的设备、部件进行了拍照取证，制作了现场检查笔录，详细记录了各部件的序列号。为了保证全运会的顺利进行，知识产权局监察机构未采取强制措施，但要求甲智能公司如果需要更换相关设备部件，须及时与知识产权局联系，经局许可后方可更换。

知识产权局监察机构与乙智能公司联系，请求派技术人员前来现场鉴定。因为具体负责的技术人员在国外，一时不能到场，9月29日，乙智能公司派办事处经销人员前来配合工作，当天，执法人员协同乙公司工作人员一同前往市公安局信息通信处对该系统工程中的市局扩容设备（尚未安装）进行了现场检查，该扩容设备中包括4块与体育中心相同的MX-832L视频输入卡。监察执法人员对现场设备进行了拍照取证，制作了现场检查笔录。乙智能公司人员把相关照片（包括28日执法人员在体育中心拍摄的照片）带回公司，请相关技术人员进行初步鉴定。10月8日，乙智能公司书面鉴定答复：在体育中心的27块频输入卡不是其公司及其关联企业产品（因疏忽未对市公安局扩容用的4块板卡进行书面鉴定）。

200×年9月30日执法人员依法向甲甲智能公司送达了询问通知书（传真送达），要求甲智能公司公司派人前往局接受询问，询问通知书要求其公司来人同时提供该批MAX1000视频矩阵的报关单据及进货凭据，10月9日，甲智能公司委托人到监察机构接受询问。对知识产权局两次检查情况及所拍照片进行了确认，但对知识产权监察机构要求其提供的报关单据进货发票并没有提供。执法人员要求其继续提供相关单据，并告知在事情未调查清楚之前，对该系统工程的相关设备不得擅自转移或更换，如全运会需要更换须经知识产权局许可。但之后甲智能公司始终不来人接受调查，也不提供相关单据，或言出差或者电话关机。10月13日，知识产权局依法向当事人送达了限期提供材料通知书（传真送达）。当事人未予理睬。其间省公安厅信息通信处也发函要求甲智能公司对其擅自使用假冒的视频输入卡的行为作出解释，甲智能公司在回复中声称因工期紧张临时使用了替代品。

200×年10月18日乙公司专家鉴定小组成员来现场，在执法人员陪同下，前往体育中心对图像监控系统进行现场鉴定，当事人在场。现场发现27块MX-832视频输入卡已被擅自更换，除少一序列号外，其余序列号与9月28日第一次现场检查时的序列号相同（此序列号为甲智能工程公司自编序列号），被更换的新卡背面有××公司出厂时的印刷序列号（原先卡上无此序列号），同时视频输入卡上的铭文字样及电容色样、背面标记与原卡明显不同。经询问，当事人承认已更换了27块视频输入卡，声称是公司要求更换的，更换下来的板卡已经发回总公司，但具体更换时间说不清楚了。省公安厅同志亦表示对甲智能工程公司擅自更换视频输入卡的行为不知情。执法人员对现场进行了拍照，所有情况记录在案。随即，执法人员和乙公司鉴定小组前往市公安局，在市公安局传达室门口对市局的扩容设备进行了现场鉴定。该设备中的4块MX-832L视频输入卡未被更换，与知识产权局9月29日现场检查时的产品为同一产品，现场进行了拍照取证。鉴定结论由乙公司人员回公司后书面函复。为防止此4块MX-832L视频输入卡再被更换，知识产权局于10月20日请公证处对此4块MX-832L视频输入卡进行了证据保全公证。

200×年 10 月 27 日乙公司书面鉴定结论表明：被更换掉的 27 块及市局扩容的 4 块 MX-832L 视频输入卡均不是其公司及其关联企业产品。

对于甲智能公司擅自更换 27 块视频输入卡，企图逃避其法律责任的行为，10 月 20 日，监察机构依法向甲智能工程公司送达（传真并邮寄）了“责令限期改正通知书”，要求其主动接受调查，并将擅自更换下来的 27 块 MX-832 视频输入卡交出由知识产权局依法扣留，甲智能公司对此依然不予理睬。

200×年 11 月 28 日，知识产权局依法向甲智能公司送达了“责令限期接受调查处理通知书”，向具体经办当事人送达了“询问通知书”。11 月 29 日，当事人到知识产权局接受调查。11 月 30 日，甲智能公司传真知识产权局函称，申请调查延期至 12 月 12 日，以便其提供充分材料。但直到 12 月 20 日，甲智能公司的委托人才来到知识产权局接受调查，仍未按要求提供材料，但对原先使用的 MX-832L 视频输入卡是自己生产的替代品，非乙智能公司产品以及擅自更换的情况予以确认。

在此期间，知识产权局监察机构人员进行了大量调查取证工作，取得了具体负责此项工程的省公安厅信通处、市公安局信通处的同志的情况说明；从省级行政机关政府采购中心取得了全部合同文本；从全运会组委会安全保卫部取得了甲智能公司结算该项工程的发票及付款凭证。

200×年 3 月 1 日，甲智能公司提供了 MX-832L 视频输入卡的中标成交价，MAX1000 视频矩阵的成交价明细清单，MX-832L 视频输入卡的实际销价为 3 625 元/块。经查，该批 MAX1000 视频矩阵部件分批到货，一次是 8 月 20 日到了 11 个部件（含 27 块非乙公司生产的 MX-832L 视频输入卡），8 月 27 日到了 2 个部件，在体育中心体育场公安现场指挥部监控系统矩阵设备验收清单上由 BK 公司代表人和公安、安保部代表人签字验收。当事人承认其未经用户同意，使用了自己生产的 MX-832L 视频输入卡共计 31 块。当事人在 MAX1000 视频矩阵（品牌：××）中使用自己的板卡也未经乙智能公司（××）许可。整个系统货款 180 万元，依照总合同约定已付款 30%，即 54 万元，划款时间 9 月 7 日。发票都已开出，开票日期为 8 月 30 日，分 3 张发票，共计 180 万元。

“××”是乙智能公司在中国的注册商标，商标注册证号：14××××××53，核定使用商品为第九类，具体包括“……数据整理系统，数据整理仪器，数据整理设备，数据整理部件、元件、器件，计算和控制器及设备，输入装置，输出装置及有关零件、器件，用于数据处理装置和计算机和输入/输出装置的安装和维修保养设备，即磁带驱动物件、磁盘驱动物件、键盘、打字机和键盘穿孔机元件。”依法享有注册商标专用权。“××”注册商标于 2004 年 11 月 15 日由该市中级人民法民事判决书认定为驰名商标。

**【定性依据】**《商标法实施条例》第 3 条规定：“商标法和本条例所称商标的使用，包括将商标用于商品、商品包装或者容器以及商品交易文书上，或者将商标用于广告宣传、展览以及其他商业活动中。”由此可见，商标法意义上的商标使用行为与仅使用商标图样的行为是不同概念，商标的作用是通过商标使用来标识商品的服务或者来源，区分在同种商品或类似商品上不同的生产者或服务的提供者，商标代表了不同企业的信誉和产品质量。当事人在投标文件、政府采购合同中约定 MAX1000 视频矩阵一套，总价 380 000 元，其中 MX-832L 视频输入卡 27 块，单价为 4 625 元，合计 124 875 元，品牌“××”，产地澳洲；市局矩阵扩容一套，总价 105 000 元（最后成交价 77 973 元），其中 MX-832L 视频输入卡 4 块，单价为 4 625 元，合计 18 500 元，品牌“××”，产地澳洲。同时当事人在合同中承诺：“1. 我方保证货物是全新、未使用过的原厂原装合格正品（含配件），进口产品保证通过正规合法渠道。2. 我方保证提供的产品不得侵犯第三方专利权、商标权和工业设计权、版权等。否则，我方应负责全部责任，并承担由此引起的一切后果。”（MX-832L 视频输入卡的实际销价为 3 625 元/块）

但事实上，当事人在履行合同时，对 MAX1000 视频矩阵及市公安局矩阵扩容设备中的关键部件 MX-832L 视频输入卡未按要求提供乙公司原厂产品，而用自己生产的实验品替代，于 200×年 8 月 20 日、8 月 27 日分两次交付，验收清单标明品牌“××”，产地澳洲，并于 200×年 8 月 30 日向全运会组委会开具结算发票三张（发票号码：00012×××；00012×××；00012×××），共计 180 万元。当事人于 200×年 9 月 7 日获得 30%的设备款 54 万元。

当事人未经商标权人许可，在其销售的“××”品牌的 MAX1000 视频矩阵及市局矩阵扩容设备中，以非“××”的 MX-832L 视频输入卡冒充“××”产品，其结果割断了商标跟特定商品的真实联系，使商标的区分功能丧失，直接损害了商标权人的经济利益，也影响“××”在行业内的品牌信誉，在 MAX1000 视频矩阵及××市局矩阵扩容设备中使用非“××”的 MX-832L 视频输入卡的行为，严重侵害了商标权人的利益。

综上所述，当事人的行为构成了《商标法》第 52 条第（一）项所指行为，属于未经商标注册人许可，在同一种商品或者类似商品上使用与其注册商标相同的商标的侵犯注册商标专用权的行为。

非法经营额计算：当事人销售 MAX1000 视频矩阵中 MX-832L 视频输入卡 27 块，南京市局矩阵扩容设备中的 MX-832L 视频输入卡 4 块，共计 31 块，实际成交的销售单价为 3 625 元/块，合计 112 375 元，当事人侵犯“××”注册商标专用权的非法经营额合计为 112 375 元。

**【行政处罚】**根据《商标法》第 53 条和《商标法实施条例》第 52 条之规定，参照《某省工商行政管理机关行政处罚自由裁量权适用规则》第 14 条、《某省工商行政管理机关行政处罚自由裁量权参照执行标准》第 122 条的规定，鉴于当事人侵犯“××”注册商标专用权的行为只体现在商品交易文书上，而商品（MX-832L 视频输入卡）上未标注“××”商标，不符合侵权商品应具有的特征，故不作没收处理。建议对当事人作出如下决定：1. 责令改正；2. 罚款人民币 200 000 元整，上缴国库。

**【刑事追究】**涉嫌犯罪移送公安机关。根据最高人民法院、最高人民检察院《关于办理侵犯知识产权刑事案件具体应用法律若干问题的解释》（法释[2004]19 号）第 1 条：“未经注册商标所有人许可，在同一种商品上使用与其注册商标相同的商标，具有下列情形之一的，属于刑法第 213 条规定的情节严重，应当以假冒注册商标罪判处三年以下有期徒刑或者拘役，并处或者单处罚金：（一）非法经营数额在五万元以上或者违法所得数额在三万元以上的；……”的规定，当事人侵犯“××”注册商标专用权的非法经营额为 112 375 元，数额已达到移送标准，建议移送公安机关作进一步处理。

**【案例点评】**本案当事人由于违反《商标法》与《刑法》的规定，涉嫌犯罪移送公安机关处理。在此，关于商标侵权的刑事责任问题需讨论如下：

一、关于商标侵权罪。2001 年版《商标法》第 59 条规定：“未经商标注册人许可，在同一种商品上使用与其注册商标相同的商标，构成犯罪的，除赔偿被侵权人的损失外，要依法追究刑事责任。伪造、擅自制造他人注册商标标识或者销售伪造、擅自制造的注册商标标识，构成犯罪的，除赔偿被侵权人的损失外，依法追究刑事责任。销售明知是假冒注册商标的商品，构成犯罪的，除赔偿被侵权人的损失外，依法追究刑事责任。”在《中华人民共和国刑法》分则第三章“破坏社会主义市场经济秩序罪”第七节“侵犯知识产权罪”中确定了三种侵犯商标权罪。

（一）假冒注册商标罪。《中华人民共和国刑法》第 213 条规定，假冒商标罪是：未经注册商标所有人许可，在同一种商品上使用与其注册商标相同的商标，情节严重或特别严重的。构成犯罪有以下几个要件：

1. 行为人在主观上具有犯罪故意，即有假冒他人注册商标以非法牟利，或破坏他人商标信誉，或者谋取其他利益的目的。行为人因工作失误而错用他人注册商标，主观上没有犯罪故意，不构成犯罪。

2. 行为人客观上有未经注册商标所有人许可，在同一种商标上使用与他人注册商标相同商标的行为。行为人使用的商标与他人注册商标完全相同，而且在同一种商品上使用。如果是在同一种商品上使用与他人注册商标近似的商标，或者在类似商品上使用与他人注册商标相同的商标，均不构成犯罪，而属于商标侵权违法行为。

3. 假冒他人注册商标情节严重的，才构成犯罪。例如，假冒产品造成人身伤害甚至危及生命的；假冒数量大、次数多、持续时间长、牟取非法利润较大或手段恶劣的；假冒行为造成了严重的国际、国内影响的等。如果假冒情节不严重，则只属于一般商标侵权行为。

（二）销售假冒注册商标商品罪。《中华人民共和国刑法》第 214 条规定该罪为：销售明知是假冒注册商标的商品，销售金额数额较大或巨大的。销售假冒注册商标商品罪在犯罪构成上有以下几个要件：

1. 行为人在主观上具有犯罪故意；

2. 行为人在客观上有销售明知是假冒注册商标商品的行为；

3. 销售金额数额较大的。

上述要件中所说的“销售”，既包括批发、零售，也包括代售。“假冒注册商标商品”

是指假冒他人已经注册的商标商品。如果商品上使用的商标还未有人注册，而冒充已经注册的商标在商品上使用，行为人尽管对此明知又销售，也不构成犯罪，而属于违反商标管理的违法行为。“销售金额数额较大的”，这是区分罪与非罪的重要界限。如果销售金额不大，构不成犯罪，属于一般商标侵权，只追究民事责任。

上述假冒注册商标罪和销售假冒商标商品罪易与生产销售伪劣商品罪混淆。区别在于：如果行为人生产、经营或销售的商品属合格产品，只是使用了他人的注册商标，则构成假冒注册商标罪或销售假冒注册商标商品罪。如果行为人生产、经营或销售的商品本身就不合格，属残次废品，而冒充合格产品，又使用了他人注册商标，则应以生产、销售伪劣商品罪定罪。

（三）非法制造、销售他人注册商标标识罪。《中华人民共和国刑法》第215条规定该罪为：伪造、擅自制造他人注册商标标识，情节严重或特别严重的。该罪由以下几个要件构成：

1. 行为人主观上有犯罪故意，即明知是他人注册商标标识而仍非法制造或销售；

2. 行为人客观上有伪造、擅自制造他人注册商标标识或销售伪造、擅自制造他人注册商标标识的行为；

3. 情节严重或特别严重。

上述后两种犯罪与前一种联系紧密，有时就把它们统称为假冒商标罪。

二、商标侵权犯罪的刑事责任。标侵权构成犯罪的，除赔偿侵权人的损失外，由司法机关依法追究刑事责任。依照我国《商标法实施细则》第45条规定，对假冒他人注册商标的，任何人都可以向工商行政管理机关或检查机关控告和检举；构成犯罪的，由司法机关追究刑事责任。

随着我国改革开放的深化，许多企业创造出自己的驰名商标，国外的驰名商标在我国市场上也越来越多。与此同时，商标侵权活动日趋猖獗，构成犯罪的大案、要案日益增加。专门从事非法印制商标、制造假冒他人注册商标的劣质产品、推销他人注册商标商品等作案人员相互勾结，严重破坏商标管理秩序，侵犯商标专用权，坑害消费者，扰乱市场。商标侵权犯罪猖獗的原因之一就是缺乏法律手段，不能进行严厉制裁。因此，我国在修改后的《商标法》、《关于惩治假冒注册商标犯罪的补充规定》，特别是新的《中华人民共和国刑法》中，扩大了假冒注册商标犯罪的行为主体；加大了注册商标的保护力度；增加了有关法人犯假冒注册商标罪的规定，加重了对商标侵权犯罪的刑事处罚；规定了追究国家工作人员在处理上述三种商标侵权犯罪案时徇私舞弊的刑事责任。

（一）假冒注册商标罪的刑事责任。假冒他人注册商标情节严重的，处三年以下有期徒刑或者拘役，并处或单处罚金；情节特别严重的，处三年以上七年以下有期徒刑，并处罚金。

（二）销售假冒注册商标商品的刑事责任。销售假冒他人商标商品金额较大的，处三年以下有期徒刑或拘役，并处或者单处罚金；销售金额数额巨大的，处三年以上七年以下有期徒刑，并处罚金。

（三）非法制造、销售他人注册商标标识罪的刑事责任。非法制造、销售他人注册商标标识，情节严重的，处三年以下有期徒刑、拘役或者管制，并处或单处罚金；情节特别严重的，处三年以上七年以下有期徒刑，并处罚金。

（四）企业事业单位犯罪的刑事责任。企业事业单位犯前面三种罪的，对单位判处罚金，并对直接负责的主管人员和其他直接责任人员依照上面规定追究刑事责任。“直接负责的主管人员”和“其他直接责任人员”是指商标侵权犯罪活动的策划者、组织者、指挥者和主要实施者。

（五）国家工作人员犯罪的刑事责任。国家工作人员利用职务对明知犯有上述前三种罪行的企业事业单位或个人故意包庇使其不受追诉，比照刑法有关规定追究刑事责任。

《中华人民共和国刑法》第 399 条规定，司法工作人员徇私枉法、徇情枉法，对明知是无罪的人而使他受追诉，对明知是有罪的人而故意包庇不使他受追诉，或者在刑事审判活动中故意违背事实和法律作枉法裁判的，处五年以下有期徒刑或者拘役；情节严重的，处五年以上十年以下有期徒刑；情节特别严重的，处十年以上有期徒刑。

《中华人民共和国刑法》第 397 条规定，国家机关工作人员滥用职权或者玩忽职守，致使公共财产、国家和人民利益遭受重大损失的，处三年以下有期徒刑或者拘役；情节特别严重的，处三年以上七年以下有期徒刑。

国家机关工作人员徇私舞弊，犯前款罪的，处五年以下有期徒刑或者拘役；情节特别严重的，处五年以上十年以下有期徒刑。

三、对假冒注册商标罪中的“同一种商品”如何认定？对于如何认定假冒注册商标罪中的“同一种商品”，刑法学界存在不同观点：第一种观点是“同一种商品”，是指在功能、用途、生产部门、销售渠道、消费对象等方面相同的商品，或者相关消费者一般认为相同的商品，认定时，应采用尼斯协定国际分类法并结合相关消费者对商品的一般认识进行综合判断；第二种观点是“同一种商品”应以注册商标核定使用的商品为参照商品，以《商标注册用商品和服务国际分类表》为基础，以商品的通用名称和用途作为主要标准，同时还应当参考商品的主要原料、消费对象、销售渠道等因素。本人认为，认定“同一种商品”的参照商品应当是注册商标核定使用的商品，判断待认定的商品与参照商品是否属于同一种商品应以国家法定商品分类表，即《商标注册用商品和服务国际分类表》为标准，理由如下：

（一）判断同一种商品要确定同一种商品的参照商品。《商标法》明确规定，注册商标专用权，以核准注册的商标和核定使用的商品为限。因此，判断同一种商品首先要以注册商标核定使用的商品为参照商品。

（二）判断待认定商品与参照商品是否属于同一种商品应采用国家法定商品分类表，也就是尼斯协定分类法为标准，即我国加入尼斯协定后通用的《商标注册用商品和服务国际分类表》为标准。

（三）以消费者对商品的一般认识为标准或以尼斯分类法为基础，参考其他因素的综合标准。有专家认为，《商标注册用商品和服务国际分类表》作为商标注册商品标准，正是为了区别不同种类的商品而制定的，作为一种规范，其必然是以平常人的一般经验法则作为确定此类与彼类界线的依据，而消费者对商品的一般认知经验是以消费者作为一个正常人或普通人为规范评价对象的。因而，消费者对商品的一般认知经验与制定该规范界限时所依据的平常人的一般认知经验应当是相同的。换言之，如消费者是规范所设定的平常人，以《商标注册用商品和服务国际分类表》为标准和以消费者一般认知经验为标准其实是同一种判断方法，都是以一般认知经验为标准的，只是前者通过规范规定得客观、明确、直接，后者主观、不易确定且复杂多变，所以应以前者为标准更科学。

**【案例 13.4】类似商品侵犯商誉，假冒商标被判侵权**

**【案情摘要】**甲智能科技公司为“××”图形注册商标的注册商标权利人，核定使用商品第9类：电线圈；印刷电路；集成电路块；传感器；控制板（电）；升降机操作装置；用于计算机操作仪器的机械装置；工业操作遥控电器设备；电子防盗装置；防盗报警器。同时也是“YIYUAN”文字注册商标的注册权利人，核定使用商品第9类：印刷电路；集成电路；传感器；控制板（电）；升降机操作装置；用于计算机操作仪器的机械装置；电子防盗装置；防盗报警器；工业操作遥控电器设备；铁道岔遥控电力设备；网络通讯设备；信号遥控电子启动设备；智能卡（集成电路卡）；计算机程序（可下载软件）；考勤机；投币启动的停车场门。

200×年11月，案外人房地产公司与电子信息公司签订《青城项目一期弱电智能化系统工程合同书》，约定由电子信息公司完成该承包工程的弱电智能化系统工程设计、设备供应、安装、调试及保养。弱电系统工程设计、安装、调试的子项目范围包括一卡通停车管理系统。该合同附件中《一卡通车库管理系统报价表》载明该系统合价为人民币301 901.26元。《工程合同》签订后，电子信息公司与乙智能科技公司签订《IC卡智能管理系统供货合同》，双方商定就××项目，电子信息公司向被告购买智能停车管理设备，合同中确定的规格型号等明细报价表中，大部分设备品牌为“××”，合同优惠总金额人民币186 000元。

期间徐某是甲智能科技公司职工，不久，徐某向甲智能科技公司提出离职申请，并经甲智能科技公司审批同意其离职。此后甲智能科技公司发现房地产公司开发的××项目小区安装的智能管理系统出入道口设备面板上使用了与其注册商标相同的图形作为商品的标识。经比对，在甲智能科技公司提供涉案侵权产品的面板上使用的商品标识图形与原告注册商标图形相同。甲智能科技公司认为其侵犯了其注册商标权，遂向法院提起诉讼。

另查明，乙智能科技公司成立于200×年11月23日，经营范围为智能设备的开发，楼宇智能化系统设备的安装、调试、维修，电子、计算机软件硬件领域内的技术开发、技术咨询。电脑软硬件及配件，电脑耗材，电子产品，机电设备批发零售。

**【法院审理】**法院认为：原告甲智能科技公司经过国家商标局核准取得“××”图形商标、且在有效期内，原告在核定使用商品上对该注册商标享有商标专用权，应受法律保护。根据我国《商标法》规定，未经商标注册人的许可，在同一种商品或者类似商品上使用其与注册商标相同或者近似的商标的，该行为属于侵犯注册商标专用权。本案中，依据查明的事实，被告乙智能科技公司在其生产、销售的涉案侵权产品上使用了与原告甲智能科技公司享有注册商标专用权的商标相同图形作为商品的主要标识。被告乙智能科技公司虽然辩称其与原告是代理关系，但未提供充分的证据证明双方的代理关系和产品的来源，故该院对被告的辩解不予采纳。

该院认为，涉案侵权产品“智能管理系统出入道口设备面板”与原告注册商标核定使用的商品分类中用于“计算机操作仪器的机械装置”是类似商品，被告在类似商品上使用与原告注册商标相同的图形作为商标进行使用，足以造成相关公众对产品的误认，属于侵犯注册商标专用权的行为，故应当承担停止侵权、赔偿损失的民事责任。

关于赔偿额，原告以其实际损失及被告实际销售数量及侵权获利均不能确定为由，主张法院酌定赔偿数额。该院认为，结合被告对“××”图形的使用情况，被告混淆商品来源的主观意图较为明显，具有主观过错，同时考虑被告销售价格、侵权后果及权利人为制止侵权行为的合理开支等因素，该院酌定被告应当承担的赔偿数额。此外，关于原告要求被告登报消除影响的请求，由于原告未提供证据材料证明对该商标侵权行为造成影响范围、程度的具体情况，故该院对此项诉讼请求不予支持。

**【一审判决】**法院依照《民法通则》第118条，《商标法》第52条第一款第（一）项，第56条第一款、第二款之规定，判决：

1. 被告于判决生效之日起立即停止侵犯原告享有的“××”图形商标的注册商标专用权；2.被告应于判决生效之日起10日内赔偿原告经济损失及合理费用人民币8万元；3. 驳回原告的其余诉讼请求。案件受理费人民币3 825元，由原告负担人民币1 045元，被告负担人民币2 780元。

**【二审诉辩】**乙智能科技公司不服一审判决，提出上诉，请求撤销原判，依法改判。乙智能科技公司上诉认为，一审判决在事实认定、适用程序上存在以下主要错误：

1. 一审判决认定涉案产品与被上诉人的产品是类似商品，与事实不符。上诉人无生产能力，亦未委托他人生产，凡标明××品牌的产品均出自被上诉人。上诉人从被上诉人、其代理商及某些终端客户处购买且支付了合理对价，获得了该商品的合法所有权。商标权利搭载于商品，上诉人获得了被上诉人的商标使用许可。

2. 涉案产品是被上诉人的早期产品，是尚未定型的非标产品。如面板上是否标明企业名称，经常不固定，面板上使用的文字、图形、是否使用显示屏功能等也通常根据项目定制，加工的工艺亦通过手工焊接配合简易折板机制作而成，外观尺寸也是每个批次有所差异，即便是被上诉人最新开模注塑，外观相对一致的商品也是根据客户的要求选配功能，也会有型号一致而外观不一致的现象。一审法院不能据此认定涉案产品与被上诉人的商品不相同。

3. 一审判决认定上诉人存在混淆商品来源的主观意图，与事实不符。上诉人在项目期间通过正常合法交易购入××品牌的商品，显然被用于该项目。合法的买卖行为偶有发票遗失，合同、票据经几年的周转，未能即时找全，被上诉人通过现金交易未出具发票亦是常有的事。一审法院不能据此认为上诉人混淆商品来源。

4. 一审对上诉人的质证过程未予注意，上诉人不只对被上诉人证据 4 的真实性有异议；另外，一审中举证责任分配存在错误。被上诉人未举证上诉人的产品与之不同。上诉人作为被告无须举证产品来源。被上诉人对证据 1、3 的真实性无异议，如被上诉人认为用途不清，应举证。

5. 被上诉人、房地产置业公司、电子信息公司是共同利益体：（1）被上诉人以现在的设备换回旧设备，在周边树立新形象，电路板可再利用，并可利用案件恶意打击竞争对手；（2）房地产置业公司可免费获得新的产品，提高小区形象；（3）电子信息公司可更换新产品获得房地产置业公司的好感，提升本来与房地产置业公司的僵化关系，有助于收款，还可在本诉讼结束后获利。上述三家公司不能作为涉案产品封存的证人，有串通嫌疑。

6. 被上诉人因其业务三部经理徐某辞职离开后，准备××代理事宜，其间与被上诉人的交易不顺心，故未成为被上诉人的××地区代理商，反而成了被上诉人的竞争对手。被上诉人通过挖走上诉人公司销售部经理王某和较为资深的员工，知道本次案件中上诉人的经办人已离开本地，上诉人不易找全相关证据，多次起诉上诉人，干扰其正常经营；通过向招标单位经办人恶意出示法院起诉状，影响上诉人在客户中的声誉；多次撤诉又起诉，聘请两名资深律师常年打官司。

被上诉人在市第一中级人民法院起诉上诉人后，又和两名律师约上诉人庭外和解，以撤诉为条件，诱导上诉人与其签订协议，又以备忘录为饵，诱上诉人出具在××路营业的证明，将案件转向新区法院，再次起诉，为的是让原本与事实不是很吻合的协议经过法院的程序后，作为继续打官司的理由和证据。被上诉人是为打击市场竞争对手而进行恶意诉讼。

被上诉人甲智能科技公司答辩认为：

1. 一审判决认定事实正确

（1）一审判决认定涉案产品与甲智能科技公司的产品是类似商品符合最高人民法院的司法解释。

（2）一审判决认定上诉人侵犯被上诉人注册商标专用权正确。上诉人未经被上诉人许可，在其销售的涉案产品上使用了与被上诉人注册商标相同的图形作为商标进行使用，足以造成相关公众对产品的误认，其行为已构成侵犯注册商标专用权。上诉人的法定代表人喻某和徐某既是夫妻，亦都曾是被上诉人的员工。徐某在与电子信息公司签订涉案产品合同及涉案产品安装期间，还在被上诉人处工作，将本属于被上诉人的业务项目揽到上诉人公司处，谋取私利，并冒充被上诉人的产品，私自使用被上诉人享有注册商标专用权的商标，侵权的主观恶意非常恶劣。

（3）一审判决认定上诉人涉案产品无合法来源，混淆商品来源的主观意图是正确的。上诉人声称涉案产品系通过合法渠道购买，但未提供确实充分的证据予以证明。上诉人称“发票遗失”、“票据经几年的周转，未能即时找全”并无依据。

2. 一审判决在举证责任分配上符合法律规定

被上诉人证明涉案产品系上诉人销售给电子信息公司，电子信息公司销售给房地产公司，亦证明了上诉人在涉案产品上使用了与被上诉人享有注册商标专用权相同的商标，故被上诉人主张上诉人侵权的举证责任已经完成。根据“谁主张，谁举证”的原则，上诉人主张涉案产品来源合法，应提供确实充分的证据予以证明。涉案产品与被上诉人的产品在外观上是否完全相同，并不影响上诉人侵权性质的认定。

3. 被上诉人对涉案产品使用的商标享有专用权，电子信息公司是销售商，房地产公司是用户，由这三家单位对涉案产品的部件进行封存，并在封条上盖章，目的是为了证明证据的来源，其行为无可质疑。

**【二审审理】**本院认为，被上诉人的涉案注册商标合法有效，依法应受法律保护。一审判决依据注册商标核定使用的商品分类内容认定被控侵权产品与被上诉人的产品是类似商品并无不当。上诉人主张被控侵权产品为被上诉人早期产品，被上诉人予以否认，上诉人提交的证据尚不足以证明被控侵权产品系被上诉人生产。故上诉人主张其获得了商品的合法所有权即获得了被上诉人的商标使用许可的观点，依法不能成立。上诉人未证明其销售的产品上使用涉案商标已经被上诉人的许可，其依法应当承担侵权赔偿责任。被控侵权产品的商标标识与被上诉人的注册商标相同，容易在消费者中间造成混淆，上诉人认为一审认定其存在混淆商品来源的主观意图与事实不符的观点缺乏依据，本院不予支持。

一审庭审笔录记载，上诉人对于被上诉人一审提交的证据4的真实性提出异议，对其他证据的真实性并未表示异议。上诉人认为一审对其质证过程未予注意、被上诉人应举证证明上诉人的产品与之不同及说明上诉人提交的证据 1、3 用途的观点缺乏事实与法律依据，本院不予支持。上诉人主张被上诉人与房地产置业公司、电子信息公司是共同利益体，不能作为涉案产品封存的证人，有串通嫌疑以及被上诉人干扰其正常经营，影响其在客户中的声誉，进行恶意诉讼的观点并无证据佐证，法院依法不予采信。

**【二审判决】**二审法院认为，原审判决认定事实清楚，适用法律正确，审判程序合法。上诉人乙智能科技公司的上诉请求与理由没有事实和法律依据，应予驳回。依照《民事诉讼法》第153条第一款第（一）项、第158条之规定，判决如下：驳回上诉，维持原判。二审案件受理费人民币1 800元，由上诉人乙智能科技公司负担。本判决为终审判决。

**【案例点评】**本案是一起发生在智能建筑行业的未经权利人允许，在类似商品上使用与注册商标相同的商标纠纷案。2001年《商标法》第52条规定，未经商标注册人的许可，在同一种商品或者类似商品上使用与其注册商标相同或者近似的商标的，属商标侵权行为。其具体表现形式不外乎以下几种情况：

1. 在同一种商品上使用与他人的注册商标相同的商标；即简称同一商品/相同商标；

2. 在同一种商品上使用与他人的注册商标近似的商标；即简称同一商品/近似商标；

3. 在类似商品上使用与他人的注册商标相同的商标；即简称类似商品/相同商标；

4. 在类似商品上使用与他人的注册商标近似的商标。即简称类似商品/近似商标。

实施此种行为，无论是出于故意还是过失都会造成商品出处的混淆，使消费者发生误认误购，从而损害到商标注册人的合法权益和消费者的利益，因此是一种典型的商标侵权行为。商标注册人有权阻止这种非法使用，法律也必须对这种侵犯注册商标专用权的行为明令禁止，并依法追究违法者的法律责任。本案纠纷属于上述类别的第三种情况，类似商品使用他人注册相同的商标。

那么，“类似商品”在民事纠纷中如何判断呢？《最高人民法院关于审理商标民事纠纷案件适用法律若干问题的解释》（法释[2002]32 号）第 11 条第一款规定：“商标法第 52 条第（一）项规定的类似商品，是指在功能、用途、生产部门、销售渠道、消费对象等方面相同，或者相关公众一般认为其存在特定联系、容易造成混淆的商品。”认定商品是否类似，应当以相关公众对商品的一般认识综合判断，既要参考《类似商品和服务区分表》，又要对相关商品在功能、用途、生产部门、销售渠道、消费对象等方面是否相同或相近作出判断。但是，类似商品的认定，并非作相关商品物理属性的纯粹客观比较，而主要考虑商标能否共存，能否有效避免商品来源混淆。本案中涉案侵权产品“智能管理系统出入道口设备面板”与原告注册商标核定使用的商品分类中用于“计算机操作仪器的机械装置”属于类似商品，被告在类似商品上使用与原告注册商标相同的图形作为商标进行使用，足以造成相关公众对产品的误认，属于侵犯注册商标专用权的行为，故应当承担停止侵权、赔偿损失的民事责任。

# 第3篇

# 管理篇

# 第 14 章　企业知识产权管理体系构建

建设企业对知识产权的管理是一项综合性、系统性的工程，管理内容涉及竞争情报、专利、商业秘密、商标、版权、域名、知识产权贸易、知识产权诉讼等各个方面，需要协调技术研发、市场销售、人力资源管理、流程运作等多个管理层面。从根本上讲，企业知识产权管理体系属于企业管理体系的一部分，但与人力资源管理、财务管理、销售管理以及开发管理等相比，知识产权管理具有其独有的特点。完整的知识产权管理体系包括管理模式的选择、管理部门的建设、管理人员的配置以及管理制度、管理措施的制定与落实等方面，以对企业形成全局性、多层次和立体化的保护，实现通过知识产权经营为企业创利的管理目标。

## 14.1　国家对企业的要求与意义

### 14.1.1　国家对企业的要求

早在 2002 年由科技部和财政部共同上报国务院的《关于国家科研计划项目研究成果知识产权管理的若干规定》(国办发[2002]30 号)。该文件明确了国家科研计划项目研究成果的知识产权归属，提出了对计划项目知识产权管理和保护的要求，对于促进我国科研计划项目实施中大幅度增加自主知识产权产出量，具有重要的推动作用。

2008 年 6 月，国家正式颁布《国家知识产权战略纲要》(国发[2008]18 号)，纲要明确指出，“实施国家知识产权战略，要坚持以邓小平理论和‘三个代表’重要思想为指导，深入贯彻落实科学发展观，按照激励创造、有效运用、依法保护、科学管理的方针，着力完善知识产权制度，积极营造良好的知识产权法治环境、市场环境、文化环境，大幅度提升我国知识产权创造、运用、保护和管理能力，为建设创新型国家和全面建设小康社会提供强有力支撑。”纲要对知识产权战略意义、指导思想和战略目标、战略重点、专项任务、战略措施进行了明确阐述。

2013 年 3 月 1 日发布《企业知识产权管理规范》(GB/T 29490—2013)。该标准是基于过程方法的企业知识产权管理模型，能够有效指导企业策划、实施、检查、改进知识产权管理体系。根据《2013 年全国专利事业发展战略推进计划》的工作部署，国家知识产权局决定启动企业知识产权管理标准推行工作，目的是引导和支持企业推行实施国家标准，全面提升我国企业知识产权管理能力。

在 2012 年 11 月 13 日，浙江省知识产权局联合省经信委等有关部门在杭州组织召开国家企业知识产权管理标准试点工作中期推进会，此次国家贯标浙江试点任务涉及全省 10 个大市、31 个县（市、区）、70 家企业及 7 家中介机构，参与试点各方配合有序，积极投入其中，工作各有侧重，贯标进度安排合理，呈现出全面铺开、稳步推进的态势。目前，浙江提前超额完成了国家试点要求的百名贯标人员上岗资质任务。以新安化工有限公司等代表的 70 家参与贯标试点企业已全部完成了知识产权管理体系企情诊断，其中，1/3 企业开始了知识产权管理标准新体系的实施运行，1/3 企业发布了《知识产权管理手册》，1/3 企业正着手梳理编制管理手册，企业贯标工作取得了阶段性成果。

### 14.1.2 实施战略重大意义

#### 1. 企业战略的内涵

企业知识产权战略是企业战略的重要组成部分，也是知识产权战略的重要组成部分，属于企业战略与知识产权战略的交叉领域。其基本含义是，企业为获得并保持市场竞争优势，运用知识产权制度提供的保护手段，获取最佳经济效益的总体性谋划，其本质是企业运用知识产权及其制度的特点去寻求市场竞争有利地位的总体性谋划和采取的一系列策略与手段，是利用知识产权取得竞争优势的策略、措施和手段。当然，关于企业知识产权战略，还可以从动态层面理解，即由企业知识产权战略规划、战略执行和战略评估与控制组成的开放系统。从这个意义上讲，企业知识产权战略可以被理解为“为实现自身总体目标，取得竞争优势、谋求最佳绩效，通过规划、执行和评估一系列战略措施以推进与己有关的知识产权工作，发挥知识产权管理、创造、保护和运用中的正效应，遏制其负效应的总体性、根本性和规律性的策略和手段。”

#### 2. 实施战略的重大意义

从理论上说，知识产权可以帮助企业获得与维持市场竞争优势，这是企业实施知识产权战略的根本原因。不过，我国企业实施知识产权战略的重大意义首先是由我国企业的现实情况所决定的。

1）我国企业知识产权战略目前存在的诸多问题是知识产权战略实施的现实原因

我国企业在知识产权战略方面仍然存在的很多问题，既是对我国企业知识产权工作现状的反映，也是企业需要实施知识产权战略的现实原因。企业实施知识产权战略的重要目的，就是要大大改善企业知识产权工作不力的状况，充分运用知识产权制度促进企业自主创新，促进自主知识产权的形成和运用。

从企业知识产权战略现状看，我国企业主要存在以下值得重视的问题：

一是很多企业缺乏知识产权战略意识，对知识产权工作还停留在保护层面，甚至连基本的保护观念也不够。这些问题反映在很多企业缺乏基本的知识产权管理制度、专业人员和机构等方面。目前公开的很多调查资料表明，大部分企业都没有设立专门的知识产权管理部门；即使有的设立了知识产权管理部门，也是流于形式。很多企业缺乏知识产权管理制度，即使有一些制度，也只是法律法规条文的翻版，严重缺乏针对性。

二是企业缺乏知识产权战略规划。由于很多企业缺乏知识产权战略意识，企业知识产权工作还没有上升到战略层次。调研资料表明，绝大多数企业尚未制定知识产权战略，知识产权战略规划缺位。

三是企业自主创新能力不够，研究开发投入少，自主知识产权严重缺乏。有报道称我国60%的大中型企业没有一件专利。另有资料统计，2005年，我国仅万分之三的企业拥有自主知识产权的核心技术。很多企业宁愿花大价钱做广告，而不愿花费资金和时间从事研究开发，自主创新意识严重缺乏，自主知识产权的数量和质量存在很大问题。

2）我国企业实施知识产权战略是落实国家知识产权战略的重要保障

我国国家知识产权战略纲要确立的战略目标是：到2020年，把我国建设成为知识产权创造、运用、保护和管理水平较高的国家，知识产权法治环境进一步完善，市场主体创造、运用、保护和管理知识产权的能力显著增强，知识产权意识深入人心，自主知识产权的水平和拥有量能有效支撑创新型国家建设，知识产权制度对经济发展、文化繁荣和社会建设的促进作用充分显现。国家知识产权战略这一目标的实现，当然离不开全社会各方面的巨大努力。然而，企业知识产权战略的实施情况如何，将在很大程度上决定国家知识产权战略目标实现的程度，因为企业实施知识产权战略是落实国家知识产权战略的重要保障。

一般认为，知识产权战略包括国家知识产权战略、地区和行业知识产权战略以及企事业单位知识产权战略等层次。其中国家知识产权战略、地区和行业知识产权战略及企事业单位知识产权战略分别是处于宏观、中观和微观层次的知识产权战略。这些战略形式并不是相互孤立的，而是相辅相成、紧密联系的。特别是企业知识产权战略，它是一个国家或地区知识产权战略体系的重要组成部分，也是最终实现国家、地区、行业知识产权战略的基础和保障。企业知识产权战略在国家知识产权战略体系中具有非常重要的地位。

关于企业知识产权战略在国家知识产权战略体系中的重要地位，全国人大副委员长顾秀莲出席首届中小企业专利技术产业化投融资对接会致辞时指出，在经济全球化不断加速和知识经济日益发展的国际环境下，企业自主创新和运用知识产权的能力和水平决定了企业的核心竞争力，同时也在很大程度上决定着一个国家的综合竞争力。因此，企业在知识产权战略中有着不可替代的重要地位。企业是国家知识产权战略实施的基础力量，在国家知识产权战略中处于核心位置。企业既是知识产权创造的主体，又是知识产权应用和实施的主体，还是大量知识产权的管理者和维护者。国家知识产权战略的价值最终必须由企业来实现，并且主要表现为企业的核心竞争力的增强。可见，企业在国家知识产权战略的基础性地位也决定了企业知识产权战略对落实国家知识产权战略的保障作用。

3）实施知识产权战略是其自身发展的内在需求

知识产权不仅是一种法定的垄断权，而且是市场竞争环境中企业谋取竞争优势的战略武器，是企业核心竞争力的重要组成部分。这一特点决定了企业有必要从战略高度重视知识产权的确权、保护、管理和运用，以使知识产权真正成为企业的核心竞争力和竞争优势的源泉。

在激烈的市场竞争环境下，企业知识产权战略凸显其巨大价值。企业通过启动知识产权战略工程，能够优化企业资源配置，引进现代企业管理制度，防止企业无形资产流失，充分发挥知识资源在企业发展中的重要作用。国内外成功企业的大量经验证明，企业实施知识产权战略是其增强核心竞争力和市场竞争优势的关键。例如，国外跨国公司常常利用知识产权建立和保护企业的低成本和差异化优势，这两个优势成为企业建立核心竞争力的基础。

## 14.2 知识产权管理体系的构建

### 14.2.1 过程方法管理模式

知识产权管理应该是一个动态过程，用于指导企业策划、实施和运行、评审和改进知识产权管理体系。企业知识产权管理体系作为企业管理体系的一部分，采用过程方法建立企业知识产权管理模型；与其他管理体系的过程一致，分为知识产权管理的策划、实施、检查和改进四个环节，如图 14-1 所示。

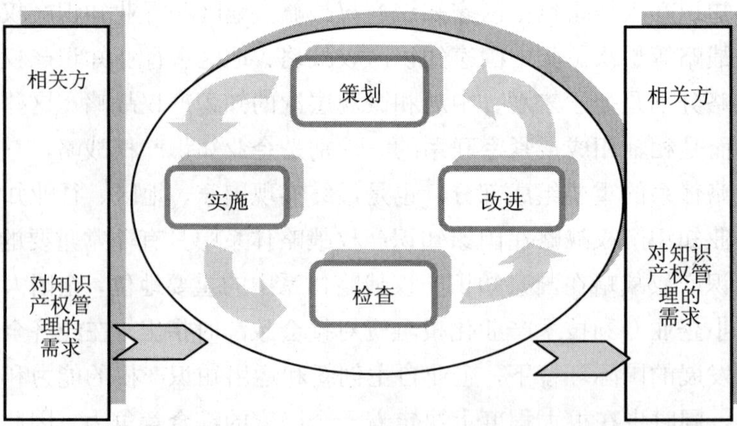


图 14-1 基于过程方法的企业知识产权管理模型

使用资源将输入转化为输出的任何一项或一组活动均可视为一个过程。通常，一个过程的输出将直接成为下一个过程的输入。知识产权管理体系作为一个整体过程，输入是企业经营发展对知识产权管理的需求，一般包括：① 及时将创新成果形成知识产权；② 有效防范知识产权市场风险；③ 有效进行知识产权监控和评估；④ 有效将知识产权转化为企业收益。

通过持续实施并改进的知识产权管理体系，可以提高企业核心竞争力，防范知识产权风险，体现在：

① 促进技术创新，保护创新成果；② 提高产品价值，强化服务质量；③ 改进竞争模式，提升企业品牌。

应鼓励采用知识产权管理体系的过程方法：① 策划。理解企业知识产权管理需求，制定知识产权方针和目标。② 实施。在企业的业务环节（产品的立项、研究开发、采购、生产、销售和售后）中实现对知识产权的获取、维护、运用和保护。③ 检查。对知识产权管理效果进行监控和评审。④ 改进。根据评审结果对知识产权管理体系进行持续改进。

### 14.2.2　企业常见管理方式

#### 1. 顾问管理方式

在企业知识产权管理事务相对比较简单的情况下，如果配置专门的管理人员，管理成本会比较大，管理效果也不见得很好。在这种情况下可以采取顾问管理方式，即对外聘请一名或者多名管理顾问，协助公司管理各种知识产权管理事务。顾问范围包括日常性咨询、员工知识产权培训、申请注册业务的处理与监控、经营业务的知识产权审查以及侵权调查与诉讼等。管理顾问一般会定时到企业处理日常性的事务，同时又要根据企业的临时需求随时保持联系。企业内部设置兼职的对口人员协助知识产权管理顾问进行工作，使顾问工作更加切合企业的实际。

管理顾问费用的结算主要有两种方式，具体由企业与管理顾问协商。一种是基本顾问服务费＋业务服务费，其中基本顾问服务费按年或者按月支付给管理顾问，用于日常性咨询、员工知识产权培训以及经营业务的知识产权审查，如业务合同的知识产权评审等常规性的顾问业务。业务服务费一般按单计费，用于专利申请、商标注册以及侵权调查与诉讼等非常规性业务，相对于常规性业务相比，非常规性业务的工作量和工作投入难以予以，因此采取按单计费的方式比较恰当，当然与其他中介结构所收取的费用相比往往比较优惠。另外一种结算方式是采取费用总包的形式，即企业按年或者按月向管理顾问支付顾问服务费用，非常规性业务不再另外计费，统一包含在顾问服务费中，在企业知识产权事务比较简单，在业务内容能够预计的情况下可以采取这种方式。

由于知识产权管理顾问往往具备企业知识产权管理的实际操作经验，很容易将其因地制宜地移植过来，与企业的实际情况相结合，就可以很好地实现企业对日常性知识产权事务的管理，满足企业的知识产权管理需求。同时，知识产权管理顾问又具备法律专业技能，可以协助企业处理大量与知识产权有关的法律问题，如拟定业务合同、参与转让、许可等商业谈判、代理侵权诉讼等事宜。这种模式的优点是企业投入的成本比较低，缺点是由于时间和精力上的限制，知识产权管理顾问在客观上难以切实了解企业的实际运作情况，容易导致提供的管理顾问服务与企业的实际需要有一定的偏差，容易流于形式。因此，随着企业对知识产权管理事务的不断增多，当顾问管理方式不再满足企业的管理需求时，企业要适时设立专门的管理部门，配置专门的管理人员实现企业自身的知识产权管理。

### 2. 集中管理方式

这种模式是国内企业常见的管理方式，即配置专门的管理人员，集中对企业的所有知识产权事务进行管理，具体包括知识产权培训，知识产权申请注册，专利、商标、版权以及商业秘密的管理，公司业务的知识产权监控与审查，知识产权转让、许可业务以及知识产权侵权调查与诉讼等。管理人员的数量因企业知识产权管理的需求而定，少则几个人，多则几十人，甚至几百人。实践中，在知识产权管理部门的设置方面，企业可以选择以下几种方式：

（1）不设置专门的管理部门，知识产权管理人员隶属于其他管理部门，如行政管理部、总裁/总经理办公室、技术管理部或者法律事务部等；

（2）设置专门的管理部门，称为知识产权办公室或者知识产权部等，由该部门统一负责企业知识产权事务的管理；

（3）设置专门的管理部门，统一负责企业知识产权事务的管理，同时在企业的各个业务部门，例如分公司、办事处、事业部等设置专职或者兼职接口人，协助知识产权管理部门进行管理。

采取集中管理方式，知识产权管理部门可以针对企业的实际情况切实、有效地对企业知识产权进行系统性、规划性的管理和保护，更能够满足企业的实际需要。但其工作效果在很大程度上取决于企业领导层对知识产权的重视程度、企业的商业目标以及市场竞争实力。如果企业领导层对知识产权作用缺乏足够的了解和充分认识，对知识产权的期望过高或者过低，或者不能将知识产权融入企业总的经营战略中，或者知识产权尚未对企业的市场竞争实力产生一定的推动时，知识产权管理往往被当成一般性的行政事务管理，导致知识产权管理工作名不符实，无法和企业的总体经营战略有效相合，游离于企业经营管理主流程之外，工作开发相当困难。

### 3. 分散管理方式

随着企业对知识产权管理需求的不断提高，知识产权管理事务越来越复杂，分工越来越细，知识产权管理与相关业务部门的结合也越来越紧密，此时如果仍然采用集中管理方式，一方面部门结构会变得很庞大，另一方面往往因为难以有效地协调公司相应的业务资源，降低了管理效率。在这种情况下，需要采取分散管理的方式，将知识产权管理进行专业划分，进一步提高每部分业务内容的管理专业性和管理有效性，例如：

（1）设置专利事务部，负责企业专利战略规划、技术情报、专利申请与维护、开发过程中的专利评审，参与专利转让、许可业务谈判以及专利侵权调查和诉讼等。

（2）设置保密事务部，负责采取各种有效措施对企业的技术、经营等商业秘密进行保护和管理，处理商业秘密侵权调查和诉讼等。特别对于 IT 企业来说，商业秘密侵权行为越来越智能化、技术化，有必要设置独立的部门应对复杂的商业秘密侵权挑战。

（3）设置许可业务部，负责知识产权许可、转让等知识产权贸易业务，当企业出现大量的知识产权许可、转让业务时，单独设立独立的部门来负责这项业务是完全有必要的。

（4）综合业务部，负责商标注册与维护、品牌管理、版权维护、经营业务的知识产权监控与审查，以及涉及商标、版权等方面的侵权调查和诉讼等，也可以将这部分业务归属到企业独立的法律事务部来处理。

分散管理方式也是在企业设置专门的部门和人员来处理企业的知识产权管理事务，但却将知识产权管理工作纳入到企业的总体经营战略当中，将知识产权作为企业提高市场竞争实力的重要手段和工具，同时可以通过知识产权许可、转让等知识产权经营活动为企业的赢利作贡献。在这种管理模式下，知识产权管理不再是一般性的事务管理，可以直接参与公司整体经营战略的制定，并发挥重要的决策作用，在一定程度上可以牵引和指导产品开发和市场销售。知识产权管理成为企业整体经营战略的重要组成部分，不但可以为企业经营保驾护航，有助于企业保持长久的市场竞争优势，又能够通过知识产权经营为企业创利。

管理方式的选择与企业规模之间没有必然联系，决定企业采取哪种知识产权管理模式的根本因素是企业的商业目标，而决定企业商业目标的根本因素是市场。因此，企业需要根据市场需求来选择相应的知识产权管理模式。能够满足所有企业需求的管理模式是不存在的，没有最好的管理模式，只有最合适的管理方式，企业在管理方式的选择上如果脱离企业实际和市场情况，盲目求大求全是不理智的。

### 14.2.3 管理内容与范围

具体来讲，企业的知识产权管理工作主要涉及如下几个方面：

#### 1. 竞争情报工作

竞争情报是指为了取得市场竞争优势，对竞争环境、竞争对手进行合法的情报研究，结合本企业进行量化分析对比，由此得出提高竞争力的策略和方法。情报信息的内容具体包括国内外的技术情报、市场情报、政策情报、竞争环境情报、竞争对手情报等。国内外许多企业的经验和教训表明，竞争情报是企业经营决策的基础，对企业的发展很重要。目前，国内外许多企业已经建立了竞争情报中心或竞争情报室/处，集中、系统地负责竞争情报工作，对竞争情报进行日常搜集、整理、分析、跟踪，并根据企业需要进行定产品、定技术、定对手、定期的竞争情报分析，向企业经营、研发、销售等工作提供决策参考。但国内企业的情报工作还远没有形成体系，情报人员不固定，往往分散在不同的部门，工作内容还限于对原始资料的搜集，情报信息没有经过系统的整理和专业分析，情报获取的渠道单一，缺乏专职、专业情报人员。这样就使系统性的、有针对性的情报工作难以开展，竞争情报的作用自然也没有充分发挥出来。

由于专利文献是典型的技术情报，因此对于专利文献进行专门系统的研究是很重要的，知识产权管理部门对于专利文献的搜集分析具有专业性优势。因此，知识产权管理规模比较大的企业有必要在企业内部建立专职的竞争情报工作机构，集中、系统地负责企业的竞争情报工作，情报人员专兼结合，专职人员负责日常竞争情报的搜集、整理、综合分析和跟踪，并根据企业的需求采用专业手段进行定产品、定技术、定对手、定期的竞争情报调研和分析。兼职人员分布在各个部门，负责及时补充竞争情报资料或协助专职人员获得第一手的、零散的竞争情报资料。同时，还应建立专门的情报信息库和情报信息传播机制对情报信息进行管理，使情报信息在保密的基础上顺利、高效地传达到相关部门和人员，为企业的经营提供及时的参考。

### 2. 专利与版权

专利与版权的共同点是都可以对技术进行保护，专利侧重于保护技术构思或技术方案，版权侧重于保护技术的外在表现形式，如程序代码。专利与版权有机结合，可以从形式、内容两个方面对技术进行交叉、立体保护，这种保护对软件类产品尤其有效。目前，国内多数企业的专利工作还仅限于传统的从开发完成的产品中发掘专利，专利工作依附于产品研发。由于专利从申请到获得授权有一段时间的延迟，使得专利在产品上市后还没有获得授权，起不到应有的保护作用。同时，由于专利过分依赖于具体的产品，使专利保护的范围很窄，很难对竞争对手起到大的抑制和阻碍作用，专利作为无形资产的价值也没有体现出来。

企业的专利工作应当由传统的专利附属于产品研发逐步转变为以专利牵引产品，以专利指导产品研发的状态，通过实施有效的战略专利战略，贮备本行业的战略专利，然后通过许可、转让等知识产权贸易活动为企业创造利润。

### 3. 商标与域名

通过实施有效的品牌战略可以提升企业形象、增强企业的市场竞争力、形成企业巨大的无形资产，国内外知名企业无一不重视以商标为主的品牌塑造。同时，一个企业的国际化发展也需要建立良好的品牌体系，只有这样才能更好地参与国际竞争，提高在国际市场上的知名度。商标与域名的注册和管理是企业实施品牌战略的基础，选择能够在国内及国外顺利获得注册的商标，制定商标使用策略，监控商标的使用防止商标弱化，塑造知名商标、驰名商标以及评估商标资产的价值等工作对于企业品牌塑造是很重要的。

4．商业秘密

商业秘密可以说是企业最重要的资产，一个企业可以没有专利、商标和版权，但不可能没有商业秘密。商业秘密关系到企业的生死存亡，从一定意义上说，企业之间的竞争就是商业秘密的竞争。广义的商业秘密包含了与企业经营有关的不对外公开的所有信息，如产品研发计划、市场销售计划、广告宣传计划、管理体制、薪酬体系、销售渠道、客户名单等。这些信息很容易通过员工流动、计算机网络、对外宣传交流等方式泄露出去，仅仅靠保密协议和竞业禁止协议等原则性的规定难以解决问题。国内外很多规范化的企业都有完备的保密体系，从企业办公环境、文档、计算机网络、人员流动、客户、对外宣传等方面进行统一的保密管理。目前，国内企业对商业秘密保护相对比较薄弱，需要健全各项保密制度，对员工进行日常的商业秘密保护宣传，提高全体员工的保密意识，严格制定并落实各项保密措施，使商业秘密保护作为企业一项重要的日常性工作，从制度和保密措施进行健全，形成严密的保护体系，防患于未然。

5．知识产权贸易

知识产权保护的根本目标是通过知识产权经营为企业创造利润，而知识产权贸易则是知识产权经营创利的实现手段。知识产权贸易包括知识产权的许可、转让、作股投资、技术合作等活动，又涉及无形资产的评估、管理、贸易谈判等工作。知识产权贸易涉及法律、技术在内的许多方面，专业性强，内容复杂，是企业一项长期的、持续性的工作。随着企业的国际化发展，将会在国际范围内进行知识产权贸易，管理内容会更加复杂。

6．知识产权法律事务

知识产权法律事务是企业知识产权维护的重要方面，目的在于压制竞争对手，解决侵权纠纷，处理经常性的知识产权法律问题。在一个企业的经营过程中会有很多经营和管理业务与知识产权密切相关，如合作开发、市场销售、技术授权、投资合作、员工管理等，在这些业务中涉及了大量的知识产权问题，如果缺乏专业人员监督解决这些知识产权问题，企业难以避开风险，会使企业的利益受损。知识产权法律事务既有其法律专业性的一面，又有企业管理的成分，需要与企业的整个运作流程相切合加以规范和执行，比如在合作开发过程中涉及合作信息的保密、开发成果的知识产权归属等问题；在市场宣传的过程中则涉及了对外信息的保密性和准确性审核的问题；在投资合作中涉及了知识产权的技术评估、价值评估、产权界定等问题，这些问题专业性很强，对企业的经营影响很大，需要专业人员实施专业管理。

### 14.2.4 管理体系的设计

为了提高企业知识产权管理水平，充分发挥知识产权的作用，设立专门的管理部门，配置专业管理人员对企业知识产权进行系统的、综合的、动态的管理是非常有必要的。

### 1. 管理体系组织设置

知识产权管理主要可以分为三大部分，一是权利生成和维护，具体包括专利申请以及维护、商标注册以及维护、商业秘密保护、版权登记等，是实现企业知识产权战略的基础；二是权利纠纷处理，主要指企业对侵权行为的调查、诉讼，以及企业应对其他企业的侵权指控等；三是知识产权资产经营，主要涉及许可、转让等知识产权贸易业务，以及作股投资、技术合作等。以上三大部分管理内容可以统一在一个部门中进行管理，也可以分别进行独立管理，例如将第一以及第三项管理内容独立出来，将第二项管理内容合并到法律事务部。在必要时，企业设立知识产权管理委员会或者类似机构，从企业经营战略的高度对知识产权管理进行战略规划是很有必要的，管理委员会为虚拟性的常设机构，成员为各个部门的高层领导，通过汇集产品、技术、市场、财经以及人力资源等各方面的意见，形成企业长期、统一的、符合企业商业目标的知识产权战略，由上至下贯彻执行，保证知识产权管理满足企业需求，充分发挥知识产权对企业经营的推动作用。

知识产权管理部门负责贯彻执行企业知识产权战略，是知识产权管理委员会的执行机构。因此，知识产权管理的效率和效果在很大程度上取决于知识产权管理部门在企业组织架构中的位置，以及被赋予的管理职责。由于专利、商业秘密（技术秘密）以及版权（软件版权）的保护是知识产权管理的重点，商标管理工作往往是阶段性的，其管理的复杂程度和对企业其他部门资源的依赖程度远远低于对商业秘密（技术秘密）以及版权（软件版权）的管理。由于专利、商业秘密（技术秘密）以及版权（软件版权）管理工作与产品研发紧密相连，因此将知识产权管理部门纳入产品研发体系是非常有必要的。在这种情况下，专利、商业秘密以及版权管理成为产品研发体系本部门范围内的工作，在资源调配、工作配合、工作沟通、绩效考核以及流程运作方面具有很大的便利，可以在很大程度保证知识产权管理的效率和效果。

### 2. 管理体系人员配置

建立知识产权管理机构，配备专业的专职或兼职工作人员或委托专业的服务机构代为管理。采取设立知识产权管理机构方式的，其人员的数量要根据企业知识产权管理的实际需求而定，少则几人，多则十几人，甚至上百人。由于知识产权管理的特殊性，对管理人员的任职资格进行明确规定是完全有必要的。当知识产权管理包括了专利管理时，知识化产权管理人员应当具备与企业产品、技术相同或者相近的技术背景。同时，最好具备知识产权法律专业知识。

### 3. 管理体系制度建设

知识产权管理制度涉及范围十分广泛，主要集中在产权的归属、奖励机制、知识产权的运用、知识产权纠纷的处理以及知识产权教育等方面。知识产权的归属主要是明确职务发明与非职务发明，以及确定企业在合资、合作等活动中所产生的知识产权的所有权。奖励机制用于体现企业对员工从事技术创新活动的提倡和激励，可以设置一定数额的现金奖励或者职位奖励，同时与员工的绩效考核成绩挂钩。知识产权的教育及培训对于减少管理上的沟通误解，提高工作上的配合程度是很有必要的，一方面知识产权教育和培训是全员性的，组织全体员工按业务领域和岗位要求开展知识产权培训，使每个员工所必须掌握的基本知识，另一方面需要对不同层次的员工分等级进行培训，例如组织对中、高层管理人员或针对开发人员的以及针对新员工开展知识产权教育培训，提升知识产权意识。教育及培训应当成为企业例行的、周期性的。

#### 4．知识产权部门管理职责

1）知识产权战略规划

编制知识产权的战略规划是企业知识产权管理职责的一项重要内容，它是将企业知识产权上升到企业战略发展的高度来考虑，以知识产权规划为战略指导思想，将知识产权的管理保护纳入到技术开发、产品制造、市场营销的全过程，以产生和形成企业自主创新优势，在知识产权保护环境中，实现市场持续稳定的竞争力。具体包括：制定知识产权保护策略、制定知识产权工作计划以及监督、跟踪知识产权保护策略与工作计划实施情况等。知识产权战略规划必须有前瞻性、严谨的法律性和全球性。

2）知识产权竞争情报管理

为建立有效的企业竞争情报系统，以帮助企业分析竞争对手、供应商和环境，预测经营关系的变化，洞悉知识产权对公司产生影响的趋势和动向，不断提高企业的核心竞争能力，建立竞争情报管理工作，成为知识产权管理的又一职责。知识产权竞争情报是指关于组织外部和内部环境的，专门采集而来经过加工而增值、为决策所需要的，为赢得和保持企业自主创新能力和产品、技术始终处于领先优势采取的有关知识产权领域的动态信息。竞争情报管理具体包括搜集竞争情报、整理、分析竞争情报、竞争态势分析以及定产品、定技术、定对手、定期的竞争分析等。

3）专利保护与管理

专利是企业发展的核心力量，包括企业对专利技术的积极挖掘、开发与培育、专利的申请、专利的引进、专利的实施和利用优化、以法维护企业拥有的专利以及专利管理制度的建立与实施等。

4）版权登记管理

版权登记是指著作权权利人自愿将其享有著作权的作品向登记机构办理登记，以此作为对登记事项初步证明的制度。虽然根据我国 1992 年加入的国际著作权公约——《伯尔尼公约》和我国《著作权法》的规定，著作权自作品创造完成之日起自动产生，无须履行任何手续，但是由于著作权属于无形财产，在实践中通常会出现权利状况很难判断、权利状态不清晰的情况，非常不利于权利人权利的行使。如果没有一套与自动保护原则相配套的登记制度，在版权的司法诉讼中，权利人为证明自己的权利将付出高昂的代价。为此，为维护企业版权利益，建立企业版权登记制度，成为企业知识产权管理的重要职责。

5）商标的保护与管理

商标的法律保护主要表现在通过商标专用权的确立、续展、转让、争议仲裁等法律程序，保护商标所有者的合法权益；同时促使企业生产经营者保护商品质量，维护商标信誉。在与商标有关的利益受到侵犯的时候，可以通过法律手段来维护，职责包括：商标设计监管、商标申请注册、商标使用策略与监管，以及维护商标权合法权益等。

6）商业秘密保护与管理

我国正处于由“中国制造”向“中国创造”转变的伟大变革时代，越来越多的企业通过自主创新，研发创造出属于自己的核心技术，这些核心技术以及相应的经营信息是企业维持竞争优势、创造财富的宝贵财富，属于不为别人所知的商业秘密，理应受到严格的保护。但是，大多数企业并没有有效的商业秘密保护措施，使其核心技术处于被泄密的风险当中。为此，商业秘密的保护与管理成为知识产权管理的重要职责，具体包括：制定企业商业秘密保护制度、建立商业秘密保护措施以及商业秘密日常保护规范等。

7）知识产权法律事务

包括知识产权权属、技术合作、转让、许可等纠纷的调查、诉讼、仲裁、业务合同的知识产权评审以及对内部职工侵害本企业商业秘密权益将事件的处理等，维护企业知识产权的合法权益。

8）知识产权贸易管理

狭义的知识产权贸易，是指以知识产权为标的贸易，主要包括知识产权许可、知识产权转让等内容，即企业、经济组织或个人之间，按照一般商业条件，向对方出售或从对方购买知识产权使用权的一种贸易行为。广义的知识产权贸易，是指含有知识产权的产品（知识产权产品、知识产品），特别是附有高新技术的高附加值的高科技产品，如集成电路、计算机软件、多媒体产品、视听产品、音像制品、文学作品等的贸易行为。知识产权贸易管理具体包括：知识产权贸易谈判、知识产权资产评估与管理以及开展许可与转让、作股投资等知识产权贸易业务。

## 14.3 管理制度建设的参考文件

### ××建设工程有限公司关于企业知识产权管理制度

**一、总则**

1. 为贯彻《中华人民共和国专利法》（以下简称《专利法》）、《中华人民共和国著作法》（以下简称《著作法》）、《中华人民共和国商标法》（以下简称《商标法》）、《企业知识产权管理办法（试行）》等有关规条款，保护企业的知识产权，防止侵犯知识产权的，合法有效地利用知识资源，提高职工的创作发明的积极性，促进已有技术优势向生产力转化，特制订本制度。

2. 知识产权管理工作的目的是为了提升知识产权管理观念，规范并加强××建设有限公司（以下简称公司）知识产权管理，重分发挥知识产权在企业发展中的作用，促进企业知识创新，形成企业自主知识产权，提供企业的经济综合实力。

3. 知识产权管理工作的任务是充分依靠和运用知识产权法律法规和管理制度，使知识产权成为促进企业技术创新的动力，鼓励和调动企业职工的积极性，保护企业和员工的合法权益，为企业的技术、管理和机制的创新以及生产经营全过程服务。

4. 知识产权管理工作的使命是满足企业应对WTO的迫切需要，在技术和管理上寻求自我保护的法律武器，增强企业知识产权拥有量，增强企业技术实力，使科技管理逐步转向以知识产权为核心，重点建立健全知识产权管理工作的推进体系，并形成企业的考核体系、激励机制。

5. 知识产权包括：专利权、著作权、集成电路布图设计、商标权以及其他科技成果，根据公司目前现状，管理重点在著作权和专利权。

6. 职务作品和职务发明创造，主要有下列情况：

（1）在本职工作中创造的作品；

（2）履行本单位交付的本职工作以外的任务所创作的作品；

（3）主要是利用本单位的资金、设备、零部件、原材料或者不对外公开的技术资料等物质技术条件所创作的作品；

（4）退职、退休或者调动工作一年内做出的，与其在原单位承担的本职工作或单位分配的任务有关的作品；

（5）法律、行政法规规定或者合同约定职务作品。

7. 本制度涉及的奖励详见公司《科学技术奖奖励管理办法》。

8. 本制度仅适用于××建设工程有限公司范围内。

**二、管理工作机构及人员职责**

9. 各单位经理是知识产权工作的推动者和领导者，总工程师是知识产权管理的分管负责人。知识产权管理是企业科技工作的一个重要组成部分，公司把它作为考核科技工作绩效的重要内容。各单位要有明确的知识产权发展规划和目标，并制定切实可行的实施和激励措施，促使知识产权工作迅速起步，并能在企业发展中发挥重要作用。

10. ××建设有限公司技术中心是企业知识产权工作的业务管理部门，负责本公司知识产权日常的管理工作。

11. 知识产权工作涉及法律、技术、管理等领域，属于新的业务系统。各单位必须指定专职（所属各单位）和兼职（直管项目）知识产权管理员，专人负责知识产权管理工作。知识产权管理人员的情况应报备案。

12. 知识产权管理人员应具备大专以上学历，接受知识产权相关的法律法规的培训和学习，应持证上岗。

13. 根据知识产权管理工作的需要，公司可聘请具有注册执业资格人员单位担任知识产权顾问，负责知识产权的注册、专利申请、技术和法律咨询、投诉和应诉等工作。知识产权顾问应选择忠于职守、精通业务、有良好的职业道德修养的人担任、签订任职（聘用）合同。

14. 各单位应建立知识产权管理台账，按月将知识产权管理情况报公司总部。内容包括：管理人员变化、已有专利权、正在和准备申请的专利、专利转让和收益及相关奖励的情况（见附件一）。

三、著作权管理工作

15. 本章所称著作权主要指公司对其职务作品享有的权利。

16. 作品主要包括：

（1）文字作品和口述作品；

（2）摄像、录像作品；

（3）企业标准（包括技术标准和管理标准，如：工法、工艺标准、贯标认证文件等）。

（4）工程设计、产品设计图纸及其说明（包括施工方案、施工组织设计、单项技术、成套技术等）；

（5）工程施工图、示意图等图形作品；

（6）计算机软件；

（7）法律法规规定的其他形式作品。

17. 按上级指令编著的著作管理归属于科技开发管理，按照《科技开发计划管理条例》、《科技进步奖资金管理办法》等相关文件执行。

18. 作品完成后，由创作人向所在单位有关领导和专家汇报在著作内容，并进行审查出版。著作权享有和保护按照有关程序申请，并按照“附件二”要求报送公司备案。

19. 作品的著作权由××建设工程有限公司享有，合同另有约定的按照合同执行。创作人具有署名权和取得报酬的权利。

20. 公司根据实际情况，在本条例规定的基础上制定公司的著作权管理制度，应包括如下方面的内容：

（1）著作出版、宣讲；

（2）职务或非职务作品的审查；

（3）著作评价、评估；

（4）著作资产运营，包括著作权转让、许可贸易、运用实施、作价投资、抵押等；

（5）技术活动中形成的与著作权相关技术档案的管理以及对技术人员业务活动的规范；

（6）对涉及著作技术开发权益的流动人员相关活动的规范；

（7）著作权保护，包括著作监视、诉讼及开发期的保密等；

（8）其他著作产权管理事项。

21. 根据目前状况，著作权进行备案管理的主要内容有：著作书籍（国家注册出版社出版的著作和书籍）；计算机软件。

22. 合作作品不可分开割使用的，其著作权由各合作创造人共同享有，通过协商一致行使；不能协商一致的，又无正当理由的，任何一方不得阻止他方行使除转让以外的其他权利，但是所得收益应当合理分配给所有合作创作人。

23. 创作人身份不明的作品，由作品原件的所有人行使除著名权以外的著作权。作者身份确定后，由作者或其继承人行使著作权。

24. 引用或转载他人作品的，应当指明作者姓名、作品名称；但是当事人另有约定或者由于作品使用方式的特殊性无法指明的除外。

25. 依照《著作权法》的有关规定，使用可以不经过著作权人许可的、已经发表的作品，但不得影响该作品的正常使用，不得损害著作权人的合法权益。

26. 对有可能形成著作权的和已有的著作权，著作权人应依照《著作权法》声明不得转载、摘编其作品的，应当在报纸、期刊刊登该作品时附带说明。

27. 著作权创造单位只享有在本公司业务范围内使用该作品的权利。同本公司以外订立许可使用合同、转让合同时，应向公司备案，报公司主管领导批准，方可实施。

28. 转让专有使用权时，专有使用权的内容应由合同约定，合同没有约定的或约定不明的，视为被许可人有权排除包括著作人在内的任何人以同样的方式使用作品；除合同另有约定外，被许可人许可第三人行使同一权利，必须取得著作权人的许可。

29. 各单位引进著作权前，应到公司备案，纳入著作权的备案管理，必要时由公司安排专业人员参与谈判或核查有关资料。

30. 奖励金额为：

（1）著作权创作单位使用该作品，从实际效益中提取 1%～2.5%奖励创造人。实施所得效益应由创作人或著作权人提供相关的证明及核算资料，并经公司备案。奖金由著作创作单位提供。

（2）向公司外其他单位或个人许可使用和转让某项著作权后，应当将许可使用或转让收益的 35%支付给创作人，65%支付给著作权创造单位。

31. 使用他人作品的，应当自使用该作品之日起 2 个月之内，向著作权人和有关单位或部门支付报酬。

32. 科学技术作品中涉及专利的，应由《专利法》、《合同法》等法律保护，按照法律规定执行。

**四、专利权管理**

33. 本章所称的专利权主要指公司对其职务发明创造享有的权利。

34. 专利法主要分三类：发明、实用新型、外观设计。

发明，是指对产品、方法或者其改进所提出的新的技术方案。

实用新型，是指对产品的形状、构造或者其综合所提出的适于实用的新技术方案。

外观设计，是指对产品的形状、图案或者其结合以及色彩与形状、团体结合所作出的富有美感并适用于工业应用的新设计。

35. 凡准备申请专利的发明与实用新型应基本具备新颖性、创造性、实用性。

（1）新颖性，是指在申请日前没有同样的发明或实用新型在国内外版物上发表过、在国内公开使用过或者以其他方式为公众所知，也没有同样的发明或者实用新型由他人向国务院专利行政部门提出过申请并且记载在申请日以后公布的专利申请文件中。

（2）创造性，是指同申请日以前已有的技术相比，该发明有突出的实质性特点和显著进步，该实用新型有实质性特点和进步。

（3）实用性，是指该项发明创造能够制造或者使用，并且能够产生积极的效果。

36. 申请专利权的外观设计，应当同申请日以前，在国内外出版刊物上发表过或者国内公开使用过的外观设计不相同和不近似。

37. 申请专利的发明创造在申请日以前六个月内，有下列情况之一的，不丧失新颖性：

（1）在中国政府主办或者承认的国际展览会上首次展出的；

（2）在国务院有关部门或者全国性学术团体组织召开的学术会议或者技术会议上首次发表的；

（3）他人未经申请人同意而泄露其内容的。

38. 专利法所称发明人或设计人，是指对发明创造的实质性特点作出创造性贡献的人。在完成发明创造的过程中，只负责组织工作的人、为物质技术条件的利用提供方便的人或者从事其他辅助工作的人，不是发明人或者设计人。

39. 发明创造申请专利的权利属于××建设工程有限公司，创造发明的完成单位负责以公司的名义组织申请专利，专利被批准后专利权由××建设工程有限公司持有。

40. 公司根据实际情况，在本条例规定的基础上指定适合本单位、覆盖相关环节的专利产权管理制度。专利产权管理的内容应包括：

（1）专利技术开发；

（2）专利申请、维持、放弃的确定，职务与非职务发明的审查；

（3）专利评价、评估；

（4）专利资产运营，包括专利权转让、许可贸易、运用实施、作价投资、质押等；

（5）技术活动中形成的与专利申请相关技术档案的管理及对技术人员业务活动的规范；

（6）对涉及专利技术开发权益的流动人员相关活动的规范；

（7）专利权保护，包括专利监视、专利诉讼等；

（8）其他专利产权管理事项。

41. 公司立项开发的专利技术归属科技开发管理，按照《科技项目开发管理办法》、《科学技术奖奖励管理办法》等相关条款执行，专利权属于公司，合同另有约定的按合同执行。

42. 与其他单位签订的有关技术开发合同，或者在将来履行中可能产生发明创造的合同时，应明确发明专利权的归属。

对于跨单位学习进修、合作、工作的人员级单位临时雇佣人员，单位应当事先就该人员在学习、工作中明确可能做出的发明创造专利，专利权的归属与其本人及接受或派出单位签订合同。未签订合同或者合同规定不明确的，其专利权归属公司。

43. 在产品、技术研究立项之前、在研究开发过程中及完成之后要进行检索。研究开发项目进行鉴定验收时应有专利检索报告。

44. 对重大的新技术、新产品研究开发项目或者具有重大市场前景需要申请外国专利的技术创新成果，所在单位必须要进行项目专利战略研究，提出专利战略分析报告。

45. 对符合申请专利的发明创造应先提出专利申请，取得专利申请日后，再进行科技评估、评奖、产品展览与销售等导致技术发明公开而丧失新颖性的活动。

46. 发明创造在申请专利前，有关人员应对该发明创造保守秘密。单位职工调离、离退休或者外来学习进修、临时工作人员在离开单位前，应当将其工作中形成的技术资料交还单位，未经单位许可，不得擅自发表涉及应于保密内容的文章，不得将属于单位的发明创造申请个人专利。

47. 申请专利前，申请人（或设计人）向所在单位主管领导汇报发明创造内容，到公司进行备案，提出备案意见报公司主管领导批示。公司主管领导批准后，公司起草专利申请文件，并根据需要委托代理人。

48. 下列各项，按照《专利法》规定，不应申请专利权：

（1）科学发现；

（2）智力活动的规则和方法；

（3）疾病的诊断和治疗；

（4）动物和植物品种；

（5）用原子核变换方法获得的物质。

49. 对于不适用于申请专利的发明创造，一般应将其纳入单位技术秘密保护范围，从本单位专利战略及经营实际出发需要公开的除外。

50. 单位享有的专利权，需要对外签订实施许可或转让合同时必须经公司备案审查，提出审查意见，报公司主管领导批准后方可执行。必要时由公司参与同对方签订实施许可或转让合同。凡违反本条规定，擅自对外许可或转让的，蒙受的一切损失均由有关责任人负责。

51. 开展对外贸易有下列情况之一的，应要求供应商提供项目专利见检索报告：

（1）技术、成套设备和关键设备的进出口；

（2）未在国内销售过的原材料和产品的进口；

（3）未在其他国家或地区销售过的原材料和产品出口。

52. 从国外引进专利技术时应向公司备案审查，报公司主管领导批准。必要时由公司技术中心安排专业人员参与技术谈判或核查对方专利资料。

53. 组建中外合资、合作单位时，外方以技术、设备、产品作投资的，单位应由外方提供所涉及专利问题的涉外合同，应对专利事宜或可能涉及的专利事项应作明确约定。

54. 专利申请及专利维持费用，创造发明单位负责。

55. 公司定期对专利权及专利申请状况进行统计分析与评估，估算专利资产，并将其纳入单位财会核算管理体系，作为单位经营决策的依据。

56. 上级单位统一建立的专利信息系统，与上级所属各单位共享专利信息资源。

单位的专利权管理人员、专利顾问要及时收集、研究与单位有关的专利信息，充实完善公司专利信息系统，为技术创新、经营管理等相关活动提供支持。

57. 公司应依法维护其专利权益，并防止侵犯他人专利权行为。发生被侵权或者与他方产生专利侵权纠纷或其他专利纠纷的，应及时采取措施，必要时要请求专利管理机关处理，或向人民法院起诉。

职工有义务保护本单位专利权不受侵犯。发现侵犯本单位专利权行为，应及时向单位报告，并帮助做好调查取证工作。

58. 对拟在法定期限届满前放弃或终止的专利或专利申请，要予以论证确认并报公司备案，报公司主管领导批准后方可实施。

59. 关于专利技术的奖励:

（1）一项专利授权后，一月内由发明（设计）人所在单位按照中建八局年度专利成果三等奖金额给发明（设计）人予以奖励。在年度科技评审时，根据年度评审等级补齐相应的奖金差额，评奖办法详见公司《科技进步奖管理条例》和《科技进步奖奖金管理办法》。

（2）专利实施或转让后的奖励

1）专利人在实施专利后，应将每年实施效益的5%奖励发明人或设计人。实施专利所的效益应由专利发明（设计）人提供相关的证明及核算资料报公司备案。由专利实施单位提供奖金。

2）向公司内或公司外其他单位或个人许可使用或转让某项专利后，应将收益中 35%作为报酬支付给发明人或设计人；提取65%支付给创作发明造单位。

**五、考核评价**

60. 公司按照知识产权考核指标对公司所属单位的知识产权工作进行考核评价。主要考核指标包括:

（1）专利权、专利申请权拥有量，包括自主开发、引进的专利、专利申请权；

（2）专利开发率，即专利权数（含申请专利）与同期开发投资额之比，以及与单位技术人员人数之比;

（3）专利收益;

（4）专利管理综合水平，包括专利产权管理状况、专利信息利用状况、制定与实施专利战略状况、专利收益分配与奖励状况等。

61. 各单位应将专利权作为考核技术人员工作水平的重要依据之一。在聘用技术人员职务或评选先进时，应将其获著作权和专利权情况，作为考核的主要依据。对于专利工作有突出贡献的人员予以重奖，并在评定技术职务时对拥有专利产权人员，应予破格晋升。

62. 开展技术创新项目的鉴定验收与奖励时，应将项目知识产权情况作为重要考评依据。

63. 公司在本条例基础上制订相应的知识产权奖罚制度。

**六、责任与处罚**

64. 所属单位和个人有侵权行为、未及时申请专利和忽视知识产权保护，公司将对其处以非法经营额损失额3倍以下罚款；非法经营额或损失额难以计算的，可以处10万元以下的罚款。

65. 知识产权管理人员玩忽职守，履行职责不当或者泄露秘密，造成单位损失的，依据有关法律、法规和政策规定，承担相应责任。

66. 公司任何单位和个人违反本条例之规定的，公司追究其经济责任，并视情节轻重给予警告、记过、撤职、除名等处分。违反法律的，将移交司法机关依法追究法律责任。

**七、附则**

67. 职工将其非职务发明创造申请专利和非职务申请著作权，单位应予以支持，不得压制和侵犯其专利申请权和专利权。需要单位出具证明的，由单位审查确认后，出具非职务发明证明。

职工就非职务发明创造与非职务性质与单位发生争议的，报上级单位进行协调。仍不能解决时应提请当地专利管理机关处理。

68. 本条例自颁布之日起施行。

69. 本条例解释权归公司技术中心。

# 第 15 章　建设工法与知识产权保护

建设工法是企业的重要知识产权，是施工企业特有的一种技术成果形式，从技术角度看，工法是企业技术实力的重要组成部分，是企业开发应用新技术工作的一项重要内容，是企业技术水平和施工能力的重要标志。工法开发、编写和推广应用，可以促进企业进行技术积累和技术跟踪，提高企业的技术素质和管理水平，加速科技成果向现实生产力的转化。从产权角度看，工法能够为其拥有者带来法律所认可的利益。为此，企业应十分重视对工法的管理保护工作。

## 15.1　建设工法基本概述

### 15.1.1　保护意义与制度建设

#### 1. 工法保护的意义

我们通过以下几个例子看施工工法保护的意义。对于施工工法的知识产权，我们通常的做法是“有福同享”，而日本公司却是“滴水不漏”。哪种方法更能保护与壮大自己，答案不言自明。

国内一家大型建筑企业有一项新技术，他们几年前开始探索使用，另一家兄弟单位来取经，结果请吃一顿饭就把该新技术无偿地传授给了人家，后来那家企业把这项技术经过改进后获得了科技创新奖并申请了专利，并且该新技术为该企业带来滚滚利润，凭此技术他们先后打进了上海、深圳、广州、南京的地铁建设市场。

无独有偶，当年建设上海南浦大桥时，上海有关方面高薪聘请日本专家前来指导施工，可由于承包商上海市基础工程公司的“偷艺（钻了日本人对其自有独特的钢结构桥梁工程安装技术知识产权保护不够严谨的空子）”成功，结果仅仅 40 天，高薪聘请来的日本专家只得打道回府。而不断创新的上海市某工程公司就凭偷艺学来的“看家绝活”，在国内外桥梁市场站住了脚，先后取得了上海扬浦、徐浦、卢浦、东海、芜湖长江大桥等的施工承包权，造桥也成了其经济支柱产业和最耀眼的经济增长点。

前些年就有这样几家浙江建筑企业进入上海建筑市场，先是跟在江苏和上海的一些大型国有建筑企业后面干活，几年时间就把这些大企业的绝活学透后自己打江山，现在在上海建筑市场的名声早已盖过那些大企业。不仅如此，某建设集团股份有限公司和广厦控股创业投资有限公司还倒过头来“灭了”师傅，分别成功兼并或控股上海市某建设总承包公司和上海某市政工程有限公司。一家曾带过他们的国有企业管理部的人谈起这件事不禁嗟叹后生可畏。不过，他没有想一想为何自己的看家本领让别人学去了。

由于建筑施工技术都不是什么高、精、尖的东西，很多技术是一点就透，所以也没什么人想着去花费心机和金钱去为它争取“保护伞”，大家已经习惯了“拿来主义”。为此，建设施工企业应该学习如本企业对于工法应做到“滴水不漏”。

**2. 工法制度建设**

为推广工法制度，原建设部于 1988 年对国内外的建设施工企业技术管理现状进行了调查，在深入了解工法内涵的基础上，草拟了我国试行工法制度的征求意见。1989 年春，印发了《关于在推广鲁布革工程管理经验试点企业试行工法制度的有关事项通知》，决定在 18 家试点企业中先行一步，以便取得编制工法和工法管理的经验。

1989 年 11 月，印发了《施工企业实行工法制度的试行管理办法》（建施字（89）第 546 号）正式在全国推行工法制度，随后根据企业试行工法制度的实践经验，于 1996 年将该办法修改为《建筑施工企业工法管理办法》（建建[1996]163 号）。2005 年 8 月原建设部对办法又进行了修改，颁发了《工程建设工法管理办法》（建质[2005]145 号），原《建筑施工企业工法管理办法》（建建[1996]163 号）同时废止。

同时，化工部、交通运输部、水利水电部、环境保护部、石油部、铁道部等相序出台了适合各行业的工法管理办法。例如，交通运输部印发的《水运工程工法管理办法（试行）》、原铁道部印发的《铁路建设工程工法管理办法》、化学工业部印发的《化工工程建设施工企业工法管理办法》、全国公路建设行业协会印发的《公路工程工法管理办法（试行）》、石油工程建设协会印发的《石油工程建设工法管理实施办法（试行）》等。

### 15.1.2 工法定义与含义

**1. 建设工法概念**

“工法”一词属于舶来品，来自日本，原意为建造建筑物（构筑物）的施工方法，后被我国引入工程建设领域，对建设施工的作用日趋突出，成为建设施工企业开发和应用新技术的一项重要工作，“工法”也成为企业施工技术、施工能力的重要标志。工法如何定义？原建设部 2005 年颁布的《工程建设工法管理办法》（建质[2005]145 号）作了十分明确的定义，工法是指“以工程为对象，工艺为核心，运用系统工程原理，把先进技术和科学管理结合起来，经过一定的工程实践形成的综合配套的施工方法”。

### 2. 建设工法的内涵

从上述定义可以看出，工法的服务对象是建筑工程、是施工，是从施工实践中总结出来的先进实用的施工方法，是施工经验的升华和总结，最终又回到实践中将成果转化为生产力。对工法概念的内涵，有以下几点：

1）工法具有针对性、专业性和实践性

首先，工法是以建设工程为对象的，是施工，而不是生产、产品或其他。因此，工法制度只能在建筑施工企业中推行，按照专业可以分为房屋建筑工程、土木工程、工业安装工程，具有专业性的特点。其次，工法针对的主要是某个单项工程，也可以针对工程项目的一个分部，但必须具有完整的施工工艺，成熟的工法可以在工程施工中参照实行，具有很强的实践性。

2）工法是技术与管理、组织的结合

工法是一个系统，有核心，这个系统的核心是“工艺”，而不是材料或设备，也不是组织管理。以“工艺”为核心的，运用系统工程原理，是把先技术和科学管理结合起来的产物，并非是一项单纯的施工技术。工法应该以“工艺”为核心，不仅含有工艺原理、工艺流程和操作要点，且应含有适用范围、劳动组织、安全措施、质量要求、经济和社会效益等标准化的技术管理上的内容，具有较强的系统性、科学性和实用性，是一个综合配套的施工方法，综合反映了施工技术与施工管理的结合。

3）工法具有先进性、科学性和实用性

不是任何施工技术都能成为工法，获得批准，工法必须符合国家工程建设的方针、政策和标准、规范，必须具有先进性、科学性和实用性，保证工程质量和安全，提高施工效率，降低工程成本，节约资源，保护环境等特点。国家级工法条件必须其关键性技术属于国内领先水平或达到国际先进水平；省部级工法的审批条件是其关键性技术属于省内领先水平或达到国内先进水平的。

4）工法是施工中总结出来的先进施工方法

工法是施工单位在长期的工程实践中逐步积累起来的施工经验，经过工程实践证明属于技术先进、效益显著、经济适用符合节能环保要求的施工方法，又能在施工实践中应用。未经过施工实践检验的科研成果不属于工法范畴。因此，工法产生于施工实践之后，是对先进的施工技术的总结和提高，编制施工工法的技术必须是经过施工实践验证过的成熟技术。

5）工法是企业技术水平的重要标志

施工方法是施工企业标准的重要组成部分，是指导施工企业与管理的一种规范性文件、高层次的技术标准，更是企业技术水平和施工能力的重要标志。企业开发的施工工法的等级（国家级或省部级）、数量、配套程度是企业技术优势的体现，是企业的核心竞争力和参与市场竞争的重要武器。

6）工法具有推广价值和经济效益

不是任何一项施工技术都可以称为工法，必须是经过推广应用，取得较好的经济效益才能称之为工法，好的工法可以由企业标准向行业标准与国家规范提升。工法应有较为广泛的工程应用对象，对保证工程质量、保护环境，提高施工效率、降低工程成本等有明显的作用，具有显著的经济和社会效益。

### 3．工法与施工技术文件的关系

1）工法与施工方法的关系

我们平常所说的施工方法是对施工工艺、施工技术的泛指。对于工法，我们可以从它的定义可以看出，工法是综合配套的施工方法，一方面要求把技术和管理密切的结合；另一方面还强调是经过工程实践形成的，它是带规律性施工技术的总结。两者存在共同之处：从宏观上来讲，工法是某些或某类施工技术的综合，从具体内容上看，工法具有一定的要求。

2）工法与施工组织设计、施工方案的关系

工法与施工组织设计（或施工方案）是两个完全不同的概念，工法是对施工规律的认识，是施工技术通用性的文件；施工组织设计是对具体工程项目而编制的施工指导文件，具有一定的特殊性。

（1）编制内容不同；

（2）编制时间不同；施工组织设计（施工方案）是在施工前编制的，工法是在施工后不断的实践认识后形成的。因此，不能用工法文件代替施工组织设计（或施工方案），但在施工组织设计（或施工方案）中可以采用已有的工法成果。将工法文件作为施工组织设计（或施工方案）的标准技术模块，从而简化施工组织设计（或施工方案）的编制工作。

3）工法与技术规范、规程、标准的关系

（1）工法与技术规范、规程、标准都分等级，工法分为国家级、省（部）级、企业级；技术标准分为国家级、行业（部门）级或地方标准、企业标准。

（2）工法的级别越高，技术先进性要求就越高。标准则不同，企业标准的要求一般不低于（甚至高于）行业（或部门）地方标准或国家标准。

（3）工法属于企业标准的范畴，是企业标准的重要组成部分，本企业必须后执行，但别的企业可以不执行。标准规范具有法律性质，每个企业都必须执行。工法必须执行国家标准或行业标准。

（4）工法和工艺标准、操作规程虽然都属于企业标准，但非服务层次却不同：工法是对管理人员的工作要求，是技术管理的内容，工法是高层次，为管理者服务；工艺标准、操作规程主要是操作者必须遵守的工艺程序，作业要点与质量标准、工艺标准、操作规程为较低层次，为操作者服务。

（5）国家建设的国家标准除一部分产品外，多数称规范，规程大多数为行业（专业）

标准，而操作规程、工艺标准、作业指导书，多数为企业标准。

### 15.1.3　工法分类与内容

#### 1. 工法分类

（1）工法按照专业可以分为：房屋建筑工程、土木工程、工业安装工程三个类别。工艺是工法的核心，根据工法的关键核心技术（工艺），所达到的先进程度和所创造的经济效益或社会效益的大小。

（2）工法又分为国家级（一级）、省（部）级（二级）和企业级（三级）三个等级。企业经过工程实践所形成的工法，其关键技术（工艺）达到国内领先地位或国际先进水平的，有显著经济效益、社会效益的为国家级工法；其关键技术（工艺）达到省（部）级先进水平的，有较好经济效益和社会效益的为省（部）级工法；其关键技术（工艺）达到企业先进水平，有一定的经济效益和社会效益的为企业级工法。

#### 2. 工法文件内容

工法内容一般包括：前言、工法特点、适用范围、工艺原理、施工工艺[流程、操作要点、材料与设备（机具设备配置、型号、性能参数等）、质量控制[标准、要求]、安全措施、环保措施、效益分析、工程实例等，其中，“质量、效率、效益、安全环保”是工法的支柱。工法的编写，层次要分明、数据要可靠、用词用句要准确及规范、深度应满足指导项目施工和管理的需要。

### 15.1.4　工法作用与意义

#### 1. 工法制度的推广和应用

最大受益者就是建筑施工企业，通过开发总结施工工法，一方面施工企业可以把宝贵的施工经验积累并继承下来，改变过去“工程完工、人员流动、经验丧失”的局面，加强了企业基础技术管理，推进了企业技术标准化的进程，提高了企业自主创新能力和市场竞争力。另一方面有利地推动了我国建筑行业的技术进步，促进整个行业科技成果迅速转化为生产力。对于修订技术标准，完善施工规范起到了促进作用。例如，中建总公司、中铁、上海建工、中石油等单位，目前已经形成了一整套工法开发、编写和应用的产、学、研体系，为企业带来明显经济效益，有些工法已经成为企业竞争的有力武器，如中建八局的《烷基苯工程工法》的实施，基本上已经垄断了这类工程在国内的市场；武汉市政建设集团公司采用的《抗滑、阻燃、降燥多功能隧道沥清路面施工工法》，有效地解决了大型隧道内噪声大、路面抗滑性能差、防火性能差等世界技术难题。

### 2. 工法是市场准入中的重要一环

原建设部颁布的《施工总承包企业特级资质标准》（建市[2007]72 号）对企业的科技进步水平有了更为严格的规定，进入特级施工企业条件，除了企业具有省部级（或相当于省部级水平）及以上的企业技术中心、企业近三年科技活动经费支出平均达到营业额的0.5%以上外，还特别要求企业具有国家级工法3项以上；近五年具有与工程建设相关的，能够推动企业技术进步的专利3项以上，累计有效专利8项以上，其中至少有一项发明专利。这就从市场准入的角度，把工法作为技术创新列入企业资质管理，引导企业提高技术含量和管理水平，向自主创新效益型的方向发展。工法充分体现了企业的技术进步，促进了施工企业的技术创新、管理创新，在当前激烈的建设工程施工市场竞争中，施工企业拥有的工法数量和等级是实力的反映。谁能总结出高质量的工法，把先进的科技成果转化为生产力，就标志着谁的施工能力水平和企业效益更胜一筹。

## 15.2　建设工法法律性质

工法是建设施工企业特有的一种技术成果形式，由于它必须具有先进、适用和保证工程质量与安全、环保、提高施工效率、降低工程成本等特点。是经过企业智慧的结晶创造的、是经过工程实践形成的综合配套的施工方法。为此其具有商业保密性质。

《工程建设工法管理办法》（建质[2005]145 号）第 9 条规定，“国家级工法的评审要注意工法技术的保密性。”第 15 条还规定，“工法所有权企业可根据国家相关法律、法规的规定有偿转让工法。工法中的关键技术，凡符合国家专利法、国家发明奖励条例和国家科学技术进步奖励条例的，应积极申请专利、发明奖和科学技术进步奖。”同时地方法规也有类似的规定，例如《江苏省工程建设施工工法管理办法》（苏建管质[2006]19 号）第 9 条，“工法应受到知识产权保护。企业在申报省级和国家级工法时，其保密部分可作为附件送审，涉及关键技术及保密点的内容请注明，有关部门和评委不得泄密。工法在对外宣传和公开发表时，其保密部分可以删除。”第 11 条规定，“评审专家应为工法申报单位保守工法的技术秘密。”由此可知，工法属于商业秘密范畴。

工法除适用于商业秘密有关法律法规，例如，《反不正当竞争法》、《关于禁止侵犯商业秘密行为的若干规定》外，企业对工法中的关键技术申请专利还涉及《专利法》；工法实施转让要涉及《合同法》；内部职工泄露工法涉及《劳动法》、《劳动合同法》、《公司法》、《刑法》等法律法规；工法的编写存在剽窃、复制、模仿、抄袭等行为时会涉及《著作权法》。企业都有将自己的工法关键技术申报注册专利，因此，企业应该很好地注意专利法的有关规定，至于哪些项目可以申报专利、如何提权利要求，专利检索，应认真地学习和把握，也可以委托专业机构完成，涉及专利法。可见，工法与知识产权法律法规密不可分。

## 15.3 建设工法管理保护

### 15.3.1 企业工法管理示例

**××建工集团有限公司工程建设工法管理办法**

（2012年修订）

**第一章 总 则**

第一条 为了进一步推动集团公司工程建设工法（以下简称工法）的开发、编制和推广应用工作，加大技术创新力度和技术积累，提升企业的施工技术管理水平和工程技术含量，加速科技成果向生产力的转化，加强对工法的管理，制订本办法。

第二条 本办法所称的工法，是指以工程为对象，以工艺为核心，运用系统工程的原理，把先进技术与科学管理结合起来，经过一定的工程实践形成综合配套的施工方法，工法分为房屋建筑工程、土木工程、工业安装工程三个类别。

第三条 企业工法包括集团公司及所属单位拥有的国家级、省（部）级、企业级三个等级的工法。企业经过工程实践的形成的工法，其关键技术达到集团先进技术领先水平，有一定经济效益和社会效益的可形成企业工法；其关键技术达到省内领先及以上水平、有较好的经济效益和社会效益的可申报为省（部）级工法；其关键技术达到国内领先水平或国际先进水平、经济效益和社会效益显著的可以申报为国家级工法。

第四条 企业工法是企业标准的重要组成部分，是企业技术水平和施工能力的重要标志，工法必须具有先进性、科学性和实用性，保证工程质量和安全，提高施工效率，降低工程成本和缩短施工工期，节约资源和保护环境等特点。

第五条 集团公司技术质量委员会委托集团公司总工程师办公室承担开发、申报、评审、管理工作。

**第二章 工法的编写**

第六条 各单位应由分管施工技术的单位负责人负责工法的开发、推广应用工作，质量技术管理部门负责工法的日常管理，并指定专人承办。

第七条 各单位要根据承建工程的特点，提前制订工法开发计划与编制计划，报集团公司技术质量委员会进行立项审批，由项目部组织实施。

第八条 工法编写应主要针对某项单项工程，也可以针对工程项目的一个分部，但必须有一个完整的施工工艺。工法应包括以下内容:

（1）前言：概述本工法的形成过程和关键技术的鉴定及获奖情况等；

（2）工法的特点：说明本工法在使用功能和施工方法上的特点；

（3）适用范围：说明最宜采用本工法的工程对象或工程部位；

（4）工艺原理：说明本工法施工工艺原理；

（5）施工工艺流程及操作要点：说明工艺流程（可用网络图表示）和施工方法；

（6）材料与设备：说明本工法使用新材料的特点、主要技术指标等；主要施工机械、设备、工具仪器等的名称、型号、性能及合理数量；

（7）质量控制：说明本工法应执行的有关标准、规范或具体的质量要求；

（8）安全措施：安全技术措施和作业人员安全注意事项；

（9）环保措施：环保要求的特点和注意事项；

（10）效益分析：结合工程实践，分析本工法在质量、安全、工期、成本、文明施工、节约资源、保护环境等方面的经济效益和社会效益；

（11）应用实例：说明本工法应用的项目名称、地点、开竣工日期、实物工程量和应用数量。

第九条　企业工法申报要求一式三份装订成册，包括：

（1）企业工法申报书（按规定格式编写的打印件）；

（2）工法文本（按规定格式编写的打印件，另电子文档一份）；

（3）关键技术的鉴定证书（关键技术要经集团公司技术质量委员会、省级住房与城乡建设部或行业主管部门组织的技术专家委员会审查）；

（4）关键技术专利证书和科技成果获奖证明复印件；

（5）工程应用实例情况证明；

（6）经济效益证明（财务部门提供）；

（7）反映实际施工中工法操作要点的照片（不少于10张）；

（8）有关影像等其他证明材料。

## 第三章　工法的评审与公布

第十条　企业工法的评审工作由集团公司技术质量委员会领导，质量技术主管部门组织实施。每年评审一至二次。评审时聘请有关专家组成企业工法评审委员会，评审委员会由集团公司技术质量委员会确定，其中具有高级技术职称的评委不得少于三分之二，设主任委员一名。评委应根据工法的技术水平和技术难度、经济效益和社会效益、使用价值与推广应用前景、编写内容与方案水平进行综合评定。

第十一条　企业级工法评审按下列基本程序进行：集团公司总工程师办公室对申报资料进行初审；工法主要完成人应结合多媒体材料进行现场汇报；评委就有关问题进行质询；评委会提出现场评审结果。

第十二条　经评审委员会审定的企业级工法集团公司总工程师办公室报集团公司技

术质量委员会批准发布，同时，择优申报（部）级工法和国家级工法。

## 第四章　工法的推广应用

第十三条　各级技术质量管理部门应当对工法的基本知识和已公布的工法进行宣传，总结施工中应用工法的典型经验。

第十四条　各单位要根据工程项目的特点，积极推广应用相关工法。工法可作为技术模块在施工组织设计和标书中直接采用。

第十五条　随着科学技术进步和工法在应用中的改进，各单位要注意技术跟踪和信息反馈，以便及时对原编工法进行修订，以保持工法的先进性和实用性。

## 第五章　工法的考核与奖励

第十六条　集团公司把各单位编制和应用的工法成果作为各单位科技进步和年度考核的重要内容之一。

第十七条　集团公司对工法的开发、编写及推广应用中有突出贡献的企业和个人给予表彰、奖励；对获得企业工法的单位和个人办法证书。并作为业绩考核、职务、职称晋升的重要依据。

第十八条　各单位编制的工法可申报集团公司的“科技进步奖”。原则上集团公司企业工法可申报四等奖，省（部）级工法可申报三等奖，国家级工法可申报一等奖。

## 第六章　其　他

第十九条　已批准的企业工法有效期为六年，超过有效期的工法内容仍具有先进性并符合申报条件时，工法原完成单位可重新申报集团公司企业级工法。但对升级版工法不再奖励。

第二十条　企业级工法、知识产权归集团公司所有。集团公司在申报省（部）级和国家级工法时，其保密部分可作为附件送审；工法在对外宣传和公开发表时，其保密部分予以删除。

第二十一条　本办法由集团公司总工程师办公室负责解释。

第二十二条　本办法自 2012 年 6 月 1 日起实施。原《××建工集团有限公司企业工程建设工法管理办法》（建工生管[2011]第 41 号）同时废止。

附件一:《××建工集团有限公司企业工程建设工法申请表》（略）

附件二:《××建工集团技术质量委员会关于工法申请表填写说明》（略）

### 15.3.2　工法的保护

工法编写不仅应有相应技巧和要求，还应有法律边界；工法申报成功后企业应注意对其加以保护；工法作为商业秘密一旦被侵权，应提起民事诉讼或向公安部门报案。工法的产生及编写是系统工程，而工法及其知识产权保护也应成为一个系统工程，每个环节都应加以留意，做好该项工作，将会为企业带来巨大的价值。

### 1．工法的非公开性保护

非公开性保护，即采取商业秘密的方式进行保护。对于一般工法可以采取此方式。商业秘密是指不为公众所知悉、能为权利人带来经济利益，具有实用性并经权利人采取保密措施的技术信息和经营信息。工法显然是技术信息，如果企业按照法律规定，采取一定的保密措施，符合商业秘密保护条件，工法就可以作为商业秘密受到法律保护。

非公开性保护，通常具有成本较为低廉，被侵权渠道较少，无期限限制的优点，但由于不具备排他性，即无法阻隔竞争对手通过合法手段开发出同样或类似的施工工艺。企业级工法由于其审定过程集中为企业内部，审定过程泄密渠道较少，且通常技术含量较低，申报为专利可能性不高，或保护成本与其收益脱节，一般来说，适用非公开性保护途径，作为企业商业秘密保护起来。

### 2．工法的公开性保护

公开性保护，将工法申报为专利进行保护。专利权是指国家依法在一定时期内授予发明创造者或者其权利继受者独占使用其发明创造的权利，可分为发明专利、实用新型专利及外观设计专利。如果工法满足新颖性、创造性、实用性特征，就有可能成功申报为专利进行保护。这种权利在一定时期内是独占的、公开的。

专利方式保护工法，保护程序较为复杂，成本较高，存在保护期限，发明专利权的期限为 2 年，实用新型专利权和外观设计专利权的期限为 10 年。另外，并非所有工法工艺都能达到专利申报的技术标准，为此，专利方式保护工法也有一定的局限性。再一方面，由于专利具有公开性的特点，所以被侵权的风险也增大，但由于专利具备垄断性、排他性和独占性，可公开阻隔竞争对手开发相同或类似工艺，对企业工法是一种较好的保护方式。能采取专利方式保护的工法必须具备较高的科技含量，以通过专利主管部门的审查，通常来说，省部级、国家级工法的技术含量较高，因为受过较高层次的审定，申报专利的成功率较高。

### 3．工法的保护策略

工法不仅是建筑施工企业技术实力的标志，可增强企业的市场竞争力，对工法采用适当的保护策略则可使这种技术优势得到最大的发挥。

1）培养工法的对外保密和知识产权意识

保密并非向外部隐藏企业的技术实力，在展示实力的同时，不泄露工法的核心工艺秘密，最大限度地发挥“人无我有”“人有我优”的技术优势。如在申报省（部）级和国家级工法时，其保密部分可作为附件送审，工法在对外宣传和公开发表时，删除其保密部分；

在国家级展览会或相关学术、技术会议公开发表的工法应在发表后6个月内，及时申报专利。工法的知识产权属企业所有，但应注意保护参与者署名等人身权利，由于这些关系到参与者今后的职业生涯高度，如果未妥善保护，将极大引发员工的不公平感和创造积极性。

2）签订商业秘密保护协议

工法的保护应注意防止企业内部职工的窃取和泄露行为发生，为此，企业可以通过与职工签订保密协议方式对企业工法进行保护。《劳动合同法》第 17 条规定，“劳动合同除前款规定的必备条款外，用人单位与劳动者可以约定试用期、培训、保守秘密、补充保险和福利待遇等其他事项。”第 23 条：“用人单位与劳动者可以在劳动合同中约定保守用人单位的商业秘密和与知识产权相关的保密事项。对负有保密义务的劳动者，用人单位可以在劳动合同或者保密协议中与劳动者约定竞业限制条款，并约定在解除或者终止劳动合同后，在竞业限制期限内按月给予劳动者经济补偿。劳动者违反竞业限制约定的，应当按照约定向用人单位支付违约金。”第24条：“竞业限制的人员限于用人单位的高级管理人员、高级技术人员和其他负有保密义务的人员。竞业限制的范围、地域、期限由用人单位与劳动者约定，竞业限制的约定不得违反法律、法规的规定。在解除或者终止劳动合同后，前款规定的人员到与本单位生产或者经营同类产品、从事同类业务的有竞争关系的其他用人单位，或者自己开业生产或者经营同类产品、从事同类业务的竞业限制期限，不得超过二年。”《劳动法》第 102 条规定，“劳动者违反本法规定的条件解除劳动合同或者违反劳动合同中约定的保密事项，对用人单位造成经济损失的，应当依法承担赔偿责任。”

为此，企业为调动积极性，应处理好包括工法在内的知识产权归属，依据法律签订相应的竞业限制协议和保密协议，依据《劳动合同法》规定，竞业限制的人员限于用人单位的高级管理人员、高级技术人员和其他负有保密义务的人员。竞业限制的范围、地域、期限由用人单位与劳动者约定，竞业限制的约定不得违反法律、法规的规定。同时，企业应鼓励创新制定奖惩机制。商业秘密保密协议文件可参考下面附件15-1、15-2。

3）申报专利前实行评估制度，选择性申报专利

应注意以下几点：

（1）对工法的评估。申报专利前实行评估制度，选择性申报专利。专利申报前应评估其成功难度、成本、收益、影响等。在专利申报前应充分评估工法的技术含量，申报程序的复杂性，做好维护成本收益分析等。

（2）申报专利方法。如果是单纯的工法或者与专用设备结合的工法，可以结合申请发明专利。如果比较复杂，应该是可以拆分申请，工法是方法，根据我国专利法规定，方法只能申请发明专利，要求具有新颖性、创造性和实用性，要具有突出的实质性特点和显著的进步。而该工法用的工装或者专门设计的设备，可以申请发明专利和实用新型专利。

（3）委托专利代理申报。虽然某些工法的技术含量足以申报为专利，但专利申报程序的复杂性非一般专利拥有者所能信任，一旦决定申报，应该利用专利代理机构的专业判断、能力、人脉来增加成功率。

工法申报专利应扬长避短。一般来说基础性的工法适合申报专利，由于其基础性特征其他工法需在此基础上进行改进，专利的垄断性特征可在一定时期内阻隔竞争对手的开发步伐；属于行业科技攻关热点的工法如果成功申报为专利，亦可在一定时期内保持行业领先地位。保密方式保护和专利保护各有利弊，具体采取什么途径除了取决于工法本身的技术含量外，同样受企业知识产权保护策略的影响。非公开性保护和公开性保护各有利弊，具体采取什么途径除了取决于工法本身的技术含量外，同样受企业知识产权保护策略的影响。

（4）增强工法的利用水平。工法、专利多寡确实影响企业技术实力的社会美誉度，但绝不应该仅仅视做“荣誉”，将其作为保持技术实力行业领先的手段，应用于生产经营创造利润，才是专利存在的根本立足点。工法一旦形成，甚至上升到专利，不是工法使命的结束，而是其使命的开始：一是推广工法应用于生产经营，直接为企业降低成本、创造利润；二是在技术投标前期策划阶段，以己方已掌握的工法（或专利）对招标方进行有意识的引导，提高竞争对手技术准入门槛；三是提高对外技术转让的“有偿”意识，技术交流无可厚非，但“一顿饭便倾囊相授”则有些过于豪爽了。

附件 15-1

## 竞业限制协议

鉴于乙方（劳动者）已经知悉甲方（××工程有限公司）的商业秘密和与知识产权相关的保密事项，为防止出现针对甲方的不正当竞争行为，保护甲方的合法权益以及乙方合理流动的权利，依据《中华人民共和国劳动法》、《中华人民共和国劳动合同法》、《中华人民共和国反不正当竞争法》、《中华人民共和国刑法》等国家及地方法律、法规规定，本着合法、公平、平等自愿、协商一致、诚实信用的原则，经协商一致后，共同订立本协议。

一、竞业限制范围、期限

第一条　未经甲方同意，乙方在职期间不得在＿＿＿＿＿＿＿＿范围、＿＿＿＿＿＿＿＿地域，生产或经营与甲方同类产品、业务或者为他人（组织）生产或经营与甲方同类产品、业务。

第二条　不论因何种原因，甲、乙双方劳动关系解除或终止后，＿＿＿＿年＿＿＿月内，即从　年　月　日至　年　月　日止，乙方不得在＿＿＿＿＿＿＿＿范围、＿＿＿＿＿＿＿＿地域为与甲方生产或经营同类产品、从事同类业务的有竞争关系的其他用人单位（个人），或者自己开业生产或者经营同类产品、从事同类业务。这些单位或个人包括（但不限于）以下：

＿＿＿＿＿＿＿＿＿＿＿＿＿＿＿＿＿＿＿＿＿＿＿＿＿＿＿＿＿＿＿＿

＿＿＿＿＿＿＿＿＿＿＿＿＿＿＿＿＿＿＿＿＿＿＿＿＿＿＿＿＿＿＿＿

＿＿＿＿＿＿＿＿＿＿＿＿＿＿＿＿＿＿＿＿＿＿＿＿＿＿＿＿＿＿＿＿

二、补偿标准

第三条 从乙方离职后开始计算竞业限制时起，甲方应当按照竞业限制期限向乙方支付一定经济补偿，具体标准为________________________________。补偿费按月支付，由甲方通过银行向乙方支付。

三、违约责任

第四条 乙方违反本协议第一条约定的，应当承担违约责任，一次性向甲方支付违约金________元（大写：________________________），违约行为所获得的收益归甲方所有。若违约金不足以弥补甲方所受的实际损失，甲方保留向乙方追偿实际损失的权利，同时甲方有权对乙方给予处分。

第五条 如果乙方不履行本协议第二条所列义务，应当承担违约责任，一次性向甲方支付违约__________元（大写：________________________）。因乙方违约行为给甲方造成损失的，乙方应承担损失赔偿责任。

第六条 前款所述损失赔偿包括甲方因乙方的违约行为所受的实际经济损失以及甲方因调查乙方的违约行为而支付的相关费用。

四、协议的权利、义务终止

第七条 有下列情形之一的，本协议终止：

1. 乙方所掌握的甲方重要商业秘密和与知识产权相关的保密事项已经公开，且由于该公开致乙方对甲方的竞争优势已无重要影响；

2. 甲方不履行本协议第三条义务，拒绝向乙方支付经济补偿的；

3. 甲方法人终止，又没有承受其权利义务的人；

4. 甲乙双方协商一致，可以终止本协议。

五、争议解决办法

第八条 因本协议引起的纠纷，可由甲、乙双方协商解决或者委托双方信任的第三方调解。若一方拒绝协商、调解或者协商、调解不成的，任何一方均有权提起诉讼。

六、协议的效力和变更

第九条 本协议一式二份，甲乙双方各执一份，自双方签字之日起生效。本协议的修改，须采用双方同意的书面形式。

七、甲、乙双方约定的其他事项

________________________________________________

________________________________________________

________________________________________________

甲方（单位盖章）： 乙方（签名或盖章）：

法定代表人（委托代理人）签名或盖章：

签订日期： 年 月 日 签订日期： 年 月 日

**附件 15-2**

## 保密协议

根据企业发展的实际需要，鉴于乙方（劳动者）在甲方（××工程有限公司，以下简称“公司”）任职，为有利于公司的健康稳步发展，结合公司实际情况，在平等互利的基础上，甲、乙双方就乙方在甲方任职期间及离职后保守甲方技术秘密和其他商业秘密的有关事项，订立下列条款共同遵守：

一、保密内容

（一）密级分类

| 序号 | 等级 | 后果 |
|---|---|---|
| 1 | 绝密级（A 级） | 泄露会使公司的安全和利益遭受特别严重的损害 |
| 2 | 机密级（B 级） | 泄露会使公司的安全和利益遭受严重的损害 |
| 3 | 秘密级（C 级） | 泄露会使公司的安全和利益遭受损害 |

（二）秘密事项分类、项目内容、等级汇总

1. 管理类（总经理、总办、财务）

| 类别 | 涉密项目 | 保密等级 | 备注 |
|---|---|---|---|
| 核心资料 | 公司战略、方针及重大决策 | A | |
| 重要资料 | 公司年度、月度的目标、计划与总结 | A | |
| | 公司办公会议纪要 | B | |
| | 股东大会、董事会、监事会的文件、决议 | A | |
| | 公司对外重大投资项目资料 | A | |
| | 公司薪资体系文件 | A | |
| | 绩效考核资料 | B | |
| | 员工档案资料 | B | |
| | 员工关系管理资料（劳动合同、保密协议等） | A | |
| | 人事与行政日常管理资料 | C | |
| | 产品成本与销售价格 | A 或 B | |
| | 公司工法、专利、资质文件 | A | |
| | 工程项目招投标内容、资料 | A 或 B | |
| | 工程决算资料 | B | |
| | 月度、年度审计资料及报告 | B | |
| | 公司各类加密软硬件 | B 或 C | |
| 重要发文 | 公司对内重要发文 | A 或 B | |
| | 公司对外重要发文 | A 或 B | |
| | 重要信息、总经理个人日常信息 | B | |

| 类别 | 涉密项目 | 保密等级 | 备注 |
|---|---|---|---|
| 重要制度 | 人力资源管理制度汇编 | C | |
| | 行政管理制度汇编 | C | |
| | 财务管理制度 | C | |
| | 各类报表、各类人事报表 | B | |
| | 财务账册、凭证 | A | |
| | 各产品销售价格明细 | A | |
| | 职工工资等级及金额、社保 | A | |

2. 技术类（设计、工程）

| 类别 | 涉密项目 | 保密等级 | 备注 |
|---|---|---|---|
| 重要文件 | 设计、工程管理相关文件 | A | |
| | 技术、工程相关学习资料 | C | |
| 重要资料 | 项目技术资料 | A | |
| | 项目和报价资料 | A 或 B | |
| | 设计方案、图纸 | A 或 B | |
| | 施工方案、图纸 | A 或 B | |

3. 业务类（市场）

| 类别 | 涉密项目 | 保密等级 | 备注 |
|---|---|---|---|
| 重要资料 | 商业合同、订单 | A | |
| | 标书、底价、区域费用、佣金结算 | A | |
| | 业务人员述职报告与工作总结 | C | |
| | 客户资料 | A 或 B | |
| | 各类产品的安装档案、客户资料 | B | |
| 重要文件 | 营销策略、报价原则、市场动态分析等 | A 或 B | |
| 重要报表 | 各类统计报表（合同量、回款、业务费等） | B 或 C | |
| | 市场分析报告 | A 或 B | |
| | 业务报表 | B | |

4. 生产类（采供）

| 类别 | 涉密项目 | 保密等级 | 备注 |
|---|---|---|---|
| 重要资料 | 计划任务单、出库领料单 | C | |
| | 采供报表、询价资料 | A | |
| | 材料采购产地、型号、发货地等 | B 或 C | |
| | 合作客户资料 | A | |
| | 供应商资料 | A | |
| | 采购策略、采购渠道、采购合同 | A | |

（三）乙方须严格保守以上（但不限于以上）全部保密内容，同时，在保密期限内须保守甲方新增加的商业秘密。

二、保密原则

（一）双方确认，乙方在甲方任职期间，因履行职务或者主要是利用甲方的物质技术条件、业务信息等产生的发明创造、作品、计算机软件、技术秘密或其他商业秘密信息，有关的知识产权均属于甲方享有。甲方可以在其业务范围内充分自由利用这些发明创造、作品、计算机软件、技术秘密或其他商业秘密信息，进行生产、经营或者向第三方转让。乙方应当依甲方的要求，提供一切必要的信息和采取一切必要的行动，包括申请、注册、登记等，协助甲方取得和行使有关的知识产权。

乙方没有申明本人享有知识产权且未提供相应依据的，推定其属于职务成果，甲方可以使用这些成果进行生产、经营或者向第三方转让。即使日后证明实际上是非职务成果的，乙方亦不得要求甲方承担任何经济责任。

（二）乙方在甲方任职期间，须遵守甲方规定的任何成文或不成文的保密规章、制度，履行与其工作岗位相应的保密职责。

（三）甲方的保密规章、制度没有规定或者规定不明确之处，乙方亦应本着谨慎、诚实的态度，采取任何必要、合理的措施，维护其于任职期间知悉或者持有的任何属于甲方或者虽属于第三方但甲方承诺有保密义务的技术秘密或其他商业秘密信息，以保持其机密性。

（四）除履行职务需要之外，乙方承诺，未经甲方同意，不得以泄露、告知、公布、发布、出版、传授、转让或者其他任何方式使任何第三方（包括按照保密制度的规定不得知悉该项秘密的甲方其他职员）知悉属于甲方或虽属于他人但甲方承诺有保密义务的技术秘密或其他商业秘密信息，也不得在履行职务之外使用这些秘密信息。

（五）双方同意，乙方离职之后仍对其在甲方任职期间接触、知悉的属于甲方或者虽属于第三方但甲方承诺有保密义务的技术秘密和其他商业秘密信息，承担如同任职期间一样的保密义务和不擅自使用有关秘密信息的义务，而无论乙方因何种原因离职。

（六）乙方承担的保密期限为无限期保密，直至甲方宣布解密或者秘密信息实际上已经公开。

（七）乙方承诺，在为第三方履行职务时，不得擅自使用任何属于甲方的技术秘密或其他商业秘密信息，亦不得擅自实施可能侵犯他人知识产权的行为。

（八）乙方因职务上的需要所持有或保管的一切记录着甲方秘密信息的文件、资料、图表、笔记、报告、信件、传真、磁带、磁盘、仪器以及其他任何形式的载体，无论这些秘密信息有无商业上的价值，均归甲方所有。乙方应当于离职时，或者乙方提出离职请求时，返还全部属于甲方的财物，包括记载着甲方秘密信息的一切载体，方能办理财务手续和其他手续。如乙方遗失前述任何材料，甲方有权要求乙方补齐或赔偿。

三、违约责任

（一）乙方在甲方任职期间如违反本协议任何一条款，甲方有权根据情节轻重，对乙方进行警告、罚款乃至解除劳动合同，甲方同时有权要求乙方赔偿损失和追究乙方其他责任。

（二）乙方从甲方离职后，如违反本协议任何一条款，应当一次性向甲方支付违约金壹万元整。给甲方带来经济损失的，除赔偿相应损失外，甲方将依据《中华人民共和国反不正当竞争法》、《中华人民共和国刑法》等相关国家与地方法律法规依法追究其法律责任。

（三）上述（一）、（二）所述损失赔偿包括甲方因乙方的违约行为所受的实际经济损失以及甲方因追究乙方的违约行为而支付的相关费用（包括但不限于调查费、律师费、诉讼费等）。

四、乙方确认，在签署本协议前已仔细审阅过协议的内容，完全了解协议各条款的法律含义，并知悉和认可公司《保密管理制度》。

五、甲、乙双方如因履行本协议发生争议的，可向甲方所在地劳动仲裁机构申请仲裁或向甲方所在地人民法院提起诉讼。

六、本协议一式二份，甲、乙双方各执一份，自签字之日起生效。

甲方（单位盖章）：　　　　　　　　乙方（签名或盖章）：

法定代表人（委托代理人）签名或盖章：

签订日期：　　年　　月　　日　　　签订日期：　年　　月　　日

# 第 16 章　工程合同中的保密条款设计

知识产权是一种依法保护发明创造者利益的制度，同时也是一种激励发明创造的良好机制，世界上绝大多数国家已在运用知识产权制度保护发明创造者权益，促进本国经济建设的快速发展。对于工程建设领域技术和资金密集型的建设项目，必须整合投资、技术、设计、施工四方力量，通过投资方出资、技术所有者许可技术、设计方设计、施工方实施，建设工程才能得以完成。尽管建设工程功能、质量、工期是各方追求的目标，但同样令各方关注的就是对现有知识产权的保护和在工程建设过程中形成的知识产权的归属问题。

## 16.1　技术许可合同中的保密条款

### 16.1.1　技术许可合同的概念

技术许可分为专利技术许可与专有技术许可，专利技术许可是指以专利为许可对象的交易活动；专有技术也称“技术秘密”、“技术诀窍”、“非专利技术”等，是英文中的“Know-how”的缩写。对于专有技术的含义，目前还没有统一的定义，通常认为专有技术指享有一定价值的可以利用的，在有限范围专家知道的，未在任何地方公开过其完整形式和不作为工业权取得任何形式保护的技术知识、经验、数据、方法或者上述对象的组合。在技术贸易中，除了专利技术许可合同外，同样大量存在专有技术许可合同。由于专有技术有其固有的秘密性的特点，较专利技术许可合同中通常约定被许可方应承担严格的保密义务更为严格。

专有技术不同于专利技术，其主要区别在于：首先，专利技术是公开的，其内容已通过专利说明书公诸于世，而专有技术是未公开的一种秘密技术，一旦丧失了秘密性，其商业价值通常也会随即丧失；其次，专利技术按照法律的规定有一定的保护期限，而专有技术无所谓保护期限问题，只要不泄密，就受到实际的保护。由此可见，专利技术主要依靠专利法律制度维持其商业价值，而专有技术主要依靠其秘密性维持其商业价值。一旦专有技术被泄密或被公开，即丧失了专有技术的价值而转为公开的技术，这将给专有技术的所有人带来巨大的商业损失。无论是专利技术许可或专有技术许可都应对其知识产权和保密条款设计的高度重视。

### 16.1.2 技术许可合同保密条款

#### 1. 保密条款

作为知识产权的许可转让对象，在以专利、技术秘密和技术服务为标的的技术许可交易中，受让人做出对许可技术予以保密的承诺并承担违约责任，是许可人提供和传授技术的前提，在技术许可合同中，设置知识产权和保密条款就是对现有知识产权的保护。许可人拥有的保密信息是其技术价值保值增值的生命线，许可人不能因一次许可行为而丧失其对技术秘密的独占权。因此，在技术许可合同中，许可人通常不惜篇幅反复要求受让人及与许可合同相关的一切人员对涉及的保密信息承担保密义务。技术许可合同知识产权和保密条款应主要包括以下几方面的内容：

（1）保密内容

保密内容即当事人约定的保密范围，也就是受让人应当对哪些技术资料承担保密责任。在实践中，这些保密资料是指有关许可技术的技术信息、技术诀窍，以及与此有关的各种形式的资料和数据，包括（但不限于）有关用于转让技术的设计、经验、制造、施工、运转、测试及维修的资料和数据，还应包括有关许可人在合同有效期内，向受让人披露的且不为公众掌握的在专有设备或改进方面的资料；同时，许可人亦应对受让人需要保密的信息承担保密义务。但是，这种保密义务并非绝对的，下列资料不应在双方的保密范围之内：

① 由于非信息接收方的行为或过错，在披露方披露保密信息时或者保密信息披露后，这些保密信息已经成为公知或者公众可以获得的信息；② 在披露方向其披露之前已经被接收方在不受保密限制的情况下合法地拥有；③ 由于技术秘密不能对抗独立开发出同一秘密技术和知识的第三人，故一方从有合法透露权的第三方在不受保密限制的情况下得到的信息应不在其保密的范围之内。

尽管特定保密信息及其某些特性被包含在已公开或者公众可以获得的信息中，这种情况下，不应把保密信息解释为上述情形。

（2）保密期限

保密期限即受让人承担保密义务的截止期限，该期限应当根据所转让的技术秘密的实际寿命以及国家相关的法律法规来确定。保密期限一般为技术许可合同生效日后的 5～20 年，但也有保密期限为 40 年的个案情况发生。在保密期间内，对于由一方向另一方透露的任何改进，保密期限需重新起计。如合同未成立或提前终止，不影响合同约定的双方应当承担的保密义务。保密期限通常等于或长于合同有效期。

（3）保密方式

保密方式即受让人应采取哪些措施、方法对标的技术进行保密。保密方式的根本问题在于采取严密的、有效的保密措施，一方面靠自身建立起有效的制度；另一方面靠法律的保障。在实践中，通常有两种保密方式：

① 在技术许可合同中规定技术资料的使用方法和回收方式，用合同条款来限制接触技术秘密的参与方；② 要求与接触核心技术秘密的个人签订保密协议，或者要求信息接收方在签署保密协议后，提供其与内部员工签署的保密协议，这要求信息接受方内部需建立起有效的保密制度。

（4）保密地域范围

保密地域范围即信息接收方承担的不向任何第三方泄露所负责保密技术的区域范围，该范围取决于合同的授权条款中所规定的授权性质。

（5）泄密责任

泄密责任通常包括承担违约责任的条件、方式、违约赔偿的范围以及违约金的数额等内容。

（6）知识产权归属

知识产权的许可人是标的技术的合法拥有者，故由许可人直接或者间接提供的所有保密资料，其产权均属许可人所有，受让人享有在合同规定范围内的一次性使用权。

（7）保密义务不适用的信息

该类信息通常包括：现在或以后进入公共领域的信息；可以证明该技术在泄露时被许可方已拥有，并不是以前从许可方直接或间接获得的信息；任何一方从第三方合法获得的，而不负保密义务的信息。对于上述三类信息，一般规定被许可方不负有保密义务。

**2. 技术使用许可合同范本**

**专利和专有技术使用许可合同**

许可人：________；被许可人：________

鉴于：________获国务院批准，对其资产进行了资产重组（以下简称“重组”），并作为发起人，依据中国法律于________年________月________日，成立了________公司。________向________公司注入重组前属于________及其下属企业或单位的主营业务，包括石油、天然气的勘探和开发、炼油、化工、管道运输、产品销售、有关科研机构以及相关的资产、负债和所有者权益（以下统称“核心业务”）。________及其相关下属企业或单位拥有用于核心业务的专利及专有技术，并愿意将该等专利及专有技术许可给________公司使用，且________公司有意使用该等专利及专有技术。据此，双方协议如下：

第1条　许可人

本合同许可人是________及其全权代表的相关下属企业或单位，其中包括________本身，以及向________发出关于代表其签署本合同等事宜的“授权委托书”的________的全资子公司及其所控制的企业或单位。

第2条 专利和专有技术

2.1 本合同项下的专利是指截止至本合同生效时

（1）许可人在中华人民共和国境内外与核心业务有关的，已获得专利权授予的由被许可人无偿使用的附件一所列之专利（以下简称“无偿使用的自有专利”）；

（2）许可人在中华人民共和国境内外与核心业务有关的，已获得专利权授予的由被许可人有偿使用的专利（以下简称“有偿使用的自有专利”）；

（3）许可人和其他共有人在中华人民共和国境内外共同拥有的与核心业务有关的附件二所列之专利（以下简称“共有专利”）。自有专利和共有专利以下统称为“许可专利”。

2.2 许可专利内容是指专利证书、说明书、权利要求书及附图等专利文件所涉及的全部技术内容。

2.3 本合同项下的专有技术是指截止至本合同生效时，许可人已经拥有的与核心业务有关的附件三所列的专有技术（以下统称“许可专有技术”）。

第3条 许 可

3.1 对无偿使用的自有专利及许可专有技术，许可人允许被许可人及其全资子公司和控股子公司自行继续无偿使用。

3.2 对有偿使用的自有专利，许可人允许被许可人及其全资子公司和控股子公司在重组前的使用范围内继续有偿使用，但须符合双方另行签订且有效的《产品和服务互供总协议》的规定。

3.3 被许可人及其全资子公司和控股子公司可以在重组前使用共有专利的范围内继续使用该共有专利。该共有专利原为无偿使用的，被许可人继续无偿使用，原为有偿使用的，被许可人应支付使用费。许可人承诺就上述使用取得该共有专利的其他共有人的同意。

3.4 被许可人根据本合同对本合同附件所列的许可专利及许可专有技术的使用系排他性的使用，但许可人仍然可以使用许可专利及许可专有技术。许可人许可第三方使用或向第三方转让许可专利及许可专有技术，应提前通知被许可人，被许可人自收到该通知之日起 30 日内不表示异议，许可人可以许可第三方使用或向第三方转让。如上述许可或转让可能对被许可人的主营业务构成严重影响者，则被许可人有权不同意该等许可或转让。

3.5 被许可人根据本合同的规定对本合同附件所列之外的许可专利及许可专有技术的使用是非排他性的使用。

第4条 期 限

4.1 被许可人可以使用任何一个或多个许可专利及许可专有技术直至该许可专利期限满后或该许可专有技术变成公开信息而不受法律保护或直至双方达成协议的终止使用日期。

4.2 上述 4.1 条所述之期限后满或终止，不影响本合同项下其他许可专利及许可专有技术的许可使用。

第5条 专利和专有技术资料的提交及后续服务的提供

5.1 许可人应自合同生效之日起应被许可人不时之要求将许可专利和许可专有技术资料提交予被许可人。

5.2 许可专利和许可专有技术实施的后续服务应保证许可专利及许可专有技术的有效实施，具体应视不同情况而定。需许可人提供技术人员予以指导的，许可人应予以充分合作，并安排专人负责有关指导工作。

第6条 维护费用

对于无偿使用的专利、专有技术，被许可人须于每年12月31日之前向许可人支付该年度许可人按照法律、法规的规定为维系该等许可专利及许可专有技术的有效性而已经实际支出的费用。但是，被许可人不需向许可人支付按照本合同的规定被许可人已经停止使用的本合同项下一个或多个许可专利及许可专有技术的维系费用。

第7条 双方的权利和义务

7.1 许可人的权利：

1. 有权在自身范围内制造、使用、销售与许可专利及许可专有技术有关的产品，或者使用许可专利方法及许可专有技术。

2. 有权取得被许可人对许可专利及许可专有技术改进部分的使用权，但应补偿被许可人因该等改进而合理支出的费用。

3. 有权获得许可专利及许可专有技术所申请的各级发明和科技奖励。

4. 有权要求被许可人依本合同约定支付本合同第6条规定的费用。

7.2 许可人的义务：

1. 许可人允许第三方使用或向第三方转让许可专利及许可专有技术，应遵守本合同3.4条、3.5条的规定。

2. 依据本合同第2条及第5条的规定，提供全部技术资料和技术服务。

3. 及时向有关机关交纳有关维系许可专利申请和许可专利权的有效性的费用。

4. 被许可人在实施过程中有关的技术及其经营秘密承担保密义务。本条规定的保密义务在本合同终止后继续有效。

5. 依据被许可人要求或专利权保护需要，向国家有关机构就有关许可专利申请保护。

6. 承诺并保证本合同项下许可专利及许可专有技术许可的合法性。如果有第三方因本合同向被许可人提出权利请求或诉讼时，许可人有义务赔偿被许可人因此而致的一切损失及费用支出。

7. 依据3.3条规定，承诺取得共有专利的其他共有人的同意。

8. 合同签订后，许可人负责依法向专利管理机关办理本合同备案存查手续。

7.3 被许可人的权利：

1. 有权在本合同规定的范围内制造、使用和销售与许可专利及许可专有技术有关的产品，或者使用许可专利方法及许可专有技术。

2. 有权获得实施和使用许可专利及许可专有技术所必要的全部技术资料和技术服务。

3. 有权得到许可人对许可专利及许可专有技术改进部分的使用权，但应补偿许可人因该等改进而合理支出的费用。

4. 有权对许可专利及许可专有技术进行改进，由被许可人独立进行的改进，其改进部分归被许可人所有。

5. 对许可专利及许可专有技术实施后取得的成果，有申请各级发明和科技奖励的权利。

6. 有权就许可专利产品及许可专有技术产品参加各级名优产品的评比，所获得的荣誉和物质利益归被许可人所有。

7.4　被许可人的义务：

1. 许可人与第三人就许可专利及许可专有技术再签订使用许可合同应事先通知许可人，并获得许可人同意，且应遵守本合同 3.4 条、3.5 条的规定。

2. 发生许可专利及许可专有技术侵权事宜，许可人负责向有关部门投诉或起诉，被许可人应当协助查明。

3. 许可人对本合同项下的许可专有技术和提交的资料承担保密义务。本条规定的保密义务在本合同终止后继续有效。

4. 承担生产、销售许可专利产品应缴纳的各种税款。

5. 本合同第 6 条规定向许可人支付有关费用。

第 8 条　双方进一步的保证

许可人和被许可人有义务采取进一步的其他必要的行动，包括签署其他有关的协议或合同或文件，以确保本合同宗旨和规定内容的实现。

第 9 条　合同的变更和终止

9.1　对本合同的任何变更，须经双方同意，并以书面形式作出方可生效。

9.2　本合同按下列方式终止：

1. 合同期限满后，或

2. 合同有效期限内双方达成终止协议，或

3. 合同任何一方因地震、风暴、水灾、战争等不可抗力丧失继续履行本合同的能力，或

4. 法律、法规的规定，或有管辖权的法院或仲裁机构所做出的终止本合同的判决、裁定或决定而终止本合同。

9.3　无论 9.1 和 9.2 条如何规定，每年 12 月 31 日之前，被许可人有权按其生产经营需要，决定终止使用本合同项下一个或多个许可专利及许可专有技术，并须在该日之前书面通知许可人该等终止。一俟被许可人按前款规定终止使用该等专利及专有技术，则被许可人从下一个年度起对该等专利及专有技术不再支付本合同第 6 条所规定之费用。

第 10 条　违约责任

任何一方违约，另一方可以要求或采纳本合同和法律所允许的补救措施，包括但不限于实际履行和补偿经济损失。

第11条 双方的陈述和保证

11.1 许可人的陈述和保证:

1. 许可人是依法成立的企业，具有独立的法人资格，现持有有效的营业执照。

2. 许可人一直依法从事经营活动，并未从事任何超出法律规定的营业范围的活动。

3. 许可人为签署本合同所需的一切政府审批（如需要）以及内部授权程序都已获得或完成，签署本合同的是许可人的有效授权代表，并且本合同一经签署即构成对许可人有约束力的责任。

4. 许可人签署本合同或履行其在本合同项下的义务并不违反其订立的任何其他协议或其公司章程，亦不违反任何法律、法规或规定。

11.2 被许可人的陈述和保证:

（1）被许可人是依法成立的股份制企业，具有独立的法人资格，现持有有效的营业执照。

（2）被许可人一直依法从事经营活动，并未从事任何超出法律规定的营业范围的活动。

（3）被许可人为签署本合同所需的内部程序都已完成，签署本合同的是被许可人的有效授代表，并且本合同一经签署即构成对被许可人有约束力的责任。

（4）被许可人签署本合同或履行其在本合同项下的义务并不违反其订立的任何其他协议或其公司章程，亦不违反任何法律、法规或规定。

第12条 不可抗力

12.1 如果本合同任何一方因受不可抗力事件[不可抗力事件指受影响一方不能合理控制的，无法预料或即使可预料到也不可避免且无法克服，并于本合同签订日之后出现的，使该方对本合同全部或部分的履行在客观上成为不可能或不实际的任何事件。此等事件包括但不限于水灾、火灾、旱灾、台风、地震及其他自然灾害、交通意外、罢工、骚动、暴乱及战争（不论曾否宣战）以及政府部门的作为及不作为]影响而未能履行其在本合同下的全部或部分义务，该义务的履行在不可抗力事件妨碍其履行期间应予中止。

12.2 声称受到不可抗力事件影响的一方应尽可能在最短的时间内通过书面形式将不可抗力事件的发生通知另一方，并在该不可抗力事件发生后十五日内以手递或挂号空邮向另一方提供关于此种不可抗力事件及其持续时间的适当证据。声称不可抗力事件导致其对本合同的履行在客观上成为不可能或不实际的一方，有责任尽一切合理的努力消除或减轻此等不可抗力事件的影响。

12.3 不可抗力事件发生时，双方应立即通过友好协商决定如何执行本合同。不可抗力事件或其影响终止或消除后，双方须立即恢复履行各自在本合同项下的各项义务。如不可抗力及其影响无法终止或消除而致使合同任何一方丧失继续履行合同的能力，则适用本合同9.2（c）关于合同终止的规定。

第13条 其他规定

13.1 除本合同另有规定外，未经另一方书面同意，任何一方不得转让其在本合同项下的全部或部分权利或义务。

13.2 本合同及其附件构成双方全部协议，并取代双方以前就该等事项而达成之全部口头或书面的协议、合约、理解和通信。

13.3 本合同任何一条款成为非法、无效或不可强制执行并不影响本合同其他条款的效力及可强制执行性。

13.4 本合同或其附件的修订仅可经书面协议并经双方授权代表签字且须经双方采取适当的法人行动批准而作出。

13.5 除非另有规定，一方未行使或延迟行使其在本合同项下的权利、权力或特权并不构成对这些权利、权力或特权的放弃，而单一或部分行使这些权利、权力或特权并不排斥任何其他权利、权力或特权的行使。

13.6 本合同附件是本合同不可分割的组成部分，并与本合同具有同等约束力，如同已被纳入本合同。

第 14 条 通 讯

一方根据本合同规定作出的通知或其他通讯应采用书面形式并以中文书写，并可经专人手递或挂号邮务发至以下规定的另一方地址，或传真至另一方规定的传真号码，通知被视为已有效作出的日期应按以下的规定确定：

1. 专人交付的通知应在专人交付之日被视为有效。

2. 挂号邮务寄出的通知应在付邮（以邮戳日期为准）后第 7 天（若最后一天是星期日或法定节假日，则顺延至下一个工作日）被视为有效。

3. 传真形式发出的通知应被视做于传真完毕的时间作出，唯发件人应出示真机就其所发出的文件而打印的报告以证明有关文件已经完满地传给对方。

4. 许可人地址：________；被许可人地址：________。

第 15 条 适用法律和争议的解决

15.1 本合同应适用中华人民共和国法律并应根据中华人民共和国法律解释。

15.2 凡因本合同引起的或与本合同有关的任何争议，由双方协商解决。若协商不成，任何一方均可将该等争议提交________仲裁委员会，按照申请仲裁时该仲裁委员会有效的仲裁规则进行仲裁。仲裁裁决是终局的，对双方均有约束力。

第 16 条 附 则

16.1 本合同以中文书写。

16.2 本合同正本一式________份。本合同在双方授权代表签署并加盖公章后生效，且其效力追溯至________年________月________日，各份合同具有同等效力。

许可人（盖章）：________； 被许可人（盖章）：________

法定代表人（签字）：________； 法定代表人（签字）：________

__________年____月________日　　　　__________年____月________日

签订地点：____________________；　　签订地点：____________________

附件

1. 无偿使用的自有专利清单（略）
2. 共有专利清单（略）
3. 专有技术清单（略）

### 16.1.3 技术改进成果的分享探讨

根据《合同法》第 354 条的规定，技术转让合同的当事人可以按照互利的原则，在技术转让合同中约定实施专利、使用技术秘密后续改进的技术成果的分享办法。如果双方在合同中约定许可人将改进和发展的技术无偿提供给受让人，这种做法习惯上被称为继续提供技术援助；而如果约定受让人将自己改进或发展的技术成果提供给许可人，则称为技术回授，是交叉许可的一种形式。

在技术许可合同谈判过程中，多数许可人认为，受让人对技术的改进和发展更多的是基于许可人原有的技术，因此要求合同规定不允许受让人改进或发展技术，或者改进或发展后的技术全部归许可人所有。但是这种做法在一定程度上缺乏公平性，在合同谈判中很难达成一致，很多国家的法律都规定这种类型的条款属于限制性条款，我国 2002 年颁布的《技术进出口管理条例》第 29 条就规定此种做法属于限制条款。关于技术改进成果的归属，《合同法》第 354 条作如下规定：没有约定或者约定不明确的，在合同生效后，当事人之间可以协议补充；不能达成补充协议的，按照合同有关条款或者交易习惯确定；仍不能确定的，一方后续改进的技术成果，其他各方无权分享。

一般而言，分享改进和发展的技术成果应该是有偿的。在合同的有效期内，双方均承担相互交换改进和发展原有技术的义务，对于双方之间进一步发展合作、更好地完成技术转让是有利的，同时有偿的分享可以使双方均能受益。值得注意的是，在合同有效期限内如果一方对许可技术进行实质性的改进和发展，可能会生产更新换代的产品，甚至是完全变换成另一种产品，这时双方是否还承担相互交换改进和发展技术成果的义务就值得商榷。因而受让人在合同中对“合同产品”如何定义以及许可人在谈判中如何限制技术的使用范围时应特别谨慎。

## 16.2 勘察设计合同中的保密条款

### 16.2.1 勘察设计成果知识产权归属

工程建设项目建设过程中形成的知识产权的权利归属问题，主要涉及两个方面：一是委托人、勘察设计人之间的知识产权归属；二是许可人与被许可人之间关于技术改进成果的分享。根据《著作权法》第3条规定：工程设计图、产品设计图等图形作品和模型作品受著作权法保护。工程设计与一般的美术作品最本质的区别在于其实用性，其设计目的是用以施工或生产。

### 1. 委托作品著作权归属的法律基础

对于工程设计、产品设计图纸的著作权归属问题往往成为合同双方争论的焦点之一。一般而言，工程设计、产品设计图纸是因设计人接受发包人、建设单位的委托而创作的作品，属于委托作品的范畴。对待委托作品著作权归属问题上，英美法系和大陆法系有截然不同的规定。

英美法系的国家把委托作品视为一种特殊的雇佣作品，委托人作为雇主被视为作者并享有著作权，这种情况以美国著作权法的规定最为明显，美国版权法第201条b项规定："作品为雇佣作品的，雇主或委托作品的其他人视为作者，享有版权中的一切权利，但各方以签署的书面文件做出明确相反规定的除外。"1976年美国著作权法第101条规定："雇佣作品指：（1）雇员在其工作范围内所完成的作品或；（2）作为集体作品的构成部分，作为电影作品或其他音像作品的组成部分，作为译文、辅助作品、编辑作品，作为教学课文、试题、试题解答资料或作为地图集来使用的特约或委托作品，如各方以签署的书面文件明示同意视该作品为雇佣作品者。"从美国著作权法的上述规定可以看出，并非所有的委托创作作品都属于雇佣作品。首先，只有法律规定的上述九种作品才可能属于雇佣作品；其次，双方当事人必须以书面合同的方式明确约定，有关的作品应当被视为雇佣作品，只有符合上述两个条件的作品才属于雇佣作品。

在大陆法系国家，著作权被认为是天赋人权的延伸，作者的权利应当首要指其作品的身份权和维护作品所体现的人格尊严的权利。在法国，无论委托方与受托方有无合同约定，著作权的精神权利一律归作者，即使合同也不能约定著作权人身权归委托人享有，而多数国家则允许委托人和受托人在委托合同中确定著作权归属。我国《著作权法》第17条规定："受委托创作的作品，著作权的归属由委托人和受托人通过合同约定。合同未作明确约定或者没有订立合同的，著作权属于受托人。"尽管规定了委托创作作品的著作权默示属于受托人，但并未排除合同双方可以通过合同约定确定著作权归属的情况，这也是勘察设计合同双方在设定该条款时经常引发争论的原因。

### 2. 委托作品著作人身权的归属

大陆法系国家里，尽管称谓可能不同，但著作权包含人格权与财产权是不争的事实。对于我国《著作权法》，学界通常认为我国深受大陆法系主要国家的影响而采取"二元论"的立法思想，即著作权包括两种性质相异的权利：著作人格权和著作财产权；两种权利均源于作者的人格，并在"著作权"这单一称谓下结合为一体；它们尽管不能单独构成著作权，却是完全相互分离的。其理由如下：首先，我国《著作权法》第10条明确规定：著作权包括人身权和财产权。这表明我国《著作权法》认为人身权和财产权相互独立存在的。其次，同时第10条规定：著作权人可以许可他人行使、全部或部分转让本条第一款第（五）项至第（十七）项规定的权利”。上述权利均属于著作权中的财产权利。《著作权法》第19条、第20条和第21条的规定都表明：我国《著作权法》奉行了对经济权利实行可转让和有时限的原则，而精神权利则遵循不得转让、不受时效和永存等原则。

我国建设市场实行资质管理的市场准入制度，规定凡从事勘察、设计和咨询活动的单位，必须取得资质证书，方可开展勘察、设计和咨询业务。经受托人签字并盖章的图纸和文件方可用于工程建设中，签字盖章也是受托人承担责任的重要依据。这与《著作权法》所保护的其他作品，如文学作品；口述作品；音乐、戏剧、曲艺、舞蹈、杂技艺术作品；美术、建筑作品；摄影作品；电影作品和以类似摄制电影的方法创作的作品等争抢“署名权”有着本质的区别。

### 3. 职务作品的著作权归属和行使

我国《著作权法》规定，公民为完成法人或者其他组织工作任务所创作的作品是职务作品。关于职务作品的著作权归属和行使，其实质就是工作成果完成人所完成的成果是否构成职务作品。对此，我国相关法律已作了明确详尽的规定：

《著作权法》第16条：“公民为完成法人或者其他组织工作任务所创作的作品是职务作品，除本条第二款的规定以外，著作权由作者享有，但法人或者其他组织有权在其业务范围内优先使用。作品完成两年内，未经单位同意，作者不得许可第三人以与单位使用的相同方式使用该作品。”

《专利法》第6条：“执行本单位的任务或者主要是利用本单位的物质技术条件所完成的发明创造为职务发明创造。职务发明创造申请专利的权利属于该单位；申请被批准后，该单位为专利权人。非职务发明创造，申请专利的权利属于发明人或者设计人；申请被批准后，该发明人或者设计人为专利权人。利用本单位的物质技术条件所完成的发明创造，单位与发明人或者设计人订有合同，对申请专利的权利和专利权的归属作出约定的，从其约定。”

《合同法》第326条：“职务技术成果的使用权、转让权属于法人或者其他组织的，法人或者其他组织可以就该项职务技术成果订立技术合同。法人或者其他组织应当从使用和转让该项职务技术成果所取得的收益中提取一定比例，对完成该项职务技术成果的个人给予奖励或者报酬。法人或者其他组织订立技术合同转让职务技术成果时，职务技术成果的完成人享有以同等条件优先受让的权利。职务技术成果是执行法人或者其他组织的工作任务，或者主要是利用法人或者其他组织的物质技术条件所完成的技术成果。”《合同法》第327条：“非职务技术成果的使用权、转让权属于完成技术成果的个人，完成技术成果的个人可以就该项非职务技术成果订立技术合同。”

目前我国签订勘察设计与咨询合同的受托方都是法人或其他组织，在受托方领受任务后，一般都是交由本单位的人员进行创作。因此，勘察设计与咨询作品对于受托人与创作人而言属于职务作品关系；而对于委托方和受托方而言又属于委托作品。如果委托合同中规定著作权由委托方（建设单位）享有，受托方（勘察设计单位）则不享有著作权，则受托方（勘察设计单位）创作人的署名权也就因此而丧失。为此，《工程勘察设计咨询业知识产权保护与管理导则》第 3 条明确规定："执行勘察设计咨询企业的任务或主要利用企业的物质技术条件完成的，并由企业承担责任的工程勘察、设计、咨询的投标方案和各类文件等职务作品，其著作权及邻接权归企业所有。直接参加投标方案和文件编制的自然人享有署名权。建设单位按照国家规定支付勘察、设计、咨询费后所获取的工程勘察、设计、咨询的投标方案或各类文件，仅获得在特定建设项目上的一次性使用权，其著作权仍属于勘察设计咨询企业所有。"但是，作为受托人完成工程勘察、设计、咨询作品的输入条件，发包人和/或其专利商、其他服务承包商向受托人提交的或即将提交的资料所含的知识产权应归发包人或其提供者所有。

### 16.2.2 著作权中人身权利让渡问题探讨

《著作权法》第 17 条的规定："受委托创作的作品，著作权的归属由委托人和受托人通过合同约定。"由于该条对于著作权并没有限制为财产权，因此从该法条的字面意思进行解释，著作权的人身权也可以通过约定进行转移；另外，《著作权法》第 10 条第二、三款规定了著作权人可以将财产权许可或转让给他人，但并没有对人身权利让渡作出相反的规定，这就给人身权利的让渡留下了合法空间。换言之，委托人完全可以通过合同约定的方式取得全部的人身权，即署名权、修改权、保护作品完整权以及发表权。

在一些特殊的条件下，人身权利中的发表权、修改权、保护作品完整权都是可以让渡给他人的。如《著作权法实施条例》第 22 条规定的对作者生前未发表的作品由继承人、受遗赠人或作品原件所有人行使发表权的情形，就是人身权利转移的法定情形。在人身权利让渡中，是否获得对价并不是问题的关键，只要权利可以让渡，就可能也可以获得对价。例如，许可他人修改自己的作品而获得报酬，固然是作者行使修改权的一种方式，但也是以合同方式转移人身权利并获得对价的典型方式。作者的署名权往往被认为是绝对的人身权而强调不许转让，其实，署名权亦可让渡。现实生活中，署名权的让渡是很普遍的。比如，委托人颇有社会地位和学术影响力，而受托人是天分很高却没有多少名气的作家，受托人通过这种方式将作品向公众提供并逐渐积累经验；又比如，受托人对完成的作品不满意担心影响声誉而不肯署名，委托人却愿意认可的情形。因此，当事人对自己权利的处分（包括署名权的让渡）并不违反法律的强行规定，认定人身权利绝对不可转让，既没有法律依据，也不符合客观实际。

根据《建设工程勘察设计管理条例》第 19 条的规定，设计工作的分包需要经发包人的书面同意，但一般情况下发包人更注重设计单位的资质和管理水平，不希望分包的情况发生。在这种情况下，当设计单位因人力不足需要引入外部人力资源时，就只能有两种形式：其一，作为临时雇员，雇用符合条件的工程师充实到设计项目组中从事设计工作；另一种是以与设计资质较低的公司签署技术服务合同的形式，要求设计资质较低的公司提供符合条件的工程师参与设计项目组中从事设计工作。但无论哪一种方式，最终设计文件都要需要设计单位进行校核和审核，使用设计单位的图签和校审图章。也就是说，设计单位对使用外部人力资源完成的图纸承担责任。在这种情况下，尽管外部的工程师完成了项目设计工作，但考虑人员管理以及设计责任的问题，有时是不需要完成者的“署名”。另外，在实习期间的技术人员，因其没有签署设计文件的资格，而需要有资格的人员来签署，这些都是工程设计领域著作权中的人身权利让渡的典型范例。这种人身权让渡的形式，需要设计单位制定严格的质量管理体系和制度，保证设计文件始终处于受控状态。需要注意的是，根据《建设工程勘察设计管理条例》第20条的规定，“建设工程勘察、设计单位不得将所承揽的建设工程勘察、设计转包”。即转包是被禁止的。

### 16.2.3 勘察设计合同知识产权和保密条款

基于上述讨论，在设置工程勘察设计合同的知识产权和保密条款时，应包括如下条款：

（1）发包人和/或其专利商、其他服务承包商提交的或即将提交的资料和/或其他数据中所含的知识产权归发包人所有。

（2）在合同签署前勘察人、设计人提交的或即将提交的与工作有关的勘察、设计或其他数据中所含的知识产权，以及勘察人、设计人在实施工作过程中开发、采用及修改的知识产权仍应归勘察人、设计人所有。但是，勘察人、设计人在此向发包人授予一次性使用权，用于合同装置的操作、维护、更改及扩建。

（3）未经勘察人、设计人书面同意，重复使用上述文件时，须由发包人单方承担风险，且勘察人、设计人对此不承担任何赔偿责任或法律责任。

由此可以看出，工程勘察、设计工作成果的著作权中的人身权归于完成人，即勘察、设计人所有，而将工作成果的著作权中部分适用的财产权，如复制权，以及一次性使用权授予发包人用于特定建设项目上。同时，工程勘察设计合同的双方当事人均应保护对方的知识产权，未经对方书面同意，任何一方均不得对对方的资料及文件擅自修改、复制或向第三方转让或用于本合同项目外的项目。如发生以上情况，泄密方承担一切由此引起的后果并承担赔偿责任。

## 16.3 技术咨询合同中的保密条款

与技术服务合同一样，技术咨询合同的履行过程，事实上也是一个当事人之间互通技术信息、交流工作成果的过程，这一过程为双方当事人创造出更新的技术成果提供了条件和机会。根据《合同法》第363条规定：“在技术咨询合同、技术服务合同履过程中，受托人利用委托人提供的技术资料和工作条件所完成的新的技术成果，属于受托人。委托人利用受托人的工作成果所完成的新的技术成果，属于委托人。当事人另有约定的，按照其约定。”双方均应保护对方的知识产权，未经对方同意，任何一方均不得对对方的资料及文件擅自修改、复制或向第三方转让或用于合同项目外的项目。如发生以上情况，泄密方承担一切由此引起的后果并承担赔偿责任。保密责任属于后合同义务，合同变更、中止、终止后保密条款仍然有效。双方当事人可以在合同中约定保密期限。

# 第 17 章　企业知识产权档案管理

知识产权竞争在当今世界经济竞争中的地位越来越突出，产品的科技含量也最终决定了产品价格。知识产权档案是知识产权的载体之一，也是单位档案管理的重要组成部分。本章就企业如何做好知识产权的档案管理工作进行简要阐述。

## 17.1　企业知识产权档案管理概述

### 17.1.1　知识产权档案的含义

企业知识产权档案属于企业档案但又不同于一般文书档案、人事档案，它的产生具有一定的时代背景，是在国际国内知识产权的活动频繁情况下形成出现的，作为企业知识产权活动的伴生物，企业知识产权档案真实地记载了企业知识产权的创造过程，对推动国家知识产权战略具有重要意义。因此，我们应顺应时代发展的趋势，遵循企业知识产权活动过程中呈现的规律和特点，积极进行企业知识产权档案管理活动。

根据企业知识产权活动的特点，目前学者对知识产权档案的定义进行了界定，熊志云在《知识产权保护和知识产权档案管理》中说到，所谓企业知识产权档案是指企业所有知识产权活动的获取以及知识产权的实施、保护工作过程中所形成的一切具有保存价值文件材料经过归档整理后形成的文件集合。王全兰、朱晓光在《企业知识产权档案及其管理》中，将企业知识产权档案定义为，企业知识产权活动过程中所形成的记录其知识产权权利取得、维护、使用及保护过程的原始记录。他们主要是从企业知识产权活动涉及的流程来界定知识产权档案范围，而胡风云则主要从知识产权活动涉及的具体内容来界定知识产权档案范围。他在《浅谈知识产权档案管理工作》中讲到，知识产权档案是知识产权真是记录和重要载体，主要包括专利档案、商标档案、著作权档案和商业秘密档案等。通过对上述学者定义的理解，是否可以对知识产权档案下这样的定义：所谓企业知识产权档案，是指“企业在知识产权活动中形成的具有保存价值的有关知识产权申请、审查、授权、转让、维权等活动所产生的文件材料。”具体内容包括专利、商标、著作以及商业秘密活动中直接形成的文件材料以及企业在进行反不正当法竞争活动中形成的法律文件材料。从知识产权档案材料来源划分，总体可分为两个方面：一是由政府设置的行政管理机关及各种知识产权代理机关就有关知识产权（包括专利权、商标权、著作权等）的申请、审批、转让、出版、授予权利等过程中形成的官方的或具有法律效力的正式文件；二是企业记载知识产权成果内容及其形成过程的相关文件和事实背景材料。

知识产权档案本身具有知识产权档案除了具有科学性、完整性、服务性的特点外，还具有其独特性，例如知识产权中的专有技术和商业秘密具有保密性，涉及企业经营管理等各项活动，对企业发展产生重大影响等信息。

### 17.1.2 知识产权档案管理特点

知识产权档案管理是以企业知识产权档案为主要对象的，按照一般档案管理的原则和科学方法，遵循知识产权活动特点，对知识产权档案进行收集、整理、保管、鉴定、检索、利用、编研、统计。企业知识产权档案管理不仅包括专利档案、商标档案、著作权档案、商业秘密档案，还包括企业在开发知识产权战略、进行知识产权管理中所形成的一切文件性资料。因此，知识产权管理并非知识产权与档案的简单叠加，而是两者在企业知识产权战略管理活动中，置于企业发展战略和知识产权战略下的有机结合，在开展知识产权管理工作时，既要“尊重文件形成规律、保持文件形成特点，维护档案文件的原始记录性”，又要积极服务于企业知识产权发展战略，充分实现档案的集中统一管理，维护档案的完整和安全、积极提供利用档案的管理原则，要把档案管理和知识产权管理纳入同一管理体系中，就必须把档案管理和知识产权管理两方面的内容有机地融合在一起，统统置于企业发展战略和知识产权战略的框架之下。具体讲企业知识产权管理具有以下特点：

#### 1. 法定性与动态性结合

企业知识产权档案是企业知识产权活动的产物，对知识产权档案实施管理应依据相关的知识产权制度进行，一是企业的知识产权档案管理必须遵守知识产权法相关规定；二是企业的知识产权档案管理还必须与企业内部规章制度相符合，企业内部各岗位、各部门的具体职责以及管理方法、程序等都通过具体的规章制度加以明确，这样可以确保企业知识产权档案管理能够有序地进行。

法定性反映了企业的知识产权档案管理的稳定性的一面，但同时还应看到其动态的一面。知识产权是一种具有时间限制的权利，我们所取得的知识产权只是在法律规定的时间内受法律保护，一旦超出法律规定的时间，知识产权就会终止，将不再受知识产权法律保护，另外，知识产权还可能因为各种原因而被撤销、被宣告无效、被注销或者导致其提前终止，因为这些信息都是动态的，作为企业的知识产权活动产物的知识产权档案在管理过程中也应该是动态的。例如就企业注册商标而言，需要继续使用该商标的，就应该按照法律规定提出续展申请，以确保其正常续展；就专利而言，专利人应当每年按时向国务院专利行政管理部门缴纳专利维持费，如果不按时缴纳，将有可能导致专利提前终止。由此可见，续展的申请文件、每年定时缴纳的持续非生成的缴费单都是知识产权档案的一部分，应对其实施动态管理。动态性的另一方面表现为：国家知识产权制度和政策的调整也会影响到企业的知识产权的档案管理，比如，按照专利法相关规定，某些不具有可专利性的发明创造主题如果在专利修改时被赋予了可专利性，也就是说，正对这些技术发明企业可以申请技术专利，那么，知识产权活动范围必然发生变化，随之产生的企业的知识产权档案管理范围也会发生变化。因此，要使知识产权档案管理发挥作用，企业应当以经营管理机制为切入点，对其实施动态管理，这就要求企业的知识产权档案管理人员密切关注法律制度、市场状况及相关权利状态变化，以便对其管理工作及时做出调整。

2．战略性与从属性结合

企业的知识产权档案管理是各类企业尤其是高新技术企业实施知识产权管理的战略选择。一方面企业知识产权档案管理记载了企业新的科学方法和手段，通过对这些档案的开发利用可以不断提高企业产品和服务的科技含量，增强企业的核心竞争力，使企业在竞争中处于领先地位；另一方面知识产权档案的凭证性可以化解知识产权纠纷，从而减少知识产权侵权行为给企业带来的巨大损失。建立完备、科学、系统的知识产权档案管理制度是实现企业知识产权战略目标的重要基础保障。可见企业知识产权档案管理只是企业知识产权战略管理的一部分，其目的是保护利用知识产权为企业获得最佳的市场效益。所以，企业知识产权档案管理要与企业经营管理计划相符合，要围绕企业经营管理和知识产权战略的指导思想与目标来运作，并时时注意与企业其他相关领域的管理结合起来，同时企业知识产权档案管理作为企业档案管理的一部分，从属于“档案”这一基本概念，对知识产权档案的管理也应遵循档案管理的一般原则。因此，企业的知识产权档案管理又具有从属性的特征。

3．专业性与成套性结合

知识产权档案最突出的一个特征就是专业性，他的专业性集中表现在两个方面，即形成领域和内容性质。首先，知识产权档案产生的领域具有鲜明专业性的特点时产生于特定的知识产权活动中，是知识产权各项活动的原始记录；其次，内容性质具有鲜明的专业特征，它所记载的内容是由它反映的具体专业领域决定的，如商标档案、专利档案、商业秘密档案都集中反映了知识产权活动中商标、专利、商业秘密的相关内容，除有专业性，知识产权档案还具有成套性的特点，这是由知识产权活动的特点所决定的，任何一种具体的知识产权活动都是以某个特有的现象为对象进行的，比如，一项专利的申请活动，一个商标的注册管理活动等都围绕着专利、商标法定申请程序进行，规律性地形成了一系列相关的知识产权档案，这些知识产权档案记载反映了该项具体知识产权从产生、使用、管理到维护的全过程。它们虽然在不同的工作阶段具有不同的特点，但总体又以知识产权活动程序和内容紧密衔接，构成一个知识产权活动的有机文件整体，这就是知识产权档案成套性特点。

### 17.1.3 知识产权档案管理意义

在知识经济时代，知识产权已经成为企业进行技术创新、资本运营和开拓国际市场的核心竞争力，企业为了在激烈的市场竞争中取胜，纷纷开始建立完善的知识产权管理制度，知识产权管理的一个重要目的就是对知识产权信息进行收集、整理、分析、以确定知识产权保护相关的法律状态，主要包括科研指导信息监测、知识产权申请信息监测、知识产权运营信息监测、知识产权维权信息监测等方面，因此，对作为知识产权信息载体的知识产权档案进行有效的管理是当前知识产权管理制度的一个重要内容之一。做好知识产权档案管理工作，既可以为工作查考保存历史证据，又可以服务于知识产权日常管理，而且在直接参与知识产权故那里活动、推动企业档案工作与社会同步发展过程中，也具有重大的现实意义。

#### 1. 有利于增强企业的创新能力

拥有知识产权状况是一个国家及其企业竞争力的标志，而知识产权的产生依赖于企业自主创新能力，一个创新能力较高的企业必然拥有较多的知识产权，我国企业与发达国家比较，大多数企业的创新能力相对较差，知识产权拥有量较少，影响了我国企业的竞争力，而有效的知识产权档案管理则有利于增强企业的创新能力。企业进行企业的知识产权档案管理一是可以增强企业员工的创新意识和知识产权意识，促使其主动进行技术后产品的创新、改进；二是通过建立有效的企业的知识产权档案激励机制，鼓动员工做好知识产权档案的基础管理工作，为员工的创新工作给予信息支撑；三是有效的企业知识产权档案管理本身可以为企业的研发提供帮助。以技术研发为例，企业可以通过专利信息检索和分析，避免进行重复研发，并可以在他人已有的基础上进行研发。同时企业可以通过专利信息检索和分析可以了解行业内的整体情况，并预测技术发展趋势，可以为企业研发提供参考。

企业知识产权档案不仅真实记载了发明创造已经取得的核心技术，对当前研制过程中存在的问题以及还没有实现的想法也进行了详细记录。这些问题可能就会吸引其他员工的好奇，以此为突破口，激发他们创新热情和灵感，产生新的发明创作。目前，国外许多企业已经充分认识到企业知识产权档案的重要价值并将其视为赢得生存的一大法宝，不惜投入巨量资本，千方百计地增强对企业知识产权档案管理，收集有关创造发明所形成的知识产权档案，以便更好地服务于企业的研究开发。

#### 2. 为企业知识产权运营提供服务

作为知识产权档案一部分的商标档案也是一种历史记录与原始凭证，它是对商标使用发展过程的真实反映，在企业商标价值评审活动中能发挥一定的作用。商标价值评审部门要对商标所具有的综合价值进行评估，必须依据一定的信息，而商标档案恰恰保存了这些信息的真实情况。评估部门可以通过查阅相关商标档案了解商品的等级、商标的使用年限、企业遵纪守法情况以及消费者对商品的认可程度等，并以此对商标的价值做出客观的评价。1992 年青岛啤酒厂为了获得更好的发展，实施了股份制改造，首先面对的一个问题就是要对青岛啤酒的商标价值进行评估。青岛啤酒厂为此向评价单位提供了相关的丰富的商标档案，相关人员正是通过查看这些商标档案，综合运用超额收益法和效益现值法，才对青岛啤酒商标的价值作出了 2.1 亿多元人民币的评估结果。

商标档案可以辅助提高企业形象。企业商标档案中有关企业商品质量、企业信誉等众多丰富的信息，企业可以借助商标档案参加诸如“驰名商标”、“信用企业”等各项评比活动，这样可以很好地提升企业的形象。

更好地运营企业的知识产权。知识产权只有更好地运营才能够为企业带来良好的经济效益，企业除了自己使用或实施其知识产权以获取利益外，还可以借助知识产权进行融资（如质押）、对外投资或者进行许可贸易以及转让知识产权等，从而开辟新的财源，谋取丰厚利润，促进各项资产的良性循环。发达国家的一些跨国企业都十分重视知识产权这一无形资产的运营，并将知识产权管理有机融入企业战略发展，将知识产权运营作为商务新政策的核心内容，通过有效的知识产权运营，这些企业获得了巨大的经济效益。

### 3. 提高应对知识产权纠纷的能力

近年来，一些跨国公司开始频繁地向我国发起知识攻势，以此来打压我国发展势头较好的企业，以达到其巩固市场优势的目的，例如思科诉华为、英特尔诉乐进、海信诉西门子的商标之争、通用与奇瑞的知识产权纠纷等，面对竞争对手的知识产权攻势，如何应对由此产生的知识产权纠纷，以维护企业自身利益，成为我国企业的一个重大问题，而知识产权档案管理正是解决纠纷维护企业利益的一种有效手段。企业知识产权档案是企业在进行知识产权系列活动中所产生的，它真实、全面、完整地记录了相关知识产权的申请、审准、获取、使用、维持、转让等相关信息。它是整个权利形成过程的原始记录，具有原始性和记录性。既是企业知识产权的表现形式，也是企业知识产权的载体。一旦发生企业知识产权纠纷案件，这些企业知识产权档案就可以发挥其法律凭证作用来维护企业合法拥有的知识产权。

专利申请主要涉及职务发明和非职务发明，我国专利法规定，如果单位的员工发明创造是在职务工作内完成的或者利用单位提供的物质技术条件实现的，则属于职务发明，针对职务发明个人没有权利申请专利，申请权利归单位所有，单位向有关知识产权局申请专利成功后，就是专利的合法拥有者。在实际生活中，员工与单位之间因发明创造而引发专利权属之争，如果企业在日常档案管理中能够重视这些活动中产生的知识产权档案，完整地保存员工与企业之间就研制的产品签订的委托书、协议书及合同书，就可以为今后的维权提供法律依据。同专利档案一样，商标档案在维护企业合法知识产权中也发挥着越来越大的作用。例如上海正广和汽水厂的整体商标是由水波纹图案、中文天象商标及其英文商标“AQUARIUS”三部分组成的，这家百年老厂从诞生起就一直沿用至今，广大消费者对其有着深刻的印象。美国可口可乐公司于 1989 年就“AQUARIUS”英文商标的使用权，向我国有关部门提出申请。按照我国商标法的规定，谁先注册谁就拥有使用权，在面对产权纠纷的关键时刻，上海正广和汽水厂档案科向有关部门提供了保存完好的 1926 年、1928 年该厂的商标注册档案资料，最后我国商标总局对美国可口可乐的申请做出了撤销的决定。可见，拥有整齐完全的知识产权档案能够有效地化解产权纠纷，从而维护自身的合法权益。

## 17.2 管理中存在问题与原因分析

### 17.2.1 档案管理存在的问题

#### 1. 知识产权档案管理意识相对薄弱

管理意识相对薄弱首先表现为，领导不够重视。企业首先把追求最大效益作为首要目标。许多企业领导对档案法律法规知识学习和了解不够，对企业的知识产权的档案管理还没有高度重视，一般还是把眼前的利益看作是企业的生命，忽视知识产权档案对企业长远发展所创造的效益和价值。认为投入人力、物力不合算，还有部分企业领导认为，知识产权档案管理是科技研发企业、大型企业的事情，与自己没有关系。其次，职工缺乏正确的价值观，部分职工认为知识产权档案管理工作是一项没有前途的工作，做好做差不会给企业带来多大变化，是企业一项可有可无的工作。因此，档案管理从业人员在日常工作中消极被动，缺乏责任心和上进心。

在国外，许多企业都已经把知识产权档案视为企业生存发展的根基，采取各种措施加强知识产权档案管理，广泛收集有关知识产权活动所形成的文件、成果鉴定当档案资料。而我国企业对知识产权档案管理还缺乏足够的认识，据统计从 1985 年 4 月到 2010 年 12 月国家知识产权局共受理专利申请 389 万余件，2006 年 10 月中国成为世界第五大专利申请国。但是，目前中国企业拥有自主知识产权的仅占企业总数的万分之三，而这万分之三也仅仅是大中型企业，90%以上的企业还没有申请专利，我国申请专利情况不容乐观，专利知识产权档案管理现状可想而知。

#### 2. 知识产权档案收集不全

目前，部分企业知识产权档案收集工作一直处于被动、机械收集阶段，企业档案管理部门和档案管理人员变成了单纯的保管员，业务部门交多少保管多少，许多知识产权档案资料只保存了部分证书，而知识产权核心部分资料却没有得到保存，企业知识产权档案收集不全是一个普遍现象，这也严重影响到企业自身权益的保护，据悉，上海法院审理的技术侵权案件，大都以法人单位或非法人单位败诉告终，其中一个重要的原因是这些单位知识产权档案收集不完整，在法庭上拿不出有力的档案凭证作依据来维护自身合法权益。落了个“哑巴吃黄连，有苦说不出”的结局。

#### 3. 知识产权档案管理混乱

世界许多成功的企业都有专人负责管理知识产权档案，或有专门机构负责解决知识产权方面的问题，以保护企业的知识产权，维护企业的合法权益，然而长期以来我国的企业对知识产权档案管理缺乏统一的管理模式，另外，具体工作的归属也不相一致，管理工作十分混乱。目前我国有相当一部分企业还没有设置专门的档案管理部门，有关知识产权档案管理由综合办公室或业务部门人员兼管，有些业务职能部门人员流动性较大，导致知识产权档案交接出现空档，知识产权档案管理工作出现断层；有些企业虽然设置了专门的知识产权档案管理部门，并且配备了专门的管理人员，但是部分档案管理人员的素质不是很高，缺乏知识产权档案管理的专业知识和相关的法律知识，无法对知识产权档案进行有效的管理，此外，很多企业尚未制定严格的知识产权档案管理制度，对知识产权档案的收集、整理等工作缺乏必要的业务规范，导致知识产权文件材料的分散、无序和遗失，降低了知识产权档案开发利用率，不利于企业知识产权的专用权和在法律纠纷案件中胜诉。

#### 4. 知识产权档案流失严重

企业知识产权档案的流失一直是知识产权档案管理面临的一大风险，主要包括自然流失和人为流失。所谓自然流失是指自然界不可抗因素导致档案毁损、丢失、进而导致产权流失。因环境的不断破坏与失衡，自然界的灾害也在增多，例如台风、龙卷风、飓风、洪水、泥石流、地震、火山等。由于电路老化、环境拥挤等原因，导致一些灾害如火灾、鼠疫等发生也日趋频繁并且难于预料。一旦知识产权档案遭遇这些自然灾害或意外灾祸，通常就会对其造成毁灭性的打击；人为流失是指人自身的原因有意或无意地导致产权流失。现实中因人员的流动导致商业秘密档案流失的现象时有发生。例如南京某高能研究所，研制成功通信计费系统，市场大、利润高，1988 年某厂以有偿形式获取该技术后，9 个月就获利 300 万元，次年，该厂想独霸市场，以金钱、住房为诱饵先后从高能所挖走 7 名技术人员从而获得了技术窍门方面的档案资料以及后续改进方面的技术资料，使高能所蒙受巨大经济损失。

### 17.2.2 存在问题的原因分析

#### 1. 企业知识产权档案管理制度缺失

良好的企业知识产权档案管理需要严密的组织和严格的规章制度，当前有些企业知识产权档案管理之所以还处于混乱状态，最主要的原因是缺乏明确的管理部门和统一的管理制度，其表现如下：

首先是机构不健全。缺乏明确的企业知识产权档案管理部门，长期以来我国企业档案管理意识相对淡薄，许多企业领导并没有给予档案管理工作予足够重视，在物力、人力、财力上都缺乏有力的支持，至今许多企业尤其是中小型民营企业的档案管理工作现状还不容乐观，在机构设置中没有专门的档案管理部门，档案管理工作一般都散落于行政办公室，由行政办公室的人员监管，企业知识产权档案管理作为一种新生形态，从一开始就处于无组织状态，有些规模较大的企业虽然设置了专门的档案管理部门（档案室或档案馆），但其工作人员长期工作习惯及自身业务素质一直把传统的文书档案、人事档案、会计档案等常规档案作为自己的主要管理对象，对企业知识产权活动中形成的档案缺乏一定的认识，加之知识产权档案专业性较突出，利用价值的现实性较强，一直排斥在企业档案管理部门之外，是由企业知识产权活动的相关部门自行保存。然而，企业知识产权活动是一项及其复杂的专业活动，涉及许多部门，例如科研部、市场部、法律部等，所以企业知识产权档案是由这些部门共同产生的。由于许多企业没有明确一定的管理部门来对这些档案进行统一的管理，这导致了同一产权活动中形成的知识产权档案就被分散在了科研、市场、法律部门，形成了各自为政的局面，这样形成的档案既没有落入档案管理部门也没有落入知识产权管理部门的手中。

其次，相关制度尚不完善。所谓“无规矩不成方圆”，要把企业知识产权档案管理工作真正落到实处，最重要的工作就是建立健全的企业知识产权档案管理制度。企业知识产权档案作为企业新形态，对其有效管理还处于起步、探索阶段，许多日常业务规范还不健全，从收集、整理到借阅利用各个环节都还存在很多问题，许多企业知识产权档案从一开始就收集不全，由于企业知识产权活动的复杂性，知识产权档案从一开始就分散在各个部门或个人的手中，没有统一的收集制度，企业知识产权档案很难收集齐全，以专利为例，据国家知识产权局统计，2008 年我国共受理专利 828 328 件，其中有 559 687 件是通过专利代理机构提出的，代理率为 67.6%，专利人员代为撰写申请文件为我国专利总量的快速积累提供了有力保证。但专利代理人往往不是企业员工，缺乏企业知识产权档案意识只负责自己的申请结果，专利过程中许多知识产权档案如申请书、说明书、附图等很容易散落到个人手里，随着代理任务的结束，很难确保知识产权档案完整齐全。整理不规范也将影响着日后人们对它的利用。

### 2. 知识产权档案安全保障不到位

在企业知识产权档案日常管理中，之所以存在知识产权的自然和人为流失现象主要的原因是安全保障工作欠缺、不到位。人员流动是市场经济发展到一定阶段的必然现象，也是实现人才和资源优化配置的一种有效途径。合理的人才流动有助于社会经济总水平的提高，应该大力提倡和支持。但由于安全保障不到位，人员的流动中又往往伴随着企业知识产权档案，尤其是商业秘密档案的流失，进而引发商业秘密的流失。流动人员引发商业秘密流失形式主要有以下三种：① 人才流动泄露商业秘密，掌握一定商业秘密的管理人员或技术人员流向新的聘用单位服务，与原任职单位竞争，带走商业秘密资料，侵犯原单位商业秘密，使原单位经济遭受重大损失；② 兼职工作人员泄露商业秘密，一部分掌握企业商业秘密档案的干部、技术人员工程师在其他单位兼职或从事第二职业，甚至有些自立门户，依靠自己在单位获得的一技之长进行有偿服务，导致泄露原企业的商业秘密；③ 职工从原单位离退休后，被另外一个单位聘请而泄露商业秘密，掌握企业秘密的离退休人员可能会被其他单位高薪聘用，当然，这些企业不仅仅是看到了他们的丰富经验和技术而且更看重其掌握着企业商业秘密的优势。

企业知识产权档案人为流失第二个方面原因是由于归属不清导致。在通常情况下，企业知识产权开发有几种情况：自行开发、合作开发、委托开发和职务开发。由于开发方式不同，其知识产权的权属也随之不同。在企业的合作开发或委托开发中，往往因为疏忽而未明确知识产权权属问题，最后导致权属的流失。例如，酒鬼酒的瓶子设计非常新颖，像个麻袋，那是委托别人设计的。当时双方对于设计权属问题并没有做任何约定。酒鬼酒销量很大以后，设计者找到酒厂称产权是自己的，要求支付高额的使用设计费。酒鬼酒厂认为自己出钱委托别人开发的，其成果的知识产权当然属于自己。其实，恰恰相反，如果事先双方没有约定知识产权，则其产权属于开发人。虽然酒鬼酒厂以高额的支付费避免了知识产权的流失，但惨痛的教训告诉企业，对于合作开发、委托开发的知识产权，一定要对权属进行明确的约定，将知识产权归属于自己。

企业知识产权档案人为流失第三个方面原因是由技术故障引起的。随着网络、数字化的发展，越来越多的纸质文件成为电子文件，电子文件既是社会活动的伴生物，也是人类有目的、有意识行为的产物，在电子文件运转过程中，有人会有意识或无意识地盗用、修改或摧毁电子文件的内容这些都会造成企业知识产权档案的失真或流失。目前面临的主要威胁有以下几个方面：① 黑客攻击，所谓黑客是指非法进入计算机网络系统的人。他们主要是通过不正当手段盗取系统的口令和密码来实现某一非法目的。黑客攻击的主要手段有：盗取额外特权、植入“特洛伊木马”、窃取口令、强行闯入、清理磁盘等，黑客行为普遍具有攻击性，会导致信息泄露的严重后果。② 计算机病毒，它实际上是指隐藏在合法程序中的一种程序段，它具有繁殖扩散的能力，能够将自身复制到合法程序或数字文件中，同生理学上的病毒表现特征类似，具有破坏性、潜伏性、传播性和扩散性等特点，这些病毒对计算机系统的危害程度、危害方式各有不同，如破坏文件分区表、使硬盘上的文件丢失、改变磁盘分配、造成数字写入出错等，对数字的完整性、机密性、可访问性以及系统效率造成危害，甚至使整个计算机无法正常运行，陷入瘫痪。

### 3. 档案管理人员业务水平不高

当前，知识经济日趋明显，知识产权活动日趋频繁，企业知识产权档案大量产生。企业要在激烈的市场竞争中得到发展必需重视企业知识产权档案管理，知识产权档案作为档案的一个新成员具有一般档案的基本特征，同时也具有自身的独特之处，根据有专业性，为此对档案管理人员的业务素质要求就比较高，要做好知识产权档案管理工作，必须对知识产权档案相关知识有所了解，只有熟悉知识产权活动的基本特点，了解其基本程序，才能按照文件形成的规律有效地对知识产权档案进行管理，确保其完整性、系统性更好地服务于知识产权的保护工作。2009 年 3 月 10 日国家档案局、国家知识产权局联合下发了《关于加强企业知识产权档案管理的意见》（以下简称意见），《意见》第五部分提出要“加强知识产权相关知识的学习，不断提高知识产权档案管理水平。”但从目前情况来看，许多档案管理人员对产权相关知识的学习还不够，了解得还不多，面对知识产权档案管理工作无所适从，影响工作的展开。由于对知识产权知识的认识了解不多，仍有很多人认为知识产权档案只是几个证书而已，忽视知识产权运用过程中产生的其他文件资料的收集整理，例如，知识产权变更、转让、评估、延续、补证、终止和无效、撤销、纠纷、争议、诉讼、维权、调解、裁定等过程中所产生的合同、许可实施文件、异议书、回复函、知会函、调查举证和凭证、通知书、保证书等，另外，知识产权活动具有持续性长的特点，知识产权档案也应遵守文件形成的特点进行动态管理。如专利权的取得要定期缴纳一定的费用，商标档案要每十年进行一次续展，这都要求知识产权档案管理人员对其有清楚的认识，以便实施有效的管理。

## 17.3 加强知识产权档案管理措施

### 17.3.1 通过各种宣传形式，提高档案管理意识

#### 1. 提高企业领导知识产权档案管理意识

企业领导档案意识是推动企业知识产权档案管理工作顺利进展的关键，要推动企业档案管理的开展，就要将着力点放在企业领导和高层管理人员身上，不断增强他们的知识产权档案管理意识。一方面企业领导要积极走出去，与国际或国内大型科技企业进行交流，通过其他企业的切身经验教训，提高他们的知识产权档案管理的意识；另一方面档案管理人员要积极、及时宣传国家对档案管理的新政策法规，通过采取各种方式，如开办宣传专栏、开展知识产权的知识竞赛，在企业正面引导、加强宣传、营造一种良好的文化氛围，使企业特别是领导干部感受到知识产权档案管理的重大意义，从而愿意投入一定的人力、物力和财力大力支持档案工作，这种氛围必然形成一种良好的企业文化，营造良好的工作环境，使企业上下统一认识，凝聚合力，做好知识产权档案管理工作。反之，企业领导封闭自守、企业氛围不佳，领导感受不到知识产权档案管理的存在，就会造成知识产权档案管理意识淡薄，将其视为可有可无之事，领导的不重视导致其他企业员工也会采取不负责任的态度，机械被动地工作，上下不积极配合，那么知识产权档案就可能存在归档不齐全、不完整的风险。

### 2. 加大宣传教育力度，提高员工的思想认识

为提高知识产权档案工作人员以及全体员工的档案意识，应将学习贯彻档案法律法规和企业知识产权知识结合起来，作为一项十分重要的事情来抓，一是在企业员工中组织开展学习《档案法》、《专利法》、《商标法》等法规的活动，使档案人员和全体员工的知识产权意识和法律意识不断增强；二是围绕着知识产权档案和法制的基本理论知识，开展知识竞赛活动，不断完善和改善档案人员与全体员工的知识结构；三是抓住时机及时宣传国家新政策、新规范，营造感染氛围，例如，抓住《关于加强企业知识产权档案管理的意见》、《企业知识产权管理规范》的颁布的有利时机，在企业制作横幅、宣传精神，介绍标准、展示企业知识产权档案成果等；四是配合《档案法》、《专利法》颁布纪念周年，积极开展宣传月、宣传周活动，定期召开座谈会、办板报、拉横幅、积极利用广播、局域网等各种方式和渠道开展宣传教育活动，增强企业全体职工对知识产权档案管理重要的认识。

## 17.3.2 加强知识产权培训，提高管理人员业务素质

具备岗位所需要的基本知识是做好工作的前提，面对新形势下企业知识产权的特点，为有效地做好知识产权管理工作，应该努力提高企业知识产权档案管理人员的业务素质，不断更新、完善其知识结构，对管理人员进行统一的知识培训。培训工作应以知识产权知识为重点，详细讲授知识产权法律法规，使档案管理人员对知识产权档案形成的特点、规律、范围有一定的了解和认识，普及知识产权法的基本内容，使管理人员知道专利每年必须缴纳一定的费用，商标届满6个月前要进行续展，知识产权档案不能将文件材料与证书分开保存等，培训工作是一项系统工程，不能流于形式，具体应注意以下几点：

### 1. 明确培训内容

培训前要做好培训需求调研，要掌握培训人员的实际需求，并针对培训人员的需求，设计培训方案、编写培训教材和专题，使其具有实用性。在专题讲授中要做到：分析问题要具有前瞻性，讲授的知识要具有科学性、传递的信息要具有新颖性，同时，还要注意档案管理人员的实际操作能力和创新能力的提高。在培训中要保持良性互动，积极开展问题的讨论，可将档案管理人员在工作中遇到的实际问题带到培训班上来共同研讨，这样，既可以提供管理人员分析、研究、解决问题的能力，又可以解决工作中的实际问题。

### 2. 采取多种培训方式

培训不能采取单一、机械的“填鸭式”的教学方式，应针对教学内容和培训对象，灵活选择培训方式。对于内部培训，一是研讨法，培训人员带着工作中的普遍问题进行研讨；二是视频法，借助幻灯、音响、电脑、电视等视听资料进行培训；三是案例分析法，这是一种静态解决问题的方法，针对实际工作中所发生的事情做诊断或解决特别的疑难问题，

对激发培训人员的创造思维有很大的帮助。另外，企业要积极鼓励管理人员参加外部单位组织的培训，例如行业培训、系统培训等，参加行业培训可以扩大管理人员的视野，系统培训可以更好地突出特色，把握本系统的管理技术。走出去的培训方式具有接触面广、信息交流量大、可以直接与知名专家进行对话交流的特点。

3．注意培训结果的考核

培训不是目的而是一种手段，培训的最终目的是切实提高档案管理人员的专业素质，提升档案管理的工作能力，因此，培训完成后应对其培训结果进行考核。档案培训质量评估是落实教学培训计划、实现培训目标的重要保障，也是有效推进档案教学改革的一条重要途径。因而应坚持客观公正定性与定量相结合、简便易行、多角度评估的原则对档案教学培训进行评估。考核方式也是灵活多样的，应根据具体情况具体分析选择，如果以考试的形式考查受训人员的知识产权法基本理论知识的掌握情况，可采取提交报告论文的形式；如果考查受训人对知识产权档案管理的分析能力，可采取实地考察的形式，了解受训人实际解决问题的能力。

### 17.3.3 加强对档案收集归档，坚持统一管理

集中统一管理是国家对档案管理的总体要求，也是我国档案管理的基本原则，企业档案管理也要服从这一总体要求和基本原则。知识产权活动是一项涉及多个部门的专业活动，因此，知识产权档案收集归档工作就尤为困难。它不仅仅是几份证书，也不是科研档案加上申请文件和权力证书，还包括知识产权运用过程中产生的文件资料，如知识产权进行变更、转让、评估、延续、补证、终止和无效、撤销、争议、纠纷、诉讼、调解、维权、裁定等过程中产生的合同、许可实施文件、异议书、知会函、回复函、通知书、保证书、调查举证和凭证等文件材料，将这些文件统一收集归档，实现集中统一管理，此外还要根据知识产权工作程序性强，申请审批周期较长的特点和知识产权文件形成的特点，对知识产权施行动态管理，持续收集、保持知识产权工作全过程档案的完整性、准确性、有效性和系统性。保证知识产权档案的安全、规范保管和高效、便捷利用、以维护企业整体利益。

随着市场竞争日趋加剧，企业要加强对知识产权档案的管理工作，从分发挥其作用，一方面更加要注重档案的利用和开发；另一方面，凡属于本单位的知识产权的档案必须妥善保管好。在我国由于对知识产权档案保护不够重视，是单位自主知识产权或商业秘密泄露的案例已经不胜枚举，在一定程度上讲可以说是档案工作的失误，这已经成为商业秘密流失的渠道之一。随着我国市场经济的建立和不断完善，知识产权的竞争已经成为企业参与国内外市场竞争的重要手段，防止知识产权特别是自主知识产权档案的流失，是一项紧迫而艰巨的任务。档案管理人员要切实充实保护知识产权方面的业务知识，进一步明确档案管理人员的职责就是要维护各类档案的完整安全，这既是档案保管工作的基本任务，也是档案保管工作的目的。

目前，我国大多数企业一般对知识产权档案资料管理采取初步的分散式管理方式，档案部门只管知识产权证书和凭证类的官方文件，申办和维权处理过程的文件作为资料由知识产权管理部门或法务部门保管，缴费单据由财务部门保管，商业秘密保管在业务部门。在管理方式上，有的企业统一由集团公司档案部门管理，有的企业由技术研发部门管理，有的企业分别由集团各个职能部门管理。例如我国知名大型科技企业，其档案保存了 3 000 多件商标档案，都是证书类的材料，而商标申请单、缴费单没有作为商标档案归档，专利档案由集团下属各分公司自己的档案室保存，技术秘密和商业秘密由集团公司的不同部门掌握。总的来说，多数企业对知识产权没有实行集中统一的管理，而这种分散式管理存在显而易见的隐患，不利于知识产权的有效利用。

我国应诉美国发起的 H 型钢案等一系列钢铁反倾销案和加拿大发起的汽车玻璃反倾销案胜诉，两者合计保住了约 1.2 亿美元的出口市场。剖析上述两个案件胜诉的原因，就是应诉企业保存有完整、全面、真实地反映其生产、经营及管理等各项活动的企业现行文件、档案。

### 17.3.4 建立安全保障体系，实施动态管理

档案信息工作是市场链中的重要一环，是链接市场与开发制造的结合点，档案信息部门既是市场销售部门的用户，接受市场和售后服务的信息，又是产品开发部门的市场，为其提供信息服务，档案信息和产品开发、制造、售前、市场、售后共同形成了一个完整的闭链。因此，知识产权档案的动态管理，不仅体现在持续搜集归档阶段，更体现在归档后的安全保管方面。

《贸易有关的知识产权协定》规定了知识产权的范围，包括版权及相关权利、商标、专利、工业设计、集成电路布图设计、植物新品种保护及未公开信息等。由于知识产权是依附于一定载体而存在的智力成果，而档案是记载智力成果的一种形式。所以管好知识产权档案，尤其是在档案的保管、查阅、整理过程中保证知识产权的完整性、全面、准确，有效和系统，是保护知识产权的一项重要的基础性措施。加强对企业知识产权档案安全保管，可以从以下六个方面入手：

（1）应明确本企业知识产权档案，特别是商业秘密档案的范围，并在其档案包装盒（袋）上作出明显标志。同时规定企业员工包括不同业务主管接触知识产权档案的权限，每个员工不得查阅自己无权利用的档案。

（2）应由具有安全防护措施的档案部门集中统一管理企业知识产权档案。目前由于企业档案管理组织体制不合理，导致企业商业秘密档案被盗的案件屡屡发生。例如 2000 年至 2001 年《法制日报》曾多次报道了江苏牧羊集团员工顾某被江苏正昌集团吕某收买，从江苏牧羊集团下属的中宏机械有限公司技术部，盗走由英国独家引进的 MUZL 全套颗粒机图纸三本共 304 页的案件。中宏机械公司的技术图纸的被盗，可能有多方面的原因，但该套图纸作为企业的重要档案没有采取集中统一的管理，应该说是其重要原因之一。由于

图纸被盗，中宏机械有限公司被迫停产一个月，造成经济损失 49 万多元。可见随着中国市场的开放，企业间竞争的加剧，企业档案部门的“守土”职责将更加艰巨。

（3）应制定完善的安全管理措施，从制度上避免企业知识产权档案的流失。

（4）企业档案部门应高度负责地作好对企业各业务和技术部门文件材料的形成、积累及归档工作的监督、指导。

（5）应正确地处理好保护与利用的关系，包括商业秘密知识产权的保护是针对一定时间和对象而言的。在其保护期内应严格控制利用者，只向特定对象提供服务，而一旦超过保护期，就应该扩大其利用者范围，充分发挥档案的作用。如根据国务院的规定，某些设计的保护期为十年，在设计保护期内未经权利人允许，在设计的过程中所形成的文件也不能提供他人利用，而超过了十年，则可以对外提供利用。

（6）应该加强企业员工保密教育，使员工增强保密观念，树立起自觉保护企业知识产权档案，特别是企业商业秘密档案的意识。